AF827481

Risiken von Social Media und User Generated Content

Frankfurter kriminalwissenschaftliche Studien

Herausgegeben von
Prof. Dr. Peter-Alexis Albrecht
Prof. Dr. Dirk Fabricius
Prof. Dr. Klaus Günther
Prof. Dr. Winfried Hassemer †
Prof. Dr. Herbert Jäger †
Prof. Dr. Matthias Jahn
Prof. Dr. Walter Kargl
Prof. Dr. Klaus Lüderssen †
Prof. Dr. Wolfgang Naucke
Prof. Dr. Ulfrid Neumann
Prof. Dr. Cornelius Prittwitz
Prof. Dr. Ernst Amadeus Wolff †

Bd./Vol. 159

Zu Qualitätssicherung und Peer Review der vorliegenden Publikation

Die Qualität der in dieser Reihe erscheinenden Arbeiten wird vor der Publikation durch Herausgeber der Reihe geprüft.

Notes on the quality assurance and peer review of this publication

Prior to publication, the quality of the work published in this series is reviewed by editors of the series.

Sonja Geiring

Risiken von Social Media und User Generated Content

Social Media Stalking und Mobbing sowie datenschutzrechtliche Fragestellungen

PL ACADEMIC RESEARCH

Bibliografische Information der Deutschen Nationalbibliothek
Die Deutsche Nationalbibliothek verzeichnet diese Publikation in der Deutschen Nationalbibliografie; detaillierte bibliografische Daten sind im Internet über http://dnb.d-nb.de abrufbar.

Zugl.: Frankfurt (Main), Univ., Diss., 2016

D 30
ISSN 0170-6918
ISBN 978-3-631-72224-4 (Print)
E-ISBN 978-3-631-72267-1 (E-Book)
E-ISBN 978-3-631-72268-8 (EPUB)
E-ISBN 978-3-631-72269-5 (MOBI)
DOI 10.3726/b11125

© Peter Lang GmbH
Internationaler Verlag der Wissenschaften
Frankfurt am Main 2017
Alle Rechte vorbehalten.
PL Academic Research ist ein Imprint der Peter Lang GmbH.

Peter Lang – Frankfurt am Main · Bern · Bruxelles · New York · Oxford · Warszawa · Wien

Das Werk einschließlich aller seiner Teile ist urheberrechtlich geschützt. Jede Verwertung außerhalb der engen Grenzen des Urheberrechtsgesetzes ist ohne Zustimmung des Verlages unzulässig und strafbar. Das gilt insbesondere für Vervielfältigungen, Übersetzungen, Mikroverfilmungen und die Einspeicherung und Verarbeitung in elektronischen Systemen.

Diese Publikation wurde begutachtet.

www.peterlang.com

Meinen Eltern

Vorwort

Die Themen der internetbasierten Kriminalität im Kontext von Social Media Plattformen und das Thema Datenschutz im Internet sind nicht nur höchst aktuell und wiederholt im Fokus der öffentlichen Diskussion, sondern haben darüber hinaus eine erhebliche praktische Relevanz. Mit den neuesten Entwicklungen und den rechtlichen Reformen Schritt zu halten, war eine der größten Herausforderungen beim Schreiben der Dissertation. Die vorliegende Abhandlung wurde im Wintersemester 2015/2016 von der Rechts- und Wirtschaftswissenschaftlichen Fakultät der Johann Wolfgang Goethe-Universität Frankfurt am Main als Dissertation angenommen. Rechtsprechung und Literatur konnten bis Januar 2016 berücksichtigt werden.

An erster Stelle danke ich meinem Doktorvater Herrn *Prof. Dr. Matthias Jahn* für die Betreuung dieser Arbeit, die wertvollen Anregungen sowie die Gewährung großer wissenschaftlicher Freiheit bei der Ausarbeitung meines Wahlthemas. Mein Dank gilt auch Herrn *Prof. Dr. Helmut Fünfsinn* für die schnelle Erstellung des Zweitgutachtens. Herrn *Dr. Christoph Rittweger* †, Herrn *Prof. Dr. Lothar Determann* und Herrn *Prof. Dr. Hans Kudlich* gebührt Dank für die bereitgestellte Literatur und die wertvollen Anstöße.

Ein besonderer Dank gilt meiner Schwester *Nina Geiring* für ihre Geduld bei den wiederholten Korrekturleserunden und für ihre unbezahlbaren Anmerkungen als Germanistin, die der Arbeit den letzten Schliff verliehen haben. Meine größte Stütze in all den Jahren war mein Mann *Leo Glomann*. Nicht nur für sein Verständnis und seine stetige Motivation, sondern auch für seine hilfreichen Beiträge zu verschiedenen IT-Themen bin ich unendlich dankbar. Schließlich möchte ich mich ganz herzlich bei meinen Eltern, *Brunhilde und Friedrich Geiring*, bedanken, die mich während meiner gesamten Ausbildung jederzeit bestärkt und unterstützt haben. Ihnen ist diese Arbeit gewidmet.

München im Januar 2017 *Sonja Geiring*

Inhalt

Inhaltsverzeichnis

Abkürzungsverzeichnis

%	Prozent
§	Paragraph
a.A.	andere Ansicht
a.A.o.	andere Angaben oben
Abs.	Absatz
ABl. EG	Amtsblatt der Europäischen Gemeinschaften
AG	Amtsgericht
AGG	Allgemeines Gleichbehandlungsgesetz
Alt.	Alternative
Anm.	Anmerkung
AnwBl.	Anwaltsblatt
ArbG	Arbeitsgericht
ArbR	Arbeitsrecht
ArbR-Aktuell	Zeitschrift „Arbeitsrecht Aktuell“
ArbRB	Zeitschrift „Arbeits-Rechtsberater“
Art.	Artikel
AT	allgemeiner Teil
Az.	Aktenzeichen
BAG	Bundesarbeitsgericht
BB	Zeitschrift „Betriebs-Berater“
BDSG	Bundesdatenschutzgesetz
BeckRS	Beck-Rechtsprechung
Beil.	Beilage
BGB	Bürgerliches Gesetzbuch
BGBl.	Bundesgesetzblatt
BGH	Bundesgerichtshof
BITKOM	Bundesverband Informationswirtschaft, Telekommunikation und neue Medien e.V.
BKA	Bundeskriminalamt
BR-Drs.	Drucksache des Deutschen Bundesrates (zitiert nach Legislaturperiode und Seite)
bspw.	beispielsweise
BT	besonderer Teil
BT-Drs.	Drucksache des Deutschen Bundestages (zitiert nach Legislaturperiode und Seite)

BVerfG	Bundesverfassungsgericht
bzw.	beziehungsweise
ca.	circa
CR	Zeitschrift „Computer und Recht"
DAV	Deutscher Anwaltverein
d.h.	das heißt
Dies./Ders.	Dieselbe(n)/Derselbe
DSRITB	Deutsche Stiftung für Recht und Informatik Tagungsband
DRiZ	Deutsche Richterzeitung
DuD	Zeitschrift „Datenschutz und Datensicherheit"
EGMR	Europäischer Gerichtshof für Menschenrechte
Einf.	Einführung
Einl.	Einleitung
E-Mail	Electronic mail
engl.	englisch
etc.	et cetera
EU	Europäische Union
EUGH	Europäischer Gerichtshof
EuR	Zeitschrift „Europarecht"
e.V.	Eingetragener Verein
EWE	Zeitschrift „Erwägen Wissen Ethik"
EWR	Europäischer Wirtschaftsraum
f./ff.	(fort)folgende
Fn.	Fußnote
FPR	Zeitschrift „Familie Partnerschaft Recht"
gem.	gemäß
GewSchG	Gewaltschutzgesetz
GG	Grundgesetz
ggf.	gegebenenfalls
GmbH	Gesellschaft mit beschränkter Haftung
GPS	Global Positioning System
GRUR	Zeitschrift „Gewerblicher Rechtsschutz und Urheberrecht"
h.M.	herrschende Meinung
Hrsg.	Herausgeber
Inc.	Incorporated
IP	Internetprotokoll
i.S.d.	im Sinne des

i.S.v.	im Sinne von
ITRB	Zeitschrift „Der IT-Rechts-Berater“
i.V.m.	in Verbindung mit
JA	Zeitschrift „Juristische Arbeitsblätter“
jurisPR-ITR	juris PraxisReport Informationstechnologierecht
JuS	Zeitschrift „Juristische Schulung“
JZ	Juristen Zeitung
KuR	Zeitschrift „Kommunikation und Recht“
KSchG	Kündigungsschutzgesetz
KUG	Kunsturheberrechtsgesetz
LAG	Landesarbeitsgericht
LG	Landgericht
LK	Leipziger Kommentar
LKA	Landeskriminalamt
Ltd.	Limited
MAH IT-Recht	Münchener Anwaltsbuch IT-Recht
MiStra	Anordnung über die Mitteilungen in Strafsachen
m.w.N.	mit weiteren Nachweisen
MMR	Zeitschrift „Multimedia und Recht“
MüKo	Münchener Kommentar
NJOZ	Neue Juristische Online-Zeitschrift
NJW	Neue Juristische Wochenschrift
Nr./Nrn.	Nummer/Nummern
NStZ	Neue Zeitschrift für Strafrecht
NVwZ	Neue Zeitschrift für Verwaltungsrecht
NZA	Neue Zeitschrift für Arbeitsrecht
öAT	Zeitschrift für das öffentliche Arbeits- und Tarifrecht
OLG	Oberlandesgericht
PAG	Polizeiaufgabengesetz
PC	Personal Computer
RiStBV	Richtlinien für das Strafverfahren und das Bußgeldverfahren
RL	Richtlinie
Rn.	Randnummer
RR	Rechtsprechungsreport
S.	Seite
SMS	Short Message Service
sog.	so genannte/r

StGB	Strafgesetzbuch
StPO	Strafprozessordnung
StÄndG	Strafänderungsgesetz
TKG	Telekommunitionsgesetz
TMG	Telemediengesetz
u.a.	unter anderem
und Co.	und Compagnie
ULD	Unabhängiges Landeszentrum für Datenschutz
UrhR	Urheberrecht
URL	Uniform Resource Locator
US	United States
USA	United States of America
usw.	und so weiter
Var.	Variante
VG	Verwaltungsgericht
Vor.	Vorbemerkung
vgl.	vergleiche
WDPR	Zeitschrift „World Data Protection Report“
WLAN	Wireless Local Area Network
z.B.	zum Beispiel
ZD	Zeitschrift für Datenschutz
Ziff.	Ziffer
ZIS	Zeitschrift für internationale Strafrechtsdogmatik
ZJS	Zeitschrift für das juristische Studium
ZRP	Zeitschrift für Rechtspolitik
ZStW	Zeitschrift für die gesamte Strafrechtswissenschaft
ZUM	Zeitschrift für Urheber- und Medienrecht

Einführung

"From the dawn of civilization until 2003,
humankind generated five exabytes of data.
Now we produce five exabytes every two days...
and the pace is accelerating."

Eric Schmidt, Google's executive chairman[1]

An nur einem Tag erstellen 1,23 Milliarden aktive *Facebook* Nutzer auf der Online-Plattform 4,7 Milliarden Beiträge, geben 1,6 Milliarden Klicks auf den *„Gefällt mir"*-Button ab und versenden 10 Milliarden *Facebook*-Nachrichten.[2] Zur gleichen Zeit versendet in den USA ein Internetnutzer auf *Twitter* einen von rund 500 Millionen *Tweets*, der am anderen Ende der Welt nahezu in Echtzeit auf einem *Smartphone* abgerufen und mit anderen Online-Kontakten innerhalb von Sekunden geteilt werden wird. Bei *Google* wird der Name einer Person als einer von über zwei Billionen jährlichen Suchanfragen eingegeben, den die größte Suchmaschine der Welt aus unzähligen Websites und Dokumenten in kürzester Zeit herausfiltert.[3] Bereits morgen dürften diese Zahlen überholt sein.

Weltweit verfügbare und technisch unbegrenzte Informations- und Kommunikationsmöglichkeiten führen seit über zehn Jahren zu einem grundlegenden Wandel des Nutzerverhaltens im *World Wide Web* und verändern dabei maßgeblich unsere Gesellschaft. Als unersetzlicher Bestandteil des Alltags für Privatpersonen sind Soziale Medien im Internet ebenso wertvoll für Politik, Forschung und Wirtschaft[4]: Staatsoberhäupter wie *Barack Obama* oder *Angela Merkel* nutzen Soziale Netzwerke

---

1 *The Huffington Post*, am 10.05.2010: "Google CEO Eric Schmidt: People Aren't Ready For The Technology Revolution.", abrufbar unter http://www.huffingtonpost.com/2010/08/05/google-ceo-eric-schmidt-p_n_671513.html (zuletzt aufgerufen am 25.07.2015).

2 Siehe hierzu die Angaben des *SocialMedia Institute* (SMI), abrufbar unter http://socialmedia-institute.com/uebersicht-aktueller-social-media-nutzerzahlen/ (Stand: 27.03.2014) sowie die unternehmenseigenen Angaben von *Facebook* im August 2013, aufrufbar unter http://fbcdn-dragon-a.akamaihd.net/hphotos-ak-ash3/851560_196423357203561_929747697_n.pdf (Die Webseiten wurden zuletzt aufgerufen am 25.07.2015). Siehe hierzu auch die Ausführungen unter Teil I D 1.

3 Siehe *Statistik Portal* für die Anzahl der Suchanfragen bei *Google* von 2000 bis 2014, abrufbar unter http://de.statista.com/statistik/daten/studie/71769/umfrage/anzahl-der-google-suchanfragen-pro-jahr/ (zuletzt aufgerufen am 21.10.2015).

4 Siehe hierzu *BITKOM* Studie vom 09.05.2012 „Social Media in deutschen Unternehmen", abrufbar unter https://www.bitkom.org/Bitkom/Publikationen/Studie-Social-Media-in-deutschen-Unternehmen.html (zuletzt aufgerufen am 28.10.2015); hierzu auch *Ohly*, AfP 2011, 428, (430). Über ¾ der Unternehmen in Deutschland räumen der

wie *Facebook* für politische Wahlkampagnen; Unternehmen betreiben Werbemaßnahmen präferiert durch die Verbreitung der Inhalte über Multimediaplattformen wie *YouTube.*[5] Sie verwenden, wie auch beispielsweise die sozioökonomische Forschung, digitale Analysewerkzeuge zur tiefgreifenden Erfolgsbewertung der jeweiligen Maßnahme. Die Internetwirtschaft der G-20-Staaten wird laut *Boston Consulting Group* im Jahr 2016 4,2 Billionen US Dollar umsetzen.[6] Dabei dienen die von den Nutzern bereitgestellten Daten der sog. *User Generated Content* als Grundlage und Kernbestandteil der heutigen und zukünftigen Nutzung des Internets.

A. Prüfungsgegenstand

Dass die Interaktion auf Social Media Plattformen und *User Generated Content* von Millionen Internetnutzern nicht nur Vorteile bringen, liegt auf der Hand. Zwischen Selbstinszenierung und Meinungsaustausch bieten interaktive Online-Plattformen auch Raum für Missbrauch vielfältigster Art. Jeder Aspekt des analogen Lebens findet dabei sein Pendant in der virtuellen Welt des Internets: Neben einem guten Ruf im realen Leben gilt es im heutigen Internetzeitalter für viele auch eine Online-Reputation zu wahren. Der sorglose Umgang mit den eigenen privaten Daten im Internet und die Rücksichtslosigkeit im Umgang mit Daten Dritter ruft potentielle Täter auf den Plan, die diese Informationen für ihre eigenen, kriminellen Zwecke nutzen. In einem attraktiven, nützlichen, und einfachen digitalem Alltag stellt sich den Nutzern selten die Frage, wie sich die Anbieter der kostenlosen Social Media Dienste wie *Facebook* oder *Google* eigentlich finanzieren. Der Schutz des allgemeinen Persönlichkeitsrechts, der persönlichen Freiheit und Ehre einer Person steht mit den Social Media Angeboten im Internet vor einer neuen und großen Herausforderung.

Das Thema „Datenschutz im Internet“ ist wie kein anderes Thema im Fokus der öffentlichen Diskussion. Im Gegensatz dazu ist das Bewusstsein der Nutzer, in Sozialen Medien im Internet Opfer oder sogar Täter von *Stalking* oder *Mobbing* zu werden, weniger präsent. Die vorliegende Arbeit soll einen Betrag dazu liefern, beide aktuellen Themengebiete zu konkretisieren und stellt den Versuch dar, die rechtlichen Fragestellungen, die sich hierzu ergeben, zu beantworten. Dabei nimmt die Untersuchung die Phänomene des Social Media Mobbing und Stalking in den Blick. Die rechtliche Bewertung dreht sich um die Fragestellung, wie das missbräuchliche Generieren Ausnutzen der Informationsvielfalt in Sozialen Medien im Internet durch deren Nutzer strafrechtlich zu bewerten ist. Diesbezüglich existiert

---

Meinungsbildung in Sozialen Netzwerken wie Facebook eine wesentliche Bedeutung für ihr eigenes Geschäft ein. *Oberwetter*, NJW 2011, 417.

5 *Süddeutsche Zeitung* vom, 04.11.2014: „Wie Facebook Wahlen beeinflusst“, abrufbar unter http://www.sueddeutsche.de/politik/us-kongresswahl-wie-facebook-wahlen-beeinflusst-1.2204996 (zuletzt aufgerufen am 20.07.2015).

6 *The Boston Consulting Group*, „The Internet Economy in the G-20“, abrufbar unter https://www.bcg.com/documents/file100409.pdf (zuletzt aufgerufen am 28.10.2015).

bisher wenig Rechtsprechung und juristische Literatur. Auch aufgrund der Ähnlichkeit beider Internetdelikte bietet sich eine Gegenüberstellung und gemeinsame Prüfung an.

Den Risiken, die sich durch strafbares Nutzerverhalten für andere Social Media Nutzer ergeben, stehen die Risiken gegenüber, die der Umgang der Anbieter der erfolgreichen Internetplattformen mit den personenbezogenen Daten ihrer Nutzer mit sich bringt. Den Gefahren für das Recht auf informationelle Selbstbestimmung durch das Sammeln und Auswerten der Nutzerdaten für Persönlichkeitsprofile durch Social Media Anbieter ist der zweite Schwerpunkt der Prüfung gewidmet.

B. Gang der Untersuchung

Die Untersuchung gliedert sich in drei Teile. Im ersten Teil erläutert die Arbeit die Phänomene *Social Media* und *User Generated Content* zunächst in tatsächlicher Hinsicht. Hierzu wird ein Überblick über die Entstehung des sog. *Social Web* sowie dessen aktuelle Ausprägungen gegeben. Die Ausführungen dienen insbesondere dazu, den Untersuchungsgegenstand des breit gefächerten und schnelllebigen Themas Social Media festzulegen und näher einzugrenzen. Für die anschließende rechtliche Untersuchung wird außerdem die Funktionsweise der gängigen Social Media Anwendungen näher dargestellt. Die gewonnenen Erkenntnisse bilden die Grundlage für die darauffolgende rechtliche Beurteilung in Teil zwei und drei.

Der zweite Teil der Untersuchung widmet sich der Problematik des Social Media Stalkings und Mobbings. Die Untersuchung beginnt mit der Darstellung und Abgrenzung der Phänomene insbesondere hinsichtlich deren Begrifflichkeiten, Erscheinungsformen, Folgen und Auswirkungen. Anschließend wird in rechtlicher Hinsicht zunächst der Frage nach der Anwendbarkeit deutschen Strafrechts bei Straftaten über das Internet nachgegangen. Schwerpunkt der Untersuchung ist sodann die Einordung des Social Media Stalking und Social Media Mobbing unter die Straftatbestände des StGB. Im Mittelpunkt steht dabei die Frage, wann das Verhalten der Internetnutzer die Schwelle von sozialadäquat zur Strafbarkeit übersteigt und ob die aktuelle Gesetzeslage die besondere Qualität der im Internet begangenen Straftaten erfasst. Dabei ergeben sich für Internetstraftaten im Hinblick auf Soziale Medien auch juristische Nebenschauplätze wie die strafrechtliche Haftung der Internetprovider und die Ahndung von Internetstraftaten durch die Strafverfolgungsbehörden. Schließlich wird auch ein Überblick dazu gegeben, welche zivil- und öffentlich-rechtlichen Rechtsschutzmöglichkeiten den Betroffenen neben den strafrechtlichen Sanktionen zur Verfügung stehen.

Der dritte Teil der Untersuchung beschäftigt sich mit dem Thema Datenschutz und Social Media. Während Social Media Stalking und Mobbing das Verhältnis zwischen den Nutzern betrifft, bewegt sich das Thema Datenschutz im Spannungsfeld von Nutzer- und Anbieterinteressen. Angebote wie *Facebook* oder *Google* sind derzeit laufend wegen Datenschutzverstößen in den Medien. Dabei stellt sich die Frage: Kann das deutsche bzw. europäische Datenschutzrecht, entstanden in den 80er Jahren als das Internet noch in seinen Kinderschuhen steckte, den Anforderungen der heutigen Zeit und insbesondere der Zukunft unter dem Schlagwort *Big Data* gerecht werden? Besteht überhaupt ein Bedürfnis des Internetnutzers auf Schutz seiner freigiebig ins Netz gestellten Daten oder stehen unnötige Gesetze dem technischen Fortschritt, Innovation und wirtschaftlichem Nutzen entgegen? In diesem Zusammenhang werden zunächst die Anwendbarkeit deutscher Datenschutzgesetze und der Begriff der personenbezogenen Daten erörtert. Sodann wird die Zulässigkeit der Erhebung, Verarbeitung und Nutzung personenbezogener Daten durch Anbieter Sozialer Medien, insbesondere im Hinblick auf aktuelle datenschutzrechtliche Fragestellungen thematisiert sowie abschließend ein Ausblick auf die geplante europäische Datenschutzreform gegeben.

Die Untersuchung schließt mit einer Zusammenfassung der gewonnenen Ergebnisse.

Teil 1: Social Media und User Generated Content

A. Die Entwicklung des Social Web

Als das Internet in den 90er Jahren an die Seite der analogen Massenmedien wie Rundfunk, Fernsehen und Zeitung trat, diente es zunächst als Unterhaltungsmedium primär dem Konsum von Informationen. Im Laufe der Jahre wandelte sich das Internet durch neue kostenfreie Publikations-, Interaktions- und Kommunikationsmöglichkeiten wie *Facebook* und *YouTube* zu einem sog. *Mitmach-Web*, das den Nutzer aktiv in die Erstellung und Gestaltung neuer Internetinhalte einbindet.[7] Der durch *Tim O'Reilly* bekannt gewordene Begriff *Web 2.0* steht für diesen Wandel und die Reformierung des Internets von einer *Read-Only* zu einer *Read/Write* Kultur und ist heute Sammelbegriff für interaktive und kollaborative Phänomene des Internets.[8] Neben dem Begriff *Web 2.0* hat sich auch der Begriff des *Social Web* etabliert, der den sozialen Aspekt der Nutzerbeteiligung aufgreift und weniger den technologischen Fortschritt in den Vordergrund stellt.

Die Publikationsmöglichkeiten des *Social Web* haben zu einem enormen Mitteilungs- und Kommunikationsverhalten der Bevölkerung geführt. Nahezu 80 Prozent der deutschen Internetnutzer sind bei mindestens einem sog. *Social Network* angemeldet, zwei Drittel nutzen diese auch aktiv.[9] Die sog. *Digital Natives*, in die Internetwelt hinein geborene Kinder bzw. Jugendliche[10], verbringen nach einer Studie von *Ernst & Young* täglich bis zu 55 Minuten auf der Online-Plattform *Facebook*.[11]

---

7 *Huber*, S. 16; *Ohrmann*, S. 2; *Krischker*, JA 2013, 488; *Erd*, NVwZ 2011, 19; *Bauer C.*, User Generated Content, S. 1, 9; siehe hierzu auch *Henrichs/Wilhelm*, Kriminalistik 2010, 30 f.

8 Die Bezeichnung *Web 2.0* entstammt der Software-Entwicklung, bei der Entwicklungsstufen von Computerprogrammen mit der Maßgabe benannt werden, dass der Schritt von 1.0 auf 2.0 eine grundlegend überarbeitete Version desselben Programms beschreibt. Vgl. *Weigl*, S. 18. Siehe hierzu auch *Folger*, S. 19.

9 *BITKOM* Studie „Social Media in Deutschland", vom 31.10.2013, abrufbar unter https://www.bitkom.org/Bitkom/Publikationen/Soziale-Netzwerke-dritte-erweiterte-Studie.html (zuletzt aufgerufen am 28.10.2015). Zur Begriffsbestimmung „Social Network" bzw. „Soziales Netzwerk" siehe die Ausführungen in Kapitel D I.

10 Als *Digital Native* beschreibt man eine Person, die mit digitalen Technologien aufgewachsen ist und in ihrer Benutzung geübt ist. Vgl. http://www.duden.de/rechtschreibung/Digital_Native (zuletzt aufgerufen am 28.10.2015). Hierzu auch *Palfrey/Gasser*, S. 112; *Ohly*, AfP 2011, 428.

11 Studie von *Ernst & Young* aus dem Jahr 2011: „*The Digitalisation of everything*", abrufbar unter http://www.ey.com/Publication/vwLUAssets/The_digitisation_of_everything_-_How_organisations_must_adapt_to_changing_consumer_behaviour/$FILE/EY_Digitisation_of_everything.pdf (zuletzt aufgerufen am 28.10.2015).

Neben Kontakten und Kommunikation bietet das *Social Web* im Besonderen auch die Sichtbarkeit der eigenen virtuellen Identität.[12] Das persönliche digitale Abbild des Nutzers ist dabei die Grundlage für die Bildung von virtuellen Freundes- und Kollegenkreisen. Hinter dem Begriff der *Googleability* steht dabei der digitale Ruf einer Person, der nicht nur durch deren eigene digitale Spuren im Internet, sondern auch durch die Darstellung anderer Internetnutzer beeinflusst wird.[13] Die Wahrnehmung von Identität und Ruf eines Menschen, dessen persönliche Eigenschaften und Fähigkeiten werden zunehmend von seinem digitalen Abbild bestimmt, aufgebaut auf Informationen in Form von Text-, Bild- und Videobeiträgen, die man über ihn aus Suchmaschinen, Social Media Websites und Datenbanken erhält.[14]

Die heutigen „*Prosumenten*"[15] knüpfen und pflegen im Netz nicht nur ihr Profil und ihre Beziehungen sondern berichten auch über ihre Erfahrungen und Erlebnisse mit Dienstleistungen und Produkten. Diese Informationen lassen sich schnell und strukturiert von anderen Internetnutzern finden, mit der Folge, dass Verbraucher ihre Entscheidungen vermehrt auf Empfehlungen anderer Nutzer stützen, statt beispielsweise auf Werbemaßnahmen.[16] Die Grenze zwischen professionellen Autoren und Verwertern auf der einen und Rezipienten auf der anderen Seite wird durch diese Publikumsleistung im Internet zusehends aufgelöst.[17] Vom gemeinsamen Lösen von Problemen und voneinander Lernen, nicht nur zwischen Nutzern sondern auch zwischen Konsumenten und Unternehmen, können beide gleichermaßen profitieren und zu einer Verbesserung des Angebots und der Entwicklung neuer Produkte beitragen.[18]

Dabei haben *Facebook, Twitter und Co.* nicht nur ökonomisches Potential, sondern auch eine neue Bedeutung für die Dynamik politischer Prozesse. Den neuen Online-Medien wird beispielsweise eine wichtige Rolle bei den Entwicklungen rund um den „Arabischen Frühling" zugesprochen; nicht umsonst auch die sog. *Facebook*-Revolution genannt.[19] Die frei, schnell und kostenfrei verfügbaren Nachrichten,

---

12 *Kurz/Rieger*, S. 13.

13 Der Begriff „Googleability" ist eine Zusammensetzung der Wörter „Google" und „ability" und meint die Möglichkeit bzw. Wahrscheinlichkeit von einer Suchmaschine im Internet gefunden zu werden. Zur Worterklärung siehe bspw. http://en.wiktionary.org/wiki/googleability (zuletzt aufgerufen am 28.01.2015).

14 Zur digitalen Persönlichkeit siehe auch *Luch/Schulz/Kuhlmann*, EuR 2014, 698, (711).

15 Der Begriff „Prosument" (im engl. „prosumer") ist eine Wortkreuzung als „Produzent" und „Konsument" (im engl. „professional" und „consumer"). Siehe hierzu http://de.wikipedia.org/wiki/Prosument (zuletzt aufgerufen am 28.10.2015).

16 *Determann*, BB 2013, 181, (182); Siehe hierzu auch *Folger*, S. 25.

17 Hierzu *Bauer C.*, User Generated Content, S. 10.

18 Siehe hierzu *Determann*, BB 2013, 181, (182). *Günther*, ArbR-Aktuell 2013, 223; *Oberwetter*, NJW 2011, 417.

19 Der „Arabische Frühling" bezeichnet eine im Dezember 2010 beginnende Serie von Protesten, Aufständen und Revolutionen in der arabischen Welt welche sich gegen die dort autoritär herrschenden Regime und die politischen und sozialen Strukturen

politischen Botschaften und Meinungen schaffen dabei ein neues Massenbewusstsein und die Reichweite der global präsenten Online-Plattformen realisiert und erleichtert gemeinsame Vorhaben. Politisch und gesellschaftlich relevante Themen haben zumeist zu dem Zeitpunkt, zu dem sie in den klassischen Medien aufgegriffen werden, bereits einen sog. *Hashtag*[20] und werden online diskutiert.[21]

B. Social Media – Begriffsbestimmung und Charakteristika

Die digitalen Medien und Technologien, die es den Nutzern ermöglichen, sich untereinander auszutauschen und verschiedenartige eigene Inhalte einzeln oder in Gemeinschaft zu erstellen, bezeichnet man als *Social Media*, bzw. *Soziale Medien*.[22] Nach der Definition von *Andreas M. Kaplan* und *Michael Haenlein* ist Social Media

> *„eine Gruppe von Internetanwendungen, die auf den ideologischen und technologischen Grundlagen des Web 2.0 aufbauen und die Herstellung und den Austausch von User Generated Content ermöglichen"*.[23]

Die Abgrenzung der Begriffe *Web 2.0*, *Social Web* und *Social Media* ist in der Literatur nicht eindeutig, so dass diese oft synonym verwendet werden.

Charakteristische Merkmale der Social Media Anwendungen sind deren Zugänglichkeit, Reichweite und Multimedialität, da sie jedem Nutzer erlauben, in beliebiger Kombination von Text, Ton und Bild kostengünstig global präsent zu sein.[24] Eine weitere Eigenschaft ist die Viralität, d.h. die Dynamik und Umfänglichkeit der Informationsverbreitung Sozialer Medien mit der positive wie negative Gruppenbewegungen hervorgerufen werden können.[25] Sie zeichnen sich ferner durch eine spielerisch-einfache Gestaltung und damit eine besonders hohe Benutzerfreundlichkeit aus. Nach dem Motto *„Plug and Play"*[26] sind weder Spezialkenntnisse noch eine umfassende Ausbildung für das Erstellen medialer Inhalte erforderlich. Nie

---

dieser Länder richten. Die Proteste organisierten und mobilisierten sich dabei auch über das Internet und Soziale Medien. Siehe hierzu *Heise Online* „Arabischer Frühling" unter http://www.heise.de/tp/artikel/42/42616/3.html (zuletzt aufgerufen am 28.10.2015).

20 Als „Hashtag" bezeichnet man ein Wort oder eine Zeichenkette mit vorangestelltem Doppelkreuz (#). Diese Form der Verschlagwortung innerhalb des Fließtextes dient der Erleichterung der Suche nach bestimmten Themen. Siehe hierzu Kapitel D III.

21 *Dittler/Hoyer-Busemann*, S. 31.

22 *Schmidt*, S. 11; *Rohrlich*, S. 13.

23 *Kaplan/Haenlein*, S. 59. Zum Begriff des *User Generated Content* siehe hierzu sogleich die Ausführungen in Kapitel C.

24 Ausführlich hierzu *Bruns*, AfP 2011, 421, (422).

25 Siehe hierzu Hoeren/Basinger-*Piltz/Trinkl*, Kap. 13, Rn. 10.

26 Aus dem engl. „to plug (in)" (= anschließen) und „to play" (= spielen). Zur Begriffserklärung siehe http://www.duden.de/rechtschreibung/Plug_and_play (zuletzt auf-

zuvor war es auch technisch unversierten Internetnutzern möglich, sich so leicht im Internet zu vernetzen und zu präsentieren.[27] Social Media Anwendungen ermöglichen zudem eine unmittelbare Veröffentlichung und auch deren Änderung ohne zeitlichen Verzug. Die Verbreitung von *Smartphones* und *Tablet PCs*, preiswerte Datentarife sowie die fast flächendeckende Verfügbarkeit von leistungsfähigen Breitbandverbindungen tragen zu der hohen Beliebtheit der Social Media Plattformen bei.[28] Kultobjekte wie das *iPhone* und *iPad* besitzen eine hohe Attraktivität und fördern die Digitalisierung des Alltags.[29]

C. User Generated Content

Schlagwort und Kernelement des *Web 2.0* und der Sozialen Medien ist der sog. *User Generated Content* („*UGC*").[30] Der angloamerikanische Begriff, im Deutschen mit „nutzergeneriete Medieninhalte"[31] übersetzt, umschreibt als Sammelbegriff alle von einem Internetnutzer erzeugten medialen Web-Inhalte wie Text-, Bild-, Audio- und Videobeiträge.[32] Der Begriff des *UGC* ist dabei kein Rechtsbegriff und wird in der kommunikations-, medien- und wirtschaftswissenschaftlichen Literatur unterschiedlich definiert.[33] In der juristischen Literatur fasst *Bauer* den Begriff anhand seiner charakteristischen Merkmale zusammen und definiert *UGC* als

> *„Gesamtheit aller von Internetnutzern bewusst erzeugten wahrnehmbaren elektronischen Medieninhalte, die von diesen unmittelbar und unabhängig von einer vorherigen redaktionellen Auswahl über das Internet der Öffentlichkeit zugänglich gemacht werden, sofern es sich hierbei nicht um professionell erstellte und zu gewerblichen Zwecken veröffentlichte Inhalte handelt".*[34]

Die Artenvielfalt nutzergenerierter Medienbeiträge ist nahezu unbegrenzt. *UGC* kann in unterschiedlichster Form und auch auf verschiedenen Social Media Plattformen

---

gerufen am 28.10.2015). Zur *Plug and Play-Falle* auch *Heckmann*, NJW 2012, 2631, (2633).

27 Hierzu auch *Solmecke/Wahlers*, Recht im Social Web, S. 34.

28 *Schmidt*, Social Media, S. 10; *Weigl*, S. 22; *Heckmann*, NJW 2012, 2631, (2633).

29 *Heckmann*, NJW 2012, 2631, (2633).

30 Siehe hierzu *Solmecke/Wahlers*, Recht im Social Web, S. 15; *Huber*, S. 10; *Bauer C.*, User Generated Content, S. 7 ff.; Hoeren/Basinger-*Piltz/Trinkl*, Kap. 13, Rn. 8.

31 Zur wörtlichen Bedeutung des Begriffs siehe *Bauer C.*, User Generated Content, S. 11 ff.

32 Zur Einordung des *UGC* in Beitragskategorien siehe Große Ruse-Khan/Klass/v. Lewinski-*Bauer*, S. 4 ff. Die häufigste Form nutzergenierter Internetinhalte sind danach selbst verfasste Textbeiträge. Der am stärksten wachsende Typus von *UGC* sind digitale Videodateien, wie bspw. selbstgedrehte Amateurvideos, die im Internet veröffentlicht werden.

33 Siehe hierzu *Bauer C.*, User Generated Content, S. 15 ff.

34 *Bauer C.*, User Generated Content, S. 26.

vorkommen.[35] Um den breit gefächerten Untersuchungsgegenstand des *UGC* im Sinne der nachfolgenden rechtlichen Fragestellungen zu konkretisieren, wird die Untersuchung auf nutzergenerierte Beiträge auf den (derzeit) wichtigsten Social Media Plattformen beschränkt, die im Folgenden dargestellt werden sollen.

D. Aktuelle Ausprägungen von Social Media Plattformen

Der Begriff der Sozialen Medien gilt als Sammelbegriff für verschiedene Angebote und Formen digital vernetzter Medien, wobei die Vielfalt von *Social Web*-Anwendungen so groß ist, wie es Interessen gibt. Sie lassen sich grundsätzlich in zwei Kategorien einteilen, wobei der Fokus zum einen auf der Kommunikation, zum anderen auf dem Inhalt liegt, den die Nutzer generieren und untereinander austauschen. Neben *Sozialen Netzwerken* gelten *Multimediaplattformen, Webblogs* bzw. *Microblogs* als wichtigste Ausprägungen von Social Media Plattformen.[36] Diese Aufzählung ist aufgrund der Vielfalt und hohen Dynamik des Feldes keinesfalls abschließend. Die Plattformen sind teilweise miteinander vernetzt und bieten ähnliche Funktionen an, sodass eine Abgrenzung zu anderen *Web 2.0*-Erscheinungen schwierig ist. Die nachfolgenden Ausführungen sollen daher nur einen groben Überblick der bekanntesten und populärsten Ausprägungen des *Web 2.0* aufzeigen, auf die sich der Untersuchungsgegenstand beschränkt.

I. Soziale Netzwerke

Soziale Netzwerke, auch *Social Networks, Social Networking Plattformen* oder *Communities*[37] genannt, haben das *Social Web* geprägt wie kein anderes Medium.[38] Man versteht darunter Kommunikationsplattformen, deren Benutzergruppen sich nach Interessenkreisen, Vorlieben oder sozialen Strukturen zusammenschließen.[39] Wesentlich sind dabei drei Ausdrucksformen menschlichen Verhaltens: *„express,*

---

35 Einen Eindruck der medialen Bandbreite des *UGC* vermittelt *Bauer C.*, User Generated Content, S. 29 ff.

36 Vgl. *Schmidt*, S. 11 ff. Siehe hierzu auch *Ohrmann*, S. 2; *Henrichs/Wilhelm*, Kriminalistik 2010, 30 f.; *Ihwas*, S. 34 f.

37 Eine *Community* ist eine Gemeinschaft oder Gruppe von Personen, die Wissen tauschen, sich beraten oder auch einfach nur Kontakte zueinander knüpfen, siehe *Huber*, S. 226.

38 Siehe hierzu ausführlich *Ihwas*, S. 36 ff.; *Solmecke/Wahlers*, Recht im Social Web, S. 34; *Weigl*, S. 17. Der Begriff *Social Network* stammt aus der Soziologie und beschreibt die Analyse der Qualität zwischenmenschlicher Bindungen und fasst verschiedene Anwendungen, die der eigenen Kontaktpflege im Internet dienen zusammen. *Huber*, S. 64 f. Hierzu auch *Henrichs/Wilhelm*, Kriminalistik 2010, 30, (31).

39 Vgl. *Lichtnecker*, GRUR 2013, 135 ff.; *Oberwetter*, NJW 2011, 417; *Determann*, BB 2013, 181; *Henrichs/Wilhelm*, Kriminalistik 2010, 30, (31).

connect and share".[40] Die Netzwerke bieten ihren Nutzern ein Kontakt- oder Beziehungsnetzwerk, in dessen Vordergrund die Selbstdarstellung des Nutzers durch ein eigenes Profil steht. Neben der Profilerstellung und Vernetzung mit anderen Personen, stehen dem Nutzer vielfältige Kommunikationsmöglichkeiten zur Verfügung, die einen schnellen Austausch von (unzensierten) Informationen und Meinungen ermöglichen.[41]

Das bekannteste Soziale Netzwerk, mit geschätzt 1,23 Milliarden Nutzern weltweit und damit unbestrittener Marktführer, ist derzeit *Facebook*.[42] Allein in Deutschland zählt das Netzwerk nach Angaben des Unternehmens über 34 Millionen Nutzer.[43] Die kommerzielle Plattform, wörtlich mit „Gesichtsbuch" übersetzt, hat sich seit der Erfindung durch den *Harvard*-Studenten *Mark Zuckerberg* im Jahre 2004 zu einem Milliardenkonzern entwickelt und gilt als größte Unterhaltungs-Website der Welt.[44] Das Unternehmen selbst beschreibt seine Philosophie mit den Worten

> *„Facebook's mission is to give people the power to share and make the world more open and connected"*.[45]

Auf *Facebook* können Mitglieder mit Freunden in Kontakt bleiben, neue Kontakte knüpfen, sich mit diesen über Neuigkeiten austauschen, beliebig viele Fotos, Links und Videos einstellen und miteinander teilen. *Facebook* bietet dabei nicht nur Profile für Privatpersonen an, sondern auch Unternehmen verfügen regelmäßig über eine eigene *Facebook*-Seite, sog. *Fanpage*, um sich als Marke auch einer jüngeren Zielgruppe zu präsentieren.[46]

Größter Konkurrent des Netzwerks *Facebook* mit derzeit rund 500 Millionen Mitgliedern weltweit, ist die Plattform *Google+*.[47] Das Netzwerk gilt als das am schnellsten wachsende Soziale Netzwerk der Geschichte und setzt mit seinen Communities und sog.

---

40 *Henrichs/Wilhelm*, Kriminalistik 2010, 30, (31).

41 Siehe hierzu sogleich die Ausführungen in Kapitel E.

42 http://www.facebook.com/ (zuletzt aufgerufen am 28.10.2015).

43 Stand Januar 2014. Vgl. *Klinkhammer/Müllejans*, ArbR-Aktuell 2015, 503.

44 *Solmecke/Wahlers*, Recht im Social Web, S. 35.

45 http://www.facebook.com/facebook (zuletzt aufgerufen am 28.10.2015).

46 *Fanpages* sind spezielle Benutzer-Accounts, die von Unternehmen, gemeinnützigen Einrichtungen, Künstlern und Prominenten eingerichtet werden können. Siehe hierzu *Buchner*, DuD 2014, 120; *Rosenbaum/Tölle*, MMR 2013, 209. Als Beispiel siehe nur die *Facebook-Fanpage* von *Adidas*, abrufbar unter http://www.facebook.com/adidas?ref=ts&fref=ts (zuletzt aufgerufen am 28.10.2015) mit rund 18 Millionen *„Gefällt-mir"*-Angaben.

47 *Google+* ist ein im Jahr 2011 gegründetes Soziales Netzwerk des *Google*-Konzerns. Der 1998 von den Studenten *Larry Page* und *Sergey Brin* als Start-up gegründete Suchmaschinen-Riese *Google* gehört heute zu den mächtigsten Milliardenkonzernen der Welt. Der Duden nahm das Wort „googeln" 2004 in sein Wörterbuch auf und definiert das Wort als „im Internet, bes. in Google suchen". Vgl. http://www.duden.de/rechtschreibung/googeln (zuletzt aufgerufen am 28.10.2015). Hierzu auch *Solmecke/Wahlers*, Recht im Social Web, S. 39 f. Zu den Nutzerzahlen siehe die Angaben

Kreisen stärker auf die Diskussion der Mitglieder.[48] Neben diversen privaten Sozialen Netzwerken existieren auch reine Businessnetzwerke wie *LinkedIn*[49] oder *Xing*[50], die eine professionelle Vernetzung von Fach- und Führungskräften sowie bestehenden oder potentiellen Geschäftspartnern ermöglichen. Statt privater Details wie Hobbies oder Interessen präsentieren die Teilnehmer dort ihren beruflichen Werdegang, um mit anderen Nutzern in Kontakt zu treten.[51]

II. Multimediaplattformen

Multimediaplattformen zeichnen sich gegenüber Sozialen Netzwerken, die auf individuelle Profilbildung und Verknüpfung mit anderen Nutzern zielen, durch spezielle Inhalte aus, sog. *Special Interest Communities*.[52] Dies können beispielsweise Videoclips, Fotos, Musikstücke oder Präsentationen sein, die auf meist kostenlos verfügbaren Speicherplatz hochgeladen und Dritten öffentlich zugänglich gemacht werden.[53] Diese eingestellten Inhalte können durch andere Nutzer kommentiert oder weiter verbreitet werden.

Als bekannteste und größte Multimediaplattform für Videoclips gilt die zum *Google*-Konzern gehörende Plattform *YouTube*.[54] Mehr als eine Milliarde Nutzer besuchen die Plattform jeden Monat, um auf dem Videoportal kostenlos Videoclips anzusehen, zu bewerten und selbst hochzuladen.[55] Auch Unternehmen nutzen das Videoportal, um ihre Produkte und Dienstleistungen bekannt zu machen.[56] Nach dem Motto „*Broadcast yourself*" werden auf *YouTube* pro Minute 100 Stunden Videomaterial wie Film- und Fernsehausschnitte, Musikvideos sowie selbstgedrehten Filme

---

des *SocialMedia Institute* (SMI), abrufbar unter http://socialmedia-institute.com/uebersicht-aktueller-social-media-nutzerzahlen/ (zuletzt aufgerufen am 28.10.2015).

48 Siehe hierzu *Solmecke/Wahlers*, Recht im Social Web, S. 39; *Ohly*, AfP 2011, 428, (430).

49 http://www.linkedin.com/about-us (zuletzt aufgerufen am 28.10.2015). Nach firmeneigenen Angaben ist das Soziale Netzwerk *LinkedIn* mit über 350 Millionen Mitgliedern in mehr als 200 Ländern und Regionen das größte Online-Berufsnetzwerk der Welt.

50 http://www.xing.com/ (zuletzt aufgerufen am 28.10.2015). Das börsennotierte Unternehmen ist hauptsächlich eine Plattform für Geschäftsnetzwerke im deutschsprachigen Raum.

51 Siehe hierzu *Determann*, BB 2013, 181.

52 *Schmidt*, S. 12; *Solmecke/Wahlers*, Recht im Social Web, S. 40.

53 Hierzu auch *Weigl*, S. 18.

54 http://www.youtube.com/ (zuletzt aufgerufen am 28.10.2015).

55 http://www.youtube.com/yt/press/de/statistics.html (zuletzt aufgerufen am 28.10.2015).

56 „Erfolgsgeschichten" von Werbemaßnahmen verschiedener Unternehmen finden sich bspw. unter http://www.youtube.com/yt/advertise/de/success-stories.html (zuletzt aufgerufen am 28.10.2015).

jeglicher Thematik eingestellt.[57] Bei der Fotocommunity *Flickr*[58], als weiterer großer Vertreter der Gattung Multimediaplattform, sowie den neuen Bildernetzwerken *Pinterest*[59] und *Instagram*[60] steht dagegen das Veröffentlichen und Teilen von Fotografien im Vordergrund. Allein auf *Instagram* werden derzeit 20 Milliarden Bilder geteilt.[61]

III. Weblogs bzw. Microblogs

Unter einem *Weblog* bzw. *Blog* versteht man eine regelmäßig aktualisierte Website mit chronologisch sortierten Einträgen (sog. *Posts* bzw. *Postings*"[62]) des Blogbetreibers bzw. „Bloggers".[63] Ein Blog ähnelt dabei in gewisser Weise einem Tagebuch dessen Aufzeichnungen nach Aktualität sortiert für andere Nutzer nachvollziehbar sind. Blogs bieten den Lesern dabei üblicherweise auch die Möglichkeit der Partizipation, indem diese die Beiträge selbst kommentieren und verlinken können.[64] Die Beiträge können sich mit unterschiedlichsten Themen beschäftigen und reichen von persönlichen Urlaubsschilderungen, über literarische und politische Themen bis hin zu Fachthemen von Experten aus einem beruflichen Spezialgebiet.[65]

Microblogging ist eine Form des Bloggens, bei der die Nutzer kurze telegrammartige Textnachrichten auf einer Kommunikationsplattform veröffentlichen.[66] Die wohl bekannteste *Microblogging*-Plattform ist derzeit *Twitter*, deren einzelne Beiträge („*Tweets*") auf eine Länge von 140 Zeichen beschränkt sind und verschiedenartigste Themen betreffen können. Auf der Seite des Unternehmens heißt es dazu:

> *„Twitter ist ein Echtzeit-Informationsnetzwerk, das Dich mit den neuesten Geschichten, Ideen, Meinungen und Nachrichten über das verbindet, was Du interessant findest"*.[67]

Die Beiträge können dabei aus Texten oder Links auf interessante Websites, Fotos oder Videos bestehen, denen andere Nutzer „folgen" können (sog. *Follower*). Indem man zum *Follower* anderer Nutzer wird, fließen deren Tweets in der sog. *Timeline* zusammen, einer beständig in Echtzeit aktualisierten Liste. Ein vorangestelltes „#"-Zeichen („*Hashtag*") vor einem Begriff bestimmt dabei eine durchsuchbare Kategorie. *Twitter*

---

57 Siehe hierzu http://www.youtube.com/yt/press/de/statistics.html (zuletzt aufgerufen am 28.10.2015). Hierzu auch *Henrichs/Wilhelm*, Kriminalistik 2010, 30, (31).

58 http://www.flickr.com/ (zuletzt aufgerufen am 28.10.2015).

59 http://about.pinterest.com/de (zuletzt aufgerufen am 28.10.2015).

60 http://instagram.com/# (zuletzt aufgerufen am 28.10.2015).

61 http://instagram.com/press/ (zuletzt aufgerufen am 28.10.2015).

62 Als *Post*, bzw. *Posting*, bezeichnet man einen einzelnen Beitrag oder eine Mitteilung innerhalb einer Web 2.0-Anwendung. Vgl. *Huber*, S. 229.

63 Der Blog besteht dabei unter einer eindeutigen kontinuierlichen Internetadresse (URL). Siehe hierzu *Große Ruse-Khan/Klass/v. Lewinski*, S. 6; *Weigl*, S. 16; *Schmidt*, S. 12.

64 *Weigl*, S. 17.

65 Siehe hierzu *Schmidt*, S. 13; *Dittler/Hoyer*, S. 14.

66 *Schwenke*, S. 10; *Solmecke/Wahlers*, Recht im Social Web, S. 37 f.

67 http://about.twitter.com/ (zuletzt aufgerufen am 28.10.2015).

dient neben dem Austausch von Informationen, Gedanken und Erfahrungen auch der Kommunikation, da die *Follower* die Kurzbeiträge wiederholen („*retweeten*") oder selbst durch Kommentare und Diskussionen ergänzen können.[68] Die Plattform wird mittlerweile von Privatpersonen, Organisationen, Unternehmen und Massenmedien gleichermaßen genutzt. Nach Firmeneigenen Angaben zählt der *Microblog* 241 Millionen aktive Nutzer und durchschnittlich 500 Millionen *Tweets* an nur einem Tag.[69]

E. Funktionen von Social Media Anwendungen

Für die anschließende juristische Betrachtung ist die Darstellung der Funktionsweise der Social Media Anwendungen unabdingbar. Dabei soll aufgezeigt werden, wie die Mitglieder durch Profilbildung, Kommunikation und Beiträge auf den Plattformen (inter-)agieren können. Die Funktionalitäten der gängigsten Social Media Plattformen sind im Wesentlichen vergleichbar. Die bekannteste und meist genutzte *Web 2.0*-Plattform *Facebook* soll vorliegend als Beispiel herangezogen werden um die Aktions- und Interaktionsmöglichkeiten der Nutzer darzustellen.

I. Registrierung und Profilbildung

Jeder, der nach eigenen Angaben mindestens 13 Jahre alt ist, kann sich als Nutzer von *Facebook* registrieren. Dazu werden neben dem Geburtsdatum ein *Username*, ein Passwort und eine E-Mail-Adresse benötigt. Grundsätzlich erfordert die Anmeldung bei den gängigen Sozialen Netzwerken wie *Facebook* als *Username* die Angabe des Klarnamens, wobei diese Vorgabe jedoch leicht umgangen werden kann und auch von vielen Nutzern tatsächlich nicht eingehalten wird. Nach dem ersten *Login* wird der Nutzer dazu aufgefordert, ein persönliches Profil zu erstellen. Hierzu können (Profil-) Fotos und Videos, Kontaktdaten und Beruf sowie Interessen, Hobbys, Aufenthaltsorte bis hin zum Beziehungsstaus angegeben werden.[70] Welche Daten in welchem Umfang der Nutzer dabei Preis gibt, bleibt grundsätzlich ihm überlassen.[71] Er kann dabei auch selbst bestimmen, ob die Angaben öffentlich für alle registrierten *Facebook*-Nutzer einsehbar sind, oder der Zugriff auf ausgewählte Personen oder Personengruppen beschränkt bleibt. Die Nutzer geben damit eingestellte Informationen einem selbst bestimmten Personenkreis preis.[72] Ausgehend von diesem Profil kann der *Facebook*-Nutzer zu anderen Mitgliedern Kontakt knüpfen, indem er diesen sog. Freundschaftsanfragen zusendet oder Kontaktanfragen anderer bestätigt. Sodann kann der Nutzer mit seinen Kontakten innerhalb des Netzwerkes interagieren.

---

68 *Solmecke/Wahlers*, Recht im Social Web, S. 38.

69 *SocialMedia Institute* (SMI), abrufbar unter http://socialmedia-institute.com/uebersicht-aktueller-social-media-nutzerzahlen/ (zuletzt aufgerufen am 25.07.2015).

70 Siehe hierzu auch *Jandt/Roßnagel*, MMR 2011, 637; *Henrichs/Wilhelm*, Kriminalistik 2010, 30, (31).

71 Hierzu *Weigl*, S. 17.

72 Siehe hierzu *Bruns*, AfP 2011, 421, (425).

II. Pinnwand/ „Wall"

Jeder Nutzer hat auf seiner Profilseite eine sog. Pinnwand- bzw. *Wall*-Funktion, auf welcher der Nutzer selbst, dessen Kontakte, oder je nach Einstellung, andere *Facebook*-Nutzer Textnachrichten, Bilder- und Videolinks hinterlassen können. Die Pinnwand stellt dabei den zentralen Bereich der persönlichen Profilseite dar. Der Nutzer kann auf der Pinnwand den eigenen Status aktualisieren, indem er in dem Feld mit der Frage „*Was machst du gerade?*" Auskunft über sich gibt, oder Fotos und Videos hoch lädt. Diese können wiederum durch den Pinnwand-Inhaber und dessen Kontakte kommentiert werden, wobei die Einträge chronologisch aufgelistet werden. Die Nutzer können durch ihre Beiträge auf der Pinnwand ähnlich einem Chat kommunizieren. Lädt der Nutzer Fotos seiner Kontakte in dem Netzwerk hoch, kann er die abgebildeten Personen auf den Fotos verlinken, d.h. einen Link auf das Profil des Abgebildeten setzen.

III. Private Nachrichten und Interessengruppen

Neben der öffentlich sichtbaren Kommunikation über die eigene oder fremde Pinnwand kann der Nutzer auch private Nachrichten an andere Nutzer des Netzwerks senden. Die Funktionsweise ähnelt dabei einer E-Mail, die allerdings ausschließlich über den Server der Online-Community abläuft. Sind beide Kommunikationspartner online und im Netzwerk eingeloggt, können die Nachrichten auch in einem Chat und damit in Echtzeit kommunizieren. Die Nutzer können sich ferner in Interessengruppen, sog. *Facebook*-Gruppen, zusammenschließen, um über ein bestimmtes Thema zu diskutieren oder auf persönliche Interessen, Lebenssituationen oder Einstellungen aufmerksam zu machen. Die in der Gruppe „geposteten" Beiträge sind nur für Gruppenmitglieder sichtbar. Die Gruppen können dabei jedem Nutzer offenstehen oder geschlossen sein, sodass eine Mitgliedschaft nur auf Einladung erfolgt.

IV. „Gefällt mir"/ „Like"-Funktion

Der „Gefällt mir"- bzw. „*Like*"-Button stellt eine der zentralen Funktionen von *Facebook* dar und ermöglicht es dem Nutzer, jeden *Post*, also Statusupdates, Pinnwandbeiträge, bestimmte *Facebook*-Seiten, Fotos und Videolinks durch Drücken einer dafür vorgesehenen Schaltfläche, positiv zu bewerten, bzw. zu „liken"[73]. Die Kontakte des jeweiligen Nutzers können durch einen entsprechenden Hinweis auf ihrer Pinnwand nachvollziehen, an welchen Inhalten ihr Kontakt Gefallen findet und durch Betätigen des „*Like*"-Buttons den entsprechenden Inhalt auch für die eigenen Kontakte

---

73 http://www.facebook.com/like/ (zuletzt aufgerufen am 28.10.2015). In Form eines *Social Plugins* kann die Funktion auch auf externen Webseiten eingebettet sein und somit auch externe Inhalte positiv bestätigt und mit den *Facebook*-Kontakten geteilt werden. Siehe hierzu die Ausführungen unter Teil 3 E.

sichtbar machen. Dies ermöglicht die rasche Verbreitung spezifischer Inhalte über die jeweiligen Kontakte der Nutzer und fördert den Netzwerkeffekt. Die Beliebtheit bestimmter Einträge lässt sich anhand der Anzahl der „Gefällt mir"-Klicks auf einer Anzeige unter dem jeweiligen Beitrag nachvollziehen. Das Unternehmen *Facebook* entschied sich bisher trotz einiger Proteste seiner Nutzer gegen die Schaffung eines entsprechenden „*Dislike*"-Buttons, da es sich um die destruktive Wirkung negativer Kommentare fürchtete.[74]

V. „Teilen"/ „Share"-Funktion

Neben der „*Like*"-Funktion können bestimmte Inhalte auch über die Funktion „*Teilen*" bzw. „*Share*" den *Facebook*-Kontakten zugänglich gemacht werden. Dabei erscheint der „geteilte" Beitrag vollständig auf der Pinnwand des entsprechenden Nutzers und kann dort eigenständig von dessen Kontakten kommentiert werden. Auf der Pinnwand des teilenden Nutzers erscheint zudem ein Link zur ursprünglichen Quelle, während auf der ursprünglichen Seite ein Vermerk über das „Teilen" durch den jeweiligen Nutzer angezeigt wird.

VI. Neuigkeiten/ „News Feed"

Der *News Feed* zeigt als Teil der Startseite aktuellste Beiträge der verbundenen Kontakte an, wobei die Auswahl der angezeigten Beiträge über einen Algorithmus erfolgt, der auf das bisherige Online-Verhalten und damit die mutmaßlichen Interessen des *Facebook*-Mitglieds abgestimmt ist.[75] Damit sollen die Nutzer nicht nur über die neusten Ereignisse in ihrem Freundeskreis auf dem Laufenden gehalten werden, sondern durch die interessengerechten Beiträge an die Plattform gebunden werden. Jeder Nutzer hat die Möglichkeit, die Beiträge seiner Freunde zu kommentieren, zu „liken" und zu „teilen". Der Austausch von Informationen und die damit verbundene Kommunikation und Interaktion dient dem Aufbau und der Pflege sozialer Beziehungen sowie der eigenen Selbstdarstellung.

---

74 Siehe hierzu *Die Welt* vom 16.12.2009, „Warum Facebook den „Dislike"-Button nicht mag", abrufbar unter http://www.welt.de/wirtschaft/webwelt/article5549617/Warum-Facebook-den-Dislike-Button-nicht-mag.html (zuletzt aufgerufen am 28.10.2015).

75 Siehe hierzu *Will Oremus* am 24.04.2014: „Facebook's New Secret Sauce – The social network keeps getting more addictive. Here's how", abrufbar unter http://www.slate.com/articles/technology/technology/2014/04/facebook_news_feed_edgerank_facebook_algorithms_facebook_machine_learning.single.html (zuletzt aufgerufen am 20.07.2015). Zum *Tracking* der Nutzerinteressen siehe auch die Ausführungen in Teil 3.

F. Entwicklung von Social Media und Ausblick

Von der Erfindung des Telefons durch *Elisha Grey* und *Alexander Bell* im Jahre 1870, über die elektromagnetischen Signalübertragung als Grundstein der heutigen digitalen Kommunikation, bis zum heutigen *Hashtag* auf *Twitter* hat sich die Kommunikation zwischen den Menschen stetig verändert.[76] Durch Soziale Medien ist die Kommunikation direkter, intensiver und schneller geworden.[77] Das *Social Web* erfindet sich dabei ständig neu. Heutige Nutzerzahlen und Beliebtheitsskalen bestimmter Online-Plattformen können bereits morgen überholt sein. Waren beispielsweise Ende der 2000er Jahre die *VZ-Netzwerke*[78] und Plattformen wie *wer-kennt-wen* oder *Lokalisten* im deutschsprachigen Raum populär, sehen sich diese mittlerweile durch den jetzigen Marktführer *Facebook* verdrängt. In Ländern wie *China* sind dagegen andere Social Networking Websites wie *Qzone*[79] oder *Sina Weibo*[80] populär.[81] Ob Soziale Medien kurzlebig sind, oder sich auf lange Sicht etablieren, hängt von verschiedenen Faktoren ab. Die Entwicklung von Sozialen Medien vollzieht sich grundsätzlich auf drei Ebenen[82]: Ausgangspunkt ist die individuelle Ebene, d.h. die Beteiligung von Nutzern an der Gestaltung der Internetangebote. Die technologische Ebene bietet die Grundlage für die tatsächlichen, sichtbaren Ausprägungen und die verfügbaren Anwendungen. Alle direkten und indirekten Auswirkungen auf gesellschaftliche und wirtschaftliche Strukturen sind von der sozioökonomischen Ebene umfasst. Das Ausmaß der Beteiligung der Nutzer variiert dabei stark, je nach Verhalten des Individuums, seinen Wünschen, Erfahrungen, Fähigkeiten und Gewohnheiten.[83] Aufgrund von Entwicklungen auf der technologischen Ebene

76 Vgl. *Nathan Ensmenger* am 04.04.2006: „History of communications", abrufbar unter http://learn.fi.edu/learn/case-files/communication.html (zuletzt aufgerufen am 28.10.2015).

77 *Heckmann*, NJW 2012, 2631, (2634). Nach *Ohly* hat das Internet das Kommunikationsverhalten einer ganzen Generation verändert, in AfP 2011, 428.

78 Bspw. *StudiVZ* und *SchülerVZ*.

79 http://qzone.qq.com/ (zuletzt aufgerufen am 28.10.2015).

80 http://overseas.weibo.com/ (zuletzt aufgerufen am 28.10.2015).

81 Siehe hierzu *Steven Millward* am 13.03.2013: „Check out the Numbers on China's Top 10 Social Media Sites (Infographic)", abrufbar unter http://www.techinasia.com/2013-china-top-10-social-sites-infographic/ (zuletzt aufgerufen am 28.10.2015).

82 *Michelis/Schildhauer*, S. 19 ff.

83 Vgl. *Michelis/Schildhauer*, S. 24. Die Nutzer werden dabei nach „aktiver", „reaktiver" oder „passiver" Nutzer charakterisiert. Nur 1% der Nutzer zählt zum aktiven Segment, das regelmäßig eigene Inhalte erstellt. 9% Prozent der Nutzer erstellen nur selten Inhalte, sondern sie reagieren auf Inhalte aktiver Nutzer durch Kommentare oder Bewertungen. 90% der Nutzer verhalten sich dagegen passiv und beschränken sich auf das Konsumieren der Inhalte. Siehe hierzu auch *Jakob Nielsen* vom 09.10.2006, „The 90-9-1 Rule for Participation Inequality in Social Media and Online Communities", abrufbar unter http://www.useit.com/alertbox/participation_inequality.html (zuletzt aufgerufen am 25.02.2015).

entstehen neue Formen der Kommunikation und neue Verhaltensweisen der Nutzer.[84] Der uneingeschränkte Zugang zu sozialen Technologien beeinflusst die ökonomischen Strukturen, Kommunikationsformen und Verhaltensweisen.

Wie sich die Social Media Angebote in den nächsten Jahren entwickeln ist schwer vorhersagbar.[85] Die Kommunikation in oder über Soziale Medien ist jedoch kein vorübergehendes Phänomen. Sollten auch einzelnen Plattformen durch andere ersetzt werden, so bleibt doch die Art der Nutzung und Kommunikation im Internet bestehen. Rechtliche Fragestellungen im Zusammenhang mit Sozialen Medien werden auch in Zukunft ein wichtiges Thema sein und weiterhin an Relevanz hinzugewinnen.

---

84 Auf technologischer Ebene bezeichnet der Begriff Social Media beschreibbare Internetangebote, die aus inhaltlichen und technischen Modulen zusammengesetzt sind. Über offene Schnittstellen können diese Module automatisch ausgetauscht und variabel zu neuen Angeboten kombiniert werden. Zentrale Prinzipien der technologischen Ebene: sind Modularität, Automatisierung und Variabilität. Siehe hierzu *Michelis/Schildhauer*, S. 22 ff.

85 Anhaltspunkte und Prognosen liefert der jährlich erscheinende „Gartner's Hype Cycle for Emerging Technologies", für das Jahr 2014 abrufbar unter http://www.gartner.com/newsroom/id/2819918 (zuletzt aufgerufen am 20.07.2015).

Teil 2: Social Media Stalking und Social Media Mobbing

Sowie Social Media Angebote wie *Facebook* als Bereicherung für die Persönlichkeitsentfaltung und Förderung von Meinungs- und Informationsfreiheit gelten, so bergen sie doch in gleicher Weise die Gefahr, diese Freiheitsrechte massiv zu beeinträchtigen. Das *Web 2.0*, als ideales Medium zur Kommunikation, bietet nicht nur Kollegen, Gleichgesinnten und Freunden eine Plattform zum Meinungsaustausch, sondern eröffnet gleichsam vielfältige Missbrauchsmöglichkeiten für potenzielle Täter. Die Schattenseiten des *User Generated Content* zeigen sich dann, wenn die ins Netz gestellten Informationen nicht zu Kommunikations- oder Informationszwecken genutzt werden, sondern um andere Personen zu belästigen, verächtlich zu machen oder deren Ruf zu schädigen. Negative Äußerungen und Bewertungen sowie diffamierende Bilder können private Beziehungen als auch den beruflichen Werdegang der Betroffenen zerstören. Die Besonderheiten des Internets geben diesen Gefahren für Persönlichkeitsrechte ein neues Gepräge. Denn das Internet vergisst nichts und die entsprechenden Datenspuren lassen sich noch Jahrzehnte später wiederfinden. Durch fehlende physische Präsenz und Nähe im Internet entsteht eine Distanz, die entsprechende Handlungen der Täter fördert. Die Gefahr, über das Internet Opfer psychischer oder auch physischer Gewalt zu werden, wächst mit der zunehmenden weltweiten Nutzung und Vernetzung sowie immer neuen Angeboten an Social Media Anwendungen. Inwieweit die missbräuchliche Meinungskundgabe oder Verwendung von vorhandenen Informationen in Sozialen Medien dabei als Social Media Mobbing bzw. Stalking unter Strafe steht, ist Gegenstand der nachfolgenden Untersuchung.

In Kapitel A sollen die Phänomene Social Media Stalking und Social Media Mobbing zunächst hinsichtlich ihres rechtstatsächlichen Hintergrundes beleuchtet und gegeneinander abgegrenzt werden. Die Ausführungen bilden dabei die Basis für die darauffolgende juristische Betrachtung. Bei Internetstraftaten, die weltweit begangen werden können, stellt sich zunächst die Frage nach der Anwendbarkeit deutschen Strafrechts (Kapitel B). Im Mittelpunkt der Untersuchung steht sodann die strafrechtliche Einordung des Social Media Stalkings und Mobbings unter die Straftatbestände des StGB (Kapitel C und D) als auch die Thematik des Unrechtsbewusstseins der Täter im Internet. In Kapitel E wird ergänzend die strafrechtliche Verantwortlichkeit der Internetprovider für Mobbing- bzw. Stalkinghandlungen auf Social Media Plattformen thematisiert. Relevante Fragestellungen der Strafverfolgung im Zusammenhang mit Social Media sind Gegenstand des Kapitels F. Abschließend wird in Kapitel G der Vollständigkeit halber ein Überblick über die Rechtsschutzmöglichkeiten gegen Social Media Stalker und Mobber im zivil- und öffentlichen Recht gegeben. In Kapitel H werden die gefundenen Erkenntnisse zusammengefasst.

A. Rechtstatsächlicher Hintergrund

Die Anglizismen Cyberstalking und Cybermobbing sind Begriffe der modernen Lebenswelt und haben sich zunehmend in der heutigen Gesellschaft etabliert. Insbesondere in Zusammenhang mit Social Media Plattformen zeichnen sie sich durch eine gehäufte Medienpräsenz aus.[86]

International bekannt wurde der Cybermobbing-Fall der 13-jährigen *Megan Meier* aus den USA, die über das Online-Netzwerk *MySpace* den virtuellen Freund *Josh Evans* kennenlernte und sich in ihn verliebte.[87] Nachdem dieser nach einigen Wochen des Flirtens begann, dem Mädchen bösartige Nachrichten zu senden, u.a. *„Die Welt wäre ohne dich besser dran"*, erhängte sich das verzweifelte Mädchen in ihrem Schlafzimmer. Bei den späteren Ermittlungen zu dem Fall stellte sich heraus, dass *Josh Evans* in der realen Welt gar nicht existierte, sondern von einer 49-jährigen Nachbarin erfunden wurde, deren Tochter mit Megan befreundet war.

Experten stufen Cybermobbing als eines der größten Risiken für Jugendliche in der heutigen Internetwelt ein.[88] Nach Umfragen unter Schülern im Rahmen einer aktuellen Studie des *Bündnisses gegen Cybermobbing e.V.* im Jahr 2013 soll bereits jeder sechste Schüler in Deutschland Opfer von Cybermobbing über Soziale Netzwerke im Internet geworden sein.[89] Dabei „cybermobben" nicht nur Schüler untereinander, sondern

---

86 Siehe beispielweise *Spiegel Online* am 17.09.1999: *„Persönliche Belästigung im Internet nimmt zu"*, abrufbar unter http://www.spiegel.de/netzwelt/web/us-studie-persoenliche-belaestigung-im-internet-nimmt-zu-a-42238.html; *Heise Online* am 24.12.2013, *„NRW-Justizminister fordert Paragraf gegen Cybermobbing"*, abrufbar unter http://www.heise.de/newsticker/meldung/NRW-Justizminister-fordert-Paragraf-gegen-Cybermob bing-2072240.html; *Spiegel Online* am 07.09.2012, *„Klassenhass im Internet, Du nervst, geh sterben"*, abrufbar unter http://www.spiegel.de/schulspiegel/cybermobbing-auf-facebook-schuelerin-erstattet-anzeige-a-853596.html; *Spiegel Online* am 21.08.2012, *„Auftragsmord unter Schülern, Tödlich beleidigt"*, abrufbar unter http://www.spiegel.de/panorama/justiz/teenager-in-den-niederlanden-gaben-wegen-beleidigung-mord-in-auf trag-a-851203.html; *Heise Online* am 20.08.2004 und 21.10.2012, *„Der Troll der mich liebte"*, abrufbar unter http://www.heise.de/tp/artikel/17/17965/1.html; *„Tod einer 15-Jährigen wird zum Fanal gegen Cybermobbing"*, abrufbar unter http://m.heise.de/newsticker/meldung/Tod-einer-15-Jaehrigen-wird-zum-Fanal-gegen-Cybermobbing-1733477.html?from-classic=1 (die Webseiten wurden zuletzt aufgerufen am 25.07.2015).

87 *Li/Cross/Smith*, S. 145; hierzu auch *Laue*, jurisPR-StrafR, 15/2009, Anm. 2.

88 Studien zum Cybermobbing unter Jugendlichen, MMR-Aktuell 2013, 343709; siehe auch *Steenhoff*, NVwZ 2013, 1190.

89 Bundesweite Studie *Bündnis gegen Cybermobbing e.V.* zum Thema Cybermobbing bei Schülerinnen und Schüler, Karlsruhe Mai 2013. Siehe http://www.buendnis-gegen-cybermobbing.de/Studie/cybermobbingstudie.pdf (zuletzt aufgerufen am 28.10.2015). Siehe hierzu auch *Heise Online* am 17.05.2013, *„Jeder sechste Schüler Opfer von Cybermobbing"*, abrufbar unter http://www.heise.de/newsticker/meldung/Jeder-sechste-Schueler-Opfer-von-Cybermobbing-1865093.html (zuletzt aufgerufen am 28.10.2015).

die Medien berichten auch verstärkt über Fälle, bei denen Lehrer durch Schüler im Web drangsaliert werden.[90] Auch andere Erwachsene können als Nutzer der Online-Netzwerke Täter und Opfer der medialen Attacken sein. Eine Umfrage des *Bundesamtes für Sicherheit in der Informationstechnik* (BSI) hat ergeben, dass bereits 12 Prozent der deutschen Nutzer, die in mindestens einem Sozialen Netzwerk aktiv sind, schon Opfer von Mobbing und sexueller Belästigung geworden sind.[91] Durch die Nutzung von *Facebook* durch Arbeitnehmer geriet Cybermobbing auch zunehmend ins Fadenkreuz arbeitsgerichtlicher Entscheidungen. Dabei haben Kündigungen wegen beleidigender Äußerungen gegenüber Kollegen oder Vorgesetzten über das Soziale Netzwerk an Bedeutung gewonnen.[92] Übt der Arbeitnehmer über Soziale Medien im Internet öffentlich Kritik an seinem Vorgesetzten, kann dies auch ein schlechtes Licht auf das Unternehmen als Arbeitgeber werfen, da sich die Äußerungen wesentlich schneller und in größerem Umfang verbreiten können als bei persönlicher Kommunikation über klassische Medien. Wie schnell negative Kommentare auf Sozialen Netzwerken zu hoher Aufmerksamkeit und weitreichender Skandalisierung führen können, zeigen zahlreiche Beispiele aus der jüngeren Vergangenheit.[93] Dabei waren vergleichsweise banale Anlässe ausschlaggebend für eine kollektive Empörung tausender *Facebook*-Nutzer, die aufgrund ihrer Eigendynamik und Größe zum unkalkulierbaren Risiko wurde.[94] Die Angst vor diesen sog. *Shitstorms*[95] beschäftigt derzeit viele Unternehmen, Organisationen und politische Parteien.[96] Aber auch für Einzelpersonen wie Politiker,

---

90 *Süddeutsche Zeitung* am 10.05.2010, *"Lehrermobbing, Rache im Netz"*, abrufbar unter http://www.sueddeutsche.de/karriere/lehrer-mobbing-rache-im-netz-1.564601 (zuletzt aufgerufen am 28.10.2015). *Spiegel Online* am 13.11.2012, *„Jeder sechste Lehrer fühlt sich gemobbt"*, abrufbar unter http://www.spiegel.de/schulspiegel/wissen/studie-jeder-sechste-lehrer-fuehlt-sich-gemobbt-a-866808.html (zuletzt aufgerufen am 28.10.2015). *Spiegel Online* am 21.04.2014, *„Mobbing in sozialen Netzwerken: Das Leider der Lehrer"*, abrufbar unter http://www.spiegel.de/schulspiegel/wissen/mobbing-in-social-media-viele-lehrer-leiden-unter-boesen-kommentaren-a-965394.html (zuletzt aufgerufen am 28.10.2015). Siehe hierzu auch *Beck*, MMR 2008, 77 ff.

91 *Bundesamt für Sicherheit in der Informationstechnik* am 08.03.2011, *„Cybermobbing ist kein Kinderspiel"*, abrufbar unter http://www.bsi.bund.de/DE/Presse/Pressemitteilungen/Presse2011/Cybermobbing_kein_Kinderspiel_08032011.html (zuletzt aufgerufen am 28.10.2015).

92 Siehe hierzu die Ausführungen in Kapitel G III 1.

93 Eine Übersicht der bekanntesten *Shitstorms* findet sich bei Focus *„Kollektive Entrüstung – Die besten Shitstorms"* unter http://www.focus.de/digital/internet/tid-26192/kollektive-entruestung-im-netz-das-geheimnis-hinter-dem-phaenomen-shitstorm-bekannte-shitstorms_aid_768892.html (zuletzt aufgerufen am 28.10.2015).

94 *Folger*, S. 15.

95 *Shitstorm* meint dabei einen *„Sturm der Entrüstung in einem Kommunikationsmedium des Internets, der zum Teil mit beleidigenden Äußerungen einhergeht"*. http://www.duden.de/suchen/dudenonline/shitstorm (zuletzt aufgerufen am 28.10.2015). Hierzu auch *Glaser*, NVwZ 2012, 1432.

96 *Folger*, S. 12.

Künstler und andere bekannte Personen können *Shitstorms* als Cybermobbing zu einer schwerlich wieder rückgängig zu machenden Rufschädigung führen.[97] Die Möglichkeiten, die sich durch künstlich provozierte *Shitstorms* bieten, um Konkurrenten oder Wettbewerber zu manipulieren, liegen dabei auf der Hand.

Aktuell sorgt noch eine besondere Form des Cybermobbings für Aufsehen: Der britische Geheimdienst *GCHQ*[98] soll durch gefälschte Blogs und negative Web-Kommentare bestimmte Zielpersonen und Unternehmen verleumdet und diskreditiert haben, um so die öffentliche Meinung zu beeinflussen und zu kontrollieren.[99] Ziel der Cyber-Attacken war dabei, den Ruf bestimmter Leute vorsätzlich zu ruinieren. Zu den Maßnahmen gehörten u.a. das Ändern von Fotos in Sozialen Netzwerken, das Versenden fiktiver Nachrichten an Kollegen, Nachbarn und Freunde, sowie das „Posten" falscher und diskreditierender Informationen auf verschieden Plattformen im Internet[100].

Doch nicht nur durch die Möglichkeit des Einstellens bestimmter (negativer) Aussagen und Informationen auf Social Media Plattformen ergeben sich die Risiken des *User Generated Content.* Durch den Missbrauch der bereits vorhandenen Informationsfülle zeigen sich weitere Schattenseiten. Soziale Netzwerke haben der Internetrecherche nach persönlichen Informationen über bestimmte Personen völlig neue Dimensionen eröffnet.[101] Für Cyberstalker bedeutet die Preisgabe persönlicher Daten in Sozialen Netzwerken durch die Nutzer vielseitige Möglichkeiten der virtuellen Belästigung. Nicht unbegründet wird daher die Befürchtung geäußert, Cyberstalking könnte sich zu einer *„Geisel des Internetzeitalters"* entwickeln.[102]

Dabei fehlt es mitunter nicht nur den Social Media Nutzern, die alle erdenklichen Informationen leichtfertig ins Netz stellen, an der erforderlichen Medienkompetenz, wie ein aktueller Fall aus dem Jahr 2013 plakativ zeigt: Eine Bloggerin wurde über viele Jahre von einem Cyberstalker mittels aggressiver Kommentare belästigt, beleidigt und bedroht. Letztlich wurde das Verfahren jedoch mit der Begründung eingestellt, es fehle an der *„schwerwiegenden Beeinträchtigung der*

97 Zu Kampagnen und *„Hetzjagden"* gegen Politiker siehe hierzu auch *Hilgendorf*, EWE 2008, 403, (408).

98 Das *Government Communications Headquarters* ist eine britischer Nachrichten und Sicherheitsdienst.

99 Zum staatlich beauftragten Mobbing siehe Pressemeldungen des *Spiegel* und der *FAZ* vom 25.02.2014: *„Briten-Geheimdienst plante Rufmordkampagnen im Netz"*, abrufbar unter http://www.spiegel.de/netzwelt/netzpolitik/gchq-greenwald-veroeffentlicht-weitere-snowden-dokumente-a-955488.html, *„So werden Menschen vernichtet"*, abrufbar unter http://www.faz.net/aktuell/feuilleton/debatten/ueberwachung/britischer-geheimdienst-so-werden-menschen-vernichtet-12820556.html (Die Webseiten wurden zuletzt aufgerufen am 28.10.2015).

100 *„Deny, Disrupt, Degrade and Deceive"* (aus dem Englischen *„verleugnen, unterbrechen, herabsetzen und täuschen"*).

101 *Hilgendorf/Hong*, KuR 2003, 168; *Robertz/Wickenhäuser*, S. 68.

102 *Hilgendorf/Hong*, KuR 2003, 168.

Lebensgestaltung des Opfers", denn der lediglich lästige und unerwünschte Kontakt könne durch zumutbare Mittel beendet werden, nämlich durch die „*Schließung des Blogs*".[103] Dieser Fall zeigt deutlich auf, dass sich mit der Verbreitung der Sozialen Medien zum einen ganze Lebensbereiche ins Internet verlagern und zum anderen Fälle des Cyberstalkings ohne Gespür und Verständnis für das Internet in der heutigen Zeit nicht zu lösen sind. Nicht nur die Justiz muss sich auf die Neuerungen des Social Media Zeitalters einstellen.

I. Social Media Stalking

1. Begriffsbestimmung von Stalking, Cyberstalking und Social Media Stalking

Das englische Wort *Stalking* (von „*to stalk*" aus dem englischen für „anpirschen" oder „anschleichen") bekam Anfang der 1990er Jahre erstmals einen neuen Sinngehalt und beschrieb das Phänomen der dauerhaften Verfolgung, Bedrohung und Belästigung von Berühmtheiten in *Hollywood* durch Fans.[104] Die Bedeutung verallgemeinerte sich jedoch zusehends und Stalking wurde zum *Terminus Technicus* für das fortgesetzte Verfolgen und Belästigen einer Person gegen deren Willen.[105] Eine einheitliche Begriffsbestimmung für das komplexe psychologische und soziale Verhaltensmuster Stalking zu finden, gestaltet sich jedoch schwer, obwohl Stalking seit dem Jahr 2007 unter dem Tatbestand der „Nachstellung" in § 238 des Strafgesetzbuchs (StGB) erfasst ist.[106] Aufgrund der Vielfältigkeit der Verhaltensmuster und Erscheinungsformen fehlt es an einer allgemein gültigen (juristischen) Definition.[107] Aus den verschiedenen nationalen und internationalen Definitionsansätzen lässt sich allerdings ein gemeinsames Ergebnis bezüglich der Mindestvoraussetzungen festhalten: Danach stellt Stalking ein Verhaltensmuster dar, bei dem der Täter eine bestimmte Person über einen längeren Zeitraum hinweg durch verschiedene fortgesetzte Handlungen beobachtet, verfolgt, belästigt oder bedroht und dieses Verhalten beim Opfer unerwünscht ist und erhebliche Angstzustände auslöst.[108] Dabei zeichnet sich Stalking primär dadurch aus, dass erst die Wiederholung, die

---

103 *Spiegel Online* am 05.02.2013, „*Die Mensch-Maschine: Der Stalker und die Bloggerin*", http://www.spiegel.de/netzwelt/netzpolitik/sascha-lobo-gegen-cyber-stalking-hilft-nur-gespuer-fuers-internet-a-881537.html (zuletzt aufgerufen am 28.10.2015).

104 *Bieszk/Sadtler*, NJW 2007, 3382, (3384); *Port*, S. 7.

105 *Bieszk/Sadtler*, NJW 2007, 3382, (3384); *Rengier*, Strafrecht BT II, § 26a. Nachstellung, Rn. 1.

106 Zur Auslegung des Begriffs der Nachstellung in der Rechtsprechung des *BGH* siehe die Ausführungen in Kapitel C I 1.

107 *Port*, S. 10; S/S-*Eisele*, StGB, § 238, Rn. 1; *Bieszk/Sadtler*, NJW 2007, 3382, (3384).

108 Zu den verschiedenen Definitionsansätzen des Stalkings siehe *Port*, S. 8 ff.; *Aul*, S. 37 ff.

Häufigkeit, die Kontinuität und die Kombination bestimmter, einzeln betrachtet sogar harmloser und sozialadäquater Handlungen, das Täterverhalten zu einer unzumutbaren Beeinträchtigung machen.[109]

Auch dem Cyberstalking fehlt es an einer einheitlichen Begriffsbestimmung oder allgemein gültigen Definition. In der juristischen Literatur bezeichnen beispielsweise *Hilgendorf* und *Hong* das Cyberstalking als *„permanente Überwachung, Belästigung oder Bedrohung eines anderen Menschen über das Internet“*.[110] Vielfach diskutiert wird auch, ob das virtuelle Stalking nur als eine Unterform und Variante der verschiedenen Stalkinghandlungen des herkömmlichen Stalkings ist, oder ob es sich beim Cyberstalking um eine neue und völlig eigenständige Form der Belästigung handelt.[111] Um den Begriff und das zugehörige Verhalten möglichst eindeutig und konturiert zu formulieren, wird eine Zusammenschau der Definitionsansätze aus den verschiedenen wissenschaftlichen Disziplinen herangezogen, die das Cyberstalking je nach Intention auf unterschiedlichste Weise verstehen und interpretieren. Bei *Port* findet sich eine Zusammenfassung der gemeinsamen Merkmale der verschiedenen Definitionsansätze anhand derer das Phänomen beschrieben werden kann. Danach beschreibt Cyberstalking

> *„eine Kriminalitätsform, bei der der Täter unter Verwendung moderner Medien sein Opfer aufgrund verschiedener Motivationen verfolgt, bedroht oder belästigt“*.[112]

Dabei sind die einzelnen Cyberstalking-Methoden häufig sehr vielseitig, und führen bei den Betroffenen regelmäßig zu physischen und psychischen Beeinträchtigungen.[113]

Cyberstalking umfasst dabei die virtuelle Belästigung über beliebige neue Medien. In der Literatur wird daher je nach Medium zwischen den Begriffen E-Mail-, Computer-, oder Internetstalking etc. differenziert.[114] Die vorliegende Prüfung fokussiert sich auf das Stalking über Social Media Plattformen im Internet, mithin das Social Media Stalking. In der nachfolgenden Untersuchung werden die Begriffe Cyberstalking und Social Media Stalking der Einfachheit halber synonym verwendet.

2. Erscheinungsformen des Social Media Stalkings

Der wachsende Informationsfluss des Internets unterstützt auch die Zugriffsmöglichkeiten des Stalkers, der sich diese Informationsquelle zu Nutzen macht, um verschiedene Hinweise über seine Zielperson aus dem Internet zu erlangen. Dabei

---

109 Vgl. BT-Drs. 16/575, S. 1 f.

110 *Hilgendorf/Hong*, KuR 2003, 168.

111 Zu den unterschiedlichen Auffassungen siehe *Port*, S. 17 f.

112 *Port*, S. 16.

113 *Aul*, S. 70; *Volkmer/Singer*, S. 84; *Port*, S. 16; *Sadtler*, S. 57.

114 Die Begriffe werden in der Literatur auch synonym verwendet. *Port*, S. 40; *Gerhold*, S. 13; *Aul*, S. 70; *Volkmer/Singer*, S. 84; *Hilgendorf/Hong*, KuR 2003, 168.

lassen sich gerade über Soziale Netzwerke nicht nur allgemeine sondern auch private Daten ermitteln. So bietet beispielsweise die *Timeline* des Sozialen Netzwerks *Facebook* Informationen über aktuelle und vergangene Interessen, Freunde und Freizeitaktivitäten der Zielperson. Der Trend, sich in den verschiedenen Netzwerken des *Web 2.0* öffentlich zu präsentieren, birgt das Risiko, dass diese persönlichen Daten durch Stalker gesammelt und anschließend missbraucht werden; beispielsweise durch Anmeldung des Opfers in Online-Kontaktbörsen, die Erstellung von Social Media Profilen unter Verwendung des Namens des Opfers bis hin zur Androhung von Amokläufen oder Attentaten im Namen des Opfers.[115]

Zu den häufigsten Stalkinghandlungen über Soziale Medien im Internet gehören das Verbreiten von Lügen und Gerüchten, sowie die Veröffentlichung privater Details über das Opfer, beispielsweise über dessen Sexualleben oder finanziellen Situation.[116] Dazu gehört auch das Veröffentlichen und Verbreiten von erotischen Bilden oder peinlichen Videos des Stalking-Opfers.[117] Des Weiteren wird das Opfer, dessen Familie, Freunde oder Arbeitskollegen durch den Cyberstalker wiederholt mittels Nachrichten belästigt und bedroht.[118] Abhängig von der kriminellen Energie des Täters können folglich Stalkinghandlungen in unterschiedlichster Form auftreten. Besonders aggressiv gehen technisch versierte Täter vor und verschaffen sich über das Internet Zugriff auf private Inhalte Sozialer Netzwerke wie Nachrichten oder Chats, um so noch tiefer in die Privatsphäre des Opfers einzudringen.[119] In der virtuellen Welt können dabei immer wieder neue Kriminalitätsformen entstehen.

II. Social Media Mobbing

1. Begriffsbestimmung von Mobbing, Cybermobbing und Social Media Mobbing

Der Terminus *Mobbing* ist an das englische Verb *„to mob"* angelehnt, was so viel bedeutet wie jemanden anpöbeln, bzw. über jemanden herfallen[120] und findet seinen Ursprung in der lateinischen Sprache wonach *„mobile vilgus"* die wankelmütige Masse, bzw. die aufgewiegelte Volksmenge bedeutet.[121] Der ursprünglich von *Konrad Lorenz* geprägte Begriff *Mobbing*, der damit Gruppenangriffe unterlegener Tiere gegen einen überlegenen Gegner bezeichnete, wurde in den 60er und 70er Jahren von dem Arzt *Peter-Paul Heinemann* aufgegriffen, um das

---

115 Siehe hierzu *Port*, S. 42 ff.; *Schandl*, S. 48.

116 *Sadtler*, S. 57; *Hilgendorf/Hong*, KuR 2003, 168; *Valerius*, JuS 2007, 319. Zu den vielfältigen Handlungsmustern siehe auch *Robertz/Wickenhäuser*, S. 68.

117 *Sadtler*, S. 57; *Hilgendorf/Hong*, KuR 2003, 169.

118 *Valerius*, JuS 2007, 319; *Sadtler*, S. 57.

119 *Robertz/Wickenhäuser*, S. 69.

120 *Wolmerath*, § 1, Rn. 2; *Bieszk/Sadtler*, NJW 2007, 3382.

121 Zur Herkunft des Begriffs „Mobbing" siehe *Riebel*, S. 6; *Reum*, S. 36.

Gruppenverhalten von Kindern auf dem Schulhof zu untersuchen.[122] Der als Pionier der Mobbing-Forschung geltende Arzt und Psychologe *Heinz Leymann* verwendete die Terminologie erstmals, um die konfliktbelastete Kommunikation Erwachsener in der Arbeitswelt zu beschreiben.[123] Die 1993 von ihm publizierten Untersuchungen der Auswirkungen von Psychoterror am Arbeitsplatz auf den Arbeitnehmer führte auch in Deutschland zu einem Bewusstsein für das Problem *Mobbing*.[124] Mittlerweile hat sich der Anglizismus *Mobbing* als eigenständiger Begriff im Deutschen etabliert und wird auch in Bezug auf Vorkommnisse in der Politik, Militär und Schule genutzt.[125]

Mobbing ist wie Stalking kein Rechtsbegriff und trotz zahlreicher Definitionen in der (juristischen) Literatur[126] ist eine dogmatisch abschließende Begriffsbestimmung für das vielschichtige Phänomen schwer zu fassen. Nach der häufig verwendeten Umschreibung durch *Leymann*[127] werden darunter *„negative kommunikative Handlungen"* beschrieben,

> *„die gegen eine Person gerichtet sind (von einer oder mehreren anderen) und die sehr oft und über einen längeren Zeitraum hinaus vorkommen und damit die Beziehung zwischen Täter und Opfer kennzeichnen"*.

Mobbing- als auch Stalkinghandlungen zeichnen sich gleichermaßen dadurch aus, dass sie isoliert betrachtet, oft als sozialadäquate Verhaltensweisen hingenommen werden müssen. Mobbing kennzeichnet die Verbundenheit dieser einzelnen Handlungen, die für sich genommen eventuell relativ unbedeutend, mit zunehmender Zahl aber eine Beeinträchtigung und Verletzung des Opfers bewirken können.[128]

Das deutsche Strafrecht kennt keinen eigenen Straftatbestand für Mobbing, daher fehlt es an einer gesetzlichen und damit verbindlichen Umschreibung von Mobbing im deutschen Recht.[129] In der arbeitsrechtlichen Rechtsprechung definierte das *BAG* erstmals 1997 Mobbing als

---

122 Zur geschichtlichen Entwicklung siehe *Wolmerath*, § 1, Rn. 3; *Reum*, S. 35.

123 *Leymann*, S. 16 ff.

124 *Mühe*, S. 35; *Wolmerath*, § 1, Rn. 5; *Robertz/Wickenhäuser*, S. 72.

125 Im angloamerikanischen Sprachraum findet sich anstatt dem Begriff Mobbing insbesondere im Schulkontext der Begriff des *Bullying*. Dieser synonym verwendete Begriff wird im Deutschen mit „einschüchtern" oder „tyrannisieren" übersetzt. Siehe hierzu *Wolmerath*, § 1, Rn. 34; *Riebel*, S. 5 f; *Robertz/Wickenhäuser*, S. 72; *Bieszk/Sadtler*, NJW 2007, 3382.

126 Siehe zu den nationalen und internationalen Definitionsansätzen *Riebel*, S. 3 ff; *Wolmerath*, § 1, Rn. 9; *Mühe*, S. 39; *Seel*, öAT 2013, 158; *Jansen/Hartmann*, NJW 2012, 1540, (1541).

127 Arbeitswissenschaftlich geprägte Begriffsbestimmung von *Leymann*, S. 21.

128 Ebenso *Wolmerath*, § 1, Rn. 6; *Jansen/Hartmann*, NJW 2012, 1540, (1541).

129 Zum Mobbingbegriff siehe *Sasse*, ArbRB 2002, 271.

„das *systematische, Anfeinden, Schikanieren oder Diskriminieren von Arbeitnehmern untereinander oder durch Vorgesetzte*".[130]

Nach der Einführung des Allgemeinen Gleichbehandlungsgesetzes (AGG) 2006 verwies das *BAG* mit seiner Entscheidung vom 25. Oktober 2007 für die Definition von Mobbing auf den Begriff der Belästigung in § 3 Abs. 3 AGG.[131] Eine Belästigung ist danach

„*eine Benachteiligung, wenn unerwünschte Verhaltensweisen, die mit einem in § 1 genannten Grund*[132] *in Zusammenhang stehen, bezwecken oder bewirken, dass die Würde der betreffenden Person verletzt und ein von Einschüchterungen, Anfeindungen, Erniedrigungen, Entwürdigungen oder Beleidigungen gekennzeichnetes Umfeld geschaffen wird.*"

Cybermobbing wird als neue Methode des Mobbings bezeichnet, die zum einen bestimmte Formen des traditionellen Mobbings auf den virtuellen Kontext überträgt, zum anderen weitere, neue Formen beinhaltet, die nur in der virtuellen Welt möglich sind, wie beispielsweise die Erstellung einer Website über das Mobbingopfer.[133] Das Cybermobbing lässt sich in mehrere Unterformen aufteilen, wobei zur Kategorisierung zum einen die Art des Mediums (SMS, E-Mail, Telefon, Webseiten, etc.), zum anderen die Art des Vorfalls herangezogen wird.[134] Die Begriffsbestimmungen und Definitionsversuche des Cybermobbings sind vielfältig, wobei sich die wesentlichen Elemente auf folgende Kriterien zusammenfassen lassen: die Nutzung (neuer) Technologien, die negative Beeinträchtigung des Opfers sowie die Wiederholung der Mobbinghandlungen.[135]

Die nachfolgende Prüfung befasst sich mit dem Social Media Mobbing, speziell dem Mobbing über Social Media Plattformen im Internet. Bei der nachfolgenden rechtlichen Prüfung der verschiedenen Mobbinghandlungen über Soziale Netzwerke werden die Begriffe Social Media Mobbing und Cybermobbing synonym verwendet.

---

130 *BAG*, Beschluss vom 15.01.1997, Az. 7 ABR 14/96, in: NZA 1997, 2542.

131 *BAG*, Urteil vom 25.10.2007, Az. 8 AZR 593/06, in: NZA 2008, 223, (225); siehe auch *BAG*, Urteil vom 22.07.2010, Az. 8 AZR 1012/08; in: NZA 2011, 93; BeckOK-ArbR/*Hesse* § 619a, Rn. 47; *Wolmerath*, § 1, Rn. 10; *Seel*, öAT 2013, 158.

132 Nach § 1 AGG ist Ziel des Gesetzes „*Benachteiligungen aus Gründen der Rasse oder wegen der ethischen Herkunft, des Geschlechts, der Religion oder Weltanschauung, einer Behinderung, des Alters oder der sexuellen Identität zu verhindern oder zu beseitigen*".

133 *Riebel*, S. 9; *Reum*, S. 37.

134 *Riebel*, S. 46 f.

135 *Patchin/Hinduja*, S. 14; *Robertz/Wickenhäuser*, S. 74. Siehe hierzu auch *Cornelius*, ZRP 2014, 164.

2. Erscheinungsformen des Social Media Mobbings

Cybermobbing bzw. Social Media Mobbing sind Oberbegriffe für eine Vielzahl beunruhigender Handlungsweisen und Angriffe über neue Medien. Die einzelnen Formen des Mobbings verlagern sich zunehmend aus dem tatsächlichen Umfeld in den virtuellen Raum des Internets. Im Cyberspace mobben nicht nur Kinder und Jugendliche als derzeit noch Hauptnutzer der Sozialen Netzwerke unter Zuhilfenahme fortschrittlicher Technologien.[136] So können mittels *Smartphones* Fotos und selbstgedrehte Videos mit sexuellen, gewalttätigen oder demütigenden Inhalten von Mitschülern oder Lehrern binnen kürzester Zeit auf den verschiedenen Sozialen Netzwerken wie beispielsweise *YouTube*[137] einer breiten Öffentlichkeit zugänglich gemacht werden.[138] Mit Pinnwandeinträgen, Kommentaren und sonstigen *Posts* werden Kollegen oder Mitschüler durch mehrere Täter bedroht, beleidigt oder verächtlich gemacht.[139] Beliebt sind weiterhin sog. *Voting-Seiten*, auf denen ein Bild des Opfers hochgeladen und anderen Nutzern zur Bewertung und Kommentierung über das Aussehen der betroffenen Person dargeboten wird.[140] Eine extreme und besonders brutale Form der virtuellen Schikane ist das *„Happy Slapping"*[141]. Das Mobbingopfer wird dabei von den Tätern zusammengeschlagen und das Szenario als Video auf den Sozialen Netzwerken eingestellt.[142] Die oft große Gruppe an Mobbern, die sich durch Kommentare und *Likes* beteiligen, erhält gegenüber dem einzelnen Opfer eine besondere Machtposition. Als weiteres Beispiel für Social Media Mobbing dient die Verbreitung von Gerüchten, die sich in kürzester Zeit über das gesamte Online-Netzwerk verbreiten können. Dazu werden von den Tätern beispielsweise der Name, die E-Mail-Adresse oder sonstige Kontaktangaben des Opfers auf diversen pornographischen oder extremistischen Seiten gestreut, mit der Folge, dass das Opfer mit Nachrichten und anstößigen Kommentaren überschüttet wird.[143] Unter dem Namen des Opfers wird beispielsweise ein *„Fake-Account"* bzw.

---

136 Zur Nutzung von Sozialen Netzwerken durch Jugendliche siehe *Steenhoff*, NVwZ 2013, 1190.

137 Als Beispiel für Lehrermobbing siehe bspw. das *YouTube*-Video *„Lehrer rastet aus wegen Papierflieger"*, abrufbar unter http://www.youtube.com/watch?v=wZZkCUQzyAE (zuletzt aufgerufen am 28.10.2015).

138 Siehe zu den Ausprägungsformen von Cyberbullying auch *Robertz/ Wickenhäuser*, S. 74 f.; *Hanschmann*, NVwZ 2008, 1295 f. Ausführlich zum Lehrermobbing durch Videos im Internet *Beck*, MMR 2008, 77 ff.

139 Types of cyberbullying on *sns* (social networking site): *Katz*, S. 32 f.; hierzu auch *Reum*, S. 49 ff.

140 Als Beispiel für eine *Voting*-Seite siehe etwa http://www.binichattraktiv.de/voten.php (zuletzt aufgerufen am 28.10.2015).

141 Aus dem Englischen etwa *„lustiges Schlagen"*.

142 *Katz*, S. 31 f.; ausführlich zum Thema *„Happy Slapping"* auch *Robertz/ Wickenhäuser*, S. 75 f.; *Hanschmann*, NVwZ 2008, 1295, (1297); *Riebel*, S. 52, 59.

143 *Katz*, S. 33 f.

„*Fake-Profil*“[144] bei *Facebook* eröffnet, um über dieses Profil Freunde und Bekannte zu beleidigen oder falsche Informationen zu verbreiten.[145] Die Bandbreite der denkbaren virtuellen Mobbinghandlungen kennt, wie die Fantasie und Motivation der Cybermobber, keine Grenzen.

III. Folgen und Auswirkungen von Social Media Stalking und Mobbing

Mobbing und Stalking haben oft gravierende Folgen für den Betroffenen und können sich auf dessen Wohlbefinden und Gesundheit als auch auf dessen Lebensgestaltung und das Berufsleben äußerst negativ auswirken. Denn die Angriffe gegenüber dem Opfer haben aufgrund der emotionalen Belastung eine besondere Intensität.[146] Viele Mobbing und Stalking-Opfer leiden unter erheblichen gesundheitlichen Problemen und müssen infolgedessen ärztliche und psychotherapeutische Hilfe in Anspruch nehmen.[147] Soziale Auswirkungen zeigen sich bei Stalking-Betroffenen in der Umstellung der Lebensgewohnheiten, dem Rückzug aus dem Sozialleben, der Aufgabe oder Wechsel des Arbeitsplatzes bis hin zur vollständigen Isolation.[148] Vor allem kann Stalking entgegen landläufiger Meinung jeden treffen; ein klassischer Opfertyp oder Prototyp des Täters existiert nicht.[149] Die Stresssymptome bei langanhaltendem Stalking als auch Mobbing können neben ernsthaften körperlichen Erkrankungen, auch zu einer psychischen

144 Als *Fake* (engl. für Fälschung) bezeichnet man das Vortäuschen falscher Tatsachen.

145 *Katz*, S. 44 f.

146 Das allgemeine Persönlichkeitsrecht dient dem Schutz des Einzelnen vor der Gefährdung seiner immateriellen Integrität und Selbstbestimmung und gesteht jedem einen autonomen Bereich der Lebensgestaltung zu, in dem er seine Individualität unter Ausschluss anderer Entwickeln und wahrnehmen kann. Das *BVerfG* versteht das allgemeine Persönlichkeitsrecht als Rahmenrecht und leitet es in ständiger Rechtsprechung aus den Art. 2 Abs. 1 GG und Art. 1 Abs. 1 GG her. Vgl. *BVerfGE* 54, 148, (153). Zum allgemeinen Persönlichkeitsrecht siehe BeckOK-StGB/*Heuchemer*, Lexikon des Strafrechts, Persönlichkeitsrecht, Rn. 1 ff.; *Bieszk/Sadtler*, NJW 2007, 3382 ff.; MüKo-*Rixecker*, BGB, Anhang zu § 12, Rn. 2. Zum allgemeinen Persönlichkeitsrecht siehe auch *Piltz*, S. 8 ff.

147 Siehe hierzu *N24* am 04.06.2015, „*So schlimm ist Mobbing wirklich*“, abrufbar unter http://www.n24.de/n24/Nachrichten/Wissenschaft/d/6750690/so-schlimm-ist-mobbing-wirklich.html (zuletzt aufgerufen am 20.07.2015). Hierzu auch *Seiler*, S. 14, *Port*, S. 115 ff.; zu den Folgen von Stalking siehe auch *Keiser*, NJW 2007, 3387, (3388); *Valerius*, JuS 2007, 319, (320); *Schandl*, S. 100 ff.

148 *Seiler*, S. 15; *Port*, S. 114 f.; zu den Auswirkungen von Stalking siehe auch BT-Drs. 16/3641, S. 7.

149 *Bieszk/Sadtler*, NJW 2007, 3382, (3384). Zu den Typologien der Täter und Opfer von Cyberstalking siehe *Port*, S. 74 ff. und S. 109 ff.

Traumatisierung und Persönlichkeitsveränderung führen.[150] Medikament- und Alkoholmissbrauch, sowie Suizid und Suizidversuche sind mögliche Folgen beider Phänomene.[151] Der seelische Schaden dieser Taten ist immens. 20 % der Selbsttötungsfälle in Deutschland pro Jahr, mithin rund 2.000 Fälle, sollen nach Schätzungen auf Mobbing zurückzuführen sein.[152] Die bekannt gewordenen Selbstmordfälle von Jugendlichen in den Medien zeigen, dass vor allem auch junge Menschen der enormen Belastung durch Mobbing nicht Stand halten.[153] Neben den tragischen Suizidfällen ist das Thema Mobbing auch von Arbeitgebern und Unternehmen ernst zu nehmen. Schätzungen zufolge soll bereits jeder vierte Erwerbstätige im Laufe seines Berufslebens mindestens einmal mit Mobbing konfrontiert worden sein.[154] Die Folgen von Mobbing führen bei den Betroffenen im schlimmsten Fall zu einer dauerhaften Arbeitsunfähigkeit. Aber auch ein schlechtes Betriebsklima und die Arbeitsmoral der Belegschaft mit geringer Leistungsmotivation führen zu steigenden Kosten für ein Unternehmen.[155] Durch den Arbeitsausfall und die verminderte Produktivität des Gemobbten und der Mobber, sowie der Arbeitsausfall von Vorgesetzten und der Personalabteilung, die sich mit dem Mobbingfall auseinander setzen müssen, bis hin zu gerichtlichen Auseinandersetzungen zwischen den Parteien, können für ein Unternehmen erhebliche Kosten bedeuten.[156] Der wirtschaftliche Schaden für Unternehmen wird auf jährlich 15.000 bis 50.000 Euro pro Mobbingfall geschätzt.[157] Die Folgen von Rufschädigung und *Shitstorms*, wie Reputationsschäden und Umsatzeinbußen, sind für Einzelpersonen kaum auszumachen. Die Relevanz und das Schadenspotential von Mobbing können daher nicht unterschätzt werden.

Dabei fügen die virtuellen Attacken den Opfern oft einen größeren Schaden zu, als traditionelles Mobbing oder Stalking. Für viele Menschen spielt sich das Leben

---

150 Stresssymptome bei Mobbing bei *Leymann*, S. 108; *Wolmerath*, § 1, Rn. 80; *Riebel*, S. 57; zu den Folgen von Mobbing auch *Mühe*, S. 66 f., zu den Reaktionen und Auswirkungen beim Stalking siehe *Seiler*, S. 13 ff.; *Port*, S. 114 f. Zum Gesetzesentwurf des § 238 StGB siehe auch BT-Drs. 16/3641, S. 6.

151 Zu den Auswirkungen von Cyberstalking siehe *Port*, S. 114 ff.; *Cornelius*, ZRP 2014, 164 f.

152 *Wolmerath*, § 1, Rn. 81.

153 Nordrhein-Westfalens Justizminister *Thomas Kutschaty* über *Heise-Online* am 24.12.2013 abrufbar unter http://www.heise.de/newsticker/meldung/NRW-Justiz minister-fordert-Paragraf-gegen-Cybermobbing-2072240.html (zuletzt aufgerufen am 28.10.2015). Siehe zur Selbstmordgefährdung von Jugendlichen *Patchin/Hinduja*, S. 25; zu Suizidfällen am Arbeitsplatz *Mühe*, S. 71.

154 *Wolmerath*, § 1, Rn. 52.

155 *Mühe*, S. 69 f.

156 *Wolmerath*, § 1, Rn. 88.

157 Bundesdeutschen Betrieben sollen fehlzeitbedingt Kosten in Höhe von insgesamt rund 15–25 Milliarden Euro im Jahr entstehen. *Wolmerath*, § 1, Rn. 88; *Pauken*, ArbR-Aktuell 2013, 350. Siehe zur Aufstellung von möglichen Kostenfaktoren *Wolmerath*, § 1, Rn. 90.

zunehmend im Internet ab. Dank moderner *Smartphones* gibt es für das Opfer keinen Rückzugsort wie das eigene Zuhause mehr und die virtuellen Angriffe werden zu einer allgegenwärtigen Belästigung.[158] Die Cybertäter verfolgen das Opfer über mobile Geräte unabhängig von Zeit und Ort. Die Opfer von Cyberstalkern fühlen sich so immerzu überwacht.[159] Die Miniaturisierung von Kameras und Einrichtung von *Webcams* ermöglicht ein heimliches Endringen in den Privat- und Intimbereich der Wohnung.[160]

Durch die uneingeschränkte Datenverfügbarkeit und Beziehungslosigkeit im Internet können völlig Fremde weltweit zu Cyberstalkern werden.[161] Der Täter sieht mangels direkten Kontakts und Feedbacks nicht, wie sich die Cyberattacken auf den Betroffenen auswirken.[162] Den Online-Tätern fehlt es an empathischem Verständnis, denn mangels physischer Nähe zu dem Opfer wird den Tätern das Ergebnis ihres Handelns nicht vor Augen geführt und sie befürchten keine negativen Konsequenzen.[163] Die gefühlte oder tatsächliche Anonymität des Internets reduziert zudem die Hemmschwelle der Online-Täter, da die Gefahr der Bestrafung geringer erscheint.[164] Agieren die Täter unter Pseudonymen auf den Social Media Plattformen, kann diese Anonymität Nährboden für Straftaten sein.

Ins Internet gestellte Bilder und Videos verbreiten sich rasend schnell und sind über einen langen Zeitraum hinweg abrufbar, so dass sich die Opfer noch lange nach der Tat mit den Ergebnissen konfrontiert sehen. Ein Entkommen für das Opfer gibt es nicht, denn einmal ins Netz gestellten Inhalte sind kaum wieder zu löschen. Hinzu kommt, dass die Verbreitung ehrrühriger und erniedrigender Inhalte über das Internet zu einer Einbeziehung zahlreicher Dritter führt und so die Diffamierung in der Öffentlichkeit enorm steigt.[165] Mit dem stetigen Ausbau des Internets, der Erfindung neuer Technologien und neuen Social Media Angeboten wachsen auch die Möglichkeiten und Handlungsformen der Cybertäter.

---

158 *Schöch*, NStZ 2013, 221, (222); *Reum*, S. 61; *Cornelius*, ZRP 2014, 164.

159 *Port*, S. 19. So auch die Begründung der Reform des § 201a StGB siehe BT-Drs. 18/2601, S. 37.

160 *Hilgendorf/Hong*, KuR 2003, 168.

161 *Port*, S. 22 f.; *Schandl*, S. 48.

162 *Riebel*, S. 57 ff.; *Sadtler*, S. 58; *Hilgendorf/Hong*, KuR 2003, 168; *Robertz/ Wickenhäuser*, S. 67.

163 *Hilgendorf/Hong*, KuR 2003, 168, (169).

164 *Port*, S. 21 , *Sadtler*, S. 58; *Hilgendorf/Hong*, KuR 2003, 168, (169); *Robertz/ Wickenhäuser*, S. 67; *Cornelius*, ZRP 2014, 164; *Hoffmann/Schulz/Borchers*, MMR 2014, 89. Siehe hierzu auch *Polizeiliche Kriminalprävention der Länder und des Bundes, „Cybermobbing: Neue Form der Gewalt“*, abrufbar unter http://www.polizeiberatung.de/themen-und-tipps/gefahren-im-internet/cybermobbing.html (zuletzt aufgerufen am 28.10.2015).

165 *Port*, S. 20; *Hilgendorf/Hong*, KuR 2003, 168, (169); *Robertz/Wickenhäuser*, S. 67; BT-Drs. 18/2601, S. 37.

IV. Abgrenzung der Phänomene

Die Gegenüberstellung der Phänomene Social Media Stalking und Social Media Mobbing zeigt eine enorme Ähnlichkeit der Handlungsweisen der Täter und der Auswirkungen auf die Betroffenen. Beide Phänomene zeichnen sich durch eine Vielzahl von Vorgehensweisen des Täters aus, durch die das Opfer belästigt, bedroht, bloßgestellt oder verächtlich gemacht wird und scheinen in gewissem Umfang sogar deckungsgleich zu sein.[166] Mobbing und Stalking schließen sich keineswegs aus, sondern bestimmte Handlungen der Cyberstalker entsprechen denen der Cybermobber. Die Problemkreise können sich dabei überschneiden und beispielsweise kann Stalking Mobbing vorausgehen, ihm nachfolgen oder es fördern.[167] Auch die dabei zu beobachtende Eigendynamik gleicht sich.[168]

Bei genauerer Betrachtung ergeben sich jedoch spezifische Besonderheiten, die eine Abgrenzung ermöglichen. Hinsichtlich der Begehungsweise besteht der Unterschied, dass (Cyber-)Stalking grundsätzlich von einer Person als Einzeltäter begangen wird und auch das familiäre Umfeld des Opfers betroffen sein kann.[169] (Cyber-) Mobbing wird hingegeben oftmals von mehreren Tätern als Tätergruppe zielgerichtet gegen ein Opfer verübt und weist oft einen Bezug zum schulischen Umfeld oder Arbeitsplatz auf.[170] Differenziert werden kann ferner nach der Motivation des Täters. Stalking wurzelt in zwischenmenschlichen Verhältnissen und das obsessive Verfolgen zielt oftmals darauf ab, ein Näheverhältnis zu einer Person, oft potentiellen oder ehemaligen Beziehungspartnern, herzustellen, bzw. Kontrolle über das Opfer auszuüben oder sich an diesem zu rächen.[171] Ziel des Mobbers ist dagegen die Zerstörung des Rufs der Zielperson aus persönlichen, wirtschaftlichen oder politischen Gründen. Die Motivation des Mobbers besteht beispielsweise darin, das Opfer verächtlich zu machen, um in einer Gruppe Anerkennung zu erhalten und oftmals hegt der Mobber darüber hinaus den Wunsch, das Opfer loszuwerden, beispielsweise zur Aufgabe des Arbeitsplatzes zu bewegen.[172] Grundsätzlich empfiehlt sich bei der Abgrenzung nicht die Orientierung an abstrakten Begrifflichkeiten, sondern eine einzelfallbezogene Betrachtung der Gesamtsituation.[173]

---

166 Zur gemeinsamen Schnittmenge von Mobbing und Stalking siehe *Bieszk/Sadtler*, NJW 2007, 3382, (3386 f.); *Keiser*, NJW 2007, 3387, (3389).

167 *Heise Online* am 20.08.2004, *„Der Troll, der mich liebte"*, http://www.heise.de/tp/artikel/17/17965/1.html (zuletzt aufgerufen am 28.10.2015).

168 *Bieszk/Sadtler*, NJW 2007, 3382, (3386); *Schandl*, S. 33.

169 *Port*, S. 27; *Schandl*, S. 33.

170 *Riebel*, S. 51; *Mühe*, S. 56; *Bieszk/Sadtler*, NJW 2007, 3382, (3386); *Schandl*, S. 33.

171 BT-Drs. 16/575, S. 6; *Bieszk/Sadtler*, NJW 2007, 3382, (3384).*Riebel*, S. 51; *Port*, S. 27; *Robertz/Wickenhäuser*, S. 65; *Reum*, S. 100.

172 *Mühe*, S. 56; *Wolmerath*, § 1, Rn. 72; *Port*, S. 27; *Bieszk/Sadtler*, NJW 2007, 3382, (3386).

173 *Port*, S. 32.

Im Rahmen des Social Media Mobbings bzw. Stalkings nutzen die Cybertäter grundsätzlich die Social Media Angebote missbräuchlich, um ihrem Opfer zu schaden. Für die folgende rechtliche Prüfung und Subsumption unter die einschlägigen Normen galt es daher wie folgt zu differenzieren: Schwerpunkt der Handlungen beim Social Media Mobbing ist das Generieren des *User Generated Content* durch öffentliches Einstellen von ehrverletzenden Texten, Kommentaren, Bildern oder Videos. Beim Social Media Stalking liegt dieser dagegen in der missbräuchlichen Gewinnung und Verwendung der bereits vorhandenen Informationen des *User Generated Content*, der daraus folgenden Belästigung durch wiederholte Kontaktaufnahme mit dem Opfer über Soziale Netzwerke, als auch im Zugriff auf für den Täter nicht einsehbare private Informationen.

V. Zwischenergebnis

Cybermobbing gilt weltweit als wachsendes Problem.[174] In ihrem Buch „*Generation Internet*" stufen die Rechtsprofessoren *John Palfrey* und *Gasser* Cybermobbing als eines der größten Risiken ein, die den *Digital Native* bedrohen.[175] Jeder achte Internetnutzer, etwa 13 Prozent, fühlt sich durch Beleidigungen oder Belästigungen im Netz bedroht[176]. Auch das Thema Cyberstalking hat in den letzten Jahren aufgrund der Informationsfülle und der Kommunikationsmöglichkeiten im Internet zunehmend an Bedeutung gewonnen. Beide Phänomene sind keiner eindeutigen (juristischen) Definition zugänglich, wobei sie sich hinsichtlich der Begriffsbestimmungen, ihrer Begehungsweise sowie den Auswirkungen auf ihre Opfer ähneln. Sie gelten als Potenzierung von Belästigung, Verfolgung und bedrohender Nachstellung unter Anwendung und Zuhilfenahme moderner technischer Hilfsmittel und haben durch zielgerichtetes, rechtswidriges Handeln sowohl psychische als auch physische Schäden für das Opfer als Folge.[177] Aufgrund dieser Parallelen und Überschneidungen wird in der Literatur zum Teil das Cybermobbing als eine Variante des Cyberstalkings bezeichnet[178] oder das Cyberstalking als Unterform des Cybermobbing.[179]

---

174 *Heise Online* am 21.10.2010, „*Tod einer 15-Jährigen wird zum Fanal gegen Cybermobbing*", abrufbar unter http://www.heise.de/newsticker/meldung/Tod-einer-15-Jaehrigen-wird-zum-Fanal-gegen-Cybermobbing-1733477.html (zuletzt aufgerufen am 28.10.2015).

175 *Palfrey/Gasser*, S. 112.

176 *BITKOM*, FD-StrafR 2013, 349187.

177 Das Cybermobbing wird teilweise beschränkt auf Kinder als Akteure und Opfer. Siehe *Grimm/Rhein/Clausen-Muradian*, S. 318 ff.; *Bieszk/Sadtler*, NJW 2007, 3382; siehe zu den Begriffen *Cybermobbing* und *Cyberstalking* auch *Wikipedia* unter http://de.wikipedia.org/wiki/Cyber-Mobbing (zuletzt aufgerufen am 28.10.2015).

178 *Port*, S. 26 f.; *Volkmer/Singer*, S. 199.

179 "Types of cyberbullying" *Katz*, S. 34; "Examples of forms of cyberbullying" *Patchin/Hinduja*, S. 60; Zu den Ausprägungsformen von Cyberbullying siehe *Robertz/Wickenhäuser*, S. 75.

Oftmals werden auch beide Begriffe synonym verwendet.[180] Aufgrund der Aktualität und der ähnlichen Handlungsformen gerade im Hinblick auf Soziale Netzwerke im Internet, bietet sich eine juristische Prüfung und strafrechtliche Einordung beider Cyberdelikte an.

Die nachfolgende Untersuchung nimmt dabei das Social Media Stalking und Social Media Mobbing in den Blick. Obwohl eine eindeutige und endgültige Abgrenzung der Cyberdelikte oft nur schwer gelingt, wird für die folgende Prüfung anhand des Schwerpunkts der Begehungsweise, auf der einen Seite das missbräuchliche Generieren, auf der anderen Seite das missbräuchliche Gewinnen und Verwenden des *User Generated Content* auf Social Media Plattformen, differenziert.

B. Anwendbarkeit deutschen Strafrechts bei Internetstraftaten

Straftaten welche im Zusammenhang mit dem Medium Internet begangen werden, fasst man in der juristischen Literatur unter dem Begriff der *Internetkriminalität* bzw. *Internetstrafrecht* zusammen.[181] Im Bereich der Polizeibehörden wird von der sog. IuK-Kriminalität gesprochen. Darunter werden Straftaten verstanden, die unter Ausnutzung moderner Informations- und Kommunikationstechnik oder gegen diese begangen werden.[182] International wird zudem der Terminus *Cybercrime* verwendet um Straftaten zu beschreiben, die in Bezug auf Computernetzwerke wie das Internet verübt werden.[183]

---

180 *Gerhold*, S. 13; *Heckmann*, NJW 2012, 2631 f.

181 Das *Internetstrafrecht* nimmt dabei die Kommunikation in Rechnernetzen in den Blick. Das *Computerstrafrecht* widmet sich dagegen jenen Delikten, die im Zusammenhang mit einem einzelnen Rechner stehen. Innerhalb der Kategorie der Internetkriminalität lassen sich die Erscheinungsformen strafbaren Verhaltens unterschiedlich klassifizieren: Differenziert wird danach, ob sich die Tathandlung gegen die Technologie richtet, oder die Technologie zur Deliktsbegehung genutzt wird. Siehe zu den Begriffen *Hilgendorf/Valerius*, Computer-und Internetstrafrecht, Rn. 7; *Hilgendorf/Wolf*, KuR 2006, 541; Leupold/Glossner-*Cornelius*, MAH IT-Recht, Teil 10, Rn. 26 ff., 31; *Marberth-Kubicki*, Rn. 50; *Gercke/Brunst*, Rn. 73; Sieber/Satzger/von Heintschel-Heinegg-*Sieber*, Europäisches Strafrecht, § 24, Rn. 1.

182 Die polizeiliche Kriminalstatistik differenziert bei ihren Erhebungen ebenfalls zwischen dem Tatmittel Internet und der Computerkriminalität. Siehe polizeiliche Kriminalstatistik unter http://www.bmi.bund.de/SharedDocs/Downloads/DE/Broschueren/2014/PKS2013.pdf (zuletzt aufgerufen am 28.10.2015). Siehe hierzu auch Leupold/Glossner-*Cornelius*, MAH IT-Recht, Teil 10, Rn. 34.

183 In Übereinstimmung mit dem Übereinkommen über Computerkriminalität (*Convention of Cybercrime*, Explanatory-Report Nr. 11) wird der Begriff Cybercrime wie folgt definiert: *„Cybercrimes sind illegale computervermittelte Aktivitäten, welche in Verbindung mit einem elektronischen Netzwerk begangen werden.“* siehe auch Leupold/Glossner-*Cornelius*, MAH IT-Recht, Teil 10, Rn. 30; Sieber/Satzger/von Heintschel-Heinegg-*Sieber*, Europäisches Strafrecht, § 24, Rn. 1.

Das wesentliche Merkmal der Internetkriminalität ist die Ubiquität und Unabhängigkeit von Staatsgrenzen. Einträge in Sozialen Medien können weltweit eingestellt und wieder abgerufen werden. Im Internet begangene Straftaten betreffen in der Regel die Rechtsordnungen mehrerer Staaten zugleich und müssen sich daher an äußerst unterschiedlichen Vorschriften messen lassen.[184] Anders als das Internet endet die Geltungskraft des nationalen Rechts jedoch grundsätzlich an den Grenzen der rechtssetzenden Einheit. Der Frage nach der Anwendbarkeit deutschen Strafrechts auf Cyberstalking und Cybermobbing-Handlungen im *Social Web* kommt daher eine besondere Rolle zu, denn nur soweit ein Sachverhalt vom Geltungsbereich des deutschen Strafrechts erfasst wird, sind die deutschen Strafverfolgungsbehörden sowohl befugt als auch grundsätzlich verpflichtet einzuschreiten.[185] Inwieweit Sachverhalte mit internationalem Bezug den nationalen Strafgewalten unterliegen, regelt das sog. *internationale Strafrecht* bzw. *Strafanwendungsrecht.*[186] Dabei handelt es sich um innerstaatliche Vorschriften, welche die Anwendbarkeit des eigenen Strafrechts auf nationale wie internationale Sachverhalte festlegen.[187] Grundsätzlich bestimmt jeder souveräne Staat selbst, auf welche Sachverhalte er sein Strafrecht anwenden möchte.[188] Die Grenze zieht *das völkerrechtliche Nichteinmischungsgebot*, das seinerseits auf dem Grundprinzip der souveränen Gleichheit der Staaten (vgl. auch Art. 2 Ziff. 1 UN-Charta) beruht und die Hoheitsgewalt eines Staates auf das eigene Staatsgebiet beschränkt.[189]

Im Folgenden soll ein Überblick gegeben werden, inwieweit deutsches Strafrecht bei Cyberstalking- bzw. Cybermobbing-Handlungen über das Internet einschlägig sein kann.

I. Grundlagen des Strafanwendungsrechts

In Deutschland normieren die §§ 3–7, 9 StGB das Strafanwendungsrecht. Ausgangspunkt ist das sog. *Territorialitätsprinzip* nach § 3 StGB, wonach deutsches Strafrecht grundsätzlich auf alle Inlandsstraftaten, mithin Delikte die im Inland begangen werden, anwendbar

184 Siehe *Hilgendorf/Valerius*, Computer-und Internetstrafrecht, Rn. 88 ff.

185 Dies folgt aus dem sog. Legalitätsprinzip nach §§ 152 Abs. 2, 163 Abs. 1 StPO. Zum *Legalitätsprinzip* siehe BeckOK-StPO/*Beukelmann*, § 52, Rn. 2 ff; *Meyer-Goßner/Schmitt*, StPO, § 152, Rn. 3; S/S-*Eser*, StGB, § 3, Rn. 8.

186 Zu den Begriffen siehe LK-*Werle/Jeßberger*, StGB, Vor § 3, Rn. 1 f.; Kindhäuser/Neumann/Paeffgen-*Böse*, StGB, Vor § 3, Rn. 8; S/S-*Eser*, StGB, Vor. §§ 3–9, Rn. 5 ff.

187 *Fischer*, StGB, Vor. §§ 3–7, Rn. 1; *Hilgendorf/Valerius*, Computer- und Internetstrafrecht, Rn. 129; Kindhäuser/Neumann/Paeffgen-*Böse*, StGB, Vor § 3, Rn. 8; S/S-*Eser*, StGB, Vor. §§ 3–9, Rn. 6.

188 MüKo-*Ambos*, StGB, Vor §§ 3–7, Rn. 9 f.; S/S-*Eser*, StGB, Vor. §§ 3–9, Rn. 5; Kindhäuser/Neumann/Paeffgen-*Böse*, StGB, Vor § 3, Rn. 13.

189 *Hilgendorf/Valerius*, Computer- und Internetstrafrecht, Rn. 133; LK-*Werle/Jeßberger*, StGB, Vor § 3, Rn. 20 f.; Kindhäuser/Neumann/Paeffgen-*Böse*, StGB, Vor § 3, Rn. 12; MüKo-*Ambos*, StGB, Vor §§ 3–7, Rn. 9.

ist.[190] Die Nationalität des Täters oder des Verletzten spielen dabei grundsätzlich keine Rolle.[191] Maßgebliches Kriterium ist zunächst der Ort der Tatbegehung, der durch das *Ubiquitätsprinzip* aus § 9 StGB näher bestimmt wird.[192] Nach § 9 Abs. 1 StGB ist Begehungsort einer Tat sowohl der Ort der begangenen oder unterlassenen Handlung, als auch der Ort des tatsächlichen oder vorgestellten Erfolgseintritts.[193] Dabei können der Ort der Handlung und der Eintritt des Erfolges räumlich, mithin über die Grenzen der Nationalstaaten hinweg, auseinanderfallen, sog. Distanzdelikt.[194] Ausreichend für die Anwendbarkeit deutschen Strafrechts ist, dass sich einer dieser Begehungsorte, Tathandlung oder Erfolgsort, im deutschen Inland befindet.[195]

Werden Taten nach den genannten Prinzipien nicht im Inland begangen, handelt es sich um Auslandstaten. Um das deutsche Strafrecht ohne Verstoß gegen das völkerrechtliche Nichteinmischungsgebot auf Auslandstaten dennoch anwenden zu können, bedarf es eines legitimen Anknüpfungspunktes. Dieser kann auf dem Schutzbedürfnis inländischer Rechtsgüter nach § 5 StGB (sog. Schutzprinzip[196]) oder internationaler Rechtsgüter nach § 6 StGB (sog. Weltrechtsprinzip) beruhen.[197] Die

---

190 LK-*Werle/Jeßberger*, StGB, Vor § 3, Rn. 222; S/S-*Eser*, StGB, Vor. §§ 3–9, Rn. 12; Kindhäuser/Neumann/Paeffgen-*Böse*, StGB, Vor § 3, Rn. 16, § 3, Rn. 1; *Fischer*, StGB, § 3, Rn. 1; *Hoeren*, Internet- und Kommunikationsrecht, S. 471; *Römer*, S. 100; *Gercke/Brunst*, Rn. 79.

191 S/S-*Eser*, Vor. §§ 3–9, Rn. 12; *Hilgendorf/Valerius*, Computer-und Internetstrafrecht, Rn. 133; *Römer*, S. 100; MüKo-*Ambos*, StGB, Vor §§ 3–7, Rn. 17.

192 S/S-*Eser*, StGB, Vor. §§ 3–9, Rn. 13, § 9, Rn. 4; *Fischer*, StGB, § 3, Rn. 3, § 9, Rn. 1; LK-*Werle/Jeßberger*, StGB, § 9, Rn. 3; Kindhäuser/Neumann/Paeffgen-*Böse*, StGB, § 9, Rn. 2; *Hilgendorf/Valerius*, Computer- und Internetstrafrecht, Rn. 134; *Marberth-Kubicki*, Rn. 48; *Gercke/Brunst*, Rn. 79.

193 S/S-*Eser*, StGB, § 9, Rn. 3 f.; *Hilgendorf/Valerius*, Computer- und Internetstrafrecht, Rn. 134. Tathandlung meint eine auf die Verwirklichung eines Tatbestandes gerichtete Tätigkeit. Bei Unterlassungsdelikten befindet sich der Handlungsort an dem Ort, an dem der Täter hätte handeln müssen, vgl. § 9 Abs. 1 Var. 2 StGB.

194 S/S-*Eser*, StGB, § 9, Rn. 3; *Hoeren*, Internet- und Kommunikationsrecht, S. 471; *Fischer*, StGB, § 9, Rn. 5; LK-*Werle/Jeßberger*, StGB, § 9, Rn. 3; *Reum*, S. 195.

195 *Hilgendorf/Valerius*, Computer- und Internetstrafrecht, Rn. 134; S/S-*Eser*, StGB, § 9, Rn. 3.

196 Siehe bspw. § 5 Nr. 7 StGB für die Verletzung von Betriebs- und Geschäftsgeheimnissen eines in Deutschland liegenden Betriebs oder ansässigen Unternehmens. Zum Schutzprinzip im Rahmen der Computerkriminalität siehe Leupold/Glossner-*Cornelius*, MAH IT-Recht, Teil 10, Rn. 53; *Römer*, S. 100 f.; *Gercke/Brunst*, Rn. 82; S/S-*Eser*, Vor. §§ 3–9, Rn. 16; MüKo-*Ambos*, StGB, Vor §§ 3–7, Rn. 31.

197 Nach dem Weltrechtsprinzip bleibt das deutsche Recht anwendbar, wenn es sich um ein Delikt handelt, das durch die internationale Staatengemeinschaft geächtet und von allen Staaten unter Strafe gestellt ist, wie bspw. die Verbreitung kinderpornographischer Inhalte gem. § 6 Nr. 6 StGB. *Hilgendorf/Valerius*, Computer- und Internetstrafrecht, Rn. 131; Leupold/Glossner-*Cornelius*, MAH IT-Recht, Teil 10, Rn. 54; *Gercke/Brunst*, Rn. 83; *Römer*, S. 103; S/S-*Eser*, StGB, Vor. §§ 3–9, Rn. 19; MüKo-*Ambos*, StGB, Vor §§ 3–7, Rn. 39.

Anwendung deutschen Strafrechts kann sich darüber hinaus auch aus der Nationalität von Täter oder Opfer nach dem aktiven oder passiven Personalitätsprinzip nach § 7 StGB ergeben.[198] Liegen die Voraussetzung der §§ 5, 6 oder 7 StGB nicht vor, ist das deutsche Strafrecht nicht anwendbar und stellt ein Prozesshindernis, mit der Folge der Verfahrenseinstellung, dar.[199]

II. Begehungsorte bei Straftaten im Internet

Für Straftaten die über das Internet begangen werden, lassen sich diese Grundsätze übertragen. Dies gilt vornehmlich für Distanzdelikte, bei denen sich Handlungs- und Erfolgsort in unterschiedlichen Staaten befinden.

Stellt beispielsweise der Täter entsprechende Inhalte von Deutschland aus auf ein weltweit abrufbares Soziales Netzwerk ein, ist aufgrund der Ausführung der Tathandlung in Deutschland nach § 9 Abs. 1 StGB deutsches Strafrecht anwendbar.[200] Zur Bestimmung des Erfolgsortes einer Tat muss zunächst auf den Charakter des betreffenden Deliktes als Handlungs-, Erfolgs- oder konkretes bzw. abstraktes Gefährdungsdelikt abgestellt werden. Einen Erfolgsort weisen neben Erfolgsdelikten bzw. Verletzungsdelikten auch konkrete Gefährdungsdelikte auf, deren tatbestandlicher Erfolg in der Verursachung einer konkreten Gefahr für das geschützte Rechtsgut besteht.[201] Für Delikte des Cyberstalkings bzw. Cybermobbings, die als Erfolgsdelikte ausgestaltet sind, ist deutsches Strafrecht mithin anwendbar, wenn sich der tatbestandliche Erfolg im Inland verwirklicht.[202] So ist für das Erfolgsdelikt der Nachstellung nach § 238 StGB deutsches Strafrecht einschlägig, wenn der Täter aus dem Ausland den Taterfolg der *schwerwiegenden Beeinträchtigung der Lebensgestaltung* bei einem Opfer in Deutschland hervorruft.[203] Besondere Fragestellungen des Strafanwendungsrechts bei Internetstraftaten ergeben sich allerdings bei abstrakten Gefährdungsdelikten und multiterritorialen Delikten.

---

198 Siehe hierzu LK-*Werle/Jeßberger*, StGB, Vor § 3, Rn. 228, 232; *Fischer*, StGB, § 7, Rn. 5 ff., 9a ff.; *Hilgendorf/Valerius*, Computer- und Internetstrafrecht, Rn. 131; *Römer*, S. 101; Kindhäuser/Neumann/Paeffgen-*Böse*, StGB, Vor § 3, Rn. 18, 20; S/S-*Eser*, StGB, Vor. §§ 3–9, Rn. 15, § 7, Rn. 1; MüKo-*Ambos*, StGB, Vor §§ 3–7, Rn. 27, 34.

199 Vgl. *BGH*, Urteil vom 22.01.1986, Az. 3 StR 472/85, in: NStZ 1986, 320; *Hilgendorf/Valerius*, Computer- und Internetstrafrecht, Rn. 132; S/S-*Eser*, Vor. §§ 3–9, Rn. 7. Für den Fall, dass neben deutschem Strafrecht auch die Strafordnungen anderer Staaten anwendbar sind, entbehren die §§ 3 ff. StGB einer Kollisionsvorschrift.

200 MüKo-*Ambos*, StGB, § 9, Rn. 26; *Fischer*, StGB, § 9, Rn. 5a; LK-*Werle/ Jeßberger*, StGB, § 9, Rn. 77 f.; *Marberth-Kubicki*, Rn. 41; *Reum*, S. 198.

201 Der Erfolgsort liegt danach dort, wo sich das gefährdete Tatobjekt bei Eintritt der konkreten Gefahr befindet. *Marberth-Kubicki*, Rn. 41; Kindhäuser/Neumann/Paeffgen-*Böse*, StGB, § 9, Rn. 10; *Hilgendorf/Valerius*, Computer- und Internetstrafrecht, Rn. 140; MüKo-*Ambos*, StGB, § 9, Rn. 19.

202 *Fischer*, StGB, § 9, Rn. 5a.

203 Siehe hierzu ausführlich Kapitel C I.

1. *Abstrakte Gefährdungsdelikte*

Mit der primären Funktion des Internets als Kommunikationsmittel liegt der Anknüpfungspunkt zumeist bei den veröffentlichten Inhalten. Bei Inhaltsdelikten bzw. Äußerungsdelikten, die im deutschen Recht als abstrakte Gefährdungsdelikte pönalisiert sind, wie beispielsweise die Tatbestände üblen Nachrede und Verleumdung nach den §§ 186, 187 StGB[204], bereitet die Frage nach der Anwendung deutschen Strafrechts Schwierigkeiten. Äußerungsdelikte als abstrakte Gefährdungsdelikte weisen keinen zum Tatbestand gehörenden Erfolgsort auf, so dass § 9 Abs. 1 Var. 3 StGB nicht einschlägig ist.[205] Für deren Tatbestandsverwirklichung genügt die Vornahme einer vom Gesetzgeber als gefährlich eingestuften Äußerung.[206] Es wird damit ein Verhalten im Vorfeld einer konkreten Gefährdung unter Strafe gestellt. Der Handlungsort befindet sich damit dort, wo der Täter die Datenübertragung veranlasst, d.h. am Ort seiner körperlichen Präsenz.[207] Verbreitet jemand aus dem Ausland rechtswidrige Inhalte über das Internet, liegt grundsätzlich kein Handlungsort im Inland vor. Deutsches Strafanwendungsrecht ist nach bisher herrschender Ansicht auf diese Inhalte, wenn sie aus dem Ausland ins Internet eingestellt werden, nicht anwendbar.[208]

Dennoch wird im juristischen Schrifttum anhand verschiedener Begründungen versucht, auch bei abstrakten Gefährdungsdelikten einen Erfolgsort zu konstruieren.[209] Zum einen wird die Ansicht vertreten, der Handlungsort i.S.d. § 9 Abs. 1 Var. 1 StGB sei auf Internetveröffentlichungen insoweit auszuweiten, als dass auch der Zielrechner des jeweiligen Datentransfers als Handlungsort gelte.[210] Dies ist beispielsweise der Server, auf dem die Inhalte einer Website gespeichert werden. Als berechtigte Kritik dagegen wird angeführt, dass der Standort des Servers vom Zufall abhänge.[211] Denn wo sich der Server einer Website befindet, richtet sich nach den wirtschaftlichen Erwägungen des in Anspruch genommen Telekommunikationsunternehmens und

---

204 LK-*Hilgendorf*, StGB, Vor § 185, Rn. 39; S/S-*Lenckner/Eisele*, StGB, § 186, Rn. 1, § 187, Rn. 3.

205 LK-*Hilgendorf*, StGB, Vor § 185, Rn. 39; Leupold/Glossner-*Cornelius*, MAH IT-Recht, Teil 10, Rn. 56; Kindhäuser/Neumann/Paeffgen-*Böse*, StGB, § 9, Rn. 12; MüKo-*Ambos*, StGB, § 9, Rn. 28.

206 *Hilgendorf/Valerius*, Computer-und Internetstrafrecht, Rn. 141.

207 MüKo-*Ambos/Rüggeberg*, StGB, § 9, Rn. 29; *Hilgendorf/Valerius*, Computer-und Internetstrafrecht, Rn. 145.

208 Ebenso *Hilgendorf/Valerius*, Computer- und Internetstrafrecht, Rn. 146; Kindhäuser/Neumann/Paeffgen-*Böse*, StGB, § 9, Rn. 12; S/S-*Eser*, StGB, § 9, Rn. 6.

209 Eine Übersicht findet sich bei *Fischer*, StGB, § 9, Rn. 5 ff.; *Hilgendorf/Wolf*, KuR 2006, 541, (542); hierzu auch Leupold/Glossner-*Cornelius*, MAH IT-Recht, Teil 10, Rn. 60 ff.

210 *Marberth-Kubicki*, Rn. 41; Siehe hierzu *Hilgendorf/Valerius*, Computer- und Internetstrafrecht, Rn. 148; S/S-*Eser*, StGB, § 9, Rn. 7b; MüKo-*Ambos*, StGB, § 9, Rn. 29.

211 MüKo-*Ambos*, StGB, § 9, Rn. 29; LK-*Werle/Jeßberger*, StGB, § 9, Rn. 80; *Hilgendorf/Valerius*, Computer- und Internetstrafrecht, Rn. 150; so auch Kindhäuser/Neumann/Paeffgen-*Böse*, StGB, § 9, Rn. 4.

kann bei Anbietern Sozialer Netzwerke wie *Facebook* nicht ohne weiteres bestimmt werden. Diese nutzen eine Vielzahl verschiedener Rechenzentren an unterschiedlichen Orten weltweit. Wo sich die jeweiligen Daten der weltweiten Nutzer letztendlich befinden, ist damit abhängig von der IT-Architektur des jeweiligen Unternehmens.

Nach anderer Ansicht wird über eine weite Auslegung des Erfolgsortes eine Anwendung deutschen Strafrechts auf Äußerungsdelikte im Internet begründet. Danach sei bereits die Abrufbarkeit von im Ausland gespeicherten Daten in Deutschland dazu geeignet, einen Erfolgsort im Inland zu begründen.[212] Ein weiterer Ansatz sieht den Erfolg i.S.d. § 9 Abs. 1 Var. 3 StGB in der Begründung einer tatbestandlichen Gefahr, die an jedem Ort eintrete, an der sich die Tathandlung auswirken könne.[213] Abstrakte und konkrete Gefährdungsdelikte unterschieden sich nach dieser Ansicht nur durch den erforderlichen Grad der Gefährdung.[214] Nach Rechtsprechung des *BGH* soll ein Erfolg auch dort eintreten, wo die Tat ihre Gefährlichkeit für das geschützte Rechtsgut entfalten kann, weil die Äußerung auch zu einem im Inland liegenden Erfolg *„geeignet"* ist.[215]

Diese Ansätze zur extremen Ausdehnung einer Anwendbarkeit deutschen Strafrechts und die daraus folgende Allzuständigkeit deutscher Justizbehörden werden jedoch zu Recht aufgrund der politischen Brisanz abgelehnt und es kann ihnen im Ergebnis nicht zugestimmt werden.[216] Insbesondere wenn der Inlandsbezug erst dadurch hergestellt wird, dass Dritten entsprechende Inhalte nicht zielgerichtet zugesendet werden, sondern lediglich die Möglichkeit des Abrufens der strafbaren Inhalte besteht.[217] Die daraus resultierende Konsequenz wäre, aufgrund der grenzenlos abrufbaren Daten weltweit, eine Universalität deutschen Strafrechts und bei entsprechenden Regelungen anderer Länder eine konfliktreiche nationale

---

212 Siehe hierzu MüKo-*Ambos*, StGB, § 9, Rn. 33; dagegen *Hilgendorf/Valerius*, Computer- und Internetstrafrecht, Rn. 151.

213 *Rengier*, Strafrecht AT, § 6, Rn. 16; ablehnend MüKo-*Ambos*, StGB, § 9, Rn. 31; *Hilgendorf/Valerius*, Computer- und Internetstrafrecht, Rn. 154.

214 *Hilgendorf/Valerius*, Computer- und Internetstrafrecht, Rn. 154; LK-*Werle/ Jeßberger*, StGB, § 9, Rn. 89.

215 *BGH*, Urteil vom 12.12.2000, Az. 1 StR 184/00, in: BGHSt 46, 212, (220 f.) sog. „Toeben-Entscheidung" zur rechtsradikalen Propaganda im Internet. Der *BGH* differenziert dabei zwischen abstrakt-konkreten und besonders abstrakten Gefährdungsdelikten. Siehe hierzu MüKo-*Ambos*, StGB, § 9, Rn. 32.

216 So auch *Hilgendorf/Valerius*, Computer- und Internetstrafrecht, Rn. 156; Kindhäuser/Neumann/Paeffgen-*Böse*, StGB, § 9, Rn. 12 ff.; *Palm*, S. 74; *Fischer*, StGB, § 9, Rn. 8a; *Hoeren*, Internet- und Kommunikationsrecht, S. 471; *Römer*, S. 114; *Gercke/ Brunst*, Rn. 81; LK-*Werle/Jeßberger*, StGB, § 9, Rn. 91; MüKo-*Ambos*, StGB, § 9, Rn. 34; *Marberth-Kubicki*, Rn. 42.

217 Die Anknüpfung an die bloße Abrufbarkeit der Inhalte in Deutschland lässt die Annahme der deutschen Strafbarkeit willkürlich erscheinen. So auch *Hilgendorf/ Valerius*, Computer- und Internetstrafrecht, Rn. 152; *Palm*, S. 74; LK-*Werle/Jeßberger*, StGB, § 9, Rn. 91; MüKo-*Ambos*, StGB, § 9, Rn. 33.

Strafrechtskonkurrenz.[218] Eine Anwendbarkeit deutschen Strafrechts bei abstrakten Gefährdungsdelikten, die im Ausland begangen werden, ist daher grundsätzlich abzulehnen.

2. Multiterritoriale Delikte

Nach den Grundsätzen des Strafanwendungsrechts ergibt sich beispielsweise für den Straftatbestand der Beleidigung nach § 185 StGB, da dieser wegen der erforderlichen Wahrnehmung der Ehrverletzung als Erfolgsdelikt eingestuft wird, eine Allzuständigkeit der deutschen Justiz.[219] Denn bei beleidigenden Inhalten im Internet, die die Ehre und den persönlichen Lebensbereich verletzen, ist der Erfolgsort überall dort, wo sie zur Kenntnis genommen werden.[220] Da die beleidigenden Werturteile weltweit abrufbar sind, können diese mehrere Erfolgsorte aufweisen.[221] Man spricht daher auch von *multiterritorialen Delikten.*[222] Eine Strafbarkeit nach deutschem Recht wäre damit gegeben, wenn die beleidigenden Inhalte auf einer in Deutschland abrufbaren Website, wie beispielsweise *Facebook*, einstellt werden, der Täter aber weder im Inland gehandelt hat, noch der Beleidigte sich dort aufhält, noch beide deutsche Staatsangehörige sind.[223] Dies hätte jedoch eine unvertretbare Ausdehnung der deutschen Strafgewalt und eine daraus folgende Ermittlungspflicht deutscher Strafverfolgungsbehörden auf sämtliche im Internet kursierenden in Deutschland abrufbaren illegalen Inhalte zur Folge.[224] In einem solchen Fall wird daher eine teleologische Reduktion des § 9 Abs. 1 StGB in Betracht gezogen, mit der Maßgabe, dass zumindest ein *besonderer territorialer Bezug zum deutschen Inland* zu fordern sei.[225] Dies wäre beispielsweise die deutsche Sprache, die Verwendung einer Top-Level-Domain wie *„facebook.de"* oder ein spezieller Bezug der Äußerungen auf deutsche Sachverhalte oder Personen.[226]

---

218 S/S-*Eser*, StGB, § 9, Rn. 7 f.; Kindhäuser/Neumann/Paeffgen-*Böse*, StGB, § 9, Rn. 12.

219 LK-*Hilgendorf*, StGB, Vor § 185, Rn. 39; LK-*Werle/Jeßberger*, StGB, § 9, Rn. 93 ff.

220 *BGH*, Urteil vom 12.12.2000, Az. 1 StR 184/00, in: BGHSt 46, 212, (220 f.); *Hilgendorf*, ZIS 2010, 208, (211); Kindhäuser/Neumann/Paeffgen-*Böse*, StGB, § 9, Rn. 10.

221 *Römer*, S. 121; S/S-*Eser*, StGB, § 9, Rn. 7a.

222 *Hilgendorf/Valerius*, Computer- und Internetstrafrecht, Rn. 162.

223 *Hilgendorf/Valerius*, Computer- und Internetstrafrecht, Rn. 159, *Hilgendorf*, ZIS 2010, 208, (211).

224 Siehe hierzu auch *Palm*, S. 67; *Römer*, S. 107; Leupold/Glossner-*Cornelius*, MAH IT-Recht, Teil 10, Rn. 57; S/S-*Eser*, StGB, § 9, Rn. 7 f.

225 *Hilgendorf/Valerius*, Computer- und Internetstrafrecht, Rn. 160; Leupold/ Glossner-*Cornelius*, MAH IT-Recht, Teil 10, Rn. 59; Kindhäuser/Neumann/ Paeffgen-*Böse*, StGB, § 9, Rn. 14; LK-*Hilgendorf*, StGB, Vor § 185, Rn. 39; *Hilgendorf*, ZIS 2010, 208, (211); *Hilgendorf/Wolf*, KuR 2006, 541, (542); *Römer*, S. 123 f.

226 Leupold/Glossner-*Cornelius*, MAH IT-Recht, Teil 10, Rn. 59; BeckOK-StGB/ *Heintschel/Heinegg*, § 9, Rn. 20; *Hilgendorf/Valerius*, Computer- und Internetstrafrecht, Rn. 16; *Beukelmann*, NJW 2012, 2618, (2620); *Römer*, S. 135 f.; hierzu auch *Reum*, S. 203. Siehe hierzu die Entscheidung des *BGH* zur „Ausschwitzlüge", Urteil vom 12.12.2000,

III. Zwischenergebnis

Unstrittig anwendbar ist deutsches Strafrecht in Fällen des Cyberstalkings und Cybermobbings, in denen der Täter von Deutschland aus handelt, indem er beispielsweise entsprechende Inhalte auf Sozialen Netzwerken einstellt, der Erfolg aber im Ausland eintritt. Im umgekehrten Fall ist das deutsche Strafrecht ebenso einschlägig, wenn der Täter vom Ausland aus einen Erfolg in Deutschland herbeiführt. Dies kann beispielsweise bei den Erfolgsdelikten der Nachstellung gem. § 238 StGB und der Verletzung des höchstpersönlichen Lebensbereichs durch Bildaufnahmen gem. § 201a StGB der Fall sein.[227] Bei multiterritorialen Delikten, wie den Beleidigungsdelikten gem. § 185 StGB, ist jedoch für die Anwendbarkeit deutschen Strafrechts ein besonderer territorialer Bezug zum deutschen Inland zu fordern, um eine Allzuständigkeit deutscher Strafverfolgungsbehörden zu vermeiden. Dagegen ist eine Anwendbarkeit deutschen Strafrechts für Inhaltsdelikte dann ausgeschlossen, wenn deren Verbreitung *per se* strafbar ist, aber aus dem Ausland erfolgt. Hier fehlt es sowohl an einem inländischen Handlungsort als auch mangels tatbestandlichem Erfolg an einem inländischen Erfolgsort. Ausnahmen können sich bei diesen Delikten nur aus den Vorschriften der §§ 5, 6 und 7 StGB ergeben, beispielsweise aus der Nationalität des Täters oder Opfers. Die Auslegungsbemühungen bei der Interpretation des Erfolgsortes eines abstrakten Gefährdungsdelikts gehen in der juristischen Literatur unterschiedlich weit und führen zu einer unerwünschten Ausdehnung deutschen Strafrechts, weshalb allein schon aufgrund der politischen Brisanz eine restriktive Handhabung angezeigt ist.

C. Strafrechtliche Einordung des Social Media Stalkings

Das deutsche Strafrecht bietet diverse Straftatbestände um gegen Cyberstalker vorzugehen.[228] Im Mittelpunkt der Strafbarkeit wegen Stalkings steht der Straftatbestand der Nachstellung, § 238 StGB. Grundsätzlich wird auch das Phänomen des Cyberstalkings bzw. Social Media Stalkings im deutschen StGB von § 238 erfasst, da ein eigener Straftatbestand hierfür nicht existiert. Daneben können Stalkinghandlungen über das Internet verschiedene, weitere Straftatbestände erfüllen, wobei die Computerdelikte der §§ 202a ff., 303a f. StGB an Bedeutung gewinnen. Denn den technisch versierteren Stalking-Tätern stehen verschiedene Möglichkeiten zur Verfügung, durch Ausspähen und Abfangen der vielfältigen Daten im Internet ihrer Obsession nachzugehen, der Zielperson nahe zu sein und möglichst viel über diese in Erfahrung zu bringen. Den damit verbundenen Missbrauchsmöglichkeiten durch Cybertäter sollen die Computerdelikte der §§ 202a ff., 303a f. StGB entgegentreten und sind daher für

---

Az. 1 StR 184/00, in: NJW 2001, 624 ff. Für eine spezielle strafanwendungsrechtliche Regelung für Kommunikationsdelikte im Internet Kindhäuser/Neumann/Paeffgen-*Böse*, StGB, § 9, Rn. 15.

227 BeckOK-StGB/*Heuchemer*, § 201a, Rn. 3.

228 Übersicht bei *Gerhold*, S. 110 ff.; *Bieszk/Sadtler*, NJW 2007, 3382, (3385).

die Untersuchung der strafrechtlichen Rechtsschutzmöglichkeiten gegen Social Media Stalking besonders relevant.

Aufgrund der festgestellten Ähnlichkeit der Phänomene Social Media Stalking und Social Media Mobbing können einzelne strafbare Tathandlungen über das Internet sowohl von Stalking- als auch Mobbing-Tätern begangen werden und sind daher für die Prüfung der Strafbarkeit beider Delikte relevant. Denkbar wäre beispielsweise die verbale Verunglimpfung einer Person über Soziale Netzwerke, als auch das Einstellen von ehrverletzenden Inhalten wie Fotos oder Videos des Opfers sowohl durch Cyberstalker als auch Cybermobber. Da ein eigener Tatbestand für (Cyber-)Mobbing im Internet nicht existiert, erscheint es sachgerecht, zunächst die typischen Cyberstalking-Handlungen unter die für Stalking besonders relevanten Tatbestände der Nachstellung und der Computerdelikte zu subsumieren. Typische Mobbinghandlungen der Ehrverletzung im Internet sowie die Verletzung des persönlichen Lebens- und Geheimbereichs durch Bild- oder Videoaufnahmen bilden dagegen den Schwerpunkt der Untersuchung der Strafbarkeit des Social Media Mobbings in Kapitel D.

Die nachfolgende Untersuchung fokussiert sich daher zunächst auf die Subsumption der denkbaren Cyberstalking-Handlungen auf Social Media Plattformen unter den Straftatbestand des § 238 StGB, wobei das Soziale Netzwerk *Facebook* oftmals als Beispiel herangezogen wird. Anschließend erfolgt eine Subsumption unter die für das Cyberstalking ebenfalls relevanten Tatbestände des Ausspähens und Abfangens von Daten nach den §§ 202a ff. StGB, sowie der Datenveränderung und Computersabotage gem. der §§ 303a f. StGB. Bei der Prüfung wird stets davon ausgegangen, dass der Täter schuldfähig ist.[229]

I. Strafbarkeit des Social Media Stalkings nach § 238 StGB

Der Straftatbestand der Nachstellung wurde durch das 40. Strafänderungsgesetz[230] im Jahr 2007 in das Kernstrafrecht eingefügt und sollte die bestehenden Strafbarkeitslücken schließen, um einen besseren Opferschutz zu gewährleisten.[231]

---

229 Zu der Frage der Schuldfähigkeit des Stalkers siehe ausführlich *Gerhold*, S. 157 f.; *Müller*, S. 40 ff.; *Mosbacher*, NStZ 2007, 665, (669); *Käppner*, S. 96 f.

230 40. StrÄndG vom 22.03.2007, BGBl. I, S. 354. Am 31.03.2007 trat der sog. Stalkingparagraf in Kraft.

231 BT-Drs. 15/5410 S. 1; 16/575, S. 1; 16/3641, S. 10; zur Entstehungsgeschichte und den Gesetzesentwürfen statt vieler *Käppner*, S. 33 ff; *Port*, S. 140 ff. Kontrovers diskutiert wurde die konkrete Ausgestaltung der Vorschrift aufgrund der Kumulation unbestimmter Rechtsbegriffe wie „*beharrlich*", „*missbräuchlich*", „*schwerwiegende Beeinträchtigung der Lebensgestaltung*" und „*andere vergleichbare Handlung*", was im Hinblick auf die verfassungsrechtlichen Anforderungen des Art. 103 Abs. 2 GG nicht unproblematisch ist. Zusammenfassung des Meinungsstands statt vieler *Mitsch*, NJW 2007, 1237, (1239); *Jahn*, Jus 2008, 553; Bedenken auch in BT-Drs. 16/3641, S. 7.

International betrachtet war Deutschland damit eher Nachzügler als Vorreiter bei der Gesetzgebung zum Thema Stalking.[232] In Kalifornien trat das weltweit erste Anti-Stalking Gesetz bereits 1990 in Kraft und im Jahr 1998 wurde zudem das Cyberstalking unter den *Cal. Penal Code § 646.9* aufgenommen.[233] Vor Neuschaffung des § 238 StGB konnten in Deutschland schwere Fälle des Stalkings bereits unter die bestehenden Straftatbestände subsumiert werden[234]; die „weicheren" Formen des Stalkings, die in ihrer Gesamtheit eine erhebliche Beeinträchtigung darstellen können, werden indes erst durch den neuen Straftatbestand erfasst.[235] Relevanz erlangt dies angesichts der Variationsbreite verschiedenartiger Stalkinghandlungen im Internet, die für sich allein betrachtet zum Teil keine besondere kriminelle Energie erkennen lassen.

Im Folgenden soll der Straftatbestand des § 238 StGB sowohl hinsichtlich der einzelnen Tatbestandsmerkmale, als auch der Strafwürdigkeit und Sozialadäquanz von Stalkinghandlungen im Internet analysiert werden. Abschließend wird der Tatbestand einer kritischen Betrachtung unterzogen. Im Mittelpunkt der Untersuchung steht die Subsumtion der denkbaren Cyberstalking-Handlungen über Soziale Medien unter die fünf Handlungsalternativen des § 238 Abs. 1 StGB.

1. Voraussetzungen des § 238 Abs. 1 StGB

Der Grundtatbestand des § 238 Abs. 1 StGB ist als Erfolgsdelikt ausgestaltet.[236] Der zweistufig aufgebaute Tatbestand der Nachstellung hat die Voraussetzung, dass der Täter unbefugt und beharrlich eine oder mehrere der fünf Tatmodalitäten der Nachstellung erfüllt *und dadurch* die Lebensgestaltung der Opfer schwerwiegend beeinträchtigt. Tathandlung des § 238 Abs. 1 StGB ist das *Nachstellen*, wobei der Begriff sinngemäß dem englischen Ausdruck des „Stalking" entspricht und nach Auffassung des Gesetzgebers und Rechtsprechung ein Täterverhalten umfasst, das darauf gerichtet ist, durch unmittelbare oder mittelbare Annäherung an das Opfer in dessen persönlichen Lebensbereich einzugreifen und dadurch seine Handlungs- und Entschließungsfreiheit zu beeinträchtigen.[237]

---

232 *Fünfsinn*, Stalking – Wissenschaft, S. 108.

233 Zur Strafbarkeit des Stalkings nach ausländischem Recht siehe *Port*, S. 175 ff.; *Bieszk/Sadtler*, NJW 2007, 3382, (3386).

234 Als Beispiele seien die §§ 123, 177 ff., 185 ff., 223 ff., 240 f., 303 StGB genannt; näher *Buß*, S. 127 ff.; *Lackner/Kühl*, StGB, § 238, Rn. 1.

235 Der neue Straftatbestand sollte den typischen Unrechtsgehalt der wiederholten Nachstellungshandlungen wirklichkeitsgetreu abbilden. BT-Drs. 16/575, S. 1 f.; 16/3641, S. 8; *Schöch*, NStZ 2013, 221; S/S-*Eisele*, StGB, § 238, Rn. 2; *Lackner/Kühl*, StGB, § 238, Rn. 1.

236 BT-Drs. 16/3641 S. 14; *BGH* vom 19.11.2009, Az. 3 StR 244/09, in BGHSt 54, 189, (197); S/S-*Eisele*, StGB, § 238, Rn. 4; *Lackner/Kühl*, StGB, § 238, Rn. 1. Zur Kritik hinsichtlich des Erfolgserfordernisses und den Reformvorschlägen siehe unter Kapitel C I 4.

237 Zum Begriff der *Nachtstellung* BT-Drs. 16/575 S. 7; *BGH*, Beschluss vom 19.12.2012, Az. 4StR 417/12, in: BeckRS 2013, 01627; *BGH*, Beschluss vom 22.02.2011, Az. 4 StR

Geschütztes Rechtsgut der Nachstellung ist die Handlungs- und Entschlussfreiheit des Opfers hinsichtlich seiner persönlichen Lebensgestaltung vor Beeinträchtigungen seiner Freiheitsphäre.[238] Der Straftatbestand dient damit dem Schutz der eigenen Lebensführung vor gezielten, hartnäckigen Belästigungen[239]. Obwohl erst die einzelnen Handlungen des Täters in ihrer Gesamtheit zu der erforderlichen Beeinträchtigung des Opfers führen, ist § 238 StGB kein Dauerdelikt.[240] Die einzelnen Handlungen werden jedoch zu einer tatbestandlichen Handlungseinheit zusammengefasst, wenn sie einen ausreichenden räumlichen und zeitlichen Zusammenhang aufweisen und von einem fortbestehenden einheitlichen Willen des Täters getragen sind.[241]

a) Nachstellungshandlungen des § 238 Abs. 1 Nr. 1 bis 5 StGB

Die in Abs. 1 Nr. 1 bis 5 bezeichneten Tathandlungen setzen abstrakt gefährliche Verhaltensweisen oder Rechtsgutsverletzungen voraus.[242] Unter die Nrn. 1 bis 3 fallen dabei Verhaltensweisen, in denen der Täter versucht, mit dem Opfer gegen dessen Willen Kontakt aufzunehmen, während Nr. 4 Drohungen hinsichtlich der Beeinträchtigung bestimmter Rechtsgüter umfasst. Während die Nrn. 1 bis 4 die aus Sicht des Gesetzgebers in der Praxis am häufigsten vorkommenden Nachstellungshandlungen enthalten, stellt die fünfte Handlungsalternative einen Auffangtatbestand („*andere vergleichbare Handlung*") dar, der der Vielfältigkeit der möglichen Stalkinghandlungen und künftigen technischen Entwicklungen Rechnung tragen soll.[243]

654/10, in: BeckRS 2011, 06199; *BGH*, Beschluss vom 19.11.2009, Az. 3 StR 244/09, in: BGHSt 54, 189, (193); S/S-*Eisele*, StGB, § 238, Rn. 6; *Lackner/Kühl*, StGB, § 238, Rn. 2 f.; *Rengier*, Strafrecht BT II, § 26a. Nachstellung, Rn. 3; so auch *Peters*, NStZ 2009, 238, 241.; *Port*, S. 142; *Valerius*, JuS 2007, 319, (320); *Mosbacher*, NStZ 2007, 665, (666); *Gerhold*, S. 119; *Seiler*, S. 5 f. Eine gesetzliche oder allgemein anerkannte juristische Definition für den Begriff des Nachstellens gibt es jedoch nicht.

238 BT-Drs. 15/3641, S. 14; 16/575 S. 6; S/S-*Eisele*, StGB, § 238, Rn. 4; Kindhäuser/Neumann/Paeffgen-*Sonnen*, StGB, § 238, Rn. 13; *Lackner/Kühl*, StGB, § 238, Rn. 1; *Rengier*, Strafrecht BT II, § 26a. Nachstellung, Rn. 2; *Gerhold*, S. 119.

239 BT-Drs. 16/575, S. 6; *Mosbacher*, NStZ 2007, 665.

240 Leitsatz des *BGH*, Beschluss vom 19.11.2009, Az. 3 StR 244/09, in: BGHSt 54, 189, 197 ff.; mit Anm. von *Mitsch*, NStZ 2010, 513, (514); *Lackner/ Kühl*, StGB, § 238, Rn. 12; *Valerius*, JuS 2007, 319, (323).

241 Leitsatz des *BGH* vom 19.11.2009, Az. 3 StR 244/09, in BGHSt 54, 189, 189 ff.; mit Anm. von *Mitsch*, NStZ 2010, 513 ff.

242 *Fischer*, StGB, § 238, Rn. 4.

243 BT-Drs. 16/3641 S. 14; S/S-*Eisele*, StGB, § 238, Rn. 7; *Mitsch*, NJW 2007, 1237, (1238); *Fünfsinn*, Stalking – Wissenschaft, S. 114. Zur Problematik der Zielgerichtetheit in der Praxis siehe *Peters*, NStZ 2009, 238, (240).

(1) § 238 Abs. 1 Nr. 1 StGB: Aufsuchen der räumlichen Nähe des Opfers

Die erste Handlungsalternative verlangt nach ihrem Wortlaut das gezielte Aufsuchen der räumlichen Nähe des Opfers, womit eine physische Annäherung an das Opfer gemeint ist.[244] Da der Täter durch Handlungen in der virtuellen Welt eine physische Annäherung an das Opfer gerade vermeiden kann und will, ist die Tathandlung der Nr. 1 StGB für Stalkinghandlungen über das Internet nicht *per se* relevant. In Fällen, in denen sich das Cyberstalking jedoch auf das reale Leben ausdehnt, sind Soziale Netzwerke höchst geeignete Hilfsmittel, um dem Täter das Aufsuchen des Opfers zu erleichtern. Neben einem fast lückenlosen Lebenslauf bieten Websites wie *Facebook* dem potentiellen Täter ein umfassendes Repertoire an Informationen über vom Opfer präferierte Aufenthaltsorte und zum Teil ganze Tagesabläufe. Neben Interessen, Freizeitgestaltungen wie sportliche Aktivitäten und Freundeskreise stehen dem Täter Informationen über den Arbeitsplatz, die besuchte Schule oder Universität zur Verfügung. Diese Angaben gehören meist schon zu den Standardangaben des jeweiligen Profils. Auf *Facebook* kann zudem über die Funktion „Standort" der (aktuelle) Aufenthaltsort öffentlich mitgeteilt werden.[245] Die Funktion wird unter anderem dazu genutzt, dort Freunde zu treffen oder über bestimmte Reiseziele Informationen und Erfahrungsberichte von Mitgliedern zu erhalten. Das Netzwerk *Foursquare* entwickelte sogar ihre Geschäftsidee auf dem Gedanken, dass Mitglieder ihren aktuellen Standort auf einer Seite bekanntgeben und so öffentlich Tipps und Empfehlungen über diese Standorte und dort ansässige Dienstleister austauschen. Der Dienst nutzt dabei die GPS-Fähigkeit mobiler Geräte und *Smartphones*, um den aktuellen Standort der Benutzer festzustellen. Das standortbasierte Soziale Netzwerk wird mittlerweile von über 50 Millionen Menschen weltweit genutzt.[246]

Der Eintrag über den letzten Aufenthalt in Fitnessclubs, Cafés, etc. muss dabei nicht selbst von der jeweiligen Person in ein Netzwerk eingestellt werden. Die Verlinkung auf Fotos oder die Einladung in sog. *Facebook*-Gruppen, die sich der Planung einer kommenden Veranstaltung widmen, oder sonstige für jedermann einsehbare Pinnwandeinträge durch Dritte sind in Sozialen Netzwerken üblich. Durch Recherche und Kombinationsgabe kann der Täter auch Informationen über ihm völlig fremde Personen herausfinden, um diese gezielt zu stalken. Das Nachvollziehen der Angaben auf den relevanten Seiten stellt für sich genommen noch keine strafbare Handlung dar, soweit diese Informationen für jedermann zugänglich sind. Die öffentlichen Angaben im Netz bergen jedoch ein erhebliches Risiko, falls

244 BT-Drs. 16/575, 7; *BGH*, Beschluss vom 19.11.2009, Az. 3 StR 244/09, in: BGHSt 54, 189, (194); S/S-*Eisele*, StGB, § 238, Rn. 8; Kindhäuser/Neumann/ Paeffgen-*Sonnen*, StGB, § 238, Rn. 32; *Lackner/Kühl*, StGB, § 238, Rn. 4; *Rengier*, Strafrecht BT II, § 26a. Nachstellung, Rn. 6; *Valerius*, JuS 2007, 319, (321); *Mitsch*, NJW 2007, 1237, (1238); *Mosbacher*, NStZ 2007, 665, (667).

245 http://www.facebook.com/about/location (zuletzt aufgerufen am 28.10.2015).

246 http://de.foursquare.com/about (zuletzt aufgerufen am 28.10.2015).

dem Täter die virtuelle Belästigung des Opfers nicht mehr als ausreichend erscheint und er das Opfer in der realen Welt gezielt aufsuchen möchte.

(2) § 238 Abs. 1 Nr. 2 StGB: Versuchte Kontaktaufnahme mit Telekommunikationsmitteln

Für Fälle des Cyberstalkings im Internet ist die zweite Handlungsalternative des § 238 Abs. 1 Nr. 2 StGB der relevanteste Tatbestand. Das Unternehmensdelikt erfasst dabei bereits den Versuch, über Telekommunikationsmittel (Var. 1) oder sonstige Mittel der Kommunikation[247] (Var. 2) oder mittelbar über Dritte (Var. 3) Kontakt zum Opfer herzustellen. Das Zustandekommen eines tatsächlichen Kontakts ist daher nicht erforderlich; das Opfer muss folglich nicht auf die Kontaktversuche eingehen.[248] Allerdings ist entscheidend, dass der Kontaktversuch vom Opfer zumindest zur Kenntnis genommen und bei Kontaktversuchen über Dritte dem Täter zugeordnet wird.[249] Bleibt das Handeln des Täters vom Opfer völlig unbemerkt, stünde dies der Kausalität des Taterfolgs der Beeinträchtigung der Lebensgestaltung des Opfers durch das Handeln des Täters entgegen.

Kontakt meint die kommunikative Verbindung, die durch gegenseitiges oder einseitiges Zuleiten und Entgegennehmen von sprachlich-gedanklichen Informationen entsteht.[250] Nach der Legaldefinition der § 3 Nr. 22 und 23 TKG gelten sämtliche Mittel technischer Kommunikation mit dem Ziel des Aussendens, Übermittelns und Empfangens von Signalen mittels Telekommunikationsanlagen als Kommunikationsmittel.[251] Von § 238 Abs. 1 Nr. 2 erfasst sind danach Telefonanrufe, das Versenden von E-Mail, Fax und SMS, und auch das Versenden von Nachrichten in Chatrooms oder Kontaktnetzwerken wie *Facebook* über das Internet.[252] Inhaltlich kann dies neben verbaler Kommunikation durch geschriebene Texte auch durch Zusendung von Bildern, Videos, Symbolen oder sonstigen Zeichen an das Opfer

---

247 Var. 2 erfasst die (versuchte) Kontaktherstellung in Form der verbalen Kommunikation durch Versenden von Nachrichten im oder außerhalb des Postweges und ist damit für das Cyberstalking nicht relevant; S/S-*Eisele*, StGB, § 238, Rn. 13; *Port*, S. 145.

248 S/S-*Eisele*, StGB, § 238, Rn. 11; Kindhäuser/Neumann/Paeffgen-*Sonnen*, StGB, § 238, Rn. 34; *Port*, S. 144; *Lackner/Kühl*, StGB, § 238, Rn. 4.

249 *Gerhold*, S. 120 f.; S/S-*Eisele*, StGB, § 238, Rn. 11; *Käppner*, S. 66; *Müller*, S. 173; so auch *Neubacher/Seher*, JZ 2007, 1029, (1032); siehe hierzu auch *Buß*, S. 237.

250 *Fischer*, StGB, § 238, Rn. 14.

251 Als Telekommunikationsanlage sind technische Einrichtungen oder Systeme zu verstehen, die als Nachrichten identifizierbare elektromagnetische oder optische Signale senden, übertragen, vermitteln, empfangen, steuern oder kontrollieren können. Anstatt vieler S/S-*Eisele*, § 238, Rn. 12.

252 Zur Nachstellung mittels *Facebook*-Nachrichten siehe *BGH*, Beschluss vom 18.07.2013, Az. 4 StR 168/13, mit Anm. von *Jahn* in JuS 2014, 559 ff.; hierzu auch Kindhäuser/Neumann/Paeffgen-*Sonnen*, StGB, § 238, Rn. 35; S/S-*Eisele*, StGB, § 238, Rn. 12; *Port*, S. 145; *Mosbacher*, NStZ 2007, 665, (668); *Marberth-Kubicki*, Rn. 257.

geschehen.[253] Bei der mittelbaren Kontaktaufnahme der Var. 3 durch das gezielte Ansprechen Dritter wie Angehörige, Freunde und Arbeitskollegen des Opfers, kann dies auch über das Internet und Soziale Netzwerke erfolgen.[254] Etwa wenn der Täter Dritte mit dem Ziel kontaktiert, durch das Überbringen von Nachrichten, Kontakt zu dem Opfer herzustellen.[255] Dabei ist irrelevant, ob der Dritte hinsichtlich der Tätermotivation gut- oder bösgläubig ist.[256] Über Soziale Netzwerke kann der Täter auf einfachem Weg herausfinden, mit wem sein Opfer befreundet ist, bzw. bei entsprechenden Angaben, mit wem das Opfer beruflich zusammenarbeitet und die entsprechenden Personen direkt kontaktieren. Der Stalker kann demgegenüber auch dem Opfer völlig fremde Menschen als mittelbare Kontaktpersonen einsetzen, wenn er diese über die Internetseiten anspricht und bittet, für ihn mit dem Opfer Kontakt aufzunehmen.[257] Grund zu Besorgnis bieten in diesem Zusammenhang die sog. *Spotted*-Seiten.[258] Diese funktionieren nach dem Prinzip, dass Nutzer eine kurze Beschreibung einer Person, die ihnen besonders aufgefallen ist und die sie gerne kennen lernen möchten, auf der öffentlichen Website angeben und daraufhin die übrigen Nutzer Hinweise über die gesuchte Person verfassen bzw. sich der Gesuchte sogar selbst meldet. *Spotted*-Seiten existieren mittlerweile für fast jede Stadt und sind besonders an Universitäten beliebt.[259] Die Zahl der positiven Bewertungen (*Likes*) geht bei vielen deutschen *Spotted*-Seiten mittlerweile in die Tausende.[260] Neben datenschutzrechtlichen Fragestellungen[261] werden die Webseiten als ideale Vorlage für Stalking bezeichnet.[262] Sie ermöglichen dem Täter die Lokalisierung und Kontaktaufnahme auch zu unbekannten Opfern, die dem Täter

253 *Fischer*, StGB, § 238, Rn. 14; *Port*, S. 145; *Gerhold*, S. 123.

254 Siehe hierzu *BGH*, Beschluss vom 18.07.2013, Az. 4 StR 168/13, mit Anm. von *Jahn* in JuS 2014, 559 ff.

255 Ein bestimmtes Näheverhältnis wird nicht vorausgesetzt. S/S-*Eisele*, StGB, § 238, Rn. 14; *Lackner/Kühl*, StGB, § 238, Rn. 4; *Sadtler*, S. 57; *Port*, S. 145.

256 S/S-*Eisele*, StGB, § 238, Rn. 14; *Port*, S. 145.

257 *Port*, S. 145.

258 http://www.spotted.de (zuletzt aufgerufen am 28.10.2015).

259 Siehe bspw. http://www.facebook.com/SpottedFAU (zuletzt aufgerufen am 28.10.2015).

260 *Studentische Zeitung für Duisburg, Essen und das Ruhrgebiet* am 26.01.2013, *„Spotted auf Facebook: Stalking leicht gemacht"*, abrufbar unter http://akduell.de/2013/01/spotted-auf-facebook-stalking-leicht-gemacht (zuletzt aufgerufen am 28.10.2015). *Stern* am 21.06.2013, *„So funktionieren Spotted-Seiten"*, abrufbar unter http://www.stern.de/digital/online/zweite-chance-fuer-schuechterne-so-funktionieren-spotted-seiten-2026930.html (zuletzt aufgerufen am 28.10.2015).

261 Die personenbezogenen Daten der Gesuchten gelangen dabei ohne deren Zustimmung im Netz. Zu den datenschutzrechtlichen Fragestellungen Sozialer Netzwerke siehe die Ausführungen unter Teil 3.

262 *Studentische Zeitung für Duisburg, Essen und das Ruhrgebiet*, a.A.o., http://akduell.de/2013/01/spotted-auf-facebook-stalking-leicht-gemacht (zuletzt aufgerufen am 28.10.2015).

zufällig aufgefallen sind und Dritte tragen ahnungslos dazu bei, dem vermeintlich wohlgesinnten Verliebten Informationen über das Opfer zu übermitteln. Stalker können so über die besagten Seiten beispielsweise Namen, Adresse und Aufenthaltsorte eines künftigen Opfers ausfindig machen. Soweit der Täter über diese Seiten versucht, mit dem Opfer direkt Kontakt aufzunehmen oder Dritte dazu veranlasst, mit diesem in Kontakt zu treten, fällt dies unter den Anwendungsbereich der zweiten Handlungsalternative.

Der weite Anwendungsbereich des § 238 Abs. 1 Nr. 2 StGB erstreckt sich damit auf zahlreiche Methoden der virtuellen Belästigung und entfaltet bei Sozialen Netzwerken im Internet besondere Relevanz. Die Stalkinghandlungen nach der zweiten Handlungsalternative sind auch die in der täglichen Praxis am häufigsten vorkommenden Fälle der Nachstellung.[263] Der besondere Vorteil der Kommunikationsmöglichkeiten der Sozialen Netzwerke im Internet liegt für den Täter gerade darin, nicht mit dem Opfer direkt interagieren zu müssen, sondern aus der Anonymität heraus diesem nachzustellen.[264]

(3) § 238 Abs. 1 Nr. 3 StGB: Missbräuchliche Verwendung der personenbezogen Daten des Opfers

Die dritte Alternative erfasst ebenso Fälle, bei denen der Täter dem Opfer nicht selbst gegenübertritt, sondern unter missbräuchlicher Verwendung der personenbezogenen Daten des Opfers Bestellungen von Waren oder Dienstleistungen aufgibt (Var. 1) oder Dritte dazu veranlasst, mit dem Opfer Kontakt aufzunehmen (Var. 2). Missbräuchlich werden die personenbezogenen Daten des Opfers dann verwendet, wenn dies ohne den Willen des Opfers geschieht.[265] Personenbezogene Daten sind nach § 3 Abs. 1 BDSG Einzelangaben über persönliche oder sachliche Verhältnisse einer bestimmten oder bestimmbaren natürlichen Person. So gehören dazu Name, Anschrift, E-Mail-Adresse, Telefonnummer, Kontodaten sowie Passwörter.[266] Für das Cyberstalking relevant ist dabei die zweite Alternative der Veranlassung Dritter zur Kontaktaufnahme durch missbräuchliche Verwendung der persönlichen Daten des Opfers. Veröffentlicht der Täter beispielsweise die Telefonnummer, E-Mail-Adresse oder Anschrift des Opfers auf Internetplattformen, die als Kontaktanzeige der Partnersuche dienen, können andere Nutzer dazu veranlasst werden, mit dem Opfer in Kontakt zu treten.[267] Dabei ist auch das Einstellen von Fotos oder Videos

263 *Peters*, NStZ 2009, 238, (240).

264 *Peters*, NStZ 2009, 238, (240).

265 Das Einverständnis des Opfers schließt den Tatbestand des § 238 Abs. 1 Nr. 3 StGB aus, weshalb gewisse Redundanzen zum Tatbestandsmerkmal der Unbefugtheit bestehen. Siehe hierzu *Fischer*, StGB, § 238, Rn. 15; *Müller*, S. 174.

266 S/S-*Eisele*, StGB, § 238, Rn. 17.

267 S/S-*Eisele*, StGB, § 238, Rn. 18; *Mitsch*, NJW 2007, 1237, (1239); *Lackner/ Kühl*, StGB, § 238, Rn. 4; *Mosbacher*, NStZ 2007, 665, (668); *Neubacher/Seher*, JZ 2007, 1029, (1032); *Gerhold*, S. 123.

des Betroffenen mit der Aufforderung zur Kontaktaufnahme erfasst, soweit die Aufnahmen eine Bestimmbarkeit der abgebildeten Person zulassen und damit personenbezogene Daten darstellen.[268]

Dem Wortlaut des § 238 Abs. 1 Nr. 3 StGB ist nicht eindeutig zu entnehmen, ob es letztendlich zu einer erfolgreichen Kontaktaufnahme durch den veranlassten Dritten gekommen sein muss, oder ob die Tat bereits mit dem bloßen Akt der Kontaktanbahnung vollendet ist.[269] In der juristischen Literatur wird allerdings, wie auch schon bei der zweiten Handlungsalternative verlangt, dass das Opfer von den Vorgängen zumindest Kenntnis erlangt.[270]

Ein weiteres zu beobachtendes Phänomen ist der Identitätsdiebstahl im *Social Web*.[271] Der Täter kann über das Internet Daten wie Name, Fotos etc. auch eines fremden Opfers sammeln und missbräuchlich verwenden, indem er sich ein gefälschtes Social Media Profil unter dem Namen des Opfers aufbaut.[272] Die Erstellung eines solchen *„Fake-Profils"* mit unwahren Angaben oder falscher Darstellung verletzt dessen Namensrechts nach § 12 BGB und ist für sich allein betrachtet nicht strafbar.[273] Versendet oder *postet* der Täter über das Profil unter dem Namen des Opfers beleidigende oder obszöne Inhalte, kann dies entsprechende Reaktionen der anderen Nutzer gegenüber dem vermeintlichen Urheber zur Folge haben und damit die Tatbestandsalternative des § 238 Abs. 1 Nr. 3 StGB erfüllen.[274]

---

268 Bilder und Videos sind nur dann personenbezogene Daten nach dem BDSG, wenn sie die Zuordnung der Daten zu einer natürlichen, bestimmbaren Person erlauben. Die Bestimmbarkeit der Person ist nur dann ausgeschlossen, wenn die Wahrscheinlichkeit einer erfolgreichen Bestimmung so gering ist, dass das Risiko praktisch vernachlässigt werden kann. Siehe hierzu Simitis-*Dammann*, BDSG, § 3, Rn. 4, 22 f. Zur Definition personenbezogener Daten siehe die Ausführungen unter Teil 3 C.

269 So bspw. *Mitsch*, NJW 2007, 1237, (1239), der auf eine tatsächliche Kontaktaufnahme verzichtet.

270 *Müller*, S. 175; S/S-*Eisele*, StGB, § 238, Rn. 18; *Gerhold*, S. 121 f. Restriktiver *Fischer*, StGB, § 238, Rn. 15c; *Port*, S. 148, die eine tatsächliche Kontaktaufnahme fordern.

271 Hoeren/Sieber/Holznagel-*Solmecke*, Multimediarecht, Teil 21.1, Rn. 17.

272 Eine missbräuchliche Verwendung der Daten ist auch dann noch möglich, wenn diese ohnehin bereits im Internet abrufbar sind. Zum Missbrauch von Identitätsdaten siehe *Borges/Schwenk/Stuckenberg/Wegener*, S. 251.

273 Das Erstellen von „Fake-Accounts" unter fremdem Namen, ggf. auch mit einem Foto des Opfers, kann dabei gezielt zum Mobbing eingesetzt werden. Siehe hierzu Hoeren/Sieber/Holznagel-*Solmecke*, Multimediarecht, Teil 21.1, Rn. 17.

274 *Borges/Schwenk/Stuckenberg/Wegener*, S. 251. Siehe hierzu auch S/S-*Eisele*, StGB, § 238, Rn. 18.

(4) § 238 Abs. 1 Nr. 4 StGB: Bedrohung des Opfers oder einer ihm nahe stehenden Person

Bedroht der Täter das Opfer oder eine ihm nahe stehende Person mit der Verletzung von Leben, körperlicher Unversehrtheit, Gesundheit[275] oder Freiheit[276], macht er sich nach § 238 Abs. 1 Nr. 4 StGB strafbar. Die höchstpersönlichen Rechtsgüter sind dabei abschließend aufgezählt.[277] Für den Begriff der Bedrohung kann auf § 240 StGB zurückgegriffen werden, womit das ausdrückliche oder konkludente in Aussichtstellen eines künftigen Übels gemeint ist, auf dessen Eintritt der Drohende Einfluss hat oder zu haben vorgibt.[278] Die Bedrohung kann dabei auch schriftlich über die Kommunikationsmittel des Internets erfolgen.[279] Der Täter kann folglich sein Opfer über die Nachrichtendienste, Chats und Pinnwandeinträge bedrohen. Die Bedrohung muss immer gegenüber dem Opfer ausgesprochen werden, auch soweit der Täter die Verletzung einer nahestehenden Person des Opfers beabsichtigt.[280] Dies ergibt bereits der Wortlaut des § 238 Abs. 1 Nr. 4 StGB („*ihn* mit der Verletzung (...) bedroht"). Die nahestehende Person ist nach den Grundsätzen des § 35 StGB zu bestimmen und meint Personen, die mit dem Opfer so verbunden sind, dass dieses eine Gefahr für diese Menschen auch für sich als Drucksituation empfinden kann.[281] Neben Angehörigen und Verwandten können diese auch Lebensgefährten und nahe Freunde sein.[282]

(5) § 238 Abs. 1 Nr. 5 StGB: Vornahme einer anderen vergleichbaren Handlung

Angesichts der vielfältigen, häufig wechselnden und immer neuen Angriffsformen des Phänomens Stalking und um dem technischen Fortschritt Rechnung zu tragen, wurde der in rechtspolitischer Sicht umstrittene Auffangtatbestand[283]

---

275 Mit Gesundheit ist neben der körperlichen Integrität auch die psychische umfasst. S/S-*Eisele*, StGB, § 238, Rn. 19; *Fischer*, StGB, § 238, Rn. 16; Kindhäuser/Neumann/Paeffgen-*Sonnen*, StGB, § 238, Rn. 39.

276 Mit Freiheit ist die körperliche Bewegungsfreiheit i.S.d. § 239 StGB gemeint. S/S-*Eisele*, StGB, § 238, Rn. 19; Kindhäuser/Neumann/Paeffgen-*Sonnen*, StGB, § 238, Rn. 39; *Lackner/Kühl*, StGB, § 238, Rn. 4; *Fischer*, StGB, § 238, Rn. 16; *Valerius*, JuS 2007, 319, (322); *Mosbacher*, NStZ 2007, 665, (668).

277 Kindhäuser/Neumann/Paeffgen-*Sonnen*, StGB, § 238, Rn. 39; *Mosbacher*, NStZ 2007, 665, (668).

278 Vgl. *BGH*, Urteil vom 19.12.1961, Az. 1 StR 288/61, in: BGHSt 16, 386; *Fischer*, StGB, § 240, Rn. 31.

279 *Port*, S. 148.

280 S/S-*Eisele*, StGB, § 238, Rn. 19; *Fischer*, StGB, § 238, Rn. 16; *Valerius*, JuS 2007, 319, (322).

281 *Buß*, S. 239; BeckOK-StGB/*Valerius*, § 238, Rn. 8, § 35, Rn. 32.

282 *Lackner/Kühl*, StGB, § 238, Rn. 4, § 35, Rn. 4; S/S-*Eisele*, StGB, § 238, Rn. 20, § 35, Rn. 15; *Fischer*, StGB, § 35, Rn. 7; *Mosbacher*, NStZ 2007, 665, (668); *Buß*, S. 239.

283 Gegen die Handlungsalternative der Nr. 5 wird überwiegend der Vorwurf des Verstoßes gegen § 103 Abs. 2 GG erhoben, aufgrund der Unbestimmtheit und

als 5. Handlungsalternative in den Tatbestand aufgenommen.[284] Dabei sind alle Verhaltensweisen gemeint, die darauf gerichtet sind, durch unmittelbare oder mittelbare Annäherung an das Opfer in dessen persönlichen Lebensbereich einzugreifen und dadurch die Handlungs- und Entschließungsfreiheit zu beeinträchtigen.[285] Als Einschränkung sollen nur Handlungen erfasst werden, die mit denjenigen der ersten vier Handlungsalternativen sowohl quantitativ als auch qualitativ eine vergleichbare Schwere aufweisen und in ihrem Handlungs- und Erfolgsunwert diesen gleichkommen.[286] So fallen unter die Handlungsalternative der „*anderen vergleichbaren Handlung*" auch verschiedenartigste Belästigungen des Opfers mittels Telekommunikation. Die Veröffentlichung höchstpersönlicher, sensibler Opferdaten oder Bild- und Videoaufnahmen über das Internet sowie herabwürdigende Interneteintragungen zur Diskreditierung des Opfers im persönlichen und beruflichen Umfeld seien als Beispiele genannt.[287] Relevant wird dies insbesondere dann, wenn die negativen Interneteinträge unterhalb der Schwelle der Beleidigung nach § 185 StGB angesiedelt sind.[288] Die mit den Kontaktversuchen oft einhergehende Verunglimpfung über öffentliche Beiträge in Sozialen Medien kann dabei aufgrund der öffentlichen Bloßstellung und dauerhaften Speicherung besonders schwer wiegen.[289] Abs. 1 Nr. 5 kann darüber hinaus einschlägig sein, wenn der Täter Drohungen gegen Rechtsgüter ausspricht, die nicht abschließend unter Nr. 4 aufgezählt sind, wie beispielsweise die Drohung mit der Zerstörung des guten Rufs des Betroffenen.[290] Denkbar wäre überdies, die bloße Erstellung eines „*Fake-Accounts*" unter dem Namen des Opfers unter die fünfte Handlungsalternative der „*anderen vergleichbaren Handlung*" zu subsumieren.[291]

---

des Verstoßes gegen das Analogieverbot; Übersicht zur verfassungsrechtlichen Problematik der innertatbestandlichen Analogie *Mitsch*, NJW 2007, 1237, (1239); *Lackner/Kühl*, StGB, § 238, Rn. 5; S/S- *Eisele*, StGB, § 238, Rn. 24. Zur kritischen Betrachtung des Tatbestandes siehe unter Kapitel C I 4.

284 BT-Drs. 16/3641 S. 14; *Lackner/Kühl*, StGB, § 238, Rn. 5. Die 5. Handlungsalternative wird auch als Öffnungsklausel bezeichnet. Vgl. *Neubacher/Seher*, JZ 2007, 1029, (1033).

285 S/S- *Eisele*, StGB, § 238, Rn. 21.

286 BT-Drs. 16/3641 S. 14; S/S- *Eisele*, StGB, § 238, Rn. 21; *Valerius*, JuS 2007, 319, (322).

287 Siehe hierzu auch *LG Dortmund*, Urteil vom 22.11.2012, Az. 44 KLs – 110 Js 720/11 – 33/12, in: BeckRS 2013, 17527; S/S-*Eisele*, StGB, § 238, Rn. 22; *Port*, S. 150; Kindhäuser/Neumann/Paeffgen-*Sonnen*, StGB, § 238, Rn. 40; *Fischer*, StGB, § 238, Rn. 17a.; *Peters*, NStZ 2009, 238, (240); *Mosbacher*, NStZ 2007, 665, (668).

288 Zu den Anforderungen an den Beleidigungstatbestand des § 185 StGB siehe die Ausführungen unter Kapitel D I 2.

289 *Peters*, NStZ 2009, 238, (240). Siehe hierzu sich die Ausführungen zum Tatbestand der Beleidigung unter Kapitel D I.

290 *Port*, S. 150.

291 Siehe hierzu die Ausführungen zur 3. Handlungsalternative unter C I 1a (3).

b) Beharrliches Nachstellen

Das Nachstellen im Wege einer der fünf Tatmodalitäten oder durch Kombination der verschiedenen Verhaltensweisen[292] muss dabei *beharrlich* erfolgen. Das Element der Beharrlichkeit schränkt die weit gefassten Handlungsalternativen ein, die an sich auch sozialadäquate Verhaltensweisen erfassen können. Dies trifft insbesondere auf die Handlungsalternativen der Nr. 1 und 2 zu, die mit dem Aufsuchen der Nähe des Opfers und dem Kontaktieren über verschiedene Medien grundsätzlich kein strafwürdiges Verhalten beschreiben. Erst eine gewisse Häufigkeit und Kontinuität werden zu einer unzumutbaren Belastung für das Opfer.[293] In der Urteilsbegründung des *AG Löbau* heißt es dazu:

> *„Die Gesellschaft (...) lebt von der Kommunikation untereinander und den menschlichen Beziehungen. Dies hat grundsätzlich zur Folge, dass Konflikte entstehen. (...) Dazu gehört auch der Versuch, zu Mitmenschen Beziehungen und Kontakte aufzubauen bzw. zu erhalten, selbst gegen deren Willen. Der Betreffende hat dies in einem gewissen Rahmen als Belästigung hinzunehmen, (...)".*[294]

Handlungen, die sich im Rahmen der normalen, sozialen Ordnung und somit im Rahmen der sozialen Handlungsfreiheit bewegen, sind nach der Lehre von der Sozialadäquanz auch dann nicht tatbestandsmäßig, wenn sie vom Wortlaut einer Strafbestimmung erfasst sind.[295] Die wiederholte Kontaktaufnahme über Soziale Medien allein kann daher keine Strafbarkeit begründen.[296] Das Strafrecht verlangt als *ultima ratio* des rechtsstaatlichen Güterschutzes eine gewisse Frustrationstoleranz auch gegenüber aufdringlichen Mitmenschen.[297] Bereits zum Gesetzesentwurf des § 238 StGB wurde festgestellt, dass es gerade im sensiblen Bereich der zwischenmenschlichen Kontaktaufnahme kaum möglich ist, einen konkreten Straftatbestand zu schaffen, der die vielfältigen Stalkinghandlungen umfasst, sie aber gleichzeitig von normalem, sozialadäquatem Verhalten abgrenzt.[298]

Im juristischen Schrifttum, das sich in der Rechtsprechung des *BGH* bestätigt sieht, setzt ein beharrliches Verhalten eine wiederholte und andauernde Begehung voraus, die eine *„besondere Hartnäckigkeit und gesteigerte Gleichgültigkeit"* gegenüber den Wünschen des Opfers bzw. eine Missachtung des Willens des Opfers und

---

292 *Müller*, S. 188; *Valerius*, JuS 2007, 319, (322).

293 BT-Drs. 16/575 S. 7; *Müller*, S. 189; *Gerhold*, S. 129.

294 Argumentation des *AG Löbau* vom 17.04.2008, Az. 5 Ds 440 Js 16120/07 in StV 2008, 646; *OLG Rostock* vom 27.05.2009, Az. 1 Ss 96-09 I 40/09, in: BeckRS 2009, 19346. Mit Anm. zur Entscheidung des *OLG Rostock* siehe *Jahn*, JuS 2010, 81 f.

295 Zur Lehre von der Sozialadäquanz siehe ausführlich S/S-*Lenckner/Eisele*, Vor §§ 13 ff., Rn. 69 f.; siehe auch Kindhäuser/Neumann/Paeffgen-*Sonnen*, StGB, § 91, Rn. 26.

296 *Lackner/Kühl*, StGB, § 238, Rn. 3; *BGH*, Urteil vom 19.11.2009, Az. 3 StR 244/09, in: BGHSt 54, 189, (195).

297 *Kudlich*, JA 2010, 389, (390).

298 BT-Drs. 16/3641, S. 7.

zugleich die Gefahr weiterer Begehung zum Ausdruck bringt.[299] Dem objektiven Tatbestandsmerkmal wohnen dabei auch subjektive Komponenten inne.[300] Die Beharrlichkeit des Täters zeichnet sich auch durch die Missachtung der Reaktion des Opfers aus, welches durch seinen Widerspruch und Widerstand das Verlangen nach Respektierung seiner Privatsphäre zum Ausdruck bringt.[301] Eine allgemeine und für jeden Einzelfall gültige numerisch bestimmte Mindestzahl von Nachstellungshandlungen des Täters kann zur Begründung der Beharrlichkeit nicht abstrakt festgelegt werden.[302] Im Ergebnis kommt es daher auf eine Gesamtwürdigung der einzelnen Aspekte an.[303] Dies sind neben der absoluten Zahl der Stalkinghandlungen auch deren Gewicht und Intensität[304], sowie der zeitliche Abstand und innere Zusammenhang zwischen den Nachstellungshandlungen.[305] Nach der Rechtsprechung des *BGH* können bei extremer Aufdringlichkeit bereits zwei aufeinanderfolgende Taten ausreichen[306]; bei zurückhaltender

---

299 BT-Drs. 16/575 S. 7; *BGH,* Beschluss vom 08.04.2014, Az. 1 StR 126/14, in: NStZ-RR 2014, 208, (209); *BGH* vom 19.11.2009, Az. 3 StR 244/09, in BGHSt 54, 189, (196 f.); mit Anm. von *Mitsch,* NStZ 2010, 513; *LG Arnsberg,* Urteil vom 27.02.2012, Az. II 6 KLs-294 Js 32/11-17/11, in: BeckRS 2012, 10685; *Lackner/Kühl,* StGB, § 238, Rn. 3; S/S- *Eisele,* StGB, § 238, Rn. 25; *Krüger,* NStZ, 2010, 546, (550); *Ders.,* FPR 2011, 219, (222); *Mosbacher,* NStZ 2007, 665, (666).

300 *BGH,* Urteil vom 19.11.2009, Az. 3 StR 244/09, in: BGHSt 54, 189, (197); Kindhäuser/Neumann/Paeffgen-*Sonnen,* StGB, § 238, Rn. 42; *Lackner/Kühl,* StGB, § 238, Rn. 3; *Krüger,* NStZ, 2010, 546, (550); *Ders.,* FPR 2011, 219, 222; *Rengier,* Strafrecht BT II, § 26a. Nachstellung, Rn. 4; *Gerhold,* S. 131; kritisch dagegen *Müller,* S. 191.

301 Vgl. *BGH,* Beschluss vom 19.11.2009, Az. 3 StR 244/09, in: NStZ 2010, 513, (514); S/S-*Eisele,* StGB, § 238, Rn. 25.

302 Leitsatz des *BGH,* vom 19.11.2008, Az. 3 StR 244/09, in BGHSt 54, 189, 189 ff.; mit Anm. von *Mitsch,* NStZ 2010, 513; *Lackner/Kühl,* StGB, § 238, Rn. 3; *Jahn,* Jus 2008, 553; *Krüger,* NStZ, 2010, 546, (550); *Krüger,* FPR 2011, 219, (221).

303 *BGH* vom 19.11.2009, Az. 3 StR 244/09, in BGHSt 54, 189, (196); mit kritischer Anmerkung von *Mitsch,* NStZ 2010, 513, (514);*Valerius,* JuS 2007, 319, (322); *Mosbacher,* NStZ 2007, 665, (666); *Gerhold,* S. 128.

304 *BGH* vom 19.11.2009, Az. 3 StR 244/09, in BGHSt 54, 189, (197); *Krüger,* NStZ, 2010, 546, (550); *Ders.,* FPR 2011, 219, (222); *Rengier,* Strafrecht BT II, § 26a. Nachstellung, Rn. 4; S/S- *Eisele,* StGB, § 238, Rn. 25; *Müller,* S. 193.

305 BT-Drs. 16/575, S. 7; *BGH* vom 19.11.2009, Az. 3 StR 244/09, in BGHSt 54, 189, (196); S/S- *Eisele,* StGB, § 238, Rn. 25; *Müller,* S. 190; *Valerius,* JuS 2007, 319, (322); *Mosbacher,* NStZ 2007, 665, (666); *Gerhold,* S. 129.

306 *BGH,* Beschluss vom 19.11.2009, Az. 3 StR 244/09, in: BGHSt 54, 189, (197); *OLG Zweibrücken,* Urteil vom 15.01.2010; Az. 1 Ss 10/09 in: BeckRS 2010, 04520; *LG Lübeck,* Urteil vom 14.02.2008, Az. 2b Qs 18/08, in: BeckRS 2008, 05249; *Mitsch,* NStZ 2010, 513, (514); *Rengier,* Strafrecht BT II, § 26a. Nachstellung, Rn. 4; kritisch und für ein restriktives Verständnis des Begriffs siehe *Jahn,* Jus 2008, 553; *Lackner/Kühl,* StGB, § 238, Rn. 3; *Fischer,* StGB, § 238; Rn. 20.

aber ausdauernder Belästigung sind nach Ansichten in der juristischen Literatur ggf. mehr als fünf Akte notwendig.[307]

Gerade im Rahmen des Stalkings im Internet ist das Erfordernis der Beharrlichkeit der Handlungen das notwendige Korrektiv. Bei den beschriebenen Verhaltensweisen des Social Media Stalkings handelt es sich zumeist um sozialadäquates und damit nicht strafwürdiges Handeln, wie beispielsweise die Kontaktaufnahme mittels Nachrichten, die Erstellung eines Accounts im Namen des Opfers oder Beiträge, die unterhalb der Schwelle der Beleidigung angesiedelt sind. Auch im Hinblick auf den weit gefassten Auffangtatbestand des § 238 Abs. 1 Nr. 5 StGB ist eine Vielzahl von Stalkinghandlungen erforderlich, um die Strafbarkeit im Sinne des *ultima ratio* Gedankens nicht unzulässig auf strafunwürdige Belästigungen auszudehnen.

c) Unbefugtes Nachstellen

Für die Annahme eines unbefugten Verhaltens ist ein Handeln gegen den Willen des Opfers erforderlich, um dem typischen Unrechtsgehalt der Norm zu entsprechen.[308] Nach Auffassung des Gesetzgebers stellt das Merkmal der Unbefugtheit ein Tatbestandsmerkmal dar.[309] Das ausdrückliche oder konkludente Einverständnis des Betroffenen sowie das Vorliegen einer Befugnisnorm lassen folglich bereits den Tatbestand und nicht erst die Rechtswidrigkeit entfallen.[310] Im Schrifttum wird dies nur für die Handlungsalternativen des Abs. 1 Nr. 1 und 2 als zutreffend erachtet, da diese auch sozialadäquate Handlungen darstellen können. Demnach weist der Begriff *unbefugt* eine Doppelnatur auf, die nur im Rahmen der beiden ersten Handlungsvarianten des § 238 Abs. 1 StGB bereits den Tatbestand ausschließt, bezüglich des Abs. 1 Nr. 3–5 jedoch ein auf der Ebene der Rechtfertigung zu würdigendes Element ist.[311] Auch das Merkmal der Unbefugtheit soll nach Maßgabe des Gesetzgebers den Tatbestand dahingehend einschränken, sozialadäquates Verhalten auszuklammern, das nur bei fehlender Befugnis strafwürdig ist.[312] An eine konkludente Einwilligung des Opfers bei Stalking-Attacken über Soziale Medien wäre beispielsweise dann zu denken, wenn das Opfer die Kontaktversuche erwidert oder den Stalker als „Freund" bzw. „Kontakt"

---

307 S/S- *Eisele*, StGB, § 238, Rn. 25; *Mitsch*, NStZ 2010, 513, (514); *Valerius*, JuS 2007, 319, (322).

308 *Rengier*, Strafrecht BT II, § 26a. Nachstellung, Rn. 5; *Lackner/Kühl*, StGB, § 238, Rn. 6.

309 BT-Drs. 16/575, S. 7.

310 BT-Drs. 16/575, S. 7; ebenso S/S-*Eisele*, StGB, § 238, Rn. 27; *Rengier*, Strafrecht BT II, § 26a. Nachstellung, Rn. 5; *Lackner/Kühl*, StGB, § 238, Rn. 6; *Fischer*, StGB, § 238, Rn. 26; *Valerius*, JuS 2007, 319, (322); *Mosbacher*, NStZ 2007, 665, (667); ausführlich hierzu auch *Käppner*, S. 83 ff.

311 Ausführlich *Müller*, S. 184 ff.; *Fischer*, StGB, § 238, Rn. 26 ff.; *Neubacher/ Seher*, JZ 2007, 1029, (1031); *Mitsch*, NJW 2007, 1237, (1240); S/S-*Eisele*, StGB, § 238, Rn. 26; *Gerhold*, S. 125.

312 Siehe zum Merkmal der Unbefugtheit BT-Drs. 16/575, S. 7; S/S-*Eisele*, § 238, Rn. 26 f.; *Müller*, S. 183 ff., 189.

hinzufügt und so seine ausdrückliche Ablehnung gegenüber dem Stalker nicht kundtut und diesen an seinem (virtuellen) Leben bewusst teilhaben lässt.

d) Taterfolg der schwerwiegenden Beeinträchtigung der Lebensgestaltung

Der als Erfolgsdelikt ausgestaltete Tatbestand der Nachstellung verlangt eine schwerwiegende Beeinträchtigung der Lebensgestaltung des Opfers, die kausal auf den Nachstellungshandlungen des Täters beruhen muss.[313] Nach der gesetzgeberischen Konzeption umfasst der Begriff der Lebensgestaltung allgemein die Freiheit der menschlichen Entschlüsse und Handlungen.[314] Mit der weiteren Voraussetzung „*schwerwiegend*" sollte der weite Begriff der Lebensgestaltung auf nur

> „*ins Gewicht fallende, gravierende und ernst zu nehmende Beeinträchtigungen*" reduziert werden, „*die über durchschnittliche, regelmäßig hinzunehmende und zumutbare Beeinträchtigungen erheblich und objektivierbar hinausgehen*".[315]

Die Rechtsprechung legt den Taterfolg der schwerwiegenden Beeinträchtigung äußerst restriktiv aus.[316] Durch die Nachstellungshandlungen muss sich das Opfer zur Veränderung seiner Lebensgestaltung gegen seinen Willen gezwungen sehen, wobei auf die objektivierte Änderung der Lebensgewohnheiten und nicht auf die Beeinträchtigung des subjektiven Lebensgefühls abzustellen ist.[317] Lediglich subjektiv empfundene Nachteile sollen selbst dann nicht ausreichen, wenn diese mit gravierenden psychischen Folgen einhergehen und das Opfer beispielsweise in einer Atmosphäre ständiger Angst lebt.[318]

---

313 Der Bundesratsentwurf sah zunächst die Ausgestaltung als Eignungsdelikt vor, siehe BT-Drs. 16/1030, S. 7, BR-Drs. 551/1/04, S. 4. Siehe hierzu auch *Lackner/Kühl*, StGB, § 238, Rn. 2; *Rengier*, Strafrecht BT II, § 26a, Rn. 11.

314 BT-Drs. 16/575, S. 7.

315 BT-Drs. 16/3641, S. 14.

316 Leitsatz des *BGH* vom 19.11.2009, Az. 3 StR 244/09, in BGHSt 54, 189, (196); mit Anm. von *Mitsch*, NStZ 2010, 513ff. In Anlehnung an den Gesetzgeber verlangt der *BGH* ins Gewicht fallende, gravierende und ernst zu nehmende Folgen, die über durchschnittliche, regelmäßig hinzunehmende und zumutbare Modifikationen der Lebensgestaltung erheblich und objektivierbar hinausgehen. Siehe auch Leitsatz des *OLG Rostock* vom 27.05.2009, Az. 1 Ss 96-09 I 40/09, in BeckRS 2009, 19346; *OLG Hamm* vom 20.11.2008, Az. 3 Ss 469/08, in BeckRS 2009, 06849. Ein Überblick über die bisher ergangene Rechtsprechung findet sich bei *Krüger*, NStZ 2010, 546, (551 f.).

317 *BGH* vom 19.11.2009, Az. 3 StR 244/09, in BGHSt 54, 189, (196 f.); mit Anm. zum *BGH*, *Mitsch*, in NStZ 2010, 513; *OLG Rostock* vom 27.05.2009, Az. 1 Ss 96-09 I 40/09, in BeckRS 2009, 19346. Zustimmend mit seiner Anmerkung *Jahn*, JuS 2010, 81, (83); *OLG Hamm* vom 20.11.2008, Az. 3 Ss 469/08, in BeckRS 2009, 06849; ebenso *Rengier*, Strafrecht BT II, § 26a. Nachstellung, Rn. 11, S/S-*Eisele*, StGB, § 238, Rn. 30; *Lackner/Kühl*, StGB, § 238, Rn. 2; *Valerius*, JuS 2007, 319, (323).

318 *OLG Rostock* vom 27.05.2009, Az. 1 Ss 96-09 I 40/09, in BeckRS 2009, 19346. besprochen von *Jahn*, JuS 2010, 81, (83); zustimmend auch *Lackner/Kühl*, StGB, § 238, Rn. 2; *Käppner*, S. 93.

Mit der tatbestandlichen Reduktion im Hinblick auf den Taterfolg sollten damit solche Verhaltensweisen ausgeschlossen werden, die beispielsweise im Nachgang einer gescheiterten Beziehung üblich sind.[319] So können Vorsorge- und Schutzmaßnahmen des Opfers als Reaktion auf die Nachstellungshandlungen nur dann einen tatbestandsmäßigen Erfolg darstellen, wenn diese von einigem Gewicht und von einer gewissen Dauerhaftigkeit sind.[320] Wo die strafrechtlich relevante Grenze liegt, wird jedoch nicht immer deutlich. Die Auslegung des Terminus *der schwerwiegenden Beeinträchtigung* bereitet im Einzelfall Schwierigkeiten.[321] Als schwerwiegende Beeinträchtigungen wurden von der Rechtsprechung beispielsweise die Aufgabe des Arbeitsplatzes oder der Wohnung[322], die Notwendigkeit therapeutischer Behandlung sowie der Rückzug aus dem sozialen Leben gesehen, wobei auch die Kumulation verschiedener für sich genommen nicht schwerwiegender Beeinträchtigungen in ihrer Summe eine schwerwiegende sein kann.[323] In der praktischen Anwendung läuft es vielfach auf eine Abgrenzung der Freiheitssphären von Täter und Opfer hinaus, wobei eine Gesamtwürdigung aller Umstände des Einzelfalls in wertender Betrachtung und damit eine normative Interessenabwägung vorzunehmen ist.[324] Dabei ist die Frage zu stellen, ob das Opfer den Nachstellungshandlungen nicht in besonnener Selbstbehauptung hätte standhalten können.[325] Dabei ist auch die besondere psychische Situation des Opfers aufgrund des Täterverhaltens zu berücksichtigen.[326]

Stalkinghandlungen über Soziale Medien im Internet können eine besondere Intensität erreichen. Für viele Menschen spielt sich das Leben inzwischen weitgehend im Internet ab und die Nutzung von *Smartphones* führt zudem zu einer durchgehenden Erreichbarkeit und mangelnden Rückzugsmöglichkeit für das Opfer. In diesem Zusammenhang ist die Frage aufzuwerfen, ob der Rückzug aus den Sozialen Medien, wie beispielsweise die Aufgabe eines *Facebook*-Accounts, eine derart gravierende Einbuße von Lebensqualität darstellt, um eine schwerwiegende Beeinträchtigung der Lebensgestaltung zu bejahen, bzw. ob die Aufgabe des

319 *Peters*, NStZ 2009, 238, (241); S/S-*Eisele*, StGB, § 238, Rn. 30.

320 *Mitsch*, NStZ 2010, 513, (514); *Müller*, S. 196; S/S-*Eisele*, StGB, § 238, Rn. 30.

321 *Mitsch*, NStZ 2010, 513, (514) mit Anmerkung zum *BGH*; *Jahn*, JuS 2010, 81 mit Anmerkung zum Urteil des *OLG Rostock*; *Buß*, S. 225 f.; hierzu auch *Neubacher/ Seher*, JZ 2007, 1029, (1034); *Krüger*, NStZ 2010, 546, (551).

322 *BGH* vom 19.11.2009, Az. 3 StR 244/09, in BGHSt 54, 189, (196 f).

323 Vgl. *LG Arnsberg*, Urteil vom 27.02.2012, Az. II 6 KLs-294 Js 32/11-17/11, in: BeckRS 2012, 10685. Bespiele bei S/S-*Eisele*, StGB, § 238, Rn. 31; *Lackner/ Kühl*, StGB, § 238, Rn. 2; *Rengier*, Strafrecht BT II, § 26a. Nachstellung, Rn. 11; *Valerius*, JuS 2007, 319, (323); *Gerhold*, S. 132.

324 BT-Drs. 16/575, S. 8; *Krüger*, NStZ, 2010, 546, (550); *Ders.*, FPR 2011, 219, (222); *Peters*, NStZ 2009, 238, (241); *Mosbacher*, NStZ 2007, 665, (667); *Müller*, S. 198.

325 *Jahn*, JuS 2010, 81, (82); *Valerius*, JuS 2007, 319, (323); S/S-*Eisele*, StGB, § 238, Rn. 30; *Müller*, S. 198.

326 S/S-*Eisele*, StGB, § 238, Rn. 30.

Accounts dem Opfer zumutbar ist, um den Erfolg der Nachstellung abzuwenden. Die Teilhabe an Social Media Angeboten ist je nach Altersstufe und Interessenlage unterschiedlich stark ausgeprägt. Für Jugendliche mag der Austritt aus den *Social Communities* gar den *„sozialen Tod"* bedeuten, da der Austausch mit Freunden und Kollegen, Freizeitplanung und Gestaltung fast ausschließlich über die Internetplattformen geschieht.[327] Da Soziale Netzwerke auf dem Prinzip der Vernetzung mit Freunden und Kollegen aufgebaut sind und ferner anonyme *Nick-Names* auf den gängigen Online-Netzwerken grundsätzlich unzulässig sind, kann das Opfer auch in anderen Netzwerken wiedergefunden werden und dort ebenfalls den Stalkinghandlungen ausgesetzt sein.[328] Als Folge ist das Opfer gezwungen, auf die gängigen Internetangebote gänzlich zu verzichten. Grundsätzlich sind die Änderung des Sozialverhaltens, das Aufgeben von Freizeitaktivitäten/-gestaltungen, das Einschränken der Kommunikation oder sozialen Kontakten[329] als eine Beeinträchtigung der Lebensgestaltung anerkannt.[330] Wie das eingangs erwähnte Beispiel der Bloggerin in Kapitel A zeigt, ist die Frage nach dem Taterfolg ohne ein Verständnis und Gespür für das Internet und die verschiedenen Social Media Anwendungen in der heutigen digitalen Welt nicht zu beantworten. Für viele Nutzer der Sozialen Netzwerke stellen diese nicht nur eine (wesentliche) Freizeitbeschäftigung dar, um sich mit Freunden über Belanglosigkeiten und Hobbies auszutauschen. Für bestimmte Berufsgruppen wie beispielsweise Blogger verlagern sich ganze Lebens- und vor allem Geschäftsbereiche ins Internet. Sog. *Fan-Pages* auf Sozialen Netzwerken stellen nicht nur wirksame Werbemittel dar, sondern beispielsweise bei Künstlern, Musikern oder Modebloggern den Mittelpunkt ihrer beruflichen Tätigkeit. Mit der Aufgabe des Accounts sind damit existenzielle berufliche Einbußen verbunden. Ob die Beeinträchtigung als *schwerwiegend* einzustufen ist, ist daher grundsätzlich nach der Beeinträchtigung des Freiheitsbereichs der konkreten Person zu beurteilen und muss in den genannten Fällen auch der Gegenkontrollfrage standhalten, ob sich ein Opfer in dieser sozialen Lage auch tatsächlich so schwer getroffen fühlen darf.[331] Mit wachsender Vernetzung und damit Bedeutung der Social Media Angebote dürfte in Zukunft die Aufgabe eines Social Media Accounts einen Nutzer zunehmend beeinträchtigen.[332]

---

327 Siehe zum Nutzerverhalten von Social Media Angeboten durch Jugendliche Siehe *Harald Henzler* auf *Smart Digits* am 19.11.2013, abrufbar unter http://www.smart-digits.com/2013/11/wie-jugendlichen-social-media-nutzen/ (zuletzt aufgerufen am 28.10.2015).

328 Erklärung der Rechte und Pflichten bei *Facebook*, unter Nr. 4: Registrierung und Sicherheit der Konten, abrufbar unter http://www.facebook.com/legal/terms (zuletzt aufgerufen am 28.10.2015).

329 BT-Drs. 16/575, S. 8.

330 *Fischer*, StGB, § 238, Rn. 22; *Mosbacher*, NStZ 2007, 665, (667); *Käppner*, S. 94; *Peters*, NStZ 2009, 238, (241).

331 *Fischer*, StGB, § 238, Rn. 24; *Jahn*, JuS 2010, 81, (82); *Peters*, NStZ 2010, 238, (241).

332 Der *BGH* bezeichnete jüngst die Nutzbarkeit des Internets als ein Wirtschaftsgut, dessen ständige Verfügbarkeit auch im privaten Bereich *„von zentraler Bedeutung"*

2. *Qualifikationstatbestände des § 238 Abs. 2 und Abs. 3 StGB*

§ 238 Abs. 2 StGB umfasst eine erste Qualifikationsstufe in Form eines konkreten Gefährdungsdeliktes für die Fälle, in denen der Täter durch eine Tat nach Abs. 1 die *„Gefahr des Todes oder einer schweren Gesundheitsschädigung"* für das Opfer oder eine ihm nahestehende Person vorsätzlich herbeiführt.[333] Eine schwere Gesundheitsschädigung ist auch bei einer nachhaltigen Beeinträchtigung der psychischen Stabilität, wie beispielsweise Depressionen, gegeben und verlangt daher nicht das direkte körperliche Einwirken des Täters auf das Opfer.[334] Auch eine schwere psychische Beeinträchtigung des Opfers, ausgelöst durch Cyberstalking-Handlungen über Soziale Medien kann damit grundsätzlich die Qualifikation erfüllen. Der erhöhte Strafrahmen von drei Monaten bis zu fünf Jahren soll dem gegenüber dem Grundtatbestand gesteigerten Unrechts- und Schuldgehalt einschlägiger Taten Rechnung tragen.[335] Die Einbeziehung von Angehörigen[336] bzw. andere nahe stehenden Personen sollte auch das soziale Umfeld des Opfers schützen, das durch die zahlreichen Stalkinghandlungen des Täters mit betroffen sein kann.[337]

§ 238 Abs. 3 StGB normiert eine zweite Qualifikationsstufe in Form einer Erfolgsqualifikation (*„Tod des Opfers, eines Angehörigen des Opfers oder einer anderen dem Opfer nahestehenden Person"*). Der Gesetzgeber zielte dabei auf Konstellationen ab, bei denen das Opfer auf der Flucht vor dem Täter zu Tode kommt, oder den auch für das Cyberstalking relevanten Fall, dass das Opfer durch die Handlungen des Stalkers in den Selbstmord getrieben wird.[338] Die Tat ist ein Verbrechen und somit bereits der Versuch strafbar.

---

ist und *„dessen Ausfall sich signifikant im Alltag bemerkbar macht"*. Vgl. *BGH*, Urteil vom 24.01.2013, Az. III ZR 98/12, in: MMR, 611 ff.

333 S/S-*Eisele*, StGB, § 238, Rn. 37.

334 Siehe hierzu *BVerfG*, Beschluss vom 27.09.2006, Az. 2 BvR 1603/06, mit Anm. von *Jahn*, in: JuS 2007, 384 ff., wonach für eine Gesundheitsschädigung i.S.d. § 223 StGB ein somatisch objektivierbarer pathologischer Zustand bei einer rein psychischen Einwirkung erforderlich ist. So auch *BGH*, Beschluss vom 18.07.2013, Az. 4 StR 168/13, mit Anm. von *Jahn* in JuS 2014, 559 ff. Hierzu auch *BGH*, Beschluss vom 15.09.1999, Az. 1 StR 452/99, in: NStZ 2000, 25; S/S-*Eisele*, StGB, § 238, Rn. 37; *Mosbacher*, NStZ 2007, 665, (669), *Käppner*, S. 101; *Neubacher/Seher*, JZ 2007, 1029, (1035).

335 BT-Drs. 16/3641, S. 14.

336 Zum Begriff siehe § 11 Abs. 1 Nr. 1 StGB.

337 BT-Drs. 16/3641, S. 14; *Lackner/Kühl*, StGB, § 238, Rn. 10; S/S-*Eisele*, StGB, § 238, Rn. 37; *Mitsch*, NJW 2007, 1237, (1241).

338 BT-Drs. 16/3641, S. 14; *Mitsch*, NJW 2007, 1237, (1240); *Mosbacher*, NStZ 2007, 665, (669); *Valerius*, JuS 2007, 319, (323); *Gerhold*, S. 141. Die Mitwirkung des Opfers darf jedoch nicht eigenverantwortliches Verhalten, sondern ein vom Täter erzwungenes Panikverhalten sein. Siehe hierzu *Lackner/Kühl*, StGB, § 238, Rn. 11; S/S-*Eisele*, StGB, § 238, Rn. 38; *Käppner*, S. 103; *Neubacher/Seher*, JZ 2007, 1029, (1035).

3. *Strafprozessuale Besonderheiten*

Die Nachstellung wird nur auf Antrag des Verletzten gem. § 77 Abs. 1 StGB verfolgt, es sei denn, die Strafverfolgungsbehörde hält ein Einschreiten von Amts wegen aufgrund des besonderen öffentlichen Interesses an der Strafverfolgung für geboten (relatives Antragsdelikt), § 238 Abs. 4 StGB. Diese „Teilprivatisierung“ erfolgte aus Opferschutzgründen für die Fälle, bei denen es zwischen Opfer und Täter nach der Tat zu einer Verständigung kommt oder die Belästigungen endgültig aufhören und sich folglich das Kriminalrecht nicht störend einmischen sollte.[339] Die Nachstellungstat ist ferner Privatklagedelikt nach § 374 Abs. 1 Nr. 5 StPO mit der Folge, dass der Verletzte neben der Last zur Verfahrensdurchführung auch das Kostenrisiko im Falle einer Verfahrenseinstellung trägt.[340] In der Praxis wird insbesondere bei typischen Beziehungstaten im unteren Unrechtsbereich von dem Verweis auf den Privatklageweg Gebrauch gemacht.[341] Zudem wurde der Strafkatalog des § 112a Abs. 1 Nr. 1 StPO um die Qualifikationstatbestände des § 238 Abs. 2 und 3 StGB erweitert, um durch die Anordnung der Untersuchungshaft angemessenen Schutz für das außergewöhnlich stark betroffene Stalking-Opfer zu gewährleisten und den vorhersehbaren schwersten Straftaten vorzubeugen (sog. Deeskalationshaft).[342] Dies ist angesichts der hohen Wiederholungs- und Rückfallgefahr bei Stalkern zu begrüßen.[343]

4. *Kritische Betrachtung des § 238 StGB und Reformvorschläge*

Gerichtliche Entscheidungen zum neuen Straftatbestand der Nachstellung wurden zunächst als Mangelware charakterisiert. Mittlerweile sieht sich jedoch der komplette Instanzenzug der Strafrechtspflege bis hin zum *BGH* von Stalking-Fällen durchsetzt.[344] Es hat sich gezeigt, dass im Vergleich zu anderen Delikten die Diskrepanzen zwischen den Tatverdächtigen, Angeklagten und Verurteilten nach § 238 StGB außergewöhnlich hoch sind.[345] Im Jahr 2010 wurden beispielsweise nur 1,9% der Tatverdächtigen

339 *Mitsch*, NJW 2007, 1237, (1241); *Fünfsinn*, Stalking – Wissenschaft, S. 115.

340 *Mitsch*, NJW 2007, 1237, (1241); S/S-*Eisele*, StGB, § 238, Rn. 40; *Peters*, NStZ 2009, 238, (242); kritisch hierzu *Mosbacher*, NStZ 2007, 665, (670).

341 *Peters*, NStZ 2009, 238, (242).

342 BT-Drs. 16/3641, S. 15; *Lackner/Kühl*, StGB, § 238, Rn. 14; *Mitsch*, NJW 2007, 1237, (1241 f.); *Marberth-Kubicki*, Rn. 258.

343 BT-Drs. 16/3641, S. 15. Zu den Voraussetzungen der Deeskalationshaft siehe *Mosbacher*, NStZ 2007, 665, (670); *Käppner*, S. 107 ff.

344 *Peters*, NStZ 2009, 238. Eine der ersten veröffentlichten Entscheidungen zum neuen Stalking-Tatbestand des § 238 StGB war die Entscheidung *LG Lübeck*, Beschluss vom 14.02.2008, Az. 2b Qs 18/08; siehe Anmerkung von *Jahn*, Jus 2008, 553. Zu der Darstellung der gerichtlichen Entscheidungen siehe *Krüger*, NStZ 2010, 546 f. zuletzt *BGH*, Beschluss vom 08.04.2014, Az. 1 StR 126/14, in: NStZ-RR 2014, 208 ff.; siehe auch *BGH*, Beschluss vom 19.11.2009, Az. 3 StR 244/09, in: BGHSt 54, 189 ff.

345 *Schöch*, NStZ 2013, 221, (222); siehe hierzu auch ausführlich *Käppner*, S. 123.

tatsächlich verurteilt.[346] Der größte Schwund ergibt sich dabei hauptsächlich aufgrund von Einstellungen gem. § 170 Abs. 2 StPO, weil der Taterfolg der schwerwiegenden Lebensbeeinträchtigung nicht nachgewiesen werden kann.[347] Ergebnisse der Strafverfolgungspraxis zeigen, dass Gerichte und Staatsanwaltschaften bei der Anwendung des § 238 StGB äußerst restriktiv vorgehen.[348] Dabei stellt sich die Frage, ob bereits die restriktive Gestaltung durch den Gesetzgeber über das Ziel hinaus geschossen ist. In der juristischen Literatur wurde die gesetzliche Ausgestaltung als Erfolgsdelikt wiederholt kritisiert, weil dies zu einer Schutzlosigkeit besonders schutzbedürftiger, beispielsweise besonders standhafter Opfer führe.[349] Damit würde das kriminalpolitische Ziel des Gesetzgebers verfehlt, weil die Strafbarkeit nicht von der tatsächlichen Beeinträchtigung, sondern von der Art und Weise in der das Opfer dieser Beeinträchtigung zu entgehen versucht, abhänge.[350]

Nach einem Beschluss der Justizministerkonferenz im Jahr 2012 wird

> *„nach Erfahrungen der Praxis (...) eine Verurteilung in strafwürdigen Fällen vielfach durch das Erfordernis der Verursachung einer schwerwiegenden Beeinträchtigung der Lebensgestaltung des Opfers ausgeschlossen. (...) Die Justizministerinnen und Justizminister sehen daher gesetzgeberischen Handlungsbedarf“.*[351]

Als geeigneter Weg wird die vom *Bayerischen Staatsministerium der Justiz und für Verbraucherschutz* vorgeschlagene Ausgestaltung als Eignungsdelikt angesehen.[352]

---

346 *Schöch*, NStZ 2013, 221, (222); *Käppner*, S. 123. Siehe hierzu auch *Kaufmann*, DRiZ 2014, 50 mit weiteren Statistiken.

347 Einen Überblick über die bislang ergangene Rechtsprechung bietet *Krüger*, NStZ 2010, 546, (551). Hierzu auch *Schöch*, NStZ 2013, 221, (222); *Peters*, NStZ 2009, 238, (241); *Fünfsinn*, Stalking – Wissenschaft, S. 117.

348 *OLG Rostock*, Beschluss vom 27.05.2009, Az. 1 Aa 96/09 I 40/09, in: BeckRS 2009, 19346; so auch *OLG Hamm*, Beschluss vom 20.11.2008, Az. 3 Ss 469/08, in: BeckRS 2009, 06849; *AG Löbau*, Urteil vom 17.04.2008, Az. 2 Ds 440 Js 16120/07, in: BeckRS 2008, 21682; *Schöch*, NStZ 2013, 221, (222); *Kudlich*, JA 2010, 389, (390); In der Praxis wird der Erfolg der schwerwiegenden Beeinträchtigung der Lebensgestaltung als das „*subsumtionstechnische Nadelöhr*“ des § 238 StGB ausgemacht, siehe *Peters*, NStZ 2009, 238, (241); *Krüger*, FPR 2011, 219, (222); *Müller*, S. 207; *Jahn*, JuS 2010, 81, (82).

349 So *Fünfsinn*, Stalking – Wissenschaft, S. 115. Dies gilt insbesondere auch für ökonomisch und sozial Benachteiligte, sowie für Opfer besonders hartnäckiger Täter in Eskalationsfällen. Siehe hierzu *Schöch*, NStZ 2013, 221, (223); *Krüger*, NStZ, 2010, 546, (550); *Ders.*, FPR 2011, 219, (222); *Seher*, JZ 2010, 582, (583); *Müller*, S. 207; mit Beispielen *Gerhold*, S. 134.

350 *Kaufmann*, DRiZ 2014, 50, (51); *Mitsch*, NJW 2007, 1237, (1240) *Ders.*, NStZ 2010, 513, (514); *Seher*, JZ 2010, 582, (583); *Schöch*, NStZ 2013, 221, (223).

351 Beschluss der Justizministerkonferenz, Pressemitteilung vom 16.11.2012.

352 Referentenentwurf des Bayerischen Staatsministeriums der Justiz und für Verbraucherschutz vom 22.06.2012, S. 4; Pressemitteilung Nr. 95/12 vom 04.05.2012; so bereits ein Entwurf des Bundesrates vom 2005, BT-Drs 15 /5410; 16/1030; *Mitsch*, NJW 2007, 1237, (1240). Zustimmend *Schöch*, NStZ 2013, 221, (223).

Danach soll der Straftatbestand bereits erfüllt sein, wenn Angriffe des Stalkers lediglich *geeignet* sind, die Lebensführung des Opfers schwerwiegend zu beeinträchtigen.[353] Künftig sollen dadurch auch solche Opfer geschützt werden, die nach außen Stärke zeigen.[354] Zudem bestünden die Nachweisschwierigkeiten der Kausalität und objektiven Zurechnung der Auswirkungen auf die psychische Integrität des Opfers bei einem Eignungsdelikt nicht.[355]

Die damit beabsichtigte Vorverlagerung der Strafbarkeit wird allerdings als problematisch angesehen, da außergewöhnliche Umstände des Einzelfalls, wie eine besondere Empfindlichkeit oder aber Resistenz des Opfers, bei einer typischen Eignung für das Gefahrurteil unerheblich wären.[356] Dem Vorschlag wird auch entgegengehalten, dass künftig auch Verhaltensweisen von dem Straftatbestand erfasst wären, die nicht strafwürdig seien, wie beispielsweise Bagatelldelikte oder typische Verhaltensweisen im Nachgang einer Beziehung.[357] Abgelehnt wird die Ausgestaltung als Eignungsdelikt auch aus dogmatischen Gründen. Den Nachstellungshandlungen wird dabei eine generelle Gefährlichkeit hinsichtlich der uneingeschränkten Ausübung der Willensbildungs- und Willensbetätigungsfreiheit abgesprochen, die Eignungsdelikten typischerweise anhafte.[358]

Den dogmatischen Bedenken stehen jedoch die Erfahrungen und Erwägungen der Praxis gegenüber. Der derzeitigen Ausgestaltung des Tatbestandes als Erfolgsdelikt kann (offensichtlich) nicht durch entsprechende Auslegung begegnet werden, wie die Einstellungsquote bei Stalking-Delikten zeigt.[359] Die Vorteile der Ausgestaltung des § 238 StGB als Eignungsdelikt lassen sich nicht nur am Beispiel des Falls des *OLG Hamm* aufzeigen.[360] Der Täter hatte das Opfer u.a. durch

---

353 Editorial, Redaktion FD-StrafR 2013, 350083; Beschluss der Justizministerkonferenz, Pressemitteilung des Bayerischen Staatsministeriums der Justiz vom 16.11.2012. Siehe hierzu auch *Kaufmann*, DRiZ 2014, 50, (51).

354 Bayerns Justizministerin *Beate Merk* in einer Pressemitteilung des Bayerischen Staatsministeriums der Justiz vom 16.11.2012.

355 *Müller*, S. 199. Hierzu auch Hierzu *Köhne*, ZRP 2014, 141.

356 Editorial, Redaktion FD-StrafR 2013, 350083; hierzu auch Hierzu *Köhne*, ZRP 2014, 141.

357 Gegen eine Ausgestaltung als Eignungsdelikt siehe *Käppner*, S. 86 ff.; *Kudlich*, JA 2010, 389, (391).

358 *Müller*, S. 201 f.

359 Siehe hierzu nur die genannten Entscheidung des *AG Löbau*, *OLG Hamm*, *OLG Rostock*, a.A.o.; *Gerhold*, S. 140, *Käppner*, S. 86 ff.

360 Siehe die Ausführungen von *Käppner* zur Entscheidung des *OLG Hamm*, S. 133, 137, 139. Dies gilt ebenso im Fall des *LG Rostock*, S. 145, 148. *Käppner* spricht sich gegen eine Ausgestaltung als Eignungsdelikt aus, obwohl zugestanden wird, dass die momentane Gesetzeslage im Hinblick auf die Strafbarkeit keinen Nutzen bringt, sollte man das Verhalten im Fall des *OLG Hamm* als strafwürdig einstufen, siehe S. 139 f. Nicht nachvollziehbar wird auch das Täterverhalten im Fall des *OLG Rostock* als strafunwürdig und eine Strafbarkeit als „*nicht angemessen*" eingestuft u.a. mit der Begründung, „*eine gewisse Toleranzgrenze*" könne mit „*nervigen Mitmenschen*" erwartet werden, S. 147 f.

permanente Kontaktversuche, Bedrohungen, Beschimpfungen und Belästigungen sowie wiederholtes Aufsuchen tyrannisiert bis das Opfer *„mit seinen Nerven am Ende“* war. Das Gericht lehnte jedoch eine Verurteilung mangels Taterfolgs ab.[361] Mit diesem Täterverhalten wird jedoch gerade ausdrücklich ein Verhalten beschrieben, welches der Gesetzgeber mit dem Tatbestand der Nachstellung als *„Stalking“* unter Strafe stellen wollte. Durch die Schaffung des Tatbestandes wurde das Stalking als Straftat und damit als strafwürdiges Unrecht anerkannt. Eine Verurteilung in solchen Fällen am Taterfolg scheitern zu lassen erscheint inkonsequent, denn dann hätte es einer Strafbarkeit der Nachstellung schon gar nicht bedurft. Stalkinghandlungen bewegen sich oftmals unterhalb der Schwelle dessen, was nach deutschem Recht als strafunwürdig angesehen wird. In Kombination und in Wiederholung machen diese einzelnen Handlungen jedoch das Stalking aus und können das Leben der Betroffenen massiv beeinträchtigen. Gerade die subtilen Handlungen sind für das Opfer in höchstem Maße zermürbend.[362] Die notwendige Einschränkung auf strafwürdige Fälle wird durch das Erfordernis der *Beharrlichkeit* und *Unbefugtheit* sowie der Voraussetzung der *Geeignetheit*, die Lebensführung des Opfers schwerwiegend zu beeinträchtigen, erreicht. Um dem gesetzgeberischen Ziel eines verbesserten Opferschutzes nicht erst am Ende der Eskalationsspirale gerecht zu werden, ist die Ausgestaltung als Eignungsdelikt daher zu befürworten.

Der verfassungsrechtlich äußerst problematische Auffangtatbestand des Abs. 1 Nr. 5 der *anderen vergleichbaren Handlung* scheint dagegen in der Praxis keine Rolle zu spielen, denn bisher wurde kein Fall veröffentlicht, in dem eine Verurteilung auf die 5. Tatalternative gestützt wurde.[363] Die Problematik des § 238 Abs. 1 Nr. 5 StGB liegt zum einen darin, dass sich, anders als bei vergleichbaren Formulierungen im StGB[364], nicht erschließt, was eine *„andere vergleichbare Handlung“* sein soll, da eine auslegungsleitende Homogenität der Nrn. 1–4 aufgrund der sehr unterschiedlichen Verhaltensweisen kaum vorhanden ist.[365] Zum anderen wird darin die Gefahr gesehen, dass der grundsätzlich eng umrissene und an konkreten Handlungen geknüpfte Tatbestand uferlos ausgedehnt und im Rahmen der geltenden Auslegungsregeln als Nachstellung erfasst wird.[366] Im Hinblick auf das verfassungsrechtliche Bestimmtheitsgebot und der praktischen Bedeutungslosigkeit, wird daher

---

361 *OLG Hamm*, Beschluss vom 20.11.2008, Az. 3 Ss 469/08, in: BeckRS 2009, 06849.

362 So *Schandl*, S. 270.

363 Die Verhaltensweisen waren bereits von den Nrn. 1–4 erfasst oder ließen sich darunter subsumieren. Siehe hierzu *Schöch*, NStZ 2013, 221, (222); *Peters*, NStZ 2009, 238, (241); *Müller*, S. 177.

364 Exemplarisch *„ähnlicher, ebenso gefährlicher Eingriff“* in den Straßenverkehr gem. § 315b Abs. 1 Nr. 3 StGB.

365 *BGH* vom 19.11.2009, Az. 3 StR 244/09, in BGHSt 54, 189, (193); *Lackner/Kühl*, StGB, § 238, Rn. 5; *Fischer*, StGB, § 238, Rn. 17 f.; *Kudlich*, JA 2010, 389, (391); *Köhne*, ZRP 2014, 141, (142).

366 *Peters*, NStZ 2009, 238, (241).

in der juristischen Literatur teilweise verlangt, die fünfte Handlungsalternative zu streichen.[367] Begründet wird dies auch mit den in der Praxis zum Teil kuriosen Anzeigeerstattungen von empfundenen Nachstellungshandlungen, mit oft gravierenden Problemen für die Beschuldigten.[368] Aufgrund der rasanten Entwicklung des Internets und den immer neuen und häufig wechselnden Belästigungsformen scheint der fünften Handlungsalternative durchaus eine Daseinsberechtigung zuzukommen.[369] Zudem entsprach es dem Ziel des Gesetzgebers, den mannigfaltigen Stalking-Verhaltensweisen gerecht zu werden und Strafbarkeitslücken zu schließen.[370] Eine Einschränkung des Tatbestands wird nicht über die einzelnen Tathandlungen, sondern bereits durch die Voraussetzungen *beharrlich* und *unbefugt* erreicht. Im Sinne eines effektiven Opferschutzes vor weiteren Belästigungen über das Internet kann die 5. Handlungsalternative derzeit nicht endgültig als obsolet beurteilt werden.[371]

5. Anmerkung – Regierungsentwurf vom 13. Juli 2016

Das Bundesministerium für Justiz und Verbraucherschutz legte am 15. Februar 2016 den Referentenentwurf eines Gesetzes zur Verbesserung des Schutzes gegen Nachstellungen vor, der eine Umwandlung des Tatbestandes des § 238 Abs. 1 StGB von einem Erfolgs- in ein Eignungsdelikt, unter gleichzeitiger Streichung der Handlungsgeneralklausel des § 238 Abs. 1 Nr. 5 StGB, vorsieht.[372]

Um den Opferschutz für die Betroffenen weiter zu verbessern, soll darüber hinaus § 238 Abs. 1 StGB aus dem Katalog der Privatklagedelikte des § 374 Abs. 1 Nr. 5 StPO gestrichen werden, um so die Einstellung von Verfahren unter Verweis auf den Privatklageweg durch die Staatsanwaltschaft zu verhindern. Das Bundeskabinett hat den vorgelegten Entwurf eines Gesetzes zur Verbesserung des Schutzes gegen Nachstellungen am 13. Juli 2016 beschlossen.[373]

---

367 *Schöch*, NStZ 2013, 221, (224); *Müller* S. 178 ff., 183; *Mitsch*, NJW 2007, 1237, (1239).

368 Zu den Problemen der strafrechtlichen Rechtsanwendung siehe *Peters*, NStZ 2009, 238, (241); *Müller*, S. 177; *Fischer*, StGB, § 238, Rn. 17c.

369 So auch *Schandl*, S. 276 ff.

370 So auch *Gerhold*, S. 124.

371 In Kombination mit einer Änderung des Deliktstypus von einem Erfolgsdelikt zu einem Eignungsdelikt werden allerdings Bedenken im Hinblick auf das Bestimmtheitsgebot i.S.d. § 103 Abs. 2 GG erhoben. Siehe hierzu *Köhne*, ZRP 2014, 141, (142).

372 Siehe hierzu Entwurf eines Gesetzes zur Verbesserung des Schutzes gegen Nachstellungen des *Bundesministerium für Justiz und Verbraucherschutz* vom 15.02.2016, abrufbar unter http://www.bmjv.de/SharedDocs/Gesetzgebungsverfahren/Dokumente/RefE_Stalking.pdf;jsessionid=6BE8AB149C983B92BB4C8317379C5883.1_cid297?__blob=publicationFile&v=1 (zuletzt aufgerufen am 14.07.2016).

373 Gesetzesentwurf der Bundesregierung vom 13.07.2016, abrufbar unter http://www.bmjv.de/SharedDocs/Gesetzgebungsverfahren/Dokumente/RegE_Stalking.pdf;jsessionid=6BE8AB149C983B92BB4C8317379C5883.1_cid297?__blob=publicationFile&v=1 (zuletzt aufgerufen am 14.07.2016).

II. Strafbarkeit des Social Media Stalkings nach den Computerdelikten der §§ 202a ff., 303a f. StGB

Der sog. *Hackerparagraph*[374] des § 202a StGB betrifft das Ausspähen von Daten und ist neben dem Computerbetrug eine der bedeutsamsten Strafnormen des Computerstrafrechts.[375] Der Tatbestand wird auch anschaulich als der *„elektronische Hausfriedensbruch"* oder *„Datendiebstahl"* bezeichnet und gilt als *das* Delikt des Informationszeitalters.[376] Zwar ist der Hacker hauptsächlich für Identitäts- und Ideendiebstahl durch Verschaffen von unbefugtem Zugang auf fremde Rechner bekannt, allerdings nimmt auch die Verletzung der Privatsphäre an Bedeutung zu.[377] Die Straftatbestände des Ausspähens und Abfangens von Daten sind damit auch für das Cyberstalking relevant, da sich Spionagedelikte auch häufig im persönlichen Nahbereich abspielen.[378] Mit den Sozialen Netzwerken im Internet findet § 202a StGB einen neuen Anwendungsbereich, denn die online gestellten persönlichen und bisweilen intimen Daten sind für Stalker von besonderem Interesse.[379] Neben den für jedermann zugänglichen Informationen auf den Social Media Websites kommt es dem Täter insbesondere darauf an, die privaten, durch ein entsprechendes Passwort gesicherten Nachrichten, Chats und Pinnwandeinträge seiner Zielperson nachzuverfolgen. Hat sich der Täter erst in das Profil des Opfers *gehackt*, kann er dort auf alle Daten zugreifen, diese verändern, löschen sowie Nachrichten und Einträge im Namen des Profilinhabers über das Soziale Netzwerk versenden. Der Täter erlangt damit uneingeschränkte Verfügungsbefugnis über das Profil des Opfers und kann durch Änderung der Login-Daten dem ursprünglichen Profilinhaber den Zugriff verwehren. Inwieweit diese Handlungen die Straftatbestände der §§ 202a ff., 303a f. StGB erfüllen, ist Gegenstand der nachfolgenden Prüfung.

---

374 Hacken meint *„durch geschicktes Ausprobieren und Anwenden verschiedener Computerprogramme mithilfe eines Rechners unberechtigt in andere Computersysteme eindringen"*.

375 *Marberth-Kubicki*, Rn. 84; Sieber/Satzger/von Heintschel-Heinegg-*Sieber*, Europäisches Strafrecht, § 24, Rn. 2.

376 Kindhäuser/Neumann/Paeffgen-*Kargl*, StGB, § 202a, Rn. 1; *Ernst*, NJW 2007, 2661; *Dietrich*, NStZ 2011, 247, (249); *Spitz*, jurisPR-ITR 17/2011, mit Anmerkung zum Urteil des *AG Düren* vom 10.12.2010, Az. 10 Ls 275/10, Ls – 806 Js 644/10- 275/10; LK-*Hilgendorf*, StGB, § 202a, Rn. 6; *Ernst*, NJW 2003, 3233, (3236).

377 *Marberth-Kubicki*, Rn. 86; siehe hierzu auch *Hilgendorf/Hong*, KuR 2003, 168, (169); hierzu auch Sieber/Satzger/von Heintschel-Heinegg-*Sieber*, Europäisches Strafrecht, § 24, Rn. 3.

378 *Dietrich*, S. 22; *Ernst*, NJW 2003, 3233, (3236). Siehe hierzu auch *Kaufmann*, DRiZ 2014, 50, (51).

379 LK-*Hilgendorf*, StGB, § 202a, Rn. 5; siehe hierzu auch *Ernst*, NJW 2003, 3233.

1. Strafbarkeit wegen Ausspähens von Daten nach § 202a StGB

Strafbar macht sich nach § 202a Abs. 1 StGB, wer unbefugt sich oder einem anderen Zugang zu Daten, die nicht für ihn bestimmt und gegen unberechtigten Zugang besonders gesichert sind, unter Überwindung der Zugangssicherung verschafft. Rechtsgut der §§ 202a, 202b, 202c StGB ist das formelle Geheimhaltungsinteresse des Verfügungsberechtigten und grenzt dessen Diskretionsbedürfnisse vom straffreien Informationsinteresse anderer ab.[380] Geschützt wird die Verfügungsbefugnis des Berechtigten über seine Daten, andere vom Zugang zu diesen Daten auszuschließen, unabhängig von deren Inhalt oder Wert.[381] Denn das Ausspähen der Daten erfordert keine wirtschaftlichen Interessen beim Täter, so dass sich auch der am Opfer interessierte Stalker nach § 202a StGB strafbar machen kann.[382]

a) Tatgegenstand der nicht für den Täter bestimmten Daten

§ 202a Abs. 2 StGB setzt einen allgemeinen Datenbegriff voraus, der nicht näher definiert wird.[383] Die strafrechtliche Bedeutungsbestimmung fasst den Datenbegriff weit und versteht darunter die Darstellung von Informationen durch einen bestimmten Code.[384] § 202a Abs. 2 StGB schränkt den weiten Datenbegriff auf solche Daten ein, die elektronisch, magnetisch oder sonst nicht unmittelbar wahrnehmbar gespeichert oder übermittelt werden.[385] Der sinnlichen Wahrnehmung entzogen sind beispielsweise

---

380 BT-Drs. 16/3656, S. 11; LK-*Hilgendorf*, StGB, § 202b, Rn. 2; Leupold/ Glossner-*Cornelius*, MAH IT-Recht, Teil 10, Rn. 74; Ausführlich *Dietrich*, S. 27 ff., 53; *Ders.* in NStZ 2011, 247; Kilian/Heussen-*Cornelius*, Computerrecht, Teil 10, Strafrecht BT, Rn. 7.

381 Kindhäuser/Neumann/Paeffgen-*Kargl*, StGB, § 202a, Rn. 3; *Fischer*, StGB, § 202a, Rn. 2; *Ernst*, NJW 2007, 2661; *Spitz*, jurisPR-ITR 17/2011, Anmerkung zum *AG Düren* vom 10.12.2010, a.A.o.; *Gercke/Brunst*, Rn. 90; *Ernst*, NJW 2003, 3233, (3236).

382 LK-*Hilgendorf*, StGB, § 202a, Rn. 9; *AG Düren*, Urteil vom 10.12.2010, a.A.o.; *Ernst*, NJW 2003, 3233, (3236). a.A.o., *Spitz* in jurisPR-ITR 17/2011, Anm. 4; *Marberth-Kubicki*, Rn. 87.

383 Allenfalls kann Rückgriff auf die staatlich verbindliche, technische DIN-Norm 443000 Nr. 19 der Informationsverarbeitung genommen werden, derer sich auch die Kommentarliteratur bedient. Daten sind Informationen, die durch Zeichen oder kontinuierliche Funktionen aufgrund bekannter oder unterstellter Abmachungen zum Zweck der Verarbeitung darstellt werden Siche hierzu LK-*Hilgendorf*, StGB, § 202a, Rn. 7; Kindhäuser/Neumann/Paeffgen-*Kargl*, StGB, § 202a, Rn. 4; Kilian/Heussen-*Cornelius*, Computerrecht, Teil 10, Strafrecht BT, Rn. 12.

384 Kilian/Heussen-*Cornelius*, Computerrecht, Teil 10, Strafrecht BT, Rn. 14; S/S-*Eisele*, StGB, § 202a, Rn. 3; LK-*Hilgendorf*, StGB, § 202a, Rn. 7; Kindhäuser/ Neumann/ Paeffgen-*Kargl*, StGB, § 202a, Rn. 4; Leupold/Glossner-*Cornelius*, MAH IT-Recht, Teil 10, Rn. 76; *Port*, S. 156.

385 Gespeicherte Daten werden zum Zweck ihrer Weiterverwendung erfasst, aufgenommen oder aufbewahrt. Vgl. dazu § 3 Abs. 4 Nr. 1 BDSG; Leupold/ Glossner-*Cornelius*, MAH IT-Recht, Teil 10, Rn. 78; *Fischer*, StGB, § 202a, Rn. 5; *Port*, S. 156; Kilian/

Daten auf Computern, Festplatten, USB-Sticks oder Speicherkarten.[386] Erfasst ist insbesondere auch die Speicherung auf digitalen Speichermedien.[387] Werden Daten weitergeleitet, insbesondere im Online-Verkehr von Rechner zu Rechner innerhalb eines Netzwerks oder Fernmeldewegs, so handelt es sich um übermittelte Daten.[388] Somit werden von § 202a StGB auch Handlungen umfasst, die auf Daten während eines Übertragungsvorgangs zugreifen. Nach dem weiten Datenbegriff der h.M. werden nicht nur personenbezogene Daten oder Daten des persönlichen Lebens- und Geheimbereichs, sondern jegliche in Daten, Dateien oder Datenbanksystemen verkörperte Information geschützt.[389] Neben Textdateien fallen auch Musik- und Videodateien sowie andere Mediendaten unter § 202a StGB.[390]

Die Daten dürfen darüber hinaus nicht für den Täter bestimmt sein. Erforderlich ist dabei ein Handeln gegen den Willen des Berechtigten.[391] Ein Einverständnis des Berechtigten mit dem Vorgehen des Täters schließt den Tatbestand des § 202a StGB aus.[392] Die Entscheidung über die Bestimmung trifft dabei die an den Daten berechtigte Person.[393] Dabei ist unerheblich, wen die Daten betreffen.[394] Der Verfügungsberechtigte an gespeicherten Daten ist grundsätzlich derjenige, der diese erstmalig abgespeichert hat, unabhängig vom Eigentum des Datenspeichers.[395] Bei Sozialen Netzwerken wie *Facebook* ist dies regelmäßig der Profilinhaber, der die Informationen in das Netzwerk einstellt und damit abspeichert. Bei Übermittlung

---

Heussen-*Cornelius*, Computerrecht, Teil 10, Strafrecht BT, Rn. 17; S/S-*Eisele*, StGB, § 202a, Rn. 4; *Gercke/Brunst*, Rn. 92.

386 LK-*Hilgendorf*, StGB, § 202a, Rn. 10; Kilian/Heussen-*Cornelius*, Computerrecht, Teil 10, Strafrecht BT, Rn. 31.

387 *Fischer*, StGB, § 202a, Rn. 5; *Hilgendorf/Valerius*, Computer- und Internetrecht, Rn. 539.

388 S/S-*Eisele*, StGB, § 202a, Rn. 4; *Fischer*, StGB, § 202a, Rn. 6; Leupold/ Glossner-*Cornelius*, MAH IT-Recht, Teil 10, Rn. 78; *Port*, S. 156; Kilian/ Heussen-*Cornelius*, Computerrecht, Teil 10, Strafrecht BT, Rn. 18.

389 Die Daten selbst müssen kein Geheimnis darstellen. Leupold/Glossner-*Cornelius*, MAH IT-Recht, Teil 10, Rn. 74; *Fischer*, StGB, § 202a, Rn. 3; *Marberth-Kubicki*, Rn. 87. Zum Vergleich siehe bspw. die Tatbestände §§ 203, 206 oder 353b StGB, die ausdrücklich ein *Geheimnis* als Tatgegenstand nennen.

390 *Marberth-Kubicki*, Rn. 90.

391 LK-*Hilgendorf*, StGB, § 202a Rn. 20; *Marberth-Kubicki*, Rn. 91.

392 Leupold/Glossner-*Cornelius*, MAH IT-Recht, Teil 10, Rn. 81; *Kilian/Heussen-Cornelius*, Computerrecht, Teil 10, Strafrecht BT, Rn. 21; LK-*Hilgendorf*, StGB, § 202a, Rn. 20.

393 *Fischer*, StGB, § 202a, Rn. 7.

394 LK-*Hilgendorf*, StGB, § 202a, Rn. 26; *Ernst*, NJW 2003, 3233, (3236).

395 S/S-*Eisele*, StGB, § 202a, Rn. 6; Kindhäuser/Neumann/Paeffgen-*Kargl*, StGB, § 202a, Rn. 7; LK-*Hilgendorf*, StGB, § 202a, Rn. 26; *Marberth-Kubicki*, Rn. 88; Leupold/ Glossner-*Cornelius*, MAH IT-Recht, Teil 10, Rn. 80; *Fischer*, StGB, § 202a, Rn. 7; *Gercke/Brunst*, Rn. 93; Ausführlich auch *Dietrich*, S. 60 ff. Gerade im Internet lässt sich nicht feststellen, auf welchem Datenträger man sich überhaupt befindet.

von Daten ist Verfügungsberechtigter zunächst die übermittelnde Stelle und nach Erhalt regelmäßig der Empfänger der Daten.[396] Für die tatbestandliche „fehlende Bestimmung" ist erforderlich, dass der Täter gänzlich vom Zugriff ausgeschlossen werden soll.[397] Dabei kann durch technische Maßnahmen auch eine Konkretisierung der Bestimmung auf einen bestimmten Personenkreis erfolgen.[398] Versendet ein *Facebook*-Nutzer damit Nachrichten an seine Kontakte oder innerhalb einer bestimmten *Facebook*-Gruppe, sind diese nicht für den Täter als Dritten bestimmt.

b) Besondere Zugangssicherung

Eingeschränkt wird der Anwendungsbereich des § 202a StGB durch das Tatbestandsmerkmal der Überwindung einer besonderen Zugangssicherung.[399] Bei der Beurteilung der Strafbarkeit nach § 202a StGB liegt in der Auslegung dieses Begriffs die größte Schwierigkeit. Denn sind die Daten offen zugänglich, kommt eine Strafbarkeit allenfalls nach § 202b StGB und nicht nach § 202a StGB in Betracht.[400] Eine *besondere* Zugangssicherung liegt vor, wenn Vorkehrungen getroffen werden, die den Zugriff auf die Daten ausschließen oder nicht unerheblich erschweren.[401] Gemeint ist damit, dass der Verfügungsberechtigte ein Geheimhaltungsinteresse durch eine Sicherung dokumentiert.[402]

(1) Besondere Zugangssicherung bei Sozialen Netzwerken im Internet

Der umfangreiche Fundus an privaten Informationen über Mitglieder Sozialer Netzwerke im Internet ist bei öffentlichen Profilen für jedermann nach Registrierung zugänglich. Auf den für alle Mitglieder zugänglichen Seiten kann der Täter sich problemlos Informationen verschaffen, ohne sich strafbar zu machen, denn die Registrierungspflicht bei Sozialen Medien stellt für sich alleine keine besondere Zugangssicherung dar.[403] Dagegen ist der Zugriff auf Nachrichten oder private

---

396 Kindhäuser/Neumann/Paeffgen-*Kargl*, StGB, § 202a, Rn. 7; Leupold/Glossner-*Cornelius*, MAH IT-Recht, Teil 10, Rn. 82.

397 *Gercke/Brunst*, Rn. 93; LK-*Hilgendorf*, StGB, § 202a, Rn. 21.

398 BT-Drs. 20/5058, S. 29; *Gercke/Brunst*, Rn. 93.

399 BT-Drs. 16/3656, S. 10; *Fischer*, StGB, § 202a, Rn. 8. Zugang meint dabei die technische und physische Einwirkungsmöglichkeit auf Datenspeicher, sowie den physischen Zugang zum System und Sicherungsbereich.

400 Siehe hierzu die folgenden Ausführungen unter C II 2.

401 BT-Drs. 16/3656, S. 10; Leupold/Glossner-*Cornelius*, MAH IT-Recht, Teil 10, Rn. 85; *Fischer*, StGB, § 202a, Rn. 8; S/S- *Lenckner/Eisele*, StGB, § 202a, Rn. 7; *Port*, S. 157; *Gercke/Brunst*, Rn. 95.

402 BT-Drs. 10/5058, S. 29, 16/3656, S. 10; LK-*Hilgendorf*, StGB, § 202a, Rn. 29; MüKo-*Graf*, StGB, § 202a, Rn. 28; Leupold/Glossner-*Cornelius*, MAH IT-Recht, Teil 10, Rn. 85; *Marberth-Kubicki*, Rn. 93, *Hilgendorf/Wolf*, KuR 2006, 541, (546); *Ernst*, NJW 2003, 3233, (3236).

403 *Hilgendorf/Valerius*, Computer- und Internetrecht, Rn. 551; Leupold/Glossner-*Cornelius*, MAH IT-Recht, Teil 10, Rn. 85.

Chats, die das Opfer mit einer bestimmten Person oder einem bestimmten Personenkreis führt, nur durch den Profilinhaber, bzw. den oder die Empfänger, mittels dessen bzw. ihrer Login-Daten möglich. Individuelle Kenn- oder Passwörter gelten bei Internetstraftaten dabei als besondere Sicherung i.S.d. § 202a StGB.[404] Um Mitgliedern keine Manipulationsmöglichkeiten zu eröffnen, sind diese für die Nutzung eines Social Networks wie *Facebook* oder *Twitter* unabdingbar.[405] Zugangsname und Passwort des Nutzers dienen hier nicht nur der Registrierungspflicht, sondern schützen den Zugangsberechtigten davor, dass andere Personen unter falscher Identität des Zugangsinhabers unberechtigt Beiträge oder Nachrichten über den Account verfassen.[406] Vergleichbar ist dies insoweit mit einem E-Mail-Account. Indem der Nutzer des Social Networks die private Nachrichten- oder Chatfunktion nutzt, die im Gegensatz zur öffentlichen Pinnwand den anderen Nutzern verborgen ist, macht er sein Geheimhaltungsinteresse an den in den Nachrichten übermittelten Informationen deutlich. Fraglich ist in diesem Zusammenhang, welche Anforderungen an eine Sicherung mittels Pass- oder Kennwort anzusetzen sind.[407] Teilweise werden auch triviale und einfache Passwörter, wie der eigene Name, Geburtsdatum, oder ein voreingestelltes Passwort als genügende Vorkehrung angesehen, wenn sie dazu dienen sollen, den Zugriff Unbefugter zu verhindern.[408] Zutreffend muss der erreichte Schutz kein vollständig unüberwindbarer sein, solange die Durchbrechung einem Angreifer nicht ohne weiteres möglich ist.[409] Insoweit können weder der technische Laie noch der umfassend erfahrene Experte als Maßstab genommen werden.[410] Um den notwendigen Schutz der Internetnutzer nicht am Erfordernis der besonderen Zugangssicherung scheitern zu lassen, ist bei Sozialen Netzwerken wie *Facebook* ein geringer Maßstab anzusetzen. Von den oft jugendlichen Mitgliedern kann nicht erwartet werden, komplexe Passwörter anzulegen und dies dürfte auch in der Praxis selten der Fall sein.

Oftmals beschränken Nutzer ihr Social Media Profil auf einen eingeschränkten Personenkreis. Zugriff auf das Profil, Pinnwandeinträge und Kommentare haben dann neben dem Profilinhaber nur bestimmte Kontakte bzw. *Facebook*-Freunde, die der Profilinhaber erst freischalten muss. Ob diese Beschränkung durch Freischaltoption

---

404 Leupold/Glossner-*Cornelius*, MAH IT-Recht, Teil 10, Rn. 86; *Fischer*, StGB, § 202a, Rn. 9. Ausführlich hierzu *Dietrich*, NStZ 2011, 247, (249 ff.); *Marberth-Kubicki*, Rn. 94; *Ernst*, NJW 2003, 3233, (3236).

405 MüKo-*Graf*, StGB, § 202a, Rn. 86.

406 *Dietrich*, NStZ 2011, 247, (250).

407 *Fischer*, StGB, § 202a, Rn. 9; S/S-*Lenckner/Eisele*, StGB, § 202a, Rn. 7; siehe hierzu auch *Marberth-Kubicki*, Rn. 94.

408 *Ernst*, NJW 2003, 3233, (3236); S/S-*Lenckner/Eisele*, StGB, § 202a, Rn. 14; kritisch dagegen LK-*Hilgendorf*, StGB, § 202a, Rn. 36.

409 Kilian/Heussen-*Cornelius*, Computerrecht, Teil 10, Strafrecht BT, Rn. 27; LK-*Hilgendorf*, StGB, § 202a, Rn. 32; So auch *Ernst*, NJW 2003, 3233, (3236).

410 Kilian/Heussen-*Cornelius*, Computerrecht, Teil 10, Strafrecht BT, Rn. 27; LK-*Hilgendorf*, StGB, § 202a, Rn. 32; *Gercke/Brunst*, Rn. 95.

für bestimmte Nutzer eine besondere Zugangssperre darstellt, könnte im Hinblick auf die mitunter große Anzahl an Kontakten bezweifelt werden. Allerdings verlangt die Vorschrift lediglich einen Zugriff auf Daten, die für den Täter nicht bestimmt sind und ihm als Unberechtigten gegenüber besonders gesichert sind.[411] Durch die Sperrung des Profils macht der Profilinhaber auch sein Geheimhaltungsinteresse gegenüber anderen Personen als seinen Kontakten deutlich. Insoweit spricht vieles für eine besondere Zugangssicherung auch für die Inhalte beschränkter, bzw. nicht-öffentlicher Profile. Verschafft sich der Täter allerdings Zugang zu einem nicht-öffentlichen *Facebook*-Profil indem er die entsprechenden Login-Daten hackt, wäre eine Strafbarkeit bereits deswegen zu bejahen, weil der Täter damit zugleich auch Zugriff auf vertrauliche Daten wie Nachrichten oder Chats hätte.[412]

(2) Besondere Zugangssicherung bei privaten Computern

Für Daten auf (privaten) Computern des Opfers besteht je nach Betriebssystem eine besondere Zugangssicherung durch eine *Firewall*, die den PC gegen Angriffe aus dem Netz schützt.[413] Greift der Täter dagegen über die Hardware des Opfers, beispielsweise über dessen *Smartphone* und eine darauf befindliche *Facebook*-App, auf Informationen in Sozialen Netzwerken zu, muss er die Zugangssperre der Hardware, beispielsweise ein bestimmtes Passwort überwinden, um § 202a StGB zu füllen.[414]

c) Tathandlung des Zugangsverschaffens

Der Täter muss sich oder einem anderen zu den geschützten Daten unter Überwindung der Zugangssicherung Zugang verschaffen, § 202a Abs. 1 StGB.[415] Durch die Erweiterung des Tatbestandes steht nun auch das Verschaffen des „bloßen" Zugangs zu besonders gesicherten Daten unter Strafe.[416] Dabei erstreckt sich der Anwendungsbereich seit der Neufassung des Tatbestandes auch auf das reine Hacken eines Computers, so dass sich der Täter tatsächlich keine Daten durch Herunterladen

---

411 So auch die Begründung für die Zugriffsmöglichkeit von Reinigungs-, Sicherungs- und Aufsichtspersonal in Betrieben, wonach ausreichend ist, dass der Zugriff gegenüber Betriebsexternen durch die Sicherung verhindert wird. Siehe *Hilgendorf/Valerius*, Computer- und Internetrecht, Rn. 554.

412 Fraglich ist allerdings, wie die Situation zu beurteilen wäre, wenn sich der Täter über den Login eines Kontakts des Opfers Zugang auf das "Nicht-öffentliche" Profil des Opfers verschafft.

413 Eine *Firewall* ist ein Sicherungssystem, das einen Computer vor unerwünschten Netzwerkszugriffen schützt. Auch Software-Sicherungen genügen grundsätzlich als Zugangsschutz. Siehe hierzu *Marberth-Kubicki*, Rn. 94.

414 LK-*Hilgendorf*, StGB, § 202a, Rn. 17. Die nur unbefugte Nutzung der Hardware fällt dagegen mangels Überwindung einer besonderen Zugangssicherung nicht unter § 202a StGB. Siehe hierzu auch BT-Drs. 16/3656, S. 10.

415 Die Überwindung der besonderen Zugangssicherung wirkt strafbegründend. Siehe hierzu *Marberth-Kubicki*, Rn. 94.

416 BT-Drs. 16/3656, S. 9; LK-*Hilgendorf*, StGB, § 202a, Rn. 3; *Marberth-Kubicki*, Rn. 89.

verschaffen muss, sofern er nur die Zugangssicherung überwindet.[417] Schon die bloße Sichtbarmachung auf dem Bildschirm nebst Kenntnisnahme genügt für eine Strafbarkeit, wenn der Täter den Inhalt erfassen kann.[418] Als Werkzeuge kann der Täter verschiedene Schadsoftware wie beispielsweise *Trojaner, Sniffer, Keylogger, Backdoor-Programme* oder Computerviren verwenden, mittels derer er auf bestimmte Daten Zugriff erhält.[419] Überwindet der Täter durch diese Schadsoftware die besondere Zugangssicherung der Sozialen Netzwerke, um Informationen einzusehen, auf die nur das Opfer als Account-Inhaber mittels Passwort Zugriff hat, erfüllt er den Tatbestand des § 202a StGB. Auch das Erraten von Passwörtern (sog. *Trial-and-Error-Verfahren*) als auch das Überreden zur Preisgabe der Kennwörter beispielsweise per Mail oder Telefon kann Tathandlung des § 202a StGB sein.[420] Darüber hinaus sind Fälle betroffen, bei denen der Täter den Computer des Opfers durch Einsatz von Trojanern oder Schadsoftware hackt und dort gesicherte Zugangsdaten zu den Sozialen Netzwerken herunterlädt.[421] Der Täter kann sich sodann mit Hilfe des gehackten Accounts Zugang zu den nichtöffentlichen Informationen verschaffen, um so noch tiefer in den persönlichen Bereich des Betroffenen einzudringen.

Durch die zunehmende Vernetzung von Computern ergeben sich zusätzliche Gefährdungspotentiale für auf den Computern abgespeicherte Daten gegenüber technisch versierten Angreifern aus dem Netz.[422] In einem Fall des *AG Düren*[423] hatte der Täter zunächst durch Einsatz einer Software zum Entschlüsseln von Passwörtern die Anmeldedaten der Nutzer für den Instant-Messaging-Dienst *ICQ*[424] verschafft. Anschließend versendente er mit Hilfe der gehackten Zugangsdaten unter falscher Identität eine *ICQ*-Nachricht mit einem Trojaner an verschiedene Nutzer, welcher wiederum auf dem Computer der Opfer ein sog. *Backdoor-Programm* installierte, um so die an den Computer angeschlossene *Webcam* zu aktivieren. Die Aufnahmen dieser *Webcam* ließ sich der Täter dann an den eigenen Computer

---

417 Leupold/Glossner-*Cornelius*, MAH IT-Recht, Teil 10, Rn. 71; *Gerhold*, S. 117; *Ernst*, NJW 2007, 2661; *Fischer*, StGB, § 202a, Rn. 10; Kilian/Heussen-*Cornelius*, Computerrecht, Teil 10, Strafrecht BT, Rn. 5; *Gröseling/Höfinger*, MMR 2007, 549, (551).

418 MüKo-*Graf*, StGB, 202a, Rn. 50; S/S-*Lenckner/Eisele*, StGB, § 202a, Rn. 10; *Fischer*, StGB, § 202a, Rn. 11; *Port*, S. 157; *Ernst*, NJW 2003, 3233, (3236); so auch BT-Drs. 16/3656, S. 9.

419 Siehe hierzu ausführlich *Marberth-Kubicki*, Rn. 96 ff.; LK-*Hilgendorf*, StGB, § 202a, Rn. 14; Kindhäuser/Neumann/Paeffgen-*Kargl*, StGB, §§ 202a, Rn. 13; *Fischer*, StGB, § 202a, Rn. 11; S/S-*Eisele*, StGB, § 202a, Rn. 10; Zu der Verwendung von *Sniffer*-Programmen siehe MüKo-*Graf*, StGB, § 202a, Rn. 82.

420 Zu den verschiedenen Handlungsmöglichkeiten ausführlich *Ernst*, NJW 2003, 3233, (3234); *Malek*, Rn. 159.

421 *Gerhold*, S. 117.

422 MüKo-*Graf*, StGB, § 202a, Rn. 80.

423 Urteil des *AG Düren* vom 10.12.2010, a.A.o.; mit Anm. von *Spitz* in: jurisPR-ITR 17/2011.

424 Der Dienst *ICQ* erlaubt Nutzern im Internet miteinander zu chatten und Nachricht zu versenden.

übersenden. Neben einer Strafbarkeit wegen Datenausspähung kam in diesen Fall auch eine Verletzung des höchstpersönlichen Lebensbereichs gem. § 201a StGB[425] in Betracht.[426] Das Fallbeispiel macht deutlich, dass § 202a StGB, über das klassische Hacken eines Computers hinaus, aufgrund ständig neuer technischer Inventionen auch für Stalkinghandlungen neue Anwendungsbereiche finden kann.

2. *Strafbarkeit wegen Abfangens von Daten nach § 202b StGB*

Fehlt es an einer besonderen Zugangssicherung, kommt eine Strafbarkeit nach § 202b StGB in Betracht. Während § 202a StGB nur besonders gesicherte Daten schützt, stellt § 202b StGB das Abfangen von ungesicherten Daten durch unbefugtes Verschaffen unter Strafe.[427] Tatgegenstand sind ebenfalls Daten i.S.d. § 202a Abs. 2 StGB, die aus einer nicht-öffentlichen Datenübermittlung oder aus der elektromagnetischen Abstrahlung einer Datenverarbeitungsanlage stammen und nicht für den Täter bestimmt sein dürfen.[428] Der Schutz erstreckt sich damit auf die Übermittlungsphase.[429] Erfasst sind alle Arten nicht-öffentlicher, jedoch nicht besonders gesicherter Datenübertragung sowie die Übertragung innerhalb von Netzwerken. Unter den Tatbestand fällt damit jede Übermittlung über das Internet, soweit die Datenübertragung nicht öffentlich ist.[430] Nicht-öffentlich meint in Anlehnung an § 201 Abs. 2 S. 1 Nr. 2 StGB dabei, dass die Datenübermittlung nicht an die Allgemeinheit gerichtet ist und nicht über einen durch persönliche oder sachliche Beziehung abgrenzbaren Personenkreis hinausgeht.[431] § 202b schützt damit neben dem ungesicherten WLAN und E-Mail-Verkehr auch den Chat im Internet.[432] Damit wäre auch die Kommunikation über nur für Kontakte bzw. *Facebook*-Freunde einsehbare Pinnwände oder Gruppen von § 202b StGB erfasst, soweit man, wie oben erörtert, die Beschränkung durch Freischaltoption für bestimmte Nutzer als keine besondere Zugangssicherung i.S.d § 202a StGB ansieht.

---

425 Zum Straftatbestand des § 201a StGB siehe Kapitel D II 1.

426 Vgl. *AG Düren*, KuR 2011, 216; Leupold/Glossner-*Cornelius*, MAH IT-Recht, Teil 10, Rn. 94.

427 § 202b StGB wurde neu eingefügt durch das 41. StrÄndG 2007.

428 LK-*Hilgendorf*, StGB, § 202b, Rn. 4 f.; *Gerhold*, S. 117; *Ernst*, NJW 2007, 2661, (2662); *Gröseling/Höfinger*, MMR 2007, 549, (552).

429 Daten befinden sich in der Übermittlungsphase, wenn sie bewusst an einen bestimmten oder bestimmbaren Adressaten geleitet werden. Leupold/Glossner-*Cornelius*, MAH IT-Recht, Teil 10, Rn. 96; BT-Drs. 16/3656, S. 11; *Gerhold*, S. 117; *Dietrich*, NStZ 2011, 247, (251).

430 LK-*Hilgendorf*, StGB, § 202b, Rn. 8; *Port*, S. 159.

431 BT-Drs. 16/3656, S. 11; LK-*Hilgendorf*, StGB, § 202b, Rn. 9; S/S-*Eisele*, StGB, § 202b, Rn. 4; *Fischer*, StGB, § 201, Rn. 3; Leupold/Glossner-*Cornelius*, MAH IT-Recht, Teil 10, Rn. 97; *Gröseling/Höfinger*, MMR 2007, 549, (552).

432 LK-*Hilgendorf*, StGB, § 202b, Rn. 9; S/S-*Eisele*, StGB, § 202b, Rn. 3; *Port*, S. 158; *Marberth-Kubicki*, Rn. 117. Zur Übermittlung über das Internet siehe auch BT-Drs. 16/3656, S. 11.

Ein Verschaffen dieser ungesicherten Informationen liegt auch vor, wenn sich der Täter unter Verwendung technischer Mittel wie Software oder auch Passwörter[433] in die elektronische Kommunikation seines Opfers einschaltet und dadurch von Online-Chats Kenntnis nimmt.[434] Tathandlung ist folglich nicht das Hacken, sondern das sonstige Abfangen von Daten aus einer nicht öffentlichen Übermittlung. Ein Sich-Verschaffen liegt beispielsweise vor, wenn der Täter die übermittelten Daten auf seinen Rechner umleitet oder kopiert.[435] Bei der Methode „*Man-in-the-Middle*" hört der Täter eine bestehende Kommunikation einer Person ab, indem er sich (technisch) zwischen die beiden Kommunikationspartner einschaltet und beiden Seiten vortäuscht, der jeweils andere zu sein.[436] Damit kann er nicht nur den Datenverkehr zu Kenntnis nehmen, sondern erhält zudem auch Kontrolle über diesen.[437]

3. Strafbarkeit wegen Datenunterdrückung nach § 303a StGB

Verschafft sich der Täter Zugang zu dem Social Media Profil des Opfers, indem er die Login-Daten des Opfers *hackt*, kann er nicht nur die passwortgeschützten Informationen in Form von Nachrichten oder vertraulichen Chats einsehen, sondern erlangt völlige Kontrolle über das Profil. So kann der Stalker im Namen des Profilinhabers Pinnwandeinträge und Nachrichten erstellen, die Profilangaben und Fotos des Nutzers, als auch die Login-Daten ändern, um so dem Opfer den Zugriff auf sein eignes Profil zu entziehen. Der Täter kann damit auf die Selbstdarstellung des Opfers im Sozialen Netzwerk, als auch auf dessen Kommunikation mit anderen Nutzern Einfluss nehmen.

Soweit der Täter damit rechtwidrig Daten i.S.d. § 202a Abs. 2 StGB löscht, unterdrückt, unbrauchbar macht oder verändert, macht er sich der Datenveränderung nach § 303a Abs. 1 StGB strafbar. Zwar setzt der Wortlaut des § 303a StGB nicht voraus, dass die Daten für den Täter fremd sein müssen, allerdings ist nach h.M. eine Beschränkung des Tatbestandes auf Daten, die einer fremden Verfügungsbefugnis unterliegen, erforderlich.[438] Im Fall eines Social Media Profils hat allein der

---

433 *Gercke/Brunst*, Rn. 109.

434 LK-*Hilgendorf*, StGB, § 202b, Rn. 11, 16 f.; *Fischer*, StGB, § 202b, Rn. 6.

435 Vgl. *AG Kamen*, Urteil vom 04.07.2008, Az. 16 Ds 104 Js 770/07 – 67/08; LK-*Hilgendorf*, StGB, § 202b, Rn. 13; *Fischer*, StGB, § 202b, Rn. 5; *Marberth-Kubicki*, Rn. 118.

436 MüKo-*Graf*, StGB, § 202a, Rn. 85; Kindhäuser/Neumann/Paeffgen-*Kargl*, StGB, § 202b, Rn. 6; *Marberth-Kubicki*, Rn. 108; *Laue*, jurisPR-StrafR, 15/2009, Anm. 2; *Ernst*, NJW 2003, 3233, (3234).

437 *Marberth-Kubicki*, Rn. 108; Ernst, NJW 2003, 3233, (3234).

438 *OLG Frankfurt a.M.*, Beschluss vom 22.05.2006, Az. 1 Ss 319/05, in: MMR 2006, 547, (551); S/S-*Stree*, StGB, § 303a, Rn. 3; *Fischer*, StGB, § 303a, Rn. 4; Leupold/Glossner-*Cornelius*, MAH IT-Recht, Teil 10, Rn. 105; *Gercke/Brunst*, Rn. 128; *Arzt/Weber*, Strafrecht BT, § 12, Rn. 46; *Marberth-Kubicki*, Rn. 128; a.A. dagegen LK-*Wolff*, StGB, § 303a, Rn. 8.

Profilinhaber, jedenfalls nicht der hackende Täter ein unmittelbares Nutzungs- oder Zugriffsrecht auf die im Profil gespeicherten Daten.[439]

Tathandlung des § 303a Abs. 1 StGB ist das Löschen, Unterdrücken, Unbrauchbarmachen oder Verändern dieser Daten, wobei sich die verschiedenen Handlungsalternativen überschneiden, um jede denkbare Beeinträchtigung der geschützten Daten erfassen zu können.[440] Die Eingriffe können dabei auch durch individuelle Manipulation erfolgen.[441] Der Täter kann dabei die im Profil des Opfers gespeicherten Daten, wie Fotos, Profilangaben, Nachrichten, Kommentare oder Chatinhalte unwiederbringlich löschen und durch inhaltliche Umgestaltung ändern.[442] Das bloße Hinzufügen von Daten auf einen leeren Speicherplatz stellt jedoch kein Verändern dar, wenn dadurch nicht der Bedeutungsgehalt bereits gespeicherter Daten verändert wird.[443] Stellt der Täter damit im Namen des Opfers Kommentare in Sozialen Medien ein, versendet Nachrichten oder veröffentlicht über das Profil neue Fotos oder Videos, unterfällt dies grundsätzlich nicht § 303a Abs. 1 StGB. Dies ergibt sich auch aus der Schutzrichtung des Tatbestandes, der die Verfügungsgewalt des Berechtigten über die in Datenspeichern *enthaltenen* Informationen schützt.[444]

Ändert der Täter die Login-Daten, wie den Nutzernamen und das Passwort, verändert er damit diese Daten nicht nur, sondern entzieht dem Berechtigten Profilinhaber den Zugriff auf dessen Daten.[445] Umstritten ist dabei, ob ein Unterdrücken der Daten i.S.d. § 303a Abs. 1 StGB erfordert, dass der Zugriff auf Dauer verwehrt sein muss oder ob auch der zeitweilige Entzug von Daten den Tatbestand erfüllt[446] Eine Datenunterdrückung wurde beispielsweise bei Überlastung eines Servers einer

---

439 Bei Webseiten können das Eigentum am Speichermedium und das Nutzungsrecht auseinander fallen. Siehe hierzu *Fischer*, StGB, § 303a, Rn. 6. Anbieter Sozialer Netzwerke bieten ihren Nutzern nicht nur Informationen zu Abruf an, sondern ermöglichen den Nutzern an zahlreichen Stellen eine aktive Teilhabe mit eigenen Schreibrechten. Verfügungsberechtigt ist daher nicht nur der Seitenanbieter, sondern der Nutzer. Die Nutzungsrechte des Nutzers bezüglich seines eigenen Profils und den vom ihm abgespeicherten Daten sind im Rahmen eines Vertragsverhältnisses mit dem Anbieter geregelt. Siehe hierzu auch *Marberth-Kubicki*, Rn. 130.

440 *Gercke/Brunst*, Rn. 129; *Marberth-Kubicki*, Rn. 137, *Fischer*, StGB, § 303a, Rn. 8; Leupold/Glossner-*Cornelius*, MAH IT-Recht, Teil 10, Rn. 107.

441 *Fischer*, StGB, § 303a, Rn. 8.

442 Zur Umgestaltung von Webseiten siehe auch *Port*, S. 165, LK-*Wolff*, § 303a, Rn. 27; *Ernst*, NJW 2003, 3233, (3238); *Gercke/Brunst*, Rn. 130.

443 *Fischer*, StGB, § 303a, Rn. 12; *Marberth-Kubicki*, Rn. 157; *Ernst*, NJW 2003, 3233, (3238); Leupold/Glossner-*Cornelius*, MAH IT-Recht, Teil 10, Rn. 110.

444 Ausführlich *Ernst*, NJW 2003, 3233, (3238); LK-*Wolff*, StGB, § 303a, Rn. 6; *Fischer*, StGB, § 303a, Rn. 2.

445 Zur Änderung von Passwörtern siehe LK-*Wolff*, StGB, § 303a, Rn. 25; S/S-*Stree*, StGB, § 303a, Rn. 6; *Malek*, Rn. 175.

446 Zustimmend LK-*Wolff*, StGB, § 303a, Rn. 24; *Gercke/Brunst*, Rn. 130; *Marberth-Kubicki*, Rn. 139; S/S-*Stree*, StGB, § 303a, Rn. 6; Leupold/Glossner-*Cornelius*, MAH IT-Recht, Teil 10, Rn. 109.

Website durch sog. *virtuelle Sit-ins* über einen nicht unerheblich langen Zeitraum angenommen.[447] Steht eine Website dem Betreiber einer Seite oder den Nutzern nicht zur Verfügung, kann dies für kommerzielle Anbieter oder beispielsweise einen Suchmaschinenbetreiber wie *Google* selbst bei einer kurzen Dauer von ein paar Minuten erhebliche wirtschaftliche Verluste und Imageeinbußen bedeuten.[448]. Dementsprechend muss die kurzzeitige Datenunterdrückung bei einem rein privat genutzten Sozialen Netzwerk wie *Facebook* anders bewertet werden und kann einer Strafbarkeit nach § 303a StGB entgegenstehen, soweit der kurzfristige Eingriff für den Verfügungsberechtigten keinerlei Beeinträchtigung bedeutet.[449]

4. Strafbarkeit wegen Computersabotage nach § 303b StGB

Der Tatbestand des § 303b Abs. 1 Nr. 1 StGB enthält eine Qualifikation zu § 303a StGB, wonach die Störung einer Datenverarbeitung, die für einen anderen von wesentlicher Bedeutung ist, durch eine Tat nach § 303a Abs. 1 StGB unter Strafe steht.[450] Datenverarbeitung meint die Gesamtheit aller elektronischen Rechenvorgänge, einschließlich der Eingabe, Verarbeitung und Übertragung; mithin ist damit der gesamte Umgang mit elektronisch gespeicherten Daten umfasst.[451] Eine erhebliche Störung muss den reibungslosen Ablauf einer solchen Datenverarbeitung derart beeinträchtigen, dass diese nur mit erhöhtem Aufwand wieder zu beseitigen

---

447 So *Hilgendorf/Valerius*, Computer- und Internetstrafrecht, Rn. 592; *Fischer*, StGB, § 303a, Rn. 10; *Marberth-Kubicki*, Rn. 139. a.A. dagegen *OLG Frankfurt a.M.*, Beschluss vom 22.05.2006, Az. 1 Ss 319/05, in: MMR 2006, 547, (551 f.).

448 Ausgehend vom Umsatz des Unternehmens soll ein fünfminütiger Ausfall der Suchmaschine *Google* theoretisch bis zu einer halben Million Dollar kosten. Siehe hierzu *Die Welt* am 17.08.2013, *„Der Tag, an dem Google offline war“*, http://www.welt.de/wirtschaft/webwelt/article119122807/Der-Tag-an-dem-Google-offline-war.html (zuletzt aufgerufen am 28.10.2015). Zur Berechnung siehe *Dylan Tweny* am 16.08.2013, *„5-minute outage costs google $ 545.000 in revenue“*, abrufbar unter http://venturebeat.com/2013/08/16/3-minute-outage-costs-google-545000-in-revenue/ (zuletzt aufgerufen am 28.10.2015).

449 *Ernst*, NJW 2003, 3233, (3236). Dabei genügt die Beeinträchtigung des potentiellen Zugriffswillens. Der Nutzer muss damit nicht tatsächlich versuchen, auf sein Profil zuzugreifen. Siehe hierzu *Marberth-Kubicki*, Rn. 139 f.

450 § 303b Abs. 1 Nr. 3 StGB erfasst die Computersabotage durch Einwirkung des Täters auf Computerhardware und ist damit für das Internetstalking bzw. Social Media Stalking *per se* nicht relevant. Da Stalker ihre Attacken regelmäßig gegen Einzelpersonen richten, ist der Qualifikationstatbestand des § 303b Abs. 2 StGB, der sich auf die Datenverarbeitung eines Betriebs oder Unternehmens oder einer Behörde erstreckt, für die nachfolgende Prüfung ebenso nicht von Bedeutung.

451 *Fischer*, StGB, § 303b, Rn. 4 f.; LK-*Wolff*, StGB, § 303b, Rn. 4. *Gercke/Brunst*, Rn. 136; *Marberth-Kubicki*, Rn. 161; S/S-*Stree*, StGB, § 303b, Rn. 3; Leupold/Glossner-*Cornelius*, MAH IT-Recht, Teil 10, Rn. 119.

ist.[452] Die Störung muss zudem auf einer Tat i.S.d § 303a Abs. 1 StGB beruhen. Seit dem 41. StrÄndG im Jahr 2007 gilt der Anwendungsbereich der Norm nicht mehr nur für Betriebe, Unternehmen und Behörden, sondern auch für Computersabotagen und damit das Cyberstalking im privaten Bereich.[453]

In der Gesetzesbegründung und Kommentarliteratur wird für eine *Computer*sabotage oft von einer Störung von Datenverarbeitungs*anlagen*, mithin der Anlagenhardware und deren Programmfunktionalität, ausgegangen.[454] Eine Datenverarbeitung kann allerdings auch lediglich online erfolgen, indem beispielsweise in Sozialen Netzwerken oder Blogs Daten eingegeben, gespeichert, verarbeitet und verbreitet werden.[455] Bei der Kommunikation über Soziale Medien findet diese ausschließlich online statt und die Daten sind beispielsweise auf dem Sozialen Netzwerk bzw. auf verschiedenen Servern des Anbieters gespeichert.[456] Da der Gesetzeswortlaut nicht von Datenverarbeitungs*anlagen* spricht, ist folglich auch die Störung einer nur online stattfindenden Datenverarbeitung tatbestandsmäßig.[457]

Ändert der Täter beispielsweise die Login-Daten des Social Media Profils, kann der Profilinhaber aufgrund der Datenänderung nach § 303a StGB nicht mehr auf das Profil zugreifen und damit weder Informationen im Form von Daten einstellen, noch auf seine persönlichen Nachrichten zugreifen. Im Rahmen der Rechtsprechung zu sog. *Denial-of-Service Attacken* oder sog. Online-Demonstrationen durch gezielte Überlastung einer Website wurde eine Strafbarkeit nach § 303a StGB angenommen, da der Seitenbetreiber nicht mehr auf die Website zugreifen konnte.[458] Da der Anwendungsbereich der Norm auch auf private Datenverarbeitungen ausgedehnt wurde, ist der Taterfolg der erheblichen Störung für das Opfer gegeben, wenn dieses (für einen gewissen Zeitraum) nicht mehr auf sein Profil, mithin seine eigene inkorporierte Webseite und Kommunikationsplattform im Rahmen eines Sozialen Netzwerks zugreifen kann, solange der Täter das Passwort nicht zurücksetzt

---

452 *Fischer*, StGB, § 303b, Rn. 9 f.; *Gercke/Brunst*, Rn. 136.

453 *Port*, S. 168; LK-*Wolff*, StGB, § 303b, Rn. 5; *Gercke/Brunst*, Rn. 137; *Marberth-Kubicki*, Rn. 160.

454 BT-Drs. 16/3656, S. 13; siehe bspw. S/S-*Stree/Hecker*, § 303b, Rn. 8.

455 Siehe hierzu *Ernst*, NJW 2003, 3233, (3238 f.); LK-*Wolff*, StGB, § 303b, Rn. 10.

456 Zunehmend werden Daten auf zentralen Servern z.B. in der sog. *Cloud* gespeichert. Der Begriff *Cloud Computing* meint ein Netzwerk, das IT-Infrastrukturen dynamisch an den Bedarf des Nutzers anpasst und diese in der Regel über das Internet zur Verfügung stellt. Siehe hierzu Leupold/Glossner-*Stögmüller*, MAH IT-Recht, Teil 4, Rn. 1.

457 LK-*Wolff*, StGB, § 303b, Rn. 10; *Ernst*, NJW 2003, 3233, (3239).

458 Siehe hierzu *Hoeren*, Internet- und Kommunikationsrecht, S. 89 f.; *Gercke/Brunst*, Rn. 136. Der Täter kann er sich ggf. auch nach § 303b Abs. 1 Nr. 2 StGB strafbar machen, wenn er in Nachteilszufügungsabsicht Daten eingibt oder übermittelt und hierdurch eine Datenverarbeitung erheblich stört. Als Nachteil gilt dabei jede Beeinträchtigung rechtmäßiger Interessen. Siehe hierzu auch *Fischer*, StGB, § 303b, Rn. 12 f.; LK-*Wolff*, StGB, § 303b, Rn. 21; *Marberth-Kubicki*, Rn. 165.

oder ggf. ein Administrator das Profil wieder für das Opfer freischaltet. Bei der heutigen Bedeutung des Internets ist der elektronische Austausch von Nachrichten der unterschiedlichsten Art über Websites für Unternehmen grundsätzlich von wesentlicher Bedeutung.[459] Im privaten Bereich soll dagegen nach der Gesetzesbegründung nicht jeder Kommunikationsvorgang eine für die Lebensgestaltung einer Person zentrale Rolle spielen.[460] Für eine berufsmäßige Bloggerin kann jedoch für die Datenverarbeitung auf ihrer Website nichts anderes gelten, wie für ein Unternehmen.[461] Dagegen ist fraglich, ob der Entzug eines Social Media Profils wie *Facebook* für den Einzelnen von wesentlicher Bedeutung ist. Die Sozialen Medien spielen für viele Menschen eine zentrale Rolle im Rahmen der Freizeitgestaltung und (privaten) Kommunikation mit Freunden und Kollegen und gewinnen auch zunehmend an Bedeutung. Bei beruflichen Netzwerken wie *LinkedIn* oder *Xing* dürfte eine wesentliche Bedeutung der Netzwerknutzung allerdings eher anzunehmen sein. Dies differiert jedoch von Nutzer zu Nutzer, sodass eine Prüfung anhand des jeweiligen Einzelfalls angezeigt ist.

5. Strafbarkeit von Vorbereitungshandlungen nach § 202c StGB

Der Versuch des Ausspähens und Abfangens von Daten gem. der §§ 202a und 202b StGB ist nicht strafbar.[462] Ein gewisser Wertungswiderspruch ergibt sich jedoch daraus, dass durch § 202c StGB bestimmte Vorbereitungshandlungen im Bereich der Computer- und Internetkriminalität subsidiär unter Strafe gestellt werden.[463] Den objektiven Tatbestand des Abs. 1 erfüllt danach, wer eine Straftat nach den §§ 202a, 202b StGB vorbereitet, indem er Passwörter oder sonstige Sicherungscodes (Nr. 1) oder Computerprogramme, deren Zweck die Begehung einer solchen Tat ist (Nr. 2), herstellt, sich oder einem anderen verschafft, verkauft, einem anderen überlässt, verbreitet oder sonst zugänglich macht. § 202c gilt außer für das Ausspähen und Abfangen von Daten entsprechend für Vorbereitungshandlung

459 LK-*Wolff*, StGB, § 303b, Rn. 10.

460 Siehe bspw. BT-Drs. 16/3656, S. 13; LK-*Wolff*, StGB, § 303b, Rn. 11; *Gercke/Brunst*, Rn. 138; *Marberth-Kubicki*, Rn. 163.

461 Von wesentlicher Bedeutung im Privatbereich wurde eine erwerbsmäßige, schriftstellerische, wissenschaftliche oder künstlerische Tätigkeit angenommen. Siehe BT-Drs. 16/3656, S. 13; LK-*Wolff*, StGB, § 303b, Rn. 10; S/S-*Stree/ Hecker*, § 303b, Rn. 4.

462 Der Verzicht auf die Versuchsstrafbarkeit sollte eine „Überkriminalisierung" verhindern und die Anwendbarkeit auf Schadensfälle und Rechtsgutverletzungen zu beschränken. Siehe BT-Drs. 10/5058, S. 28.

463 Das abstrakte Gefährdungsdelikt wurde durch das 41. StrÄndG 2007 neu eingefügt. Siehe hierzu BT-Drs. 16/3656, S. 11 f.; Kilian/Heussen-*Cornelius*, Computerrecht, Teil 10, Strafrecht BT, Rn. 6, 50; Kindhäuser/Neumann/ Paeffgen-*Kargl*, StGB, § 202a, Rn. 1a; Leupold/Glossner-*Cornelius*, MAH IT-Recht, Teil 10, Rn. 72; LK-*Hilgendorf*, StGB, § 202c, Rn. 6; *Fischer*, StGB, § 202c, Rn. 10; *Port*, S. 161; *Ernst*, NJW 2007, 2661, (2663).

für eine Strafbarkeit nach den §§ 303a und 303b StGB, vgl. §§ 303a Abs. 2, bzw. 303b Abs. 5 StGB. Tatgegenstände sind Zugangscodes, Passwörter oder ähnliche Daten, die das Ausspähen oder Abfangen von Daten ermöglichen (Nr. 1), sowie typische *Hacker-Tools* wie Computerprogramme und Verschlüsselungs- oder Entschlüsselungssoftware, die gerade diesem illegalen Zweck dienen (Nr. 2).[464] Das Erfordernis der Zweckbestimmung nimmt Computerprogramme, die nach ihrer objektiven Funktion grundsätzlich auch anderen Zwecken dienen können (sog. *Dual-Use-Tools*), aus der Tatbestandsmäßigkeit aus.[465] Tathandlung ist das Vorbereiten von Straftaten durch Herstellen, Verschaffen, Verkaufen, Überlassen, Verbreiten oder sonst Zugänglichmachen eines dieser Tatobjekte und kriminalisiert damit zahlreiche Handlungen von Cyberstalking.[466] Beispielsweise fällt darunter die Herstellung von Computerprogrammen zum Verschaffen von bestimmten Passwörter und Zugangsdaten.[467] Dabei ist auch die Herstellung spezieller Computerprogramme für das sog. *Phishing*[468] ausdrücklich vom Anwendungsbereich der Norm umfasst.[469] Das Opfer wird dabei unter Vorspiegelung einer falschen Identität über E-Mails dazu motiviert, persönliche Daten, wie Zugangsdaten oder Passwörter, über eine vermeintlich vertrauenswürdige Website zu übermitteln.[470] Erfasst ist auch das Offline-Ausspähen dieser Informationen ohne jede Beteiligung eines Computers.[471] Verbreitet der Täter

---

464 Kindhäuser/Neumann/Paeffgen-*Kargl*, StGB, § 202c, Rn. 2; S/S-*Eisele*, StGB, § 202c, Rn. 3 f.; Kilian/Heussen-*Cornelius*, Computerrecht, Teil 10, Strafrecht BT, Rn. 49 ff.; LK-*Hilgendorf*, StGB, § 202c Rn. 7; *Fischer*, StGB, § 202c, Rn. 5; *Ernst*, NJW 2007, 2661, (2663); *Port*, S. 161; *Gercke/Brunst*, Rn. 119; *Marberth-Kubicki*, Rn. 122.

465 Sog. *objektivierte Zweckbestimmung*. Siehe hierzu BT-Drs. 16/3656, S. 12; *BVerfG*, Beschluss vom 18.05.2009, Az. 2 BvR 2233/07, 2 BvR 1151/08, 2 BvR 1524/08, in: ZUM 2009, 745, (746). Ausführlich auch *Ernst*, NJW 2007, 2661, (2663); Kilian/Heussen-*Cornelius*, Computerrecht, Teil 10, Strafrecht BT, Rn. 53 ff.; *Gercke/Brunst*, Rn. 114; Kindhäuser/Neumann/Paeffgen-*Kargl*, StGB, § 202c, Rn. 6; *Marberth-Kubicki*, Rn. 123.

466 Ausführlich *Ernst*, NJW 2003, 3233, (3234). Der bloße Besitz der Tatobjekte ist jedoch nicht erfasst. LK-*Hilgendorf*, StGB, § 202c Rn. 22; siehe auch *Port*, S. 163; Kilian/Heussen-*Cornelius*, Computerrecht, Teil 10, Strafrecht BT, Rn. 66.

467 Zum Begriff siehe Kilian/Heussen-*Cornelius*, Computerrecht, Teil 10, Strafrecht BT, Rn. 52.

468 Das Wort *Phishing* ist eine Wortkombination aus den englischen Wörtern „*Password*" und „*Fishing*".

469 *Ernst*, NJW 2007, 2661, (2663); LK-*Hilgendorf*, StGB, § 202c, Rn. 10; Leupold/Glossner-*Cornelius*, MAH IT-Recht, Teil 10, Rn. 276.

470 Siehe *Sieber*, NJW-Beil. 2012, 86, (87). Zur Strafbarkeit des *Phishing* siehe *Höhne/Dienst*, jurisPR IT-Recht 13/2009 Anm. 6; *Hoeren*, Internet- und Kommunikationsrecht, S. 485 ff.

471 *Ernst*, NJW 2007, 2661, (2663); *Ders.*, NJW 2003, 3233, (3234); S/S-*Eisele*, StGB, § 202c, Rn. 3; Kilian/Heussen-*Cornelius*, Computerrecht, Teil 10, Strafrecht BT, Rn. 51.

die Passwörter im Internet, beispielsweise über Soziale Netzwerke, um sie anderen Nutzern zugänglich zu machen, erfüllt er ebenso den Tatbestand des § 202c StGB.[472]

6. *Zwischenergebnis*

Die Methoden des unbefugten Eindringens in fremde Netze haben sich mit der fortschreitenden Vernetzung von Computern vervielfacht und es finden sich immer wieder neue Formen des Ausspähens von Daten im Internet[473]. *Smartphones* und *Tablets* sowie dazugehörige Betriebssysteme bieten neue Angriffsflächen, die gezielt ausgenutzt werden können.[474] Im Jahr 2007 wurden durch das 41. StrÄndG 2007[475] die Tatbestände der §§ 202a ff. und 303a f. StGB geändert und zum Teil gravierend verschärft, mit dem Ziel, diesen immer neu entstehenden Missbrauchsmöglichkeiten durch die rasante Fortentwicklung der Informations- und Kommunikationstechnologie wirkungsvoll entgegenzutreten.[476] Um eine grenzüberschreitende Strafverfolgung zu gewährleisten, wurde zudem das Schutzniveau entsprechend den Europarechtlichen Vorgaben angepasst.[477] Mit den Straftatbeständen der §§ 202a-202c StGB sollten nach dem Gesetzgeber fortan verschiedenste Formen des *Hackens* erfasst sein.[478] Dennoch führt der Tatbestand des § 202a StGB in der Rechtsprechung und juristischen Literatur ein Schattendasein. Auch in der gerichtlichen Praxis spielt die Datenspionage eine verschwindende Rolle.[479] Das große Dunkelfeld lässt sich darauf zurückführen, dass Spionagedelikte typischerweise heimlich begangen und zudem von den Verletzten aus Imagegründen nicht zur Anzeige gebracht werden.[480]

---

472 *Port*, S. 163; *Ernst*, NJW 2007, 2661, (2663).

473 Siehe hierzu auch *Ernst*, NJW 2003, 3233 f.

474 Sieber/Satzger/von Heintschel-Heinegg-*Sieber*, Europäisches Strafrecht, § 24, Rn. 2.

475 41. Strafrechtsänderungsgesetz zur Bekämpfung der Computerkriminalität (41. StrÄndG 2007), in Kraft seit dem 11.08.2007; BGBl I, 1786. Das Gesetz diente der Umsetzung des Übereinkommens des Europarates über Computerkriminalität (*Cybercrime Convention*, ETS-Nr. 185, vom 23.11.2001) und der Umsetzung des Rahmenbeschlusses 2005/222/JI des Rates der Europäischen Union vom 24.02.2005 über Angriffe auf Informationssysteme (ABl. EU Nr. L 69 S. 67 ff.). siehe hierzu BT-Drs. 16/3656, S. 5 f. Dazu ausführlich *Ernst*, NJW 2007, 2661, Zu den Auswirkungen des 41. StrÄndG 2207 siehe *Gröseling/Höfinger*, MMR 2007, 549 ff.

476 Siehe hierzu die Ausführungen bei *Gercke/Brunst*, Rn. 86 ff.; *Marberth-Kubicki*, Rn. 84; *Ernst*, NJW 2007, 2661, *Ernst*, NJW 2007, 2661 ff.

477 *Gröseling/Höfinger*, MMR 2007, 549, (550).

478 BT-Drs. 16/3656, S. 9.

479 *Dietrich*, S. 21; *Ernst*, NJW 2003, 3233, (3236).

480 *Ernst*, NJW 2007, 2661, (2664); *Ders.*, NJW 2003, 3233, (3237; Sieber/Satzger/von Heintschel-Heinegg-*Sieber*, Europäisches Strafrecht, § 24, Rn. 7. Gerade im Bereich der Wirtschaftsspionage versuchen Unternehmen die Tatsache, dass sie *gehackt* wurden, aus wirtschaftlichen Gründen geheim zu halten. Siehe hierzu

Für das Social Media Stalking können die Computerdelikte dennoch in vielerlei Hinsicht einschlägig sein. Im Rahmen der Datenspionage nach § 202a StGB muss zwischen den verschiedenen Stufen der Vertraulichkeit differenziert werden. Für öffentliche Profile besteht insoweit keine besondere Zugangssicherung, die der Täter überwinden muss. Hackt sich der Cyberstalker in das Social Media Profil seines Opfers, um dort von dessen privater Kommunikation Kenntnis zu nehmen, macht er sich nach § 202a StGB strafbar. Verschafft sich der Täter dagegen Zugriff auf Daten aus einem „nicht-öffentlichen" Profil, ist § 202a StGB wegen der damit einhergehenden Zugriffsmöglichkeit auf alle vertraulichen Informationen erfüllt. Fehlt es an einer besonderen Zugangssicherung, kommt subsidiär eine Strafbarkeit nach § 202b StGB in Betracht.[481] Dies ist insbesondere der Fall, wenn sich der Täter in einen nicht-öffentlichen Online-Chat des Opfers mit einer anderen Person einschaltet. Soweit sich der Stalker Zugriff auf das Profil verschafft hat, kann er dort Daten löschen, verändern und durch Austausch der Login-Daten dem Opfer den Zugriff auf dessen Daten entziehen, vgl. § 303a StGB. Kann der ehemalige Profilinhaber sein Social Media Profil infolgedessen nicht mehr nutzen, kommt darüber hinaus eine Strafbarkeit wegen Computersabotage gem. § 303b Abs. 1 StGB in Betracht, soweit man die wesentliche Bedeutung der Nutzung eines Social Media Profils für das Opfer bejaht. Subsidiär stellt § 202c StGB Vorbereitungshandlungen für Straftaten nach den §§ 202a, b, 303a, b StGB unter Strafe.

Mit den Computertatbeständen der §§ 202a-202c, 303a f. StGB besteht damit grundsätzlich ein umfassender Schutz der bereits vorhandenen Daten im Internet.[482] Generiert der Täter jedoch eigenen *content* im Namen des Opfers, zu dessen Profil er sich Zugang und damit die Verfügungsgewalt verschafft hat, fällt dieses Verhalten nicht unter die §§ 202a ff., 303a f. StGB. Die über das gehackte Profil im Namen des Opfers versendeten Nachrichten oder Kommentare können dabei eine weit größere Beeinträchtigung darstellen, als das Mitlesen der Kommunikation durch den Stalker. Da das Social Media Profil vor der Übernahme durch den Hacker bereits bestand und durch das Opfer genutzt wurde, besteht zudem ein erhöhtes Vertrauen der anderen Nutzer in die Richtigkeit des Profils und damit in die Urheberschaft der versendeten Nachrichten oder „geposteten" Kommentare als gegenüber einem neu geschaffenen *„Fake-Profil"*. Dieser Identitätsdiebstahl kann wie dargestellt unter die 3. bzw. 5. Tathandlungsalternative des § 238 StGB subsumiert werden und damit strafbar sein, wenn auch die übrigen Voraussetzungen der Beharrlichkeit, Unbefugtheit sowie der Taterfolg der Nachstellung gegeben sind.[483] Soweit die unter falschem Namen

---

Beukelmann, NJW 2012, 2617, (2619). Bei den Straftaten nach §§ 202a, b sowie 303a Abs. 1 und 2, 303b Abs. 1 bis 3 StGB handelt es sich gem. § 205 Abs. 1 bzw. § 303c StGB um relative Antragsdelikte. Die Staatsanwaltschaft kann damit ohne den Willen des Verletzten nicht tätig werden.

481 Zur Subsidiarität siehe auch BT-Drs. 16/3656, S. 11.

482 *Gerhold*, S. 117; LK-*Wolff*, StGB, § 303a, Rn. 6.

483 Die 3. Handlungsalternative kommt in Betracht, wenn andere Nutzer auf die Nachrichten oder Kommentare des Stalkers reagieren und mit dem Opfer Kontakt aufnehmen. Siehe hierzu die Ausführungen unter Kapitel C I 1 a (3).

versendeten Nachrichten, Kommentare etc. des Täters geeignet sind, das Opfer verächtlich zu machen und dessen Ruf des Namensträgers zu schädigen, kommt zudem eine Strafbarkeit nach den §§ 185 ff. StGB in Betracht.[484]

III. Zusammenfassendes Ergebnis zur Strafbarkeit des Social Media Stalkings

Für das Social Media Stalking lässt sich zusammenfassend festhalten, dass die Stalkinghandlungen der Täter über Soziale Medien von den Straftatbeständen der §§ 238, 202a ff., 303a f. StGB weitgehend erfasst sind. Die Ausführungen haben gezeigt, dass sich auch neuartige Handlungsmodalitäten technisch versierter Hacker unter die bestehenden Straftatbestände subsumieren lassen. Soziale Netzwerke bieten aufgrund ihrer Informationsvielfalt über ihre Nutzer für Stalker einen besonderen Reiz. Je nach IT-Kenntnissen kann sich der Stalker nach den §§ 202a ff., 303a f. StGB strafbar machen, wenn er versucht, neben den frei zugänglichen, öffentlichen Informationen auch die vertrauliche Kommunikation des Opfers einzusehen oder diese zu manipulieren. Hauptanwendungsfall dürften allerdings die Kontaktversuche des Stalkers durch das Versenden von Nachrichten oder Kommentaren über die Sozialen Netzwerke und damit eine Strafbarkeit nach § 238 Abs. 1 Nr. 2 StGB sein. Das strafrechtlich relevante Verhalten bewegt sich dabei in einer Grauzone zwischen sozialadäquater Kommunikation und Belästigung, wobei die Grenzen mitunter fließend sind. Überschreiten die Cyberstalking-Handlungen die Grenze zur Sozialadäquanz aufgrund ihrer Häufigkeit und Intensität, scheitert eine strafrechtliche Sanktion häufig an der restriktiven Auslegung des Taterfolgs des § 238 StGB, der schwerwiegenden Beeinträchtigung der Lebensgestaltung. Eine Änderung des Tatbestandes hin zu einem Eignungsdelikt wäre daher begrüßenswert.

Die bestehende Gesetzeslage ist ohne ein Verständnis für die Kommunikation im Internet sowie die Relevanz der Social Media Angebote für ihre Nutzer nicht interessengerecht anzuwenden und auszulegen. Gerade die Einordnung unter die Straftatbestände der §§ 202a ff., 303a f. StGB ist aufgrund ihres technischen Gepräges der juristischen Wertung oft nur schwer zugänglich.[485] In der immer komplexer werdenden elektronischen Welt stehen Cyberstalkern zunehmend neuere und perfidere Methoden und Vorgehensweisen zur Verfügung, die es unter die bestehenden Tatbestände zu subsumieren gilt.

484 Zu den Beleidigungsdelikten siehe ausführlich unter Kapitel D I. Zum Identitätsdiebstahl siehe *Borges/Schwenk/Stuckenberg/Wegener*, S. 250 f.; Hoeren/Sieber/Holznagel-*Solmecke*, Multimediarecht, Teil 21.1, Rn. 17.

485 *Ernst*, NJW 2003, 3233 ff.

D. Strafrechtliche Einordung des Social Media Mobbings

Im Gegensatz zur Nachstellung existiert für Mobbing bzw. Cybermobbing keine Strafrechtsnorm im StGB. Ob strafrechtliche Vorschriften einschlägig sind, orientiert sich daher an der konkreten Begehungsweise der Täter. Mobbing bezeichnet grundsätzlich einen Geschehensprozess, der sich über einen längeren Zeitraum hinzieht und sich aus verschiedenen Einzelhandlungen, zumeist auch verschiedener Täter, zusammensetzt. Im deutschen Strafrechtssystem steht jedoch nicht ein in sich geschlossener Geschehensprozess, sondern das einem Menschen zuzurechnende einzelne Verhalten im Vordergrund[486]; das Gesamtgeschehen wird dagegen erst im Rahmen der Strafzumessung relevant.[487] Wie in Kapitel A aufgezeigt[488], sind verschiedenartige Formen des Cybermobbings über Soziale Medien denkbar, die unter eine Vielzahl von Straftatbeständen zu subsumieren sind. Daher erscheint es sachgerecht, sich bei der Prüfung nicht an den einschlägigen Paragraphen, sondern an den derzeit strafrechtlich relevantesten Begehungsweisen des Social Media Mobbings zu orientieren. Im Folgenden wird daher die Strafbarkeit der verbalen und visuellen Verunglimpfung und negativen Darstellung anderer Personen durch das Einstellen bestimmter Inhalte in Soziale Medien durch die Nutzer untersucht.[489] Dabei fokussiert sich die Untersuchung auf die für das Mobbing im Internet hauptsächlich relevanten Fälle der Strafbarkeit der Beleidigung im Internet gem. der §§ 185 ff. StGB (Kapitel D I) und der Strafbarkeit des Online-Stellens von Fotos und Videos des Opfers gem. der §§ 201 ff. StGB (Kapitel D II). Dabei stellt sich nicht nur die Frage nach der Strafbarkeit derjenigen, die auf den interaktiven Massendiensten wie *Facebook* diffamierende Äußerungen, Kommentare, Fotos oder Videos über das Opfer einstellen, sondern ob oder wie diejenigen strafrechtlich zu sanktionieren sind, die sich mit diesen fremden Inhalten anderer Nutzer beispielsweise durch Kommentare oder das Betätigen von Funktionalitäten wie dem *Like*-Button solidarisieren, oder die Inhalte über den *Share*-Button verbreiten.[490] Da Voraussetzung

---

486 Hoeren/Sieber/Holznagel-*Sieber*, Multimediarecht, Teil 19.1, Rn. 19; S/S-*Eisele*, StGB, Vor. §§ 13, Rn. 23 ff.; *Roxin*, Strafrecht AT, Band I, § 8, Rn. 7 ff.; siehe zu Mobbing und der Handlung im rechtlichen Sinn *Wolmerath*, § 2, Rn. 4.

487 Nach § 53 Abs. 1 StGB ist eine Gesamtstrafe zu bilden, wenn der Täter mehrere Straftaten begangen hat, sog. Tatmehrheit. Verletzt dagegen dieselbe Handlung mehrere Strafgesetze, wird gem. § 52 Abs. 1 StGB nur auf eine Strafe erkannt, sog. Tateinheit; siehe zur Strafbemessung *Fischer*, StGB, Vor § 52, Rn. 20 ff., 37 ff.

488 Siehe unter Teil 3 A II 2.

489 Die Prüfung beschränkt sich auf die Strafbarkeit der Nutzer Sozialer Netzwerke. Zur Strafbarkeit Dritter, wie bspw. Arbeitgeber wegen Unterlassen aufgrund Garantenstellung, siehe *BGH*, Urteil vom 20.10.2011, Az. 4 StR 71/11, in: NStZ 2012, 142 ff.; *Hilgendorf/Valerius*, Computer- und Internetstrafrecht, Rn. 234 ff.; *Wolmerath*, § 2, Rn. 162 ff. Zur strafrechtlichen Verantwortlichkeit der Internetprovider siehe Kapitel E.

490 Zu den verschiedenen Funktionen des Netzwerkes *Facebook* siehe die Ausführungen unter Teil 1 E.

des Kommentierens, *Likens* oder *Sharens* zunächst das Einstellen entsprechender Kommentare, Fotos bzw. Videos auf den Social Media Plattformen durch einen anderen Nutzer ist, wird die Strafbarkeit dieser Handlungsalternativen nach der Prüfung der Strafbarkeit des Einstellens dieser Inhalte in Kapitel D III untersucht. Dabei gilt es auch zu prüfen, wann die jeweiligen Mobbinghandlungen im Internet die Schwelle zur Strafbarkeit überschreiten oder als sozialadäquate Verhaltensweisen straffrei bleiben. Inwieweit fehlendes Unrechtsbewusstsein einer Strafbarkeit der Social Media Nutzer entgegensteht, ist Gegenstand des Kapitels D IV.

I. Internetbeleidigung durch Einstellen von Texten auf Social Media Plattformen

Der häufigste Fall des Social Media Mobbings ist die verbale Verunglimpfung einer Person.[491] Das *BKA* zählte im Jahr 2013 allein 11.181 Fälle der Beleidigung die mit dem Tatmittel Internet begangen wurden.[492] Neben dem Versenden von privaten (*Facebook*-) Nachrichten oder Chats, können die Cybermobber ehrbeeinträchtigende Bemerkungen auch auf die eigene oder fremde Pinnwand einstellen, die für einen größeren Personenkreis einsehbar ist. Andere *Facebook*-Nutzer können diese Einträge wiederrum selbst kommentieren und so gegenseitig auf ihre *Posts* eingehen. Die negativen Kommentare können sich dabei auch auf Fotos oder Videos des Opfers beziehen. Im Folgenden soll die Tathandlung der verbalen Verunglimpfung durch Einstellen von Texten in Soziale Medien strafrechtlich untersucht werden.

1. Der Ehrschutz im Internet

Grundsätzlich hat jeder nach Art. 5 Abs. 1 Satz 1 GG das Recht, seine Meinung, egal in welcher Form, frei zu äußern und zu verbreiten. Daraus folgt aber auch eine erhöhte Gefahr der Begehung von Straftaten gegen die persönliche Ehre, denn die Meinungsfreiheit findet ihre Grenze dort, wo zu stark in berechtigte Interessen anderer eingegriffen wird und kann durch allgemeine Gesetze und das Recht der persönlichen Ehre aus Art. 5 Abs. 2 GG begrenzt werden. Schutzobjekt der §§ 185 ff. StGB ist die persönliche Ehre als personales Rechtsgut des individuellen Menschen.[493] Die Rechtsprechung und vorherrschende Meinung geht von einem *dualistischen („normativ-faktischen") Ehrbegriff* aus. Danach stellt die Ehre ein komplexes Rechtsgut dar, das sowohl den inneren Wert eines Menschen, d.h. den dem Menschen als Träger geistiger und sittlicher Werte zukommenden Achtungsanspruch, als auch

---

491 *Belkacem*, S. 21. *Wolmerath*, § 1, Rn. 49.

492 *Polizeiliche Kriminalstatistik des Bundeskriminalamtes* (BKA) vom 25.01.2014, Grundtabelle „Tatmittel Internet" abrufbar unter http://www.bka.de/nn_193232/DE/Publikationen/PolizeilicheKriminalstatistik/2013/pks2013__node.html?__nnn=true (zuletzt aufgerufen am 28.10.2015).

493 Siehe hierzu *Hoeren*, Internet- und Kommunikationsrecht, S. 481; LK-*Hilgendorf*, StGB, Vor § 185, Rn. 1; S/S-*Lenckner/Eisele*, StGB, Vor. §§ 185 ff., Rn. 1.

sein Ansehen bzw. seinen guten Ruf in der Gesellschaft umfasst, wobei die „innere Ehre“ dem Tatbestand des § 185 StGB, die „äußere Ehre“ den Tatbeständen der §§ 186, 187 StGB zugeordnet wird.[494] Nach dem inzwischen überwiegend in der Literatur vertretenen *normativen Ehrbegriff* wird das Schutzgut einheitlich bestimmt und aus dem der Personenwürde abgeleiteten Geltungswert gesehen.[495] Aus diesem folgt der Anspruch, nicht unverdient herabgesetzt zu werden.[496] Einigkeit besteht dabei weitgehend darüber, dass es ein einheitliches Niveau von Ehre nicht gibt, sondern vielmehr der dem Menschen zukommende Achtungsanspruch von seiner Person und sozialen Rolle abhängt.[497] Die unterschiedlichen Ansätze zum Ehrbegriff wirken sich jedoch auf die Behandlung des konkreten Einzelfalls nicht aus.[498]

2. Strafbarkeit wegen Beleidigung nach § 185 StGB

Bei ehrverletzenden Interneteinträgen in Sozialen Medien kommt zunächst der Tatbestand der Beleidigung gem. § 185 StGB in Betracht. Der objektive Tatbestand des § 185 StGB setzt einen rechtswidrigen Angriff auf die Ehre eines anderen durch vorsätzliche Kundgabe der Missachtung oder Nichtachtung voraus.[499] Dabei kommen für eine Strafbarkeit nach § 185 StGB drei Begehungsformen in Betracht: Die Äußerung negativer Werturteile gegenüber dem Betroffenen oder über den Betroffenen gegenüber Dritten, und unwahre Tatsachbehauptungen gegenüber dem Betroffenen.[500] Zur Beurteilung der Zulässigkeit von Äußerungen im Internet muss daher zunächst unterschieden werden, ob eine Tatsachenbehauptung oder ein beleidigendes Werturteil vorliegt.[501] Eine Aussage ist als Tatsachenäußerung zu werten, wenn objektiv festgestellt werden kann, ob sie wahr oder falsch ist.[502] Tatsachen sind Ereignisse, Vorgänge oder Zustände der Außen- oder Innenwelt, die

---

494 BGHSt 11, 67; hierzu auch *LG Freiburg*, Urteil vom 06.06.2011, Az. 7 Ns 85 Js 4476/08-AK 129/10, in: BeckRS 2011, 17556; LK-*Hilgendorf*, StGB, Vor § 185, Rn. 7 f.; S/S-*Lenckner/Eisele*, StGB, Vor. §§ 185 ff., Rn. 1; *Fischer*, StGB, § 185, Rn. 1; BeckOK-StGB/*Valerius*, § 185, Rn. 2; *Hilgendorf/Valerius*, Computer- und Internetstrafrecht, Rn. 336; *Hilgendorf*, EWE 2008, 403, (405); *Ostendorf/Frahm/Doege*, NStZ 2012, 529, 534.

495 *Rengier*, Strafrecht BT II, § 28, Rn. 2; *Hilgendorf*, EWE 2008, 403; hierzu auch *Hilgendorf/Valerius*, Computer- und Internetstrafrecht, Rn. 336; *Glaser*, NVwZ 2012, 1432.

496 S/S-*Lenckner/Eisele*, StGB, Vor. §§ 185 ff., Rn. 1; *Arzt/Weber/Heinrich/ Hilgendorf*, Strafrecht BT, § 7, Rn. 2.

497 *Rengier*, Strafrecht BT II, 28, Rn. 3; MüKo-*Regge*, StGB, Vor § 185, Rn. 41 f.; *Ostendorf/Frahm/Doege*, NStZ 2012, 529, 534; *Fischer*, StGB, Vor §§ 185–200, Rn. 4 f.; LK-*Hilgendorf*, StGB, § 158, Rn. 1.

498 Hierzu *Hilgendorf/Valerius*, Computer- und Internetstrafrecht, Rn. 336.

499 BGHSt 1, 289; S/S – *Lenckner/Eisele*, StGB, § 185, Rn. 1; *Fischer*, StGB, § 185, Rn. 4; LK-*Hilgendorf*, StGB, § 158, Rn. 1.

500 S/S-*Lenckner/Eisele*, StGB, § 185, Rn. 1; LK-*Hilgendorf*, StGB, § 158, Rn. 2.

501 LK-*Hilgendorf*, StGB, § 185, Rn. 2 ff.

502 *Rengier*, Strafrecht BT II, § 29, Rn. 2; *Arzt/Weber/Heinrich/Hilgendorf*, Strafrecht BT, § 7, Rn. 13; *Hilgendorf*, EWE 2008, 403, (407).

der Vergangenheit oder Gegenwart angehören und dem Beweis zugänglich sind.[503] Werturteile sind dagegen persönliche Überzeugungen und Meinungsäußerungen und enthalten im Kern eine nicht beweisbare und subjektiv geprägte Aussage.[504] Die Grenze zwischen Tatsachen und Werturteilen kann im Einzelfall fließend sein und die Abgrenzung stellt mitunter ein Hauptproblem der Beurteilung der Beleidigungsstrafbarkeit dar.[505]

a) Äußerungsinhalt – Äußerung einer Miss- oder Nichtachtung

Öffentliche *Posts* auf Social Media Plattformen sind meist subjektiv geprägt und oft Ausdruck von Frustration. In Sozialen Netzwerken wie *Facebook* herrscht bisweilen gerade unter Jugendlichen ein rauer Umgangston und manche Ausdrucksformen können im Rahmen einer gesellschaftlichen Gruppe durchaus sozialadäquat sein, wohingegen sie anderen Personen gegenüber deplatziert und beleidigend wirken können.[506] Eine strafrechtliche Sanktionierung erscheint nicht in allen Fällen angemessen. Es ist daher plausibel, die Grenze zur Strafbarkeit grundsätzlich hoch anzusetzen.[507] Für das Vorliegen einer Beleidigung muss eindeutig feststehen, dass eine *erhebliche* Missachtung zum Ausdruck gebracht werden soll.[508] Keine Beleidigungen sind allgemeine Unhöflichkeiten, Distanzlosigkeit oder Persönlichkeitsverletzungen ohne abwertenden Charakter.[509] Auch Scherze, Geschmack- und Taktlosigkeit sind der strafrechtlichen Sanktion entzogen, sofern sie nicht wegen der besonders groben Form als Ausdruck der Missachtung erscheinen.[510] Die Grenze der Strafbarkeit ist nur dann überschritten, wenn die Äußerung dazu eingesetzt wird, um die Minderwertigkeit des (Mobbing-)Betroffenen zum Ausdruck zu bringen

---

503 Mit Beispielen MüKo-*Regge*, StGB, § 186, Rn. 4; *Schwenke*, S. 264; LK-*Hilgendorf*, StGB, § 158, Rn. 4.

504 Siehe bspw. *OLG Köln*, Urteil vom 28.01.1992, Az. Ss 567–569/91, in: NJW 1993, 1486, (1487); *Schwenke*, S. 264; *Arzt/Weber/Heinrich/Hilgendorf*, Strafrecht BT, § 7, Rn. 12; LK-*Hilgendorf*, StGB, § 158, Rn. 3.

505 *Hilgendorf*, EWE 2008, 403, (407); LK-*Hilgendorf*, StGB, § 185, Rn. 5; MüKo-*Regge*, StGB, § 186, Rn. 6; S/S-*Lenckner/Eisele*, StGB, § 186, Rn. 4.

506 *Hilgendorf*, ZIS 2010, 208, (211); *Ders.*, EWE 2008, 403, (407).

507 So auch *Beck Susanne*, MMR 2009, 736, (737).

508 *Hoeren*, Internet- und Kommunikationsrecht, S. 481 f.; Nach *Hilgendorf* sind die Voraussetzungen der Kundgabe der Miss- bzw. Nichtachtung aufgrund der bestehenden umfangreichen Kasuistik an Vergleichsfällen bestimmbar, siehe hierzu *Hilgendorf*, ZIS 2010, 208, (211). Beispielsfälle für die Annahme einer Beleidigung in der Rspr. finden sich bei S/S-*Lenckner/Eisele*, StGB, § 185, Rn. 7.

509 *Rengier*, Strafrecht BT II; § 29, Rn. 25; LK-*Hilgendorf*, StGB, § 185, Rn. 27; MüKo-*Regge*, StGB, § 185, Rn. 9.

510 *Wolmerath*, § 2, Rn. 50 ff.; *Beck Susanne*, MMR 2009, 736, (737); S/S-*Lenckner/Eisele*, StGB, § 185, Rn. 2; BeckOK-StGB/*Valerius*, § 185 Rn. 26; LK-*Hilgendorf*, StGB, § 185, Rn. 27; *Rengier*, Strafrecht BT II; § 29, Rn. 25; *Seel*, öAT 2013, 158.

und sich dieser durch die Mobbinghandlung diskriminiert fühlt.[511] Dabei ist nicht maßgebend, wie der Täter sie versteht, oder wie der Empfänger sie subjektiv verstanden hat, sondern wie dieser sie, nach ihrem objektiven Sinngehalt ausgelegt, verstehen durfte.[512] Denn die Berücksichtigung beliebiger Opfervorstellungen würde Gründen der Rechtssicherheit und der Überprüfbarkeit der Rechtsanwendung entgegenstehen.[513] Jedenfalls sind Beleidigungen strafbar, die den Kernbereich, mithin die Menschenwürde des Beleidigten, tangieren.[514]

Die Bewertung von Internetpublikationen hinsichtlich der Maßstäbe für eine Ehrverletzung werfen besondere Probleme auf. In der heutigen Zeit existiert eine enorme Pluralität von Ehrvorstellungen. Gerade zwischen den verschiedenen Altersgruppen gibt es beispielsweise völlig verschiedene Ansätze, was unter einer Sexualbeleidigung zu verstehen ist. Dabei kann für die sog. *Digital Natives* die Veröffentlichung intimer und oft sehr freizügiger Darstellungen sowie das „Flirten" im Internet wesentlicher Bestandteil der Selbstdarstellung und Kommunikation sein. Dies trifft nicht nur bei älteren Generationen auf Unverständnis. Auch bei der Kritik an anderen Personen im Internet sind die veränderten Wertungsgesichtspunkte und Perspektiven der verschiedenen Generationen und sozialen Kreise zu beachten.[515] Bei Beleidigungen über Soziale Medien sind daher die konkreten Umstände des Einzelfalls wie Anlass und Kontext, Sprachgebrauch und Umgangston der Zielgruppe sowie das Alter und Stellung der Beteiligten maßgebliche Kriterien.[516] Aufgrund der Globalität der Online-Plattformen spielen zudem kulturspezifische Kommunikationsformen eine Rolle.[517] Doch selbst in Deutschland divergieren die gesellschaftlichen Ehrvorstellungen erheblich.[518] Von einem homogenen Verständnis der Ehre kann daher nicht gesprochen werden. Ob eine Äußerung in Sozialen Medien die Schwelle zur Strafbarkeit letztendlich überschreitet, ist jeweils für den Einzelfall zu bestimmen.

---

511 *Wolmerath*, § 2, Rn. 54.

512 *BVerfG*, Beschluss vom 25.10.2005, Az. 1 BvR 1696/98, in: NJW 2006, 207, (208). Maßgeblich ist danach das Verständnis eines unvoreingenommenen und verständigen Durchschnittspublikums. Sieh auch S/S-*Lenckner/Eisele*, StGB, § 185, Rn. 8; LK-*Hilgendorf*, StGB, § 185, Rn. 17; MüKo-*Regge*, StGB, § 185, Rn. 9.

513 *Hilgendorf*, EWE 2008, 403, (410).

514 *Hilgendorf*, ZIS 2010, 208, (211 f.); *Glaser*, NVwZ 2012, 1432.

515 *Hilgendorf*, ZIS 2010, 208, (211); hierzu auch *Reum*, S. 104.

516 *OLG Düsseldorf*, Beschluss vom 16.12.2005, Az. III-5 Ss 101/05 – 53/05 I, in: NStZ-RR 2006, 206. Siehe hierzu auch *Rengier*, Strafrecht BT II; § 29, Rn. 25; S/S-*Lenckner/Eisele*, StGB, § 185, Rn. 8; LK-*Hilgendorf*, StGB, § 185, Rn. 21; *Ders.*, EWE 2008, 403, (407 f.); MüKo-*Regge*, StGB, § 185, Rn. 9.

517 Zu denken wäre in diesem Zusammenhang bspw. an die Veröffentlichung der *Mohammed Karikaturen* im Jahr 2005. Siehe hierzu *Hilgendorf*, ZIS 2010, 208, (211). *Hilgendorf* spricht in diesem Zusammenhang von einem *„Zusammenprall der Strafrechtssysteme"*.

518 Die Frage nach dem Zusammenhang zwischen Religion und Beleidigung ist zu einem internationalen Problem geworden *sieh hierzu Hilgendorf*, EWE 2008, 403, (410 ff.).

b) Tathandlung der Kundgabe

Erforderlich ist die Kundgabe der ehrverletzenden Tatsachenbehauptung oder des herabwürdigenden Werturteils, d.h. deren Manifestation durch ein Verhalten mit einem entsprechenden Erklärungswert.[519] Tathandlung ist eine Äußerung, die sowohl wörtlich, als auch schriftlich, bildlich oder durch schlüssige Handlungen erfolgen kann.[520] Damit lassen sich grundsätzlich auch neue Kommunikationsformen und Umgangsformen in das Recht der Beleidigung integrieren.[521] Die Kundgabe muss sich an einen anderen, nicht notwendigerweise den Beleidigten selbst, richten und setzt zur Vollendung voraus, dass der andere Kenntnis von der Äußerung erlangt und sie in ihrem ehrrührigen Sinne versteht.[522] Die Kundgabe gegenüber dem Betroffenen kann unmittelbar oder vermittelt, z.B. durch Äußerungen dritter Personen oder in Schriftform erfolgen.[523] Der Urheber muss dabei aus der ehrverletzenden Äußerung nicht hervorgehen, sie kann daher grundsätzlich auch anonym erfolgen.[524] Der Betroffene muss dagegen erkennbar, d.h. bestimmt oder zumindest bestimmbar sein.[525]

Die Kundgabe der ehrverletzenden Äußerung kann über Soziale Netzwerke wie *Facebook* über private Nachrichten unmittelbar an die betroffene Person aber auch durch Nachrichten an andere Nutzer erfolgen. Darüber hinaus erfüllt der Täter mit öffentlichen *Posts* in *Facebook*-Gruppen, an der eigenen oder fremden *Facebook*-Pinnwand die Tatbestandsvoraussetzungen, soweit andere Nutzer die diffamierenden *Posts* zur Kenntnis nehmen.[526] Die Kundgabe der Missachtung wird gegenüber dem Betroffenen „vermittelt", wenn dieser die öffentlichen *Posts* auf fremden *Pinnwänden* oder *Gruppen* zur Kenntnis nimmt, oder ihn Dritte über die ehrverletzenden Äußerungen in Kenntnis setzen. Auch durch das *Teilen* oder *Liken* der entsprechenden Einträge durch andere Nutzer kann das Opfer von diesen Kenntnis erhalten.[527]

---

519 S/S-*Lenckner/Eisele*, StGB, § 185, Rn. 8; BeckOK-StGB/*Valerius*, § 185, Rn. 17.

520 Sog. „Äußerungsdelikt", vgl. BeckOK-StGB/*Valerius*, § 185, Rn. 17 ff.; S/S-*Lenckner/Eisele*, StGB, § 185, Rn. 8.

521 *Hilgendorf*, EWE 2008, 403, (407).

522 Bereits *BGH*, mit Urteil vom 12.01.1956, Az. 4 StR 470/55, in: NJW 1956, 679; BeckOK-StGB/*Valerius*, § 185, Rn. 18 f.; S/S-*Lenckner/Eisele*, StGB, § 185, Rn. 11; *Rengier*, Strafrecht BT II, § 28, Rn. 22.

523 *Fischer*, StGB, § 185, Rn. 7.

524 BeckOK-StGB/*Valerius*, § 185, Rn. 20.

525 S/S-*Lenckner/Eisele*, StGB, § 185, Rn. 9; MüKo-*Regge*, StGB, § 185, Rn. 23.

526 Zur Kundgabe von ehrverletzenden Äußerungen über das Internet siehe *LG Freiburg*, Urteil vom 06.06.2011, Az. 7 Ns 85 Js 4476/08-AK 129/10, in: BeckRS 2011, 17556.

527 Zur Strafbarkeit der Nutzer durch *Sharen* oder *Liken* siehe Kapitel D III.

c) *Beleidigungsfreie Sphäre im Internet*

Bei Äußerungen gegenüber Dritten ergibt sich allerdings eine Besonderheit. Ehrverletzende Äußerungen über nicht anwesende Dritte sind in besonders engen Lebenskreisen nicht strafbar, sog. beleidigungsfreie Sphäre, wenn sie Ausdruck besonderen Vertrauens sind und die Vertraulichkeit, d.h. die Nichtweitergabe an Dritte gewährleistet scheint.[528] Der Grund der Straflosigkeit trägt dem Bedürfnis Rechnung, sich sanktionslos aussprechen zu können und folgt damit dem Schutz des Persönlichkeitsrechts und der Anerkennung eines straffreien Raums persönlicher Kommunikation.[529] Die beleidigungsfreie Sphäre erstreckt sich neben dem engsten Familienkreis auch auf ähnliche enge persönliche Verhältnisse, wie beispielsweise den engsten Freundeskreis.[530] Die Straflosigkeit ist dabei nicht nur auf spontane mündliche Äußerungen beschränkt.[531] Die schriftliche Äußerung einer Beleidigung über Online-Plattformen steht damit grundsätzlich einer beleidigungsfreien Sphäre nicht entgegen, wenn sich der Äußernde beispielsweise mittels einer privaten Nachricht nur an einen Familienangehörigen oder engsten Freund wendet und diese Nachricht ausschließlich von diesem Empfänger gelesen werden kann. Voraussetzung für das Bestehen der beleidigungsfreien Sphäre ist stets, dass die dazu gehörende Vertraulichkeit im Einzelfall tatsächlich auch gewährleistet erscheint.[532] Ein öffentlicher *Post* auf der Pinnwand, der für alle Nutzer eines Sozialen Netzwerks oder für eine größere Gruppe an „Freunden" einsehbar ist, fällt damit nicht unter den Schutz der beleidigungsfreien Sphäre.[533] Auch die Äußerung innerhalb einer aus wenigen Mitgliedern bestehenden Netzwerk-Gruppe, die sich auf Grund bestimmter Interessen zusammengeschlossen hat[534], fällt nicht unter die beleidigungsfreie Sphäre, wenn die Personen nur vorübergehend durch gemeinsame Interessen verbunden sind.[535]

---

528 S/S-*Lenckner/Eisele*, StGB, Vor. §§ 185 ff., Rn. 9; LK-*Hilgendorf*, StGB, § 185, Rn. 11.

529 *BVerfG*, Beschluss vom 23.11.2006, Az. 1 BvR 285/06, in: NJW 2007, 1194, (1195); *Fischer*, StGB, § 185, Rn. 12; S/S- *Lenckner/Eisele*, StGB, Vor §§ 185 ff., Rn. 9a; *Rengier*, Strafrecht BT II, § 28, Rn. 24; LK-*Hilgendorf*, StGB, § 185, Rn. 11 ff.; *Wolmerath*, § 2, Rn. 55.

530 *BVerfG*, Beschluss vom 23.11.2006, Az. 1 BvR 285/06, in: NJW 2007, 1194, (1195); *Wolmerath*, § 2, Rn. 55; S/S-*Lenckner/Eisele*, StGB, Vor. §§ 185 ff., Rn. 9b; *Rengier*, Strafrecht BT II, § 28, Rn. 27.

531 S/S-*Lenckner/Eisele*, StGB, Vor. §§ 185 ff., Rn. 9b; LK-*Hilgendorf*, StGB, § 185, Rn. 14.

532 LK-*Hilgendorf*, StGB, § 185, Rn. 14; S/S-*Lenckner/Eisele*, StGB, § 185, Rn. 9.

533 Ähnlich *Hilgendorf* bzgl. der *vertrauten Usergruppe im Internet* in ZIS 2010, 208, (210); *Rosenbaum/Tölle*, MMR 2013, 209, (210).

534 Siehe bspw. bei *Facebook* unter http://www.facebook.com/help/162866443847527/ (zuletzt aufgerufen am 28.10.2015).

535 S/S-*Lenckner/Eisele*, StGB, § 185, Rn. 9.

d) Beleidigung unter einer Kollektivbezeichnung

Die Beleidigung ist grundsätzlich als Individualdelikt konzipiert. Rechtsgutinhaber ist damit zuallererst der lebende Mensch als natürliche Person.[536] Mehrere Einzelpersonen können aber als Angehörige einer Personenmehrheit unter einer Kollektivbezeichnung beleidigt werden.[537] Bezieht sich die Beleidigung bei der Verwendung eines Sammelbegriffs erkennbar und eindeutig nur auf eine bestimmte Person, liegt ebenfalls eine Beleidigung gem. § 185 StGB vor.[538] Dies setzt grundsätzlich voraus, dass der betroffene Personenkreis zahlenmäßig überschaubar und aufgrund bestimmter Merkmale so klar umgrenzt ist, dass er deutlich aus der Allgemeinheit hervortritt, wobei auch der Kontext zu berücksichtigen ist.[539] Denkbar ist daher auch die Beleidigung einer Einzelperson, indem der Täter eine sie betreffende ehrverletzende Kollektivbezeichnung entsprechend platziert, wie beispielsweise auf der *Facebook*-Pinnwand der Person, und damit den eindeutigen Bezug zu dieser herstellt.

3. Strafbarkeit wegen übler Nachrede oder Verleumdung nach den §§ 186 und 187 StGB

Im Gegensatz zum Straftatbestand der Beleidigung, der auch ehrenrührige Werturteile umfasst, stellen die §§ 186, 187 StGB nur ehrenrührige Tatsachenbehauptungen gegenüber Dritten unter Strafe.[540] Soweit der Täter eine ehrenrührige Tatsache gegenüber Dritten äußert, sind die §§ 186, 187 StGB gegenüber § 185 StGB auch vorrangig.[541] Tathandlung des § 186 StGB ist das Behaupten oder Verbreiten einer nicht erweislich wahren Tatsache in Beziehung auf einen anderen, die diesen verächtlich zu machen oder in der öffentlichen Meinung herabzuwürdigen geeignet ist. Wegen Verleumdung nach § 187 StGB macht sich dagegen strafbar, wer wider besseren Wissen in Beziehung auf einen anderen eine unwahre Tatsache behauptet oder verbreitet.[542] Im Unterschied zum Tatbestand der üblen Nachrede schützt § 187

---

536 Das Rechtsgut der Ehre im Sinne eines sozialen Achtungsanspruchs ist untrennbar mit der Persönlichkeit individueller Menschen verbunden. *Fischer*, StGB, Vor §§ 185–200, Rn. 12a; S/S – *Lenckner/Eisele*, StGB, Vor. §§ 185 ff., Rn. 2; *Hilgendorf*, EWE 2008, 403, (406). Zur Beleidigung von Personengemeinschaften siehe ausführlich *Hilgendorf/Valerius*, Computer- und Internetstrafrecht, Rn. 339.

537 LK-*Hilgendorf*, StGB, Vor. § 185, Rn. 28 ff.; *Fischer*, StGB, Vor §§ 185–200, Rn. 9; S/S-*Lenckner/Eisele*, StGB, Vor. §§ 185 ff., Rn. 5 ff.

538 S/S-*Lenckner/Eisele*, StGB, Vor. §§ 185 ff., Rn. 5; siehe hierzu auch *Hilgendorf*, EWE 2008, 403, (406).

539 LK-*Hilgendorf*, StGB, Vor § 185, Rn. 29; *Fischer*, StGB, Vor §§ 185–200, Rn. 9; *Ostendorf/Frahm/Doege*, NStZ 2012, 529, (534).

540 Siehe hierzu LK-*Hilgendorf*, StGB, § 187, Rn. 1; MüKo-*Regge*, StGB, § 186, Rn. 4.

541 S/S-*Lenckner/Eisele*, StGB, § 186, Rn. 21, § 187, Rn. 8; LK-*Hilgendorf*, StGB, Vor § 185, Rn. 43.

542 § 187 StGB enthält mit der Kreditgefährdung zudem ein Vermögensgefährdungsdelikt, siehe LK-*Hilgendorf*, StGB, § 187, Rn. 1.

StGB damit nicht den vermuteten, sondern den tatsächlichen Geltungswert, d.h. die ehrenrührigen Tatsachenbehauptungen müssen erweislich unwahr sein.[543] Die Unwahrheit ist in § 187 StGB Tatbestandsmerkmal und muss dem Täter nachgewiesen werden.[544] Der Täter muss zudem die Unwahrheit der Tatsache sicher kennen.[545]

Für die Strafbarkeit der §§ 186 und 187 StGB ist der erforderliche Drittbezug („*in Beziehung auf einen anderen*") besonders wichtig, da nur Äußerungen, die gegenüber einem anderen als dem Beteiligten selbst erfolgen, tatbestandsmäßig sind.[546] Die Tatsachenäußerung muss dazu *geeignet* sein, den Betroffenen verächtlich zu machen oder in der öffentlichen Meinung herabzuwürdigen. Im Gegensatz zu § 185 StGB ist daher ein Erfolg, wie beispielsweise ein Herabwürdigen oder Verächtlichmachen des Opfers, nicht erforderlich.[547] Die Tatsachenäußerung muss dem Betroffenen den sittlichen, personalen oder sozialen Geltungswert abzusprechen, wie beispielsweise Tatsachen aus der Privat- und Intimsphäre, die den Betroffen in ein negatives Licht rücken oder seinen Ruf in der Öffentlichkeit schädigen.[548]

a) Tathandlung des Behauptens oder Verbreitens von Tatsachen nach §§ 186 Var. 1 bzw. 187 Var. 1 StGB

Im Rahmen des § 186 Var. 1 und § 187 Var. 1 StGB muss die entsprechende Tatsache behauptet oder verbreitet werden. *Behaupten* meint, dass der Täter eine Tatsache als wahr ausgibt und sie nach eigener Überzeugung als richtig hinstellt.[549] Dabei ist es gleichgültig, ob der Äußernde seine Behauptung auf eine eigene Wahrnehmung stützt, oder etwas von Dritten erfahren hat.[550] Das *Behaupten* kann auch in der Äußerung eines Verdachts oder einer Vermutung liegen.[551] Einschränkende Zusätze

543 S/S-*Lenckner/Eisele*, StGB, § 186, Rn. 1.; *Fischer*, StGB, § 187, Rn. 2; *Wolmerath*, § 2, Rn. 58; LK-*Hilgendorf*, StGB, § 187, Rn. 2.

544 LK-*Hilgendorf*, StGB, § 187, Rn. 1. Im Rahmen des § 186 StGB ist die Unwahrheit der Tatsache oder deren Nichterweislichkeit dagegen eine objektive Bedingung der Strafbarkeit. Siehe hierzu S/S-*Lenckner/Eisele*, StGB, § 186, Rn. 10; *Rengier*, Strafrecht BT II, § 29, Rn. 9; MüKo-*Regge*, StGB, § 187, Rn. 9; LK-*Hilgendorf*, StGB, § 187, Rn. 1.

545 MüKo-*Regge*, StGB, § 187, Rn. 11; *Rengier*, Strafrecht BT II, § 29, Rn. 17.

546 *Rengier*, Strafrecht BT II, § 29, Rn. 7; LK-*Hilgendorf*, StGB, § 186, Rn. 1, 5; MüKo-*Regge*, StGB, § 186, Rn. 19, § 187, Rn. 8.

547 Die §§ 186 und 187 StGB sind abstrakte Gefährdungsdelikte. LK-*Hilgendorf*, StGB, § 186, Rn. 10, § 187, Rn. 1.

548 MüKo-*Regge*, StGB, § 186, Rn. 13 f.; LK-*Hilgendorf*, StGB, § 186, Rn. 10; S/S-*Lenckner/Eisele*, StGB, § 186, Rn. 5, § 187, Rn. 3.

549 LK-*Hilgendorf*, StGB, § 186, Rn. 7; MüKo-*Regge*, StGB, § 186, Rn. 16; S/S-*Lenckner/Eisele*, StGB, § 186, Rn. 7.

550 *Fischer*, StGB, § 186, Rn. 8; S/S-*Lenckner/Eisele*, StGB, § 186, Rn. 9.

551 LK-*Hilgendorf*, StGB, § 186, Rn. 7.

wie „ich meine" oder „wahrscheinlich" sind daher unerheblich.[552] Ein *Verbreiten* einer Tatsache liegt dagegen vor, wenn der Äußernde eine fremde wirkliche oder angebliche Äußerung eines anderen über Tatsachen weitergibt, beispielsweise durch das Verbreiten von Gerüchten.[553]

Äußert beispielsweise ein Nutzer eines sozialen Netzwerks über die Nachrichten- oder Chat-Funktion eine herabwürdigende Tatsache über eine andere Person, kann er sich nach § 186 Var. 1 bzw. § 187 Var. 1 strafbar machen, wenn die Tatsache nicht erweislich wahr, bzw. wissentlich unwahr ist. Der Straftatbestand der §§ 186, 187 ist ebenso erfüllt, wenn der Nutzer ein Gerücht über Soziale Medien verbreitet, sei es nur gegenüber einem anderen Nutzer über eine entsprechende Nachricht oder gegenüber all seinen Kontakten beispielsweise über die Pinnwand-Funktion. Der Täter muss dabei weder für die Richtigkeit der Äußerung eintreten noch (konkludent oder ausdrücklich) erklären, dass er das Gerücht tatsächlich für wahr hält.[554]

b) Qualifikation durch öffentliche Äußerung oder durch Verbreiten von Schriften nach §§ 186 Var. 2 bzw. 187 Var. 2 StGB

Qualifiziert wird die üble Nachrede bzw. die Verleumdung, wenn die Tatsachenäußerung öffentlich oder durch Verbreiten von Schriften i.S.d. § 11 Abs. 3 StGB geschieht, vgl. § 186 Var. 2, bzw. § 187 Var. 2 StGB.[555] Der erhöhte Strafrahmen der Qualifikationstatbestände der §§ 186, 187 StGB trägt dabei dem Unrechtsgehalt der mit der Verbreitung einhergehenden stärkeren Beeinträchtigung des Opfers Rechnung.

Für das Verbreiten im Rahmen des Grundtatbestandes reicht es grundsätzlich aus, wenn der Täter die Tatsache nur einem Empfänger mitteilt.[556] Das Verbreiten von Schriften i.S.d. § 11 Abs. 3 StGB[557] ist dagegen darauf gerichtet, diese einem größeren Personenkreis zugänglich zu machen, wobei dieser nach Zahl und Individualität unbestimmt oder jedenfalls so groß sein muss, dass er für den Täter nicht mehr kontrollierbar ist.[558]

---

552 *Wolmerath*, § 2, Rn. 59; MüKo-*Regge*, StGB, § 186, Rn. 16; LK-*Hilgendorf*, StGB, § 186, Rn. 7.

553 LK-*Hilgendorf*, StGB, § 186, Rn. 8; MüKo-*Regge*, StGB, § 186, Rn. 17.

554 S/S-*Lenckner-Eisele*, StGB, § 186, Rn. 8; LK-*Hilgendorf*, StGB, § 186, Rn. 8.

555 Eine weitere Qualifikation für die Tatbestände der §§ 186, 187 StGB findet sich in § 188 StGB als verstärkter Ehrschutz für Persönlichkeiten des politischen Lebens. Siehe zu den Voraussetzungen S/S-*Lenckner/Eisele*, StGB, § 188, Rn. 1 ff.

556 LK-*Hilgendorf*, StGB, § 186, Rn. 9; MüKo-*Regge*, StGB, § 186, Rn. 17.

557 Schriften sind nach § 11 Abs. 3 StGB auch Ton- und Bildträger, Datenspeicher, Abbildungen und andere Darstellungen, wobei die Aufzählung nicht abschließend ist. Zum Schriftenbegriff siehe *Hilgendorf/Valerius*, Computer- und Internetstrafrecht, Rn. 165 ff.

558 Teilweise wird in der juristischen Literatur gefordert, dass die Schrift einem größeren Personenkreis *körperlich*, d.h. nicht nur in ihrem Inhalt zugänglich gemacht werden muss. Siehe hierzu *Fischer*, StGB, § 186, Rn. 19; S/S-*Lenckner/Eisele*, StGB, § 186,

„Öffentliches" Äußern meint, dass die Tatsache von einem größeren, nach Zahl und Individualität unbestimmten oder durch nähere Beziehung nicht verbundenen, Personenkreis unmittelbar wahrgenommen werden kann.[559] Eine schriftliche Äußerung ist grundsätzlich dann öffentlich begangen, wenn eine Kenntnisnahme durch beliebige Dritte möglich ist.[560] Einträge bei *Facebook* ohne jegliche Beschränkung der Sichtbarkeit, wie beispielsweise auf einer öffentlichen Pinnwand, können folglich als „öffentlich" gewertet werden, da der Zugriff beliebig vieler Social Media Nutzer ermöglicht wird.[561]

Fraglich ist jedoch, ob die Qualifikation einer „öffentlichen" üblen Nachrede bzw. Verleumdung auch dann gegeben ist, wenn der Pinnwand-Eintrag nur für den beschränkten Personenkreis der Kontakte bzw. *Facebook*-Freunde des Nutzers einsehbar ist oder der Täter sich nur innerhalb einer bestimmten *Facebook*-Gruppe äußert. Denn *Facebook*-Freunde als auch Gruppenmitglieder sind nach Zahl und Individualität bestimmbar und aufgrund eines gemeinsamen Interesses innerhalb einer Gruppe oder über die Freundschaft mit dem entsprechenden Nutzer verbunden.

Für die Annahme der Öffentlichkeit einer Äußerung trotz Profilbeschränkung könnte sprechen, dass Soziale Netzwerke gerade darauf angelegt sind, Inhalte zwischen den Nutzern zu verbreiten und sich aufgrund der *Like*- bzw. *Share*-Funktionen unkontrolliert verbreiten können.[562] Dies ist dem Nutzer des Sozialen Netzwerks auch bekannt und meist von diesem auch gewünscht. Eine sukzessive Verbreitung durch wiederholtes „Herumerzählen", mithin durch Teilen der Inhalte durch andere Nutzer, ist für eine qualifizierte Begehungsweise der §§ 186, 187 StGB jedoch nicht ausreichend; selbst wenn der Täter damit gerechnet hat.[563]

Ob damit allerdings die Veröffentlichung auf der Pinnwand eines Nutzers mit hunderten von *Facebook*-Freunden oder in einer Gruppe des Sozialen Netzwerks mit entsprechend großer Mitgliederzahl als nicht öffentlich und somit „privat" bzw. „vertraulich" eingestuft werden kann, ist sehr fraglich. Denn für ein *öffentliches* Profil besteht zwar theoretisch die Möglichkeit des Zugriffs und der Kenntnisnahme

---

Rn. 20. Der *BGH* hatte dagegen nach seinem internetspezifischen Begriffsverständnis den körperlichen Verbreitungsbegriff auf Veröffentlichungen im Internet für nicht anwendbar erklärt. Vgl. *BGH*, Urteil vom 27.06.2001, Az. 1 StR 66/01, in: MMR 2001, 676 ff. vertiefend mit Anm. von *Gercke*.

559 *Rengier*, Strafrecht BT II, § 29, Rn. 16; LK-*Hilgendorf*, StGB, § 186, Rn. 13; *Hilgendorf/Valerius*, Computer- und Internetstrafrecht, Rn. 360.

560 *Fischer*, StGB, § 186, Rn. 17; *Wolmerath*, § 2, Rn. 57; LK-*Hilgendorf*, StGB, § 186, Rn. 14; MüKo-*Regge*, StGB, § 186, Rn. 35.

561 *AG Wolfratshausen*, Urteil vom 25.03.2013, Az. 2 Cs 11 Js 27699/12, in: MMR 2014, 206; S/S-*Lenckner/Eisele*, StGB, § 186, Rn. 19; *Hilgendorf/Valerius*, Computer- und Internetstrafrecht, Rn. 360 f.; *Ostendorf/Frahm/Doege*, NStZ 2012, 529, (532), *Reum*, S. 110. Zur qualifizierten öffentlichen Begehungsweise im Internet siehe *Seiler* S. 32.

562 Siehe zum *Sharen* und *Liken* von Inhalten ausführlich unter Strafbarkeit Dritter in Kapitel D III.

563 LK-*Hilgendorf*, StGB, § 186, Rn. 13; S/S-*Lenckner*, StGB, § 186, Rn. 19.

des entsprechenden Beitrags durch unbestimmt viele Nutzer des Netzwerks. Bei einem sehr großen Kreis an *Facebook*-Kontakten oder Gruppenmitgliedern wird der Beitrag eines Nutzers bzw. Gruppenmitglieds stets jedem seiner *Freunde* bzw. den anderen Mitgliedern in deren *Newsfeed* angezeigt und zumeist von diesen auch tatsächlich zur Kenntnis genommen. Damit kann die faktische Reichweite eines Beitrags bei einer Vielzahl von *Facebook*-Freunden bzw. *Facebook*-Gruppenmitgliedern größer sein, als bei der theoretischen Zugriffsmöglichkeit auf ein öffentliches Profil. Der Veröffentlichung von Bildern auf einem für Online-Freunde bzw. Kontakte beschränkten Profil pauschal den Charakter eines „privaten Bereichs" zuzusprechen, ginge damit fehl.[564] Nach *Ohly* erscheint der Schutz Dritter besonders gerechtfertigt, je kleiner der Kreis, an den die Informationen weitergegeben werden, und je vertraulicher der Umgangston ist.[565] Aufgrund der tatsächlichen Beeinträchtigung des Opfers bei einer Veröffentlichung über einen virtuellen Freundeskreis von mehreren hundert Kontakten wäre der erhöhte Strafrahmen der Qualifikation auch dem Unrechtsgehalt der Tat angemessen.

4. Beleidigung trotz Wahrheitsbeweises nach § 192 StGB

Eine Bestrafung nach den §§ 185 ff. StGB wird durch den Beweis der Wahrheit dann nicht ausgeschlossen, wenn das Vorhandensein einer Beleidigung aus der Form der Behauptung bzw. Verbreitung oder aus Umständen, unter welchen sie geschah, hervorgeht, vgl. § 192 StGB. § 192 StGB gilt für alle Beleidigungsdelikte der §§ 185, 186, 187 StGB, die durch eine Behauptung von Tatsachen begangen werden.[566] Die Norm verbietet, die Wahrheit über einen anderen in unnötig herabsetzender Weise zu sagen. Denn der beleidigende Charakter einer Tatsachenäußerung kann nicht nur aus ihrem Inhalt, sondern auch aus ihrer äußeren Form, Gestaltung und Einbindung oder ihren Begleitumständen herrühren, wenn dadurch eine selbstständige, durch die wahren Tatsachen nicht mehr gedeckte beleidigende Wertung zum Ausdruck gebracht wird (sog. Formalbeleidigung).[567] Eine Bloßstellung kann sich bei der Veröffentlichung abfälliger, jedoch zutreffender Tatsachen im Internet ergeben, wenn diese Veröffentlichung eine *„Pranger-Wirkung"* entfaltet, was beispielsweise bei lang zurückliegenden Tatsachen, kleineren Verfehlungen unter großer Aufmachung oder gezieltem Weglassen entlastender Gesichtspunkte der Fall ist

---

564 So allerdings *Piltz*, S. 195 ff., 202, der die Abgrenzung von „öffentlich" und „privat" i.S.d. § 22 KUG an der Profileinstellung des Nutzers festmacht. Anders *Ohly*, AfP 2011, 428, (430), nach dem der Austausch unter Freunden auf *Facebook* sowohl privat als auch öffentlich sein kann und sich „holzschnittartige" Lösungen verbieten.

565 *Ohly*, AfP 2011, 428, (430); so auch *Reum*, S. 111.

566 *Fischer*, StGB, § 192, Rn. 1; S/S-*Lenckner/Eisele*, StGB, § 192, Rn. 2; LK-*Hilgendorf*, StGB, § 192, Rn. 1; *Wolmerath*, § 2, Rn. 62.

567 S/S-*Lenckner/Eisele*, StGB, § 192, Rn. 1; LK-*Hilgendorf*, StGB, § 192, Rn 1; MüKo-*Regge*, StGB, § 192, Rn. 1.

(sog. Publikationsexzess).[568] Unter Umständen kann der beleidigende Charakter einer wahren Information gerade aufgrund der Verbreitung über Soziale Medien zu bejahen sein. Insbesondere wenn sich die Veröffentlichungen auf die Privat- oder Intimsphäre bezieht, steht die große Öffentlichkeit des Internets in keinem Verhältnis zu ihrer Privatheit.[569]

5. *Subjektiver Tatbestand der §§ 185 ff. StGB*

Die §§ 185 ff. StGB erfordern jeweils vorsätzliches Handeln des Täters, wobei bedingter Vorsatz ausreichend ist.[570] Für die Beleidigung nach § 185 StGB muss das Bewusstsein umfasst sein, dass die Äußerung nach ihrem objektiven Erklärungswert einen beleidigenden Inhalt hat.[571] Eine besondere Kränkungsabsicht ist allerdings nicht erforderlich.[572] Bei der üblen Nachrede nach § 186 StGB hat sich der Vorsatz auch auf die Ehrenrührigkeit der Tatsache und auf die Verbreitung zu beziehen.[573] Der Täter muss wollen bzw. damit rechnen, dass auch ein Dritter von seiner Äußerung Kenntnis erlangt und davon ausgehen, dass der Adressat sie in ihrem ehrrührigen Sinne versteht.[574] Die Verleumdung nach § 187 StGB erfordert, dass sich das Wissen auch auf die Unwahrheit der Tatsache bezieht, mithin der Täter positive Kenntnis von der Unwahrheit hat.[575] Eine Beleidigungsabsicht ist dagegen weder bei § 186 noch bei § 187 StGB erforderlich.[576] Bei der Beleidigung trotz Wahrheitsbeweises gem. § 192 StGB muss sich der Vorsatz auch auf die ehrverletzende Form und die Begleitumstände der Kundgabe erstrecken.[577]

In der Praxis kann der Nachweis des subjektiven Tatbestandes durchaus schwierig sein. Im Fall des Social Media Mobbings verbreitet der Täter ehrverletzende und unwahre Beiträge jedoch bewusst und gerade mit der Absicht, sein Opfer bloßzustellen. Den Social Media Nutzern sind zudem die Funktionsweise und Verbreitungswirkung

---

568 *Fischer*, StGB, § 192, Rn. 2; S/S-*Lenckner/Eisele*, StGB, § 192, Rn. 1; *Lackner/Kühl*, StGB, § 192, Rn. 2; *Wolmerath*, § 2, Rn. 62; *Hilgendorf*, EWE 2008, 403, (407); *Ostendorf/Frahm/Doege*, NStZ 2012, 529, 534 f.; MüKo-*Regge*, StGB, § 192, Rn. 7; *Cornelius*, ZRP 2014, 164, (165); *Schertz*, NJW 2013, 721, (725).

569 *Beck Susanne*, MMR 2009, 736, (738); hierzu auch BeckOK-StGB/*Valerius*, § 192, Rn. 4.

570 S/S-*Lenckner/Eisele*, StGB, § 185, Rn. 14, § 186, Rn. 11; § 187, Rn. 5; LK-*Hilgendorf*, StGB, § 185, Rn 36, § 186, Rn. 11, § 187, Rn. 4; MüKo-*Regge*, StGB, § 185, Rn. 29.

571 Bereits *BGH*, Urteil vom 29.05.1951, Az. 2 StR 153/51, in: NJW 1951, 929, (930); S/S-*Lenckner/Eisele*, StGB, § 185, Rn. 14; LK-*Hilgendorf*, StGB, § 185, Rn. 36.

572 MüKo-*Regge*, StGB, § 185, Rn. 29; LK-*Hilgendorf*, StGB, § 185, Rn. 36.

573 LK-*Hilgendorf*, StGB, § 186, Rn. 11. S/S-*Lenckner/Eisele*, StGB, § 186, Rn. 11.

574 LK-*Hilgendorf*, StGB, § 186, Rn. 11; S/S-*Lenckner/Eisele*, StGB, § 186, Rn. 11; MüKo-*Regge*, StGB, § 186, Rn. 31.

575 S/S-*Lenckner/Eisele*, StGB, § 187, Rn. 5; LK-*Hilgendorf*, StGB, § 187, Rn. 4.

576 LK-*Hilgendorf*, StGB, § 186, Rn. 11; § 187, Rn. 4; S/S-*Lenckner/Eisele*, StGB, § 186, Rn. 11; MüKo-*Regge*, StGB, § 186, Rn. 31.

577 BeckOK-StGB/*Valerius*, § 192, Rn. 5; MüKo-*Regge*, StGB, § 192, Rn. 10.

der Online-Plattformen bestens bekannt. Der Mobbing-Täter wird sich daher schwerlich darauf berufen können, spontan und unbedacht gehandelt zu haben.

6. *Rechtfertigung nach § 193 StGB: Wahrnehmung berechtigter Interessen*

Kann die Beleidigung auf einen Rechtfertigungsgrund gestützt werden, ist auch eine tatbestandliche Ehrverletzung nicht strafbar. § 193 StGB stellt einen für die Beleidigungsdelikte besonderen Rechtfertigungsgrund dar, wobei der Tatbestand verschiedene Fallgruppen zur Konkretisierung des Rechtsfertigungsgrundes enthält.[578] Hauptanwendungsfall sind dabei die Äußerungen zur Wahrnehmung berechtigter, d.h. rechtlich anerkannter Interessen.[579] Das *BVerfG* sieht § 193 StGB als besondere Ausprägung des Grundrechts auf Meinungsfreiheit nach Art. 5 Abs. 1 Satz 1 GG.[580] Bei Beleidigungen im Internet, bzw. über Soziale Medien, spielt dies bei der Bewertung von Eigenschaften einer Person eine besondere Rolle. So kann selbst bei überzogener, ungerechter oder ausfälliger Kritik durch verletzende Formulierungen die Meinungsfreiheit Vorrang genießen. Denn das Grundrecht der Meinungsfreiheit schützt die Meinungskundgabe unabhängig davon, ob die Äußerung rational oder emotional, begründet oder grundlos ist und ob sie von anderen für nützlich oder schädlich, wertvoll oder wertlos gehalten wird.[581] Vor allem reicht der Schutz des allgemeinen Persönlichkeitsrechts des Opfers nicht so weit, dass er dem Einzelnen einen Anspruch darauf verleiht, in der Öffentlichkeit nur so dargestellt zu werden, wie er sich selber sieht oder von anderen gesehen werden möchte.[582]

Nach dem Grundsatz der Güter- und Interessenabwägung setzt eine Rechtfertigung allerdings voraus, dass die wahrgenommenen Interessen der Meinungsfreiheit höher zu bewerten sind als das Persönlichkeitsrecht des Beleidigten.[583] Der Ehrschutz steht damit in einem schwierigen Spannungsverhältnis zur Freiheit der

---

578 *Fischer*, StGB, § 193, Rn. 5; *Rengier*, Strafrecht BT II; § 29, Rn. 36; *Hilgendorf*, EWE 2008, 403, (408); MüKo-*Joecks*, StGB, § 193, Rn. 1.

579 *Fischer*, StGB, § 193, Rn. 9; MüKo-*Joecks*, StGB, § 193, Rn. 20; S/S-*Lenckner/ Eisele*, StGB, § 193, Rn. 8.

580 Siehe *BVerfG*, Beschluss vom 10.10.1995, Az. 1 BvR 1476/91, 1 BvR 1980/91, 1 BvR 102/92 u. 1 BvR 221/92, in: NJW 1995, 3303 f.; Beschluss vom 10.11.1998, Az. 1 BvR 1531–96, in: NJW 199, 1322, (1323); *Hilgendorf*, EWE 2008, 403, (408). Die Berücksichtigung der Meinungsfreiheit findet regelmäßig erst i.R.d. § 193 StGB statt, siehe *Rengier*, Strafrecht BT II; § 29, Rn. 25. MüKo-*Joecks*, StGB, § 193, Rn. 36. Bei Karikaturen ist bspw. die Kunstfreiheit zu beachten. Siehe hierzu *Hilgendorf*, ZIS 2010, 208, (215).

581 Vgl. *BVerfG*, Beschluss vom 01.08.2001, Az. 1 BvR 1906/97, in: NJW 2001, 3613 (3614).

582 Vgl. *BVerfG*, Beschluss vom 10.11.1998, Az. 1 BvR 1531–96, in: NJW 1999, 1322, (1323).

583 *Rengier*, Strafrecht BT II; § 29, Rn. 41; *Fischer*, StGB, § 193, Rn. 9; *Lackner/Kühl*, StGB, § 193, Rn. 1; S/S-*Lenckner/Eisele*, StGB, § 193, Rn. 8.

Meinungsäußerung.[584] Die Meinungsfreiheit tritt regelmäßig hinter dem Ehrschutz zurück, wenn es sich um herabsetzende Äußerungen handelt, die eine Schmähung der angegriffenen Person darstellen.[585] Äußerungen nehmen allerdings erst dann den Charakter einer Schmähung an, wenn nicht mehr die Auseinandersetzung in der Sache, sondern, jenseits überzogener oder ausfälliger Kritik, die Diffamierung der Person im Vordergrund steht.[586] Voraussetzung ist also zunächst das Vorliegen einer tatbestandsmäßigen Beleidigung, denn sachliche Kritik schließt bereits den Tatbestand aus.[587] Steht die Bewertung von Eigenschaften einer Person in keinerlei sachlichem Kontext, innerhalb dessen der Täter sich anlassbezogen echauffiert, sondern sind Diffamierung oder Herabsetzung das primäre Ziel, entziehen sich die Äußerungen dem Schutzbereich des Art. 5 Abs. 1 GG.[588] Eine Rechtfertigung für den Mobbingtäter im Internet kommt insbesondere dann nicht in Betracht, wenn das Opfer durch die Kritik gleichsam an den Pranger gestellt werden soll.[589]

7. Wechselseitig begangene Beleidigungen nach § 199 StGB

Nach § 199 StGB besteht die Möglichkeit im Rahmen der Strafzumessung bei gegenseitigen Beleidigungen einen oder beide Täter für straffrei zu erklären (sog. Kompensation bzw. Retorsion).[590] Erwidert der zuerst Beleidigte eine Beleidigung, wird als rechtliche Überlegung für seine Privilegierung eine Unrechtsminderung auf Grund der Provokation und der situativen Nähe zur Notwehr angeführt.[591] Gegenüber dem Erstbeleidiger wird berücksichtigt, dass diesem durch die Erwiderung bereits ein Übel zugefügt worden ist, durch welches seine Straftat gewissermaßen als vergolten und das Strafbedürfnis als befriedigt angesehen wird.[592] Voraussetzung der Straffreierklärung ist die Wechselseitigkeit der Beleidigungen und ein spezifischer

---

584 *Kudlich*, EWE 2008, 433 f.

585 *BVerfG*, Beschluss vom 12.07.2005, Az. 1 BvR 2097/02, in: BeckRS 2005, 31829; vgl. auch *LG Freiburg*, Urteil vom 06.06.2011, Az. 7 Ns 85 Js 4476/08-AK 129/10, in: BeckRS 2011, 17556; LK-*Hilgendorf*, StGB, § 193, Rn. 25; S/S-*Lenckner/Eisele*, StGB, § 193, Rn. 12; MüKo-*Joecks*, StGB, § 193, Rn. 40; ausführlich *Kudlich*, EWE 2008, 433, (434); vgl. hierzu auch *Kutscha/Thomé*, S. 87; *Schertz*, NJW 2013, 721, (724); *Glaser*, NVwZ 2012, 1432, (1433).

586 Vgl. „*Spickmich-Urteil*" des *OLG Köln*, Urteil vom 03.07.2008, Az. 15 U 43/08, in: MMR 2008, 672, (673). Hierzu auch *Kutscha/Thomé*, S. 87; *Bruns*, AfP 2011, 421, (426); *Gounalakis/Klein*, NJW 2010, 566 f.; *Schertz*, NJW 2013, 721, (724).

587 LK-*Hilgendorf*, StGB, § 193, Rn. 13. Siehe hierzu auch die Ausführungen unter Kapitel D I 2 a.

588 LK-*Hilgendorf*, StGB, § 193, Rn. 25.

589 Vgl. *LG Freiburg*, Urteil vom 06.06.2011, Az. 7 Ns 85 Js 4476/08-AK 129/10, in: BeckRS 2011, 17556. Hierzu *Glaser*, NVwZ 2012, 1432, (1434).

590 MüKo-*Regge*, StGB, § 199, Rn. 1; LK-*Hilgendorf*, StGB, § 199, Rn. 1.

591 S/S-*Lenckner/Eisele*, StGB, § 199, Rn. 1.

592 Siehe hierzu ausführlich MüKo-*Regge*, StGB, § 199, Rn. 7; S/S-*Lenckner/Eisele*, StGB, § 199, Rn. 1.

ursächlicher Zusammenhang zwischen Erstbeleidigung und Erwiderung.[593] § 199 StGB ist nicht nur auf den Tatbestand der Beleidigung, sondern auf alle Tatbestände des 14. Abschnitts anwendbar.[594] Erwidert der Betroffene die schriftliche Beleidigung des Täters und erfüllt selbst einen Tatbestand der §§ 185 ff. StGB, kommt eine Straffreierklärung für beide in Betracht.

Bei wiederholten wechselseitigen Beleidigungen auf Social Media Plattformen wird sich im Nachhinein oft nicht mehr nachvollziehen lassen, wer tatsächlich der Gemobbte oder der Mobber ist. Versucht sich ein Mobbingopfer allerdings gegenüber mehreren Tätern zu wehren, die es öffentlich diffamieren, dürfte es an einer Wechselseitigkeit fehlen, da das Opfer gleichsam öffentlich an einen virtuellen Pranger gestellt wird und damit ein Ungleichverhältnis zwischen Opfer und Tätern besteht.

8. Zwischenergebnis

Die Straftatbestände der §§ 185 ff. StGB, die seit dem Erlass des StGB nahezu unverändert gelten, stehen mit der Bewältigung ehrverletzender Äußerungen im Internet vor einer besonderen Bewährungsprobe.[595] Wie aufgezeigt, macht sich der Nutzer Sozialer Medien als Mobbingtäter wegen Beleidigung, übler Nachrede oder Verleumdung strafbar, wenn er ehrverletzende Texte über Nachrichten oder Chats versendet bzw. öffentlich auf sog. Pinnwände einstellt.[596] Maßgeblich für die Abgrenzung der Tatbestände ist, ob der Täter ehrrührige Werturteile oder nicht erweislich wahre oder bewusst unwahre Tatsachen im *Social Web* äußert. Die Schwelle zur Strafbarkeit ist bei der Internetbeleidigung in Sozialen Medien regelmäßig dann überschritten, wenn die Qualität der Äußerung eine erhebliche Missachtung zum Ausdruck bringt, wobei der Tatbestand des § 185 StGB grundsätzlich eng auszulegen ist. Bei der Kommunikation im Internet kann sich die Auslegung einer schriftlichen Äußerung nicht nur am Wortlaut orientieren, sondern es sind die äußeren Begleitumstände des konkreten Einzelfalls sowie das Umfeld und der Umgangston der beteiligten Personen zu beachten. Wechselseitige ehrverletzende Äußerungen können bei der Strafzumessung jeweils unrechtsmindernd berücksichtigt werden. Soweit es sich nicht um reine Schmähkritik handelt, kann in Einzelfällen der Ehrschutz des Einzelnen hinter dem Grundrecht der Meinungsfreiheit des Äußernden im Rahmen einer Gesamtwürdigung zurücktreten. Dies dürfte bei Mobbinghandlungen mehrerer Täter, die sich gegen ein Opfer richten, allerdings selten der Fall sein.

Die §§ 186 und 187 StGB sehen bereits einen erhöhten Strafrahmen für öffentliche Äußerungen vor. Der Straftatbestand des § 185 StGB enthält dagegen keine

---

593 LK-*Hilgendorf*, StGB, § 199, Rn. 5. *Hilgendorf*, ZIS 2010, 208, (212).

594 LK-*Hilgendorf*, StGB, § 199, Rn. 7; MüKo-*Regge*, StGB, § 199, Rn. 3.

595 *Hilgendorf*, ZIS 2010, 208; *Ders.*, EWE 2008, 403.

596 Die Beleidigungstatbestände des 14. Abschnitts des StGB (§§ 185 bis 189) sind absolute Antragsdelikte und erfordern einen Strafantrag gem. § 194 Abs. 1 Satz 1 StGB. Siehe hierzu *Fischer*, StGB, § 194, Rn. 2 ff.; LK-*Hilgendorf*, StGB, § 194, Rn. 2.

Qualifikationsstufe für öffentliche Werturteile. Dies wird im juristischen Schrifttum kritisiert, da die besondere Qualität der Internetbeleidigungen einen gesteigerten Unrechtsgehalt begründe, den der bisherige Strafrahmen nicht erfassen könne.[597] Die rasante Verbreitung der ehrverletzenden Inhalte durch die Nutzer Sozialer Netzwerke wie *Facebook*, gefördert durch Funktionen wie dem *Like*- oder *Share*-Button[598], die grundsätzlich weltweite Abrufbarkeit, die beschränkte Möglichkeit der Löschung derartiger Inhalte und deren dauerhafte Verfügbarkeit geben der Internetbeleidigung und insbesondere der Social Media Beleidigung ein unrechtserhöhendes Gepräge.[599] Aufgrund dessen wird teilweise ein Tätigwerden des Gesetzgebers durch Einführung eines Qualifikationstatbestandes bzw. die Regelung der Internetbeleidigung als besonders schwerer Fall gefordert.[600]

Das Bedürfnis nach einer höheren Strafandrohung ist angesichts der neuartigen Entwicklungen wie *Cybermobbing* und (persönliche) *Shitstorms* durchaus nachvollziehbar. Jeder online getätigten Beleidigung haftet grundsätzlich die Gefahr an, dass sich diese aufgrund der Dynamik der Kommunikation über Soziale Medien weiterentwickelt und damit für die Opfer besonders schwer wiegen kann. Im Gegensatz zur Veröffentlichung ehrrühriger Tatsachen über eine andere Person, ist die Beleidigung nach § 185 StGB jedoch erkennbar ein subjektiv geprägtes Werturteil eines anderen. Zudem führt nicht jede online getätigte Beleidigung zu extremen Fällen des Cybermobbings. Vielmehr gehen ehrverletzende Werturteile aufgrund der Fülle an Informationen und des regen Austauschs unter den Nutzern in der Flut an Beiträgen oft unter.[601] Internetveröffentlichungen sind zudem in einem hohen Maß durch Flüchtigkeit geprägt, weil der Inhalt von Websites jederzeit geändert werden kann.[602] Zu berücksichtigen ist auch, dass die spielerische Infrastruktur der Sozialen Medien gerade Straftaten wie Online-Beleidigungen fördert und auch die gefühlte Distanz zu den Opfern zu einer Eskalation führen kann, die so von den Tätern nicht vorhersehbar und zudem oft gar nicht gewollt ist.[603] Der Ersteller eines öffentlichen

---

597 Siehe hierzu *Hilgendorf/Valerius*, Computer- und Internetstrafrecht, Rn. 361; *Arzt/Weber/Heinrich/Hilgendorf*, Strafrecht BT, § 7, Rn. 29; LK-*Hilgendorf*, Vor. § 185, Rn. 41; *Hilgendorf*, ZIS 2010, 208, (212 f.); *Hilgendorf*, EWE 2008, 403, (410); *Beck Susanne*, MMR 2009, 736, (739 f.); *Krischker*, JA 2013, 488, (493).

598 Siehe hierzu auch die Ausführungen in Kapitel D III.

599 *Hilgendorf/Valerius*, Computer und Internetstrafrecht, Rn. 361; *Arzt/Weber/ Heinrich/Hilgendorf*, Strafrecht BT, § 7, Rn. 29; LK-*Hilgendorf*, Vor. § 185, Rn. 41; *Hilgendorf*, ZIS 2010, 208, (212 f.). so auch *Krischker*, JA 2013, 488, (493).

600 *Krischker*, JA 2013, 488, (493); *Beck Susanne*, MMR 2009, 736, (738 ff.). Für die Prüfung des Erfordernisses der Einführung eines Qualifikationstatbestands LK-*Hilgendorf*, Vor. § 185, Rn. 41; *Hilgendorf*, EWE 2008, 403, (410); *Arzt/ Weber/ Heinrich/Hilgendorf*, Strafrecht BT, § 7, Rn. 29.

601 *Gounalakis/Klein*, NJW 2010, 566, (567).

602 *Bruns*, AfP 2011, 421, (422).

603 Hierzu *Hilgendorf*, ZIS 2010, 208, (209).

Eintrags kann dabei schnell die Kontrolle über dessen Verbreitung verlieren.[604] Ob der Unrechtsgehalt einer Beleidigung daher mit zunehmender Öffentlichkeit im Internet wächst, kann nur für den jeweiligen Einzelfall beurteilt werden.[605] Eine obligatorische Strafschärfung bei öffentlichen Äußerungen über das Internet ist daher nicht zielführend.[606]

II. Einstellen von Bildern und Videos auf Sozialen Medien – Verletzung des persönlichen Lebens- und Geheimbereichs

Bilder bereichern jeden Text. Dies gilt insbesondere für die Internetseiten der Social Networks, auf denen eine Vielzahl von Fotos und Videos eingestellt und verbreitet werden. Die Social Media Plattform *Instagram*[607], spezialisiert auf das Verbreiten von Fotos und Videos, wurde aufgrund des Erfolgs des Unternehmens im Jahr 2012 von *Facebook* für die damalige Rekordsumme von rund einer Milliarde US-Dollar gekauft.[608] Über die Website werden täglich 20 Milliarden Bilder geteilt.[609] Größter Beliebtheit erfreut sich auch das Videoportal *YouTube*[610], auf dem eigene Filme hochgeladen und anderen Nutzern zur Verfügung gestellt werden können. Über das Soziale Netzwerk *Pinterest* lassen sich verschiedene Fundstücke im Internet visuell speichern und teilen.[611] Durch die standardisierte Ausstattung von Mobiltelefonen und *Smartphones* mit integrierter Foto- und Videofunktion, steigen Angebot und Nachfrage an selbstgedrehten *„pics"* und *„clips"* stetig an. So wird nahezu jede Aktivität und jedes Ereignis, und mag dieses noch so banal sein, auf Fotos oder Videos festgehalten und mit Freunden und Bekannten über Soziale Medien geteilt. Auch bislang eher unbekannte Personen oder Künstler können

---

604 Siehe hierzu *AG Wolfratshausen*, MMR 2014, 206.

605 Siehe hierzu auch *Ohly*, AfP 2011, 428, (435).

606 Siehe hierzu die Erwägungen von *Hilgendorf/Valerius*, Computer- und Internetstrafrecht, Rn. 361; *Reum*, S. 238 f.

607 http://www.instagram.com (zuletzt aufgerufen am 28.10.2015).

608 *Heise Online* vom 07.09.2012, *„Facebook schließt Instagram-Kauf ab"*, abrufbar unter http://www.heise.de/newsticker/meldung/Facebook-schliesst-Instagram-Kauf-ab-1702270.html (zuletzt aufgerufen am 28.10.2015).

609 Übersicht aktueller Social Networks Statistiken des *Social Media Institute* (SMI), Stand vom 27.03.2014; abrufbar unter http://www.socialmedia-institute.com/uebersicht-aktueller-social-media-nutzerzahlen/ (zuletzt aufgerufen am 28.10.2015).

610 Das 2005 gegründete Unternehmen *YouTube* „ermöglicht Millionen von Nutzern, Originalvideos zu entdecken, anzusehen und zu teilen. *YouTube* bietet ein Forum, in dem Menschen miteinander in Kontakt treten, sich informieren und andere Nutzer auf der ganzen Welt inspirieren können." So die Unternehmensbeschreibung unter *„über YouTube"* auf http://www.youtube.com/ (zuletzt aufgerufen am 28.10.2015).

611 http://www.pinterest.com (zuletzt aufgerufen am 28.10.2015).

sich auf diese Weise einem Millionenpublikum präsentieren und praktisch über Nacht weltweiten Bekanntheitsgrad erlangen.[612]

Die negativen Seiten derartiger Foto- und Videoclips zeigen sich dann, wenn peinliche oder intime Momente aufgezeichnet werden und die Veröffentlichung dieser Aufnahmen allein dem Zweck dient, die gefilmte Person vor anderen Menschen bloßzustellen und verächtlich zu machen.[613] Je spektakulärer das Bild oder das Video ist, umso öfter wird dies über die Netzwerke geteilt und durch zahlreiche „Klicks" populär gemacht. Besonders anzügliche, peinliche oder brutale Aufnahmen erzeugen dabei besonderes Interesse. Die Täter können ihre Fotos und Videos zudem anonym, multimedial und weltweit über das Internet verbreiten. In den Medien wird zunehmend über Fälle berichtet, im denen nicht nur Schüler, sondern auch Lehrer im Unterricht durch heimlich hergestellte Videos im Internet bloßgestellt werden.[614] Diese Cybermobbing-Handlungen erreichen dabei aufgrund der medialen Pranger-Wirkung im Internet eine neue Qualität. Nachfolgend soll die Strafbarkeit der visuellen Verunglimpfung einer anderen Person über Soziale Medien im Internet Gegenstand der Untersuchung sein.

1. *Strafbarkeit wegen Verletzung des höchstpersönlichen Lebensbereichs durch Bildaufnahmen nach § 201a StGB n.F.*

Das Herstellen und Verbreiten eines Fotos oder einer Videoaufnahme, auf der ein Mensch zu sehen ist, berührt dessen Persönlichkeitsrecht.[615] Rechtsgut der §§ 201 ff. StGB ist der dem allgemeinen Persönlichkeitsrecht zugehörige höchstpersönliche Lebensbereich natürlicher Personen.[616] Die Tatbestände beruhen dabei auf dem Grundgedanken, dass eine Entfaltung der Persönlichkeit nur möglich ist, wenn dem Einzelnen hierfür ein Freiraum gegenüber seinen Mitmenschen gewährleistet wird.[617] Mit § 201a StGB wurde die Verletzung des höchstpersönlichen Lebensbereichs durch Bildaufnahmen im Jahr 2004 erstmals unter Strafe gestellt.[618] Bis zu diesem Zeitpunkt

612 Ein Beispiel ist das Musikvideo des koreanischen Sängers *Psy* zu seinem Song *„Gangnam Style"* oder das Tanzvideo *„Harlem Shake"* die dank mehrerer Millionen Klicks innerhalb weniger Wochen weltweit bekannt wurden und zahlreiche Nachahmer fanden (sog. *Flashmobs*). Siehe hierzu den Artikel auf *Social Media Today* am 25.02.2013, *„Gangnam style why it would have been impossible ten years ago"*, abrufbar unter http://www.socialmediatoday.com/content/gangnam-style-why-it-would-have-been-impossible-ten-years-ago (zuletzt aufgerufen am 28.10.2015).

613 Siehe hierzu auch *Hilgendorf*, EWE 2008, 403, (409); *Ohly*, AfP 2011, 428.

614 Zu dieser Thematik *Beck*, MMR 2008, 77 ff.

615 *BGH*, Urteil vom 10.05.1957, Az. I ZR 234/55, in: BGHZ, 24, 200; *Hilgendorf/Valerius*, Computer- und Internetstrafrecht, Rn. 421; LK-*Valerius*, StGB, 201a, Rn. 2; hierzu auch *Heuchemer/Paul*, JA 2006, 616; *Schmitz*, S. 11; *Kühl*, AfP 2004, 190 (193).

616 BT-Drs. 15/2466, S. 5; S/S-*Lenckner/Eisele*, StGB, § 201a, Rn. 2; LK-*Valerius*, StGB, 201a, Rn. 5; Kindhäuser/Neumann/Paeffgen-*Kargl*, StGB, § 201a, Rn. 2.

617 S/S-*Lenckner/Eisele*, StGB, Vor. zu den §§ 201 ff., Rn. 2; *Schmitz*, S. 26.

618 36. StrÄndG vom 30. Juli 2004. Siehe BGBl. 1, S. 2012.

war die Missachtung des Rechts am eigenen Bild nicht strafrechtlich erfasst, sondern lediglich die Verbreitung eines Bildnisses nach der nebenstrafrechtlichen Vorschrift des § 33 Kunsturhebergesetz (KUG). Die Aufnahme des Bildnisses als Tätigkeit im Vorfeld der Verbreitung und öffentlichen Zurschaustellung blieb bis dato straflos.[619] Im Hinblick auf das neue Medium Internet galt es damals eine Strafbarkeitslücke zu schließen.[620] Seit ihrem Inkrafttreten im Jahre 2004 haben die kriminalpolitische Bedeutung der Norm sowie die Zahl der Fälle in der Polizeilichen Kriminalstatistik stetig zugenommen.[621] Angesichts der Verbreitung von *Smartphones*, die eine Aufnahme von Videos und Bildern jederzeit und überall ermöglichen sowie der Anonymität des Internets geschuldeten ungehemmten Verbreitungsmöglichkeit dieser Bildaufnahmen, sah sich der Gesetzgeber veranlasst, die im Jahre 2004 neu eingefügte Vorschrift des § 201a StGB erneut zu ändern.[622] Der neuen Kriminalitätsentwicklung des Cybermobbing durch entwürdigende, bloßstellende und gewalttätige Bildaufnahmen soll nun durch das 49. Gesetz zur Änderung des Strafgesetzbuches im Rahmen der Umsetzung europäischer Vorgaben zum Sexualstrafrecht entgegengetreten werden.[623] Die Regelung trat am 27. Januar 2015 in Kraft.

a) *§ 201a Abs. 1 Nr. 1 StGB n.F.: Herstellen oder Übertragen einer Bildaufnahme im geschützten Raum*

§ 201a Abs. 1 Nr. 1 StGB n.F. entspricht inhaltlich der vormaligen Regelung des § 201a Abs. 1 StGB a.F., wonach die unbefugte Herstellung und Übertragung von Bildaufnahmen von einer anderen Person, die sich in einer Wohnung oder einem gegen Einblick besonders geschützten Raum befindet, pönalisiert wird.[624] Herstellen (Var. 1) einer Bildaufnahme meint dabei die dauerhafte und reproduzierbare Fixierung des Bildes in gegenständlicher oder digitaler Form.[625] Mittels *Smartphone* ist die Herstellung einer Aufnahme als Foto oder Video[626] jederzeit einfach möglich und geht regelmäßig einer Online-Stellung beispielsweise auf *Facebook* oder *YouTube* voraus.

---

619 Siehe zur Medienfreiheit *Flechsig*, ZUM 2004, 605, (608); LK-*Valerius*, StGB, 201a, Rn. 1 ff.; *Heuchemer/Paul*, JA 2006, 616.

620 Zur Begründung siehe BT-Drs. 15/2466, S. 4; 15/1891, S. 6; Kindhäuser/ Neumann/ Paeffgen-*Kargl*, StGB, § 201a, Rn. 1; *Heuchemer/Paul*, JA 2006, 616; *Bosch*, JZ 2005, 377, (378); *Schmitz*, S. 20 ff.

621 MüKo-*Graf*, StGB, § 201a, Rn. 11; BT-Drs. 18/2601, S. 36.

622 Siehe BT-Drs. 18/2601, S. 36.

623 BGBl. I Nr. 2 vom 26.01.2015, S. 14; BT-Drs. 18/2601, S. 36 f.

624 S/S-*Lenckner/Eisele*, StGB, § 201a, Rn. 4; LK-*Valerius*, StGB, 201a, Rn. 10; *Schmitz*, S. 34; *Kühl*, AfP 2004, 191 (195).

625 Objekt der Tat des § 201a StGB ist eine Bildaufnahme einer natürlichen, lebenden anderen Person. Vgl. LK-*Valerius*, StGB, § 201a, Rn. 19; Kindhäuser/ Neumann/ Paeffgen-*Kargl*, StGB, § 201a, Rn. 6; *Schmitz*, S. 35.

626 Unter eine Bildaufnahme fallen sämtliche Reproduktionen der Wirklichkeit durch technische Mittel wie Photographien und Bilddateien, Filme und Videoaufnahmen. Siehe hierzu ausführlich *Kühl*, AfP 2004, 191 (194).

Die abgebildete Person muss dabei auf der Aufnahme nicht zwingend (deutlich) erkennbar sein, solange der Betroffene ggf. über die Umgebung identifizierbar ist.[627] Auf Sozialen Netzwerken wie *Facebook* ist es beispielsweise möglich, die abgebildete Person „zu markieren" und damit einen Bezug zum Namen und Profil des Opfers herzustellen.[628] Für das Übertragen (Var. 2) von Bildaufnahmen muss der Täter anderen die Wahrnehmung der Bildaufnahme auf Bildschirmen oder sonstigen Wiedergabegeräten ermöglichen, beispielsweise mittels Live-Übertragung einer *Webcam*.[629]

Im Rahmen der Strafbarkeitsbeurteilung nach § 201a Abs. 1 StGB a.F. war der räumliche Schutzbereich besonders erörterungswürdig. Das Gesetz beschränkte bis zur Reform dieses Jahres den Strafschutz des § 201a StGB a.F. auf den „*letzten Rückzugsbereich*" des Einzelnen.[630] Nach § 201a Abs. 1 StGB a.F. und dem jetzigen § 201a Abs. 1 Nr. 1 StGB n.F. wird das Recht am eigenen Bild räumlich nur geschützt, wenn sich das (Mobbing-)Opfer zum Zeitpunkt der Aufnahme oder Übertragung in einer Wohnung oder einem gegen Einblick besonders geschützten Raum befindet. Der Begriff *Wohnung* bezeichnet einen baulich nach außen abgeschirmten Raum, der einer Person, oder einer Personenmehrheit wie einer Familie, zum ständigen Aufenthalt dient oder zur Wohnnutzung zugeordnet ist, wobei sowohl die eigene als auch fremde Wohnungen umfasst sind.[631] Der Wohnungsbegriff ist dabei eng auszulegen und erfasst alle Räumlichkeiten, die den Mittelpunkt des privaten und ungestörten Lebens bilden.[632] Ein gegen Einblicke besonders geschützter Raum ist mit Vorkehrungen versehen, die eine visuelle Wahrnehmbarkeit von Vorgängen in der jeweiligen Räumlichkeit deutlich erschweren, wobei der Raum dabei nicht umschlossen sein muss, so dass auch der Garten oder die Terrasse erfasst sein kann.[633] Insbesondere wahren auch Umkleidekabinen, Toiletten, Solarien sowie ärztliche

---

627 Ausreichend ist ggf. auch, wenn nur einzelne Körperteile einer Person abgefilmt werden. *Gerhold*, S. 114; S/S-*Lenckner/Eisele*, StGB, § 201a, Rn. 4; LK-*Valerius*, StGB, 201a, Rn. 11; *Ernst*, NJW 2004, 1277, (1278); hierzu auch *Schmitz*, S. 34.

628 Siehe hierzu auch MüKo-*Graf*, StGB, § 201a, Rn. 2; hierzu auch *Ohly*, AfP 2011, 428, (431).

629 Eine dauerhafte Verkörperung ist nicht vorausgesetzt, so dass auch Live-Übertragungen, bspw. durch *Webcams*, erfasst sind. Vgl. BT-Drs. 15/1891, S. 7, 15/2466, S. 5; LK-*Valerius*, StGB, 201a, Rn. 20; Kindhäuser/Neumann/ Paeffgen-*Kargl*, StGB, § 201a, Rn. 6a; *Heuchemer/Paul*, JA 2006, 616, (617); *Schmitz*, S. 36; *Fischer*, StGB, § 201a, Rn. 4; *Flechsig*, ZUM 2004, 605, (611).

630 S/S-*Lenckner/Eisele*, StGB, § 201a, Rn. 5; *Flechsig*, ZUM 2004, 605, (609).

631 S/S-*Lenckner/Eisele*, StGB, § 201a, Rn. 5 f.; Kindhäuser/Neumann/Paeffgen-*Kargl*, StGB, § 201a, Rn. 4; *Gerhold*, S. 114; LK-*Valerius*, StGB, 201a, Rn. 16; *Schmitz*, S. 27.

632 LK-*Valerius*, StGB, 201a, Rn. 15; *Heuchemer/Paul*, JA 2006, 616, (617); *Kühl*, AfP 2004, 190 (194).

633 BT-Drs. 15/2466, 5; S/S-*Lenckner/Eisele*, StGB, § 201a, Rn. 7; Kindhäuser/ Neumann/ Paeffgen-*Kargl*, StGB, § 201a, Rn. 5; *Gerhold*, S. 114; LK-*Valerius*, StGB, 201a, Rn. 17; hierzu auch *Bosch*, JZ 2005, 377, (379).

Behandlungszimmer im besonderen Maße die Privatsphäre des Einzelnen.[634] Der Täter muss den Sichtschutz nicht von außen überwinden, sondern kann sich vielmehr bereits in der Wohnung oder dem geschützten Raum aufhalten.[635]

b) § 201a Abs. 1 Nr. 2 StGB n.F.: Bildaufnahmen einer Person in hilfloser Lage

Aufnahmen in der Öffentlichkeit und mögen sie noch so intim sein, waren vom Anwendungsbereich der Vorschrift des § 201a StGB bisher gänzlich ausgenommen. Im Rahmen des Mobbings an Schulen und am Arbeitsplatz eröffnete sich vor der Reform die Problematik, dass sowohl Dienst- und Geschäftsräume als auch Klassenräume, die einer beschränkten Öffentlichkeit zugänglich sind, nicht in den Anwendungsbereich des § 201a StGB fielen.[636] So kam beispielsweise eine Strafbarkeit der Mobbingtäter wegen des Aufzeichnens von Bildern oder Videos eines Lehrers im Unterricht nicht in Betracht mit der Begründung, dass sich der Lehrer bewusst einer (beschränkten) Öffentlichkeit gegenüber sehe und sein Verhalten dementsprechend anpassen könne.[637]

Mit der neu eigefügten Tatbestandsalternative des § 201a Abs. 1 Nr. 2 StGB n.F. wurde die Einschränkung des räumlichen Schutzbereichs für Bildaufnahmen aufgegeben. Nunmehr wird auch bestraft, wer eine Bildaufnahme, die die Hilflosigkeit einer anderen Person zur Schau stellt, unabhängig von örtlichen Gegebenheiten, unbefugt herstellt oder überträgt. Damit wird das Fotografieren selbst, also das Betätigen des Auslösers, in der Öffentlichkeit strafbar. Eine Definition des Begriffs der „Hilflosigkeit" findet sich im Gesetz nicht. Da Schutzgut des § 201a StGB nicht das Leben oder die körperliche Unversehrtheit einer Person, sondern deren Bestimmungsbefugnis als Bestandteil des allgemeinen Persönlichkeitsrechts ist, kann der Begriff der „Hilflosigkeit" nicht mit dem Begriff der „hilflosen Lage" i.S.v. § 221 Abs. 1 Nr. 1 und 2 StGB gleichgesetzt werden.[638] Im Rahmen des § 221 StGB wird zur Erfüllung des Tatbestandes die abstrakte Gefahr des Todes oder eine schwere Beschädigung der Gesundheit gefordert. Zur Auslegung des Begriffs der „Hilflosigkeit" können die Tatbestände des §§ 221 Abs. 1 und 243 Abs. 1 Satz 2 Nr. 6 StGB aber systematisch herangezogen werden. Diese knüpfen ebenfalls an eine Situation an, in der eine Person aufgrund ihrer körperlichen oder psychischen Situation oder aufgrund äußerer Einflüsse nicht in der Lage ist, sich ohne eigene oder fremde Hilfe dieser Situation zu entziehen.[639] Nach dem Wortsinn sowie dem Sinn und Zweck

---

634 S/S-*Lenckner/Eisele*, StGB, § 201a, Rn. 7; Kindhäuser/Neumann/Paeffgen-*Kargl*, StGB, § 201a, Rn. 5; *Gerhold*, S. 114; *Heuchemer/Paul*, JA 2006, 616, (617 f.); *Schmitz*, S. 28.

635 BT-Drs. 15/1891, S. 7; S/S-*Lenckner/Eisele*, StGB, § 201a, Rn. 8; *Kühl*, AfP 2004, 190 (194). § 201a StGB ist kein heimliches Delikt. Siehe hierzu *Schmitz*, S. 35.

636 BT-Drs. 15/2466, S. 5; S/S-*Lenckner/Eisele*, StGB, § 201a, Rn. 7.

637 *Beck*, MMR 2008, 77, (78); *Gerhold*, S. 115.

638 *Busch*, NJW 2015, 977, (978).

639 So Busch, NJW 2015, 977, (978).

der Vorschrift ist der Begriff der „Hilflosigkeit“ als Abwesenheit von eigener oder fremder Hilfe auszulegen, ohne eine abstrakte Lebensgefahr oder die Gefahr einer schweren Beschädigung der Gesundheit zu fordern. Nach der Gesetzesbegründung erfasst der Begriff beispielsweise betrunkene Personen oder Opfer von Gewalttaten, die verletzt auf dem Boden liegen.[640] Der Gesetzgeber hatte mit dem Einfügen dieser Norm auch ausdrücklich das „Cybermobbing“ im Blick.[641] Die Norm soll danach beispielsweise die Herstellung von Aufnahmen verprügelter Schüler umfassen, die zur Verhöhnung des Abgebildeten auf Soziale Netzwerke geladen werden.[642]

c) § 201a Abs. 1 Nr. 3 StGB n.F.: Gebrauchen bzw. Zugänglichmachen einer Bildaufnahme

Neben der unbefugten Herstellung der Aufnahme wird ferner die weitere Verwendung der Bildaufnahme, insbesondere auch durch einen anderen als den Hersteller, unter Strafe gestellt.[643] Nach § 201a Abs. 1 Nr. 3 StGB n.F., der insoweit § 201a Abs. 2 StGB a.F. entspricht, wird bestraft, wer eine durch eine Tat nach Abs. 1 Nr. 1 oder Nr. 2 unbefugt hergestellte Bildaufnahme gebraucht oder einer dritten Person zugänglich macht. Ein Gebrauchen der Aufnahme ist gegeben, wenn die technischen Möglichkeiten des Bildträgers ausgenutzt werden und meint jegliche Verwendung der Aufnahme, insbesondere durch Speichern, Archivieren, Kopieren sowie Bildbearbeitung und Fotomontage.[644] Zugänglichmachen meint das Ermöglichen des Zugriffs auf die Aufnahme oder auch nur deren Kenntnisnahme durch mindestens einen Dritten.[645] Zugänglichmachen im Sinne der Norm kann damit insbesondere durch Verbreitung der Aufnahme in den Kommunikationsdiensten des Internets erfolgen.[646] Stellt der Hersteller der Aufnahme oder ein Dritter das unbefugt aufgenommene Foto oder Video in Soziale Medien ein, macht er sich damit nach § 201a Abs. 1 Nr. 3 StGB n.F. strafbar. Auch das Versenden der Aufnahme beispielsweise per *Facebook*-Nachricht auch nur an einen anderen Social Media Nutzer erfüllt den Tatbestand des Zugänglichmachens, wenn der Dritte von der Aufnahme Kenntnis erhält. Andere Social Media Nutzer können sich auch strafbar machen, wenn sie von dem Bild „gebrauchmachen“, beispielsweise durch bewusstes Herunterladen und

---

640 BT-Drs. 18/2601, S. 36; BT-Drs. 18/3202, S. 28.

641 Siehe BT-Drs. 18/3202, S. 25; BT-Drs. 18/2601, S. 37.

642 *Wieduwilt*, KuR 2015, 83, (85).

643 *Fischer*, StGB, § 201a, Rn. 18; LK-*Valerius*, StGB, 201a, Rn. 26.

644 BT-Drs. 15/2466, S. 5; Kindhäuser/Neumann/Paeffgen-*Kargl*, StGB, § 201a, Rn. 9; S/S-*Lenckner/Eisele*, StGB, § 201a, Rn. 15; *Flechsig*, ZUM 2004, 605, (614); LK-*Valerius*, StGB, 201a, Rn. 24; *Schmitz*, S. 49.

645 LK-*Valerius*, StGB, 201a, Rn. 25; Kindhäuser/Neumann/Paeffgen-*Kargl*, StGB, § 201a, Rn. 9; *Heuchemer/Paul*, JA 2006, 616, (619). Dabei kann auch eine Kopie tauglicher Tatgegenstand von § 201a Abs. 2 StGB sein. Siehe hierzu *Schmitz*, S. 48 f.

646 MüKo-*Graf*, StGB, § 201a, Rn. 32; *Flechsig*, ZUM 2004, 605, (611); *Fischer*, StGB, § 201a, Rn. 18; *Marberth-Kubicki*, Rn. 239; *Heuchemer/Paul*, JA 2006, 616, (619); *Schmitz*, S. 59.

Abspeichern auf einem Datenträger. Das bloße Anschauen des Bildes im Internet durch Dritte ist aufgrund der restriktiven Auslegung des Tatbestandsmerkmals allerdings nicht strafbar.[647]

d) § 201a Abs. 1 Nr. 4 StGB n.F.: Zugänglichmachen einer befugt hergestellten Bildaufnahme

§ 201a Abs. 1 Nr. 4 StGB n.F. entspricht inhaltlich § 201a Abs. 3 StGB a.F. und betrifft Bildaufnahmen die *befugt* hergestellt und unbefugt einer dritten Person zugänglich gemacht wurden. Die Bildaufnahmen müssen solche der in Nr. 1 oder 2 bezeichneten Art sein, mithin Bildaufnahmen, die eine Person in einer Wohnung oder einem gegen Einblick besonders geschützten Raum zeigen oder deren Hilflosigkeit zur Schau stellen. Beispiel ist die einvernehmlich angefertigte Nacktaufnahme des Intimpartners, die nach Ende der Beziehung im Internet veröffentlicht wird.[648] Die Verbreitung stellt eine eigenständige Verletzung des Rechts am eigenen Bild dar.[649] Pönalisiert werden dabei der Missbrauch des Vertrauens und die Verletzung des Persönlichkeitsrechts durch Zugänglichmachen intimer Abbildungen.[650] Zudem muss als einschränkendes Merkmal die Wissentlichkeit in Bezug auf die fehlende Befugnis zur Verbreitung hinzukommen.[651] Dazu muss der Abgebildete seinen entgegenstehenden Willen aber nicht ausdrücklich erklärt haben, sondern dies kann sich auch konkludent aus der Aufnahme ergeben.[652]

e) § 201a Abs. 2 StGB n.F.: Bildaufnahmen mit der Eignung, dem Ansehen einer Person erheblich zu schaden

Auf die vorbeschriebenen verschiedenen Handlungen des Social Media Mobbings, wie die Veröffentlichung diffamierender Bildaufnahmen auf Social Media Plattformen, dürfte auch die neue Tatbestandsalternative des § 201a Abs. 2 StGB n.F. einen

---

647 Siehe hierzu ausführlich *Heuchemer/Paul*, JA 2006, 616, (619); *Bosch*, JZ 2005, 377, (378 f.); Zur Strafbarkeit bloßer Bildbetrachtung beim sog. *Caching* siehe auch *Schmitz*, S. 49 ff., 59.

648 S/S-*Lenckner/Eisele*, StGB, § 201a, Rn. 19; LK-*Valerius*, StGB, 201a, Rn. 27; Kindhäuser/Neumann/Paeffgen-*Kargl*, StGB, § 201a, Rn. 10; *Heuchemer/Paul*, JA 2006, 616, (619); *Schmitz*, S. 60.

649 *Hilgendorf/Valerius*, Computer- und Internetstrafrecht, Rn. 438.

650 S/S-*Lenckner/Eisele*, StGB, § 201a, Rn. 19; *Fischer*, StGB, § 201a, Rn. 22; LK-*Valerius*, StGB, 201a, Rn. 27; MüKo-*Graf*, StGB, § 201a, Rn. 33; *Kühl*, AfP 2004, 191 (195); kritisch *Heuchemer/Paul*, JA 2006, 616, (619).

651 BT-Drs. 15/2995, S. 6; S/S-*Lenckner/Eisele*, StGB, § 201a, Rn. 21; *Flechsig*, ZUM 2004, 605, (614); *Schmitz*, S. 62; *Fischer*, StGB, § 201a, Rn. 21, 26. Das Merkmal „unbefugt" stellt im Rahmen von Abs. 3 ein Tatbestandsmerkmal dar. *Hilgendorf/Valerius*, Computer- und Internetstrafrecht, Rn. 438.

652 *Fischer*, StGB, § 201a, Rn. 24; S/S-*Lenckner/Eisele*, StGB, § 201a, Rn. 19. Siehe hierzu auch ausführlich *Kühl*, AfP 2004, 191 (195).

großen Anwendungsbereich finden. Danach macht sich strafbar, wer unbefugt eine Bildaufnahme, die geeignet ist, dem Ansehen des Abgebildeten erheblich zu schaden, einer dritten Person zugänglich macht. Wann eine solche „Eignung" anzunehmen ist, wird durch das Gesetz nicht näher konkretisiert. Nach den Gesetzesmaterialien sollen hiervon Fälle erfasst sein, die entwürdigende, bloßstellende oder gewalttätige Situationen zeigen, die zum Teil aktiv vom Täter herbeigeführt worden sind und über *Smartphones* aufgenommen, sodann über das Internet verbreitet werden.[653] Um den Tatbestand zu erfüllen, sollen die Bildaufnahmen die abgebildete Person in einer peinlichen, ihre Würde verletzenden Situation oder in einem Zustand zeigen, mithin Aufnahmen, bei denen angenommen werden kann, dass üblicherweise ein Interesse daran besteht, dass sie anderen nicht zugänglich gemacht werden.[654] Beispielsweise soll danach strafbar sein, wenn Bildaufnahmen, die hilflos auf der Straße liegende Betrunkene zeigen, mittels elektronischer Kommunikationsmittel Dritten zur Verfügung gestellt werden.[655] Fragen stellen sich bei der neuen Tatbestandsalternative zum einen hinsichtlich der Abgrenzung zur Tathandlung des Abs. 1 Nr. 2, der diese Fälle ebenfalls erfassen soll, als auch der Konkretisierung des unbestimmten Tatbestandsmerkmals der Geeignetheit. Maßstab zur Beurteilung der Geeignetheit soll dabei ein durchschnittlicher Betrachter sein.[656] Schwierigkeiten dürften sich bei der Auslegung ergeben, unter welchen Voraussetzungen ein durchschnittlicher Betrachter annehmen kann, die Aufnahme könne dem Ansehen einer Person schaden und dass der Abgebildete aufgrund dessen üblicherweise ein Interesse daran hat, dass diese Bildaufnahme anderen nicht zugänglich gemacht wird. *Busch* will eine Auslegung in Anlehnung an den strafrechtlichen Ehrschutz vornehmen und an die vielfältige Kasuistik zu den §§ 186, 186a StGB anknüpfen, um dem unbestimmten Merkmal Konturen zu verleihen.[657] Dies erscheint insoweit zutreffend, als der Wortlaut „geeignet, dem Ansehen einer Person zu schaden" und auch der Zweck der Regelung, das allgemeine Persönlichkeitsrecht des Abgebildeten vor bloßstellenden oder entwürdigenden Bildaufnahmen zu schützen, dem in den Ehrdelikten geschützten Achtungsanspruch einer Person systematisch ähnelt. Die Problematik, wie sie auch im Rahmen der Ehrdelikte besteht[658], liegt darin, dass die Anschauungen verschiedener Betrachter hinsichtlich der Frage, wann bestimmte Bildaufnahmen nicht im Internet veröffentlich werden sollten, erheblich voneinander abweichen können, so dass unvorhersehbar bleibt, wann eine Strafbarkeit nach § 201a Abs. 2 StGB n.F. tatsächlich begründet ist.[659]

---

653 BT-Drs. 18/2601, S. 36.
654 BT-Drs. 18/2601, S. 37; siehe hierzu auch *Busch*, NJW 2015, 977, (978).
655 BT-Drs. 18/2601, S. 36.
656 BT-Drs. 18/2601, S. 37; BT-Drs. 18/2954, S. 12.
657 *Busch*, NJW 2015, 977, (978).
658 Siehe hierzu die Ausführungen in Kapitel D I 2 a.
659 Kritisch hierzu *Wieduwilt*, KuR 2015, 83, (84); *Busch*, NJW 2015, 977, (978).

f) § 201a Abs. 3 StGB n.F.: Bildaufnahmen unbekleideter Kinder und Jugendlicher

Die Vorschrift des § 201a Abs. 3 StGB n.F. betrifft strafwürdige Sachverhalte im Zusammenhang mit der Herstellung und kommerziellen Vermarktung von Bildaufnahmen unbekleideter Kinder und Jugendlicher, insbesondere zu sexuellen Zwecken, und soll die ebenfalls neu geregelten §§ 184b Abs. 1 Nrn. 1b-c, 184c Abs. 1 Nr. 1b StGB ergänzen. Bestraft wird danach, wer eine Bildaufnahme, die die Nacktheit einer anderen Person unter 18 Jahren zum Gegenstand hat, herstellt oder anbietet, um sie einer dritten Person gegen Entgelt zu verschaffen (Nr. 1) oder sich oder einer dritten Person gegen Entgelt verschafft (Nr. 2). Die Regelung trägt dem Umstand Rechnung, dass es einen virtuellen Markt für Bildaufnahmen von unbekleideten Kindern und Jugendlichen zu sexuellen Zwecken gibt und dient, neben dem Schutz des allgemeinen Persönlichkeitsrechts des Abgebildeten, wie auch die §§ 184 ff. StGB, dem Schutz der Kinder und Jugendlichen vor sexuellem Missbrauch und der Bestrafung einer mittelbaren Förderung dieses Missbrauchs durch kommerziellen Online-Handel mit entsprechenden Bildaufnahmen.[660] Da die Regelung auf ein entgeltliches Verschaffen beschränkt ist, ist sie für die vorliegende Untersuchung des Cybermobbing kaum relevant. Die vorbeschriebenen Mobbinghandlungen über Soziale Netzwerke zielen eher auf eine Verächtlichmachung des Opfers und werden nicht zu sexuellen Zwecken hergestellt und im Internet gegen Gegenleistung angeboten.

g) Verletzung des höchstpersönlichen Lebensbereichs

Durch eine Tathandlung nach § 201a Abs. 1 Nr. 1, 2 und 4 StGB muss als Taterfolg der höchstpersönliche Lebensbereich des Abgebildeten verletzt worden sein. Der höchstpersönliche Lebensbereich umschreibt neben dem Schutzgut des § 201a StGB auch ein Tatbestandsmerkmal.[661] Betroffen ist nur derjenige Bereich privater Lebensgestaltung, der einer Abwägung zwischen den Interessen der Allgemeinheit und dem Schutzinteresse des Einzelnen entzogen ist.[662] Dies betrifft die innere Gedanken- und Gefühlswelt sowie von Natur aus geheimhaltungsbedürftige Angelegenheiten.[663] Mithin beschränkt sich der höchstpersönliche Lebensbereich auf die Intimsphäre bzw. den Kern des Persönlichkeitsrechts.[664] Eine Verletzung

---

660 Siehe hierzu ausführlich *Jahn/Ziemann*, FS Kargl, S. 227 ff.

661 S/S-*Lenckner/Eisele*, StGB, § 201a, Rn. 2.

662 BT-Drs. 15/2466, S. 5; S/S-*Lenckner/Eisele*, StGB, § 201a, Rn. 9; *Gerhold*, S. 115; *Hilgendorf/Wolf*, KuR 2006, 541, (547).

663 *Flechsig*, ZUM 2004, 605, (609); *Heuchemer/Paul*, JA 2006, 616, (619).

664 BT-Drs. 15/2466, S. 4 f.; S/S-*Lenckner/Eisele*, StGB, § 201a, Rn. 2; *Flechsig*, ZUM 2004, 605, (609).; *Beck*, MMR 2008, 77, (78); *Gerhold*, S. 115; LK-*Valerius*, StGB, § 201a, Rn. 31; Kindhäuser/Neumann/Paeffgen-*Kargl*, StGB, § 201a, Rn. 12; *Hilgendorf/Wolf*, KuR 2006, 541, (547); *Schmitz*, S. 37 ff.; *Cornelius*, ZRP 2014, 164, (165); *Busch*, NJW 2015, 977, (980).

des höchstpersönlichen Lebensbereichs liegt vor, wenn das Bild oder das Video Vorgänge aus dem persönlichen Rückzugsbereich des Einzelnen, wie beispielsweise Krankheit, Tod, Sexualsphäre, Religionsausübung oder Familienleben darstellt.[665] Der höchstpersönliche Lebensbereich ist allerdings nicht nur im Intimbereich von Nacktheit und Sexualität verletzt, sondern auch wenn sich der Mensch alleine und ungestört wähnen kann und will.[666] Ob der höchstpersönliche Lebensbereich betroffen ist, ist für jeden Einzelfall festzustellen. Beispiele sind Aufnahmen aus Umkleidekabinen und Toilettenräumen.[667] Das *AG Düren* bejahte beispielsweise auch eine Verletzung des höchstpersönlichen Lebensbereichs bei einer Überwachung über eine *Webcam* und damit die Privatheit am PC in der eigenen Wohnung.[668] Angesichts des unterschiedlichen Schutzzwecks ist allerdings nicht erforderlich, dass die Aufnahme entsprechend der Ehrdelikte dazu geeignet sein muss, das Opfer verächtlich zu machen oder herabzuwürdigen.[669] Eine allzu restriktive Bejahung des höchstpersönlichen Lebensbereichs bei Bildaufnahmen ist abzulehnen und stände im Widerspruch zu § 201 StGB, der im Bereich der Tonaufnahmen auf eine solche Beschränkung gänzlich verzichtet.[670]

Nicht erforderlich ist indes die Verletzung des höchstpersönlichen Lebensbereichs für die Tathandlungen des Gebrauchens und Zugänglichmachens nach Abs. 1 Nr. 3, da bereits die Vortat des Herstellens und Übertragens die Verletzung verursacht haben muss („*eine nach den Nrn. 1 oder 2 hergestellte Bildaufnahme*").[671] Für Taten nach Abs. 2 und Abs. 3 ist die Feststellung der Verletzung entbehrlich, weil deren Tathandlungen den Verletzungserfolg bereits indizieren.[672]

h) Wahrnehmung überwiegender Interessen nach § 201a Abs. 4 StGB n.F.

§ 201a Abs. 4 StGB n.F. sieht für die Fälle des § 201a Abs. 1 Nr. 2 StGB auch i.V.m. Nr. 3 und 4 sowie in den Fällen des Abs. 2 und 3 im Rahmen einer Sozialadäquanzklausel eine Abwägung zwischen dem höchstpersönlichen Lebensbereich des Abgebildeten und Tathandlungen vor, die in Wahrnehmung überwiegender berechtigter Interessen erfolgen. Das Gesetz nennt namentlich Interessen, die der Kunst, Wissenschaft, Forschung, Lehre, der Berichterstattung über Vorgänge des Zeitgeschehens,

---

665 S/S-*Lenckner/Eisele*, StGB, § 201a, Rn. 9; *Beck*, MMR 2008, 77, (78); *Gerhold*, S. 115; *Flechsig*, ZUM 2004, 605, (609); LK-*Valerius*, StGB, 201a, Rn. 32; Kindhäuser/Neumann/Paeffgen-*Kargl*, StGB, § 201a, Rn. 11; *Busch*, NJW 2015, 977, (980).

666 Siehe hierzu ausführlich *Schmitz*, S. 44 ff.; *Kühl*, AfP 2004, 190, (196).

667 *Flechsig*, ZUM 2004, 605, (609).

668 *AG Düren*, Urteil vom 10.12.2010, Az. 10 Ls 806 Js 644/10–275/10; zustimmend *Spitz* in: jurisPR-ITR 17/2011 Anm. 4.

669 S/S-*Lenckner/Eisele*, StGB, § 201a, Rn. 9. Siehe hierzu auch die folgenden Ausführungen unter Kapitel D II 4.

670 *Spitz*, jurisPR-ITR 17/2011 Anm. 4. Siehe hierzu auch die Ausführungen unter Kapitel D II 2.

671 *Fischer*, StGB, § 201a, Rn. 19; *Schmitz*, S. 59.

672 BT-Drs. 18/2601, S. 37. Hierzu auch *Busch*, NJW 2015, 977, (980).

Geschichte oder ähnlichen Zwecken dienen. Die neue Regelung des Abs. 4 gilt damit im Gegensatz zum weit gefassten Privileg des § 193 StGB insbesondere für professionelle Fotografen. Privatpersonen können sich dagegen in aller Regel nicht darauf berufen.

i) Rechtfertigung durch (mutmaßliche) Einwilligung des Abgebildeten

Nach dem Wortlaut von § 201a Abs. 1 Nr. 1, 2 und 4 sowie Abs. 2 StGB müssen die Tathandlungen *unbefugt* erfolgen. Nach herrschender Meinung ist damit nur der Hinweis auf das allgemeine Deliktsmerkmal der Rechtswidrigkeit gemeint.[673] Dies gilt auch für das Gebrauchen und Zugänglichmachen einer Aufnahme nach § 201 Abs. 1 Nr. 3 StGB n.F., ehemals Abs. 2, wenngleich der Wortlaut nicht von einem *unbefugten* Gebrauchen bzw. Zugänglichmachen spricht.[674] Gerechtfertigt ist die Tat insbesondere bei einer Einwilligung des Aufgenommenen.[675] Diese kann ausdrücklich, aber auch stillschweigend erteilt werden, wenn beispielsweise die Aufnahme mit Wissen des Betroffenen hergestellt wird und dies ersichtlich nicht gegen dessen Willen geschieht.[676] Soweit die Aufnahme oder Veröffentlichung jedoch ohne das Wissen des Abgebildeten erfolgt, ist fraglich, inwieweit auch eine mutmaßliche Einwilligung des Betroffenen die Unbefugtheit entfallen lässt. In Betracht kommt hier eine mutmaßliche Einwilligung der Herstellung und Verbreitung von Foto- oder Videoaufnahmen unter Freunden oder Lebenspartnern.[677] Die Aufnahme und anschließende Veröffentlichung von Fotos und Videos aus fast jeder Lebenslage liegt durchaus im Interesse vieler Social Media Nutzer und gehört für diese

---

673 S/S-*Lenckner/Eisele*, StGB, § 201a, Rn. 12; *Fischer*, StGB, § 201a, Rn. 16; LK-*Valerius*, StGB, § 201a, Rn. 22; Kindhäuser/Neumann/Paeffgen-*Kargl*, StGB, § 201, Rn. 22; *Heuchemer/Paul*, JA 2006, 616, (619); *Kühl*, AfP 2004, 191 (196). a.A. *Flechsig*, ZUM 2004, 605, (612), nachdem das Merkmal *unbefugt* eine Doppelfunktion als tatbestandsausschließendes Einverständnis bzw. Rechtsfertigungsgrund haben soll. Ebenso *Hilgendorf/Valerius*, Computer- und Internetstrafrecht, Rn. 434, der bei Zustimmung des Betroffenen ein tatbestands-ausschließendes Einverständnis annimmt. Siehe hierzu auch *Schmitz*, S. 36.

674 S/S-*Lenckner/Eisele*, StGB, § 201a, Rn. 17.

675 S/S-*Lenckner/Eisele*, StGB, § 201a, Rn. 13; *Fischer*, StGB, § 201a, Rn. 16; Kindhäuser/Neumann/Paeffgen-*Kargl*, StGB, § 201, Rn. 23 f. Zu weiteren Rechtfertigungsgründen siehe *Schmitz*, S. 65 ff.

676 *Fischer*, StGB, § 201, Rn. 10; Kindhäuser/Neumann/Paeffgen-*Kargl*, StGB, § 201, Rn. 16, 24; MüKo-*Graf*, StGB, § 201a, Rn. 42; *Heuchemer/Paul*, JA 2006, 616, (619); *Schmitz*, S. 65.

677 Siehe hierzu auch *Beck Susanne*, ZJS 2010, 742, (743). Dabei wird auch eine mutmaßliche Einwilligung zu der Veröffentlichung von Aufnahmen durch den Beitritt in ein Soziales Netzwerk diskutiert. Dies wird zu Recht mit der Begründung abgelehnt, dass eine derartige Erklärung zu weitreichende Folgen hätte und zudem die Nutzer durch ihren Beitritt nicht auf ihre strafrechtlich geschützten Rechte verzichten.

zur alltäglichen Kommunikation. Dabei werden (nicht nur) von Teenagern selbst erotische Fotografien, peinliche Partyfotos oder waghalsige (oft auch illegale) Stunts wie Trophäen in Soziale Netzwerke eingestellt.[678] Stellen Freunde oder Partner diese Bilder auf Sozialen Medien online, wird ein explizites Einverständnis der Abgebildeten in den seltensten Fällen eingeholt. Bei Foto- oder Videoaufnahmen von Freunden muss grundsätzlich von einer recht weitreichenden mutmaßlichen Einwilligung ausgegangen werden. Allerdings dürfte bei Aufnahmen besonders peinlicher oder erotischer Natur einer mutmaßlichen Einwilligung der abgebildeten Person bereits entgegenstehen, dass spätestens vor einer Veröffentlichung solch intimer Aufnahmen ohne Wissen des Betroffenen ein Einverständnis von diesem hätte eingeholt werden können.[679] Auch aus der Aufnahme selbst kann der Täter schließen, dass im Zweifel weder an der Herstellung und erst recht nicht an der Veröffentlichung der Aufnahme ein Interesse des Betroffenen besteht. Insbesondere wenn diese eine illegale Tätigkeit zeigt oder sich die Person in einem Zustand befindet, in dem sie möglicherweise nicht fotografiert werden will.[680] Auch erotische Aufnahmen können dem Betroffenen insoweit schaden, als diese von einer Vielzahl von Nutzern, wie beispielsweise dem Arbeitgeber, eingesehen werden und zudem über das Online-Netzwerk verbreitet werden können. Die Gefahr der Rufschädigung und des Cybermobbings ist naheliegend und auch für den Täter erkennbar. Wenn eindeutige Indizien für den mutmaßlichen Willen nicht erkennbar sind, kann davon ausgegangen werden, dass die abgebildete Person eine nach objektiven Maßstäben vernünftige Entscheidung gegen die Veröffentlichung getroffen haben würde. In diesem Zusammenhang kann nun der vom Gesetzgeber vorgegebene Maßstab des durchschnittlichen Betrachters, wie im Rahmen der Auslegung von § 201a Abs. 2 StGB n.F., herangezogen werden, um zu beurteilen, ob üblicherweise ein berechtigtes Interesse des Aufgenommenen daran besteht, die Aufnahmen anderen nicht zugänglich zu machen.

2. *Strafbarkeit wegen Verletzung der Vertraulichkeit des Wortes nach § 201 StGB*

Für Videos mit Tonspur, die im Internet veröffentlicht werden, kommt zudem eine Strafbarkeit wegen Verletzung der Vertraulichkeit des nicht öffentlich gesprochenen Wortes gem. § 201 StGB in Betracht.[681] Aus dem allgemeinen Persönlichkeitsrecht folgt auch das Recht auf Wahrung der Unbefangenheit der menschlichen

678 Zum sog. „Sexting", bei dem Minderjährige erotische Bildaufnahmen selbst elektronisch z.B. über Soziale Medien in Umlauf bringen, siehe m.w.N. *Jahn/Ziemann*, FS Kargl, S. 234.

679 S/S-*Lenckner/Eisele*, StGB, § 201a, Rn. 13; LK-*Valerius*, StGB, 201, Rn. 32; Kindhäuser/Neumann/Paeffgen-*Kargl*, StGB, § 201a, Rn. 16; MüKo-*Graf*, StGB, § 201a, Rn. 43; *Schmitz*, S. 66.

680 *Beck Susanne*, ZJS 2010, 742, (743). Hierzu auch *Schmitz*, S. 66.

681 Siehe Beispiele bei *Gerhold*, S. 115.

Kommunikation.[682] Schutzobjekt des § 201 StGB ist das nicht-öffentlich gesprochene Wort, das nicht an die Allgemeinheit, sondern an einen durch persönliche oder sachliche Beziehung miteinander verbundenen Personenkreis gerichtet ist und umfasst damit grundsätzlich auch berufliche oder dienstliche Äußerungen.[683] Auf die Bedeutung der Gedankenäußerung oder ob sich der Inhalt auf Vorgänge aus der Privatsphäre bezieht, kommt es dabei nicht an.[684] Entscheidend ist neben der Bestimmung der Reichweite durch den Sprecher, ob der Teilnehmerkreis individuell begrenzt ist und nicht einem beliebigen Zutritt Dritter offen steht.[685] Damit unterfällt beispielsweise das aufgezeichnete Unterrichtsgeschehen im Klassenraum ohne weiteres dem Schutzbereich des § 201 StGB.[686]

a) Aufnehmen, Gebrauchen oder einem Dritten Zugänglichmachen nach § 201 Abs. 1 Nr. 1 und Nr. 2

Hinsichtlich der Tathandlung ist bereits das Aufnehmen des gesprochenen Wortes auf einen Tonträger (Abs. 1 Nr. 1) unter Strafe gestellt. Aufnehmen umfasst jegliches Konservieren des Wortes, das dessen akustische Wiedergabe ermöglicht.[687] Ein Tonträger i.S.d. § 201 StGB ist dabei jedes Medium, das Aufzeichnungen ermöglicht, wie beispielsweise *Smartphones*, die mittlerweile standardmäßig mit Videofunktion ausgestattet, die Aufnahme von Videos zu jeder Zeit ermöglichen.[688] Soweit der Aufgenommene mit der Aufnahme nicht einverstanden ist, kommt es für die Strafbarkeit nicht darauf an, ob die Aufnahme heimlich oder mit Wissen des Sprechenden erfolgte.[689] Die Tonaufnahme gebraucht i.S.d § 201 Abs. 1 Nr. 2, wer sie

---

682 S/S-*Lenckner/Eisele*, StGB, § 201, Rn. 2; LK-*Valerius*, StGB, 201, Rn. 2; Kindhäuser/Neumann/Paeffgen-*Kargl*, StGB, § 201, Rn. 2; *Schmitz*, S. 81.

683 Vgl. *BGH*, Urteil vom 13.10.1987, Az. VI ZR 83/87, in: NJW 1988, 1016, (1017); S/S-*Lenckner/Eisele*, StGB, § 201, Rn. 5 f.; *Beck*, MMR 2008, 77, (79); *Gerhold*, S. 116; LK-*Valerius*, StGB, § 201, Rn. 5, 7; *Schmitz*, S. 81.

684 *Beck*, MMR 2008, 77, (78); *Gerhold*, S. 116; LK-*Valerius*, StGB, 201, Rn. 5; Kindhäuser/Neumann/Paeffgen-*Kargl*, StGB, § 201, Rn. 6; *Schmitz*, S. 81.

685 S/S-*Lenckner/Eisele*, StGB, § 201, Rn. 8; MüKo-*Graf*, StGB, § 201, Rn. 13; *Gerhold*, S. 116.

686 Ebenso *Beck*, MMR 2008, 77, (79).

687 Kindhäuser/Neumann/Paeffgen-*Kargl*, StGB, § 201, Rn. 10; *Gerhold*, S. 115; LK-*Valerius*, StGB, 201, Rn. 14.

688 *Gerhold*, S. 115; siehe hierzu auch *Schmitz*, S. 83.

689 Teilweise wird in der juristischen Literatur vertreten, das Merkmal der „Unbefugtheit" enthalte im Rahmen des § 201 StGB eine Doppelfunktion als allgemeines Deliktsmerkmal und Tatbestandsmerkmal. Eine Aufnahme mit Einverständnis des Betroffenen lässt damit bereits den Tatbestand entfallen. Siehe hierzu S/S-*Lenckner/Eisele*, StGB, § 201, Rn. 13; Kindhäuser/Neumann/ Paeffgen-*Kargl*, StGB, § 201, Rn. 10; MüKo-*Graf*, StGB, § 201, Rn. 40; *Gerhold*, S. 116.

durch Abspielen oder Herstellen einer Kopie verwendet.[690] Einem Dritten zugänglich gemacht ist die Aufnahme, wenn diesem der Gebrauch ermöglicht oder lediglich die Möglichkeit der Kenntnisnahme verschafft wird.[691] Stellt der Täter danach ein Video auf Sozialen Medien im Internet ein und ermöglicht damit deren Kenntnisnahme oder Download, erfüllt er die Tatvariante des § 201 Abs. 1 Nr. 2 StGB.[692] Dabei muss derjenige, der die Aufnahme ins Internet einstellt nicht mit dem Aufnehmenden identisch sein.[693] Nicht entscheidend ist auch, ob das Video nur für einen bestimmten Nutzerkreis, beispielsweise nach Registrierung auf einem Online-Netzwerk, oder einer beschränkten Gruppe wie *Facebook*-Freunden, sichtbar ist oder ob die Nutzer das Video auch tatsächlich ansehen oder herunterladen.[694]

b) Öffentliches Mitteilen nach § 201 Abs. 2 Satz 1 Nr. 2

Wer das unbefugt aufgenommene (Abs. 1 Nr. 1) oder mit einem Abhörgerät abgehörte[695] (Abs. 2 Satz 1 Nr. 1) nichtöffentlich gesprochene Wort im Wortlaut oder seinem wesentlichen Inhalt nach öffentlich mitteilt, erfüllt § 201 Abs. 2 Satz 1 Nr. 2 StGB. Tathandlung ist die *inhaltliche* Wiedergabe des Aufgenommenen oder Abgehörten im Wortlaut oder seinem wesentlichen Inhalt.[696] *Öffentlich* meint die Adressierung an einen größeren nicht verbundenen Personenkreis, der die Mitteilung unmittelbar zur Kenntnis nehmen kann.[697] Dies kann sowohl mündlich als auch schriftlich über das Internet erfolgen.[698] Die mittelbare Verbreitung des Inhalts einer Aufnahme ist daher bei entsprechenden Text- oder Videoaufnahmen auch über die Sozialen Medien im Internet möglich. Allerdings ist die Tatbestandseinschränkung des Abs. 2 S. 2 zu beachten. Das öffentliche Mitteilen ist danach nur strafbar, wenn es geeignet

---

690 S/S-*Lenckner/Eisele*, StGB, § 201, Rn. 17; MüKo-*Graf*, StGB, § 201, Rn. 26; LK-*Valerius*, StGB, 201, Rn. 17; Kindhäuser/Neumann/Paeffgen-*Kargl*, StGB, § 201, Rn. 13; *Schmitz*, S. 85.

691 S/S-*Lenckner/Eisele*, StGB, § 201, Rn. 17; Kindhäuser/Neumann/Paeffgen-*Kargl*, StGB, § 201, Rn. 14; LK-*Valerius*, StGB, 201, Rn. 37; *Schmitz*, S. 86.

692 Zur Tatbestandserfüllung genügt zudem bereits das Zugänglichmachen einer Kopie der Aufnahme. *Gerhold*, S. 116; *Beck*, MMR 2008, 77, (79); S/S-*Lenckner/Eisele*, StGB, § 201, Rn. 17.

693 S/S-*Lenckner/Eisele*, StGB, § 201, Rn. 17.

694 Vgl. *Beck*, MMR 2008, 77, (79).

695 Siehe hierzu S/S-*Lenckner/Eisele*, StGB, § 201, Rn. 19.

696 BT-Drs. 11/7414, S. 4; S/S-*Lenckner/Eisele*, StGB, § 201, Rn. 22 ff., 24 f.; Kindhäuser/Neumann/Paeffgen-*Kargl*, StGB, § 201, Rn. 19.

697 S/S-*Lenckner/Eisele*, StGB, § 201, Rn. 26; Kindhäuser/Neumann/Paeffgen-*Kargl*, StGB, § 201, Rn. 19; *Schmitz*, S. 88. Zur Öffentlichkeit in Sozialen Medien siehe die Ausführungen unter D I 3b.

698 S/S-*Lenckner/Eisele*, StGB, § 201, Rn. 26; Kindhäuser/Neumann/Paeffgen-*Kargl*, StGB, § 201, Rn. 19.

ist, berechtigte Interessen eines anderen zu beeinträchtigen, sog. Bagatellklausel.[699] Damit wird der Anwendungsbereich des Abs. 2 Satz 1 Nr. 2 auf strafwürdige Fälle beschränkt, wenn beispielsweise der Betroffene durch die Preisgabe in irgendeiner Weise bloßgestellt oder das berufliche oder öffentliche Wirken erschwert wird.[700] Lapidarste Mitteilungen sollen so von der Strafbarkeit ausgenommen werden.[701]

3. Strafbarkeit wegen Verletzung des Rechts am eigenen Bild nach § 33 KUG

Neben § 201a StGB schützt auch § 33 KUG, eine Vorschrift aus dem Nebenstrafrecht, das Recht am eigenen Bild. Danach dürfen Bildnisse, wie nicht bewegte Bilder bzw. Fotografien[702], die unter das KUG fallen, grundsätzlich nur mit Einwilligung der abgebildeten Person verbreitet oder öffentlich zur Schau gestellt werden, vgl. § 22 Abs. 1 Satz 1 KUG.[703] Dabei fällt nicht jede Fotografie oder Abbildung unter das KUG, sondern nur solche, auf der eine Person tatsächlich und individualisierbar zu erkennen ist.[704] Die Identifikation kann sich allerdings nicht nur aus den Gesichtszügen der Person ergeben, sondern beispielsweise auch aus einer Namensangabe unter dem Foto bzw. Video, oder anderen Erkennungsmerkmalen der Bildeinzelheiten.[705] Im Gegensatz zu § 201a StGB sind auch Gemälde, Zeichnungen und Karikaturen vom Schutzbereich des KUG erfasst.[706] Das Bildnis kann die betroffene Person auch in der Öffentlichkeit zeigen, denn eine Beschränkung auf bestimmte Räumlichkeiten findet nicht statt.[707]

Nach § 22 KUG wird der Betroffene vor der Verbreitung und öffentlichen Zurschaustellung seines Bildnisses geschützt, wobei Verbreiten die Weitergabe an eine beliebige

---

699 BT-Drs. 11/6714, S. 3; S/S-*Lenckner/Eisele*, StGB, § 201, Rn. 27; LK-*Valerius*, StGB, 201, Rn. 28; Kindhäuser/Neumann/Paeffgen-*Kargl*, StGB, § 201, Rn. 20; MüKo-*Graf*, StGB, § 201, Rn. 38; *Schmitz*, S. 88.

700 BT-Drs. 11/6714, S. 4; S/S-*Lenckner/Eisele*, StGB, § 201, Rn. 27; MüKo-*Graf*, StGB, § 201, Rn. 38.

701 BT-Drs. 11/6714, S. 4; S/S-*Lenckner/Eisele*, StGB, § 201, Rn. 27; MüKo-*Graf*, StGB, § 201, Rn. 38.

702 *Kühl*, AfP 2004, 191, (193); Erbs/Kohlhaas-*Kaiser*, KUG, § 33, Rn. 5; Dreyer/Kotthoff/Meckel-*Dreyer*, KUG, § 22, Rn. 3.

703 Zur Einwilligung siehe Erbs/Kohlhaas-*Kaiser*, KUG, § 33, Rn. 11 ff.; Dreyer/ Kotthoff/Meckel-*Dreyer*, KUG, § 22, Rn. 14 ff.; MüKo-*Rixecker*, BGB, Anhang zu § 12, Rn. 51; *Libertus*, ZUM 2007, 621 ff.; *Ohly*, AfP 2011, 428, (432 ff.).

704 *OLG Köln*, Urteil vom 11.09.2012, Az. 15 U 62/12; Dreyer/Kotthoff/Meckel-*Dreyer*, KUG, § 22, Rn. 6 f.; Erbs/Kohlhaas-*Kaiser*, KUG, § 33, Rn. 6; MüKo-*Rixecker*, BGB, Anhang zu § 12, Rn. 48; *Beck*, MMR 2008, 77, (79); *Gerhold*, S. 151; *Ernst*, NJW 2004, 1277, (1278).

705 *OLG Köln*, Urteil vom 11.09.2012, Az. 15 U 62/12; Erbs/Kohlhaas-*Kaiser*, KUG, § 33, Rn. 6; Dreyer/Kotthoff/Meckel-*Dreyer*, KUG, § 22, Rn. 7 f.; *Gerhold*, S. 151; *Ernst*, NJW 2004, 1277, (1278); *Cornelius*, ZRP 2014, 164, (166).

706 Erbs/Kohlhaas-*Kaiser*, KUG, § 33, Rn. 5; *Gerhold*, S. 151; *Beck*, MMR 2008, 77, (79).

707 *Gerhold*, S. 152.

andere Person meint.[708] Demgegenüber wird ein Bildnis nur dann öffentlich zur Schau gestellt, wenn es einer unbestimmten Zahl von Betrachtern gegenüber geschieht.[709] Lädt der Täter entsprechende Abbildungen ohne Einwilligung des Aufgenommenen auf Soziale Medien im Internet hoch, stellt er sie einer Mehrzahl von Nutzern zur Schau und macht sich nach § 33 KUG strafbar.[710] Das Herstellen bzw. Aufnehmen des Bildnisses fällt allerdings nach dem klaren Wortlaut des § 33 KUG „*verbreitet*" bzw. „*öffentlich zur Schau stellt*" nicht in den Anwendungsbereich der Norm.[711]

§ 23 Abs. 1 KUG normiert zugunsten der von Art. 5 GG geschützten Informationsinteressen mehrere Fallgruppen einwilligungsfrei zulässiger Bildnisverwertung.[712] Ausgenommen vom Anwendungsbereich des KUG sind danach Bildnisse aus dem Bereich der Zeitgeschichte[713]; Bilder, auf denen die Personen nur als Beiwerk neben einer Landschaft oder sonstigen Örtlichkeit erscheinen; ferner Aufnahmen von Versammlungen, Aufzügen und ähnlichen Vorgängen, an denen die dargestellten Personen teilgenommen haben sowie Bildnisse, bei der die Verbreitung oder Zurschaustellung einem höheren Interesse der Kunst dient.[714] Ob ein Bildnis i.S.d. KUG einwilligungsfrei in ein Soziales Netzwerk wie *Facebook* eingestellt werden darf, ist immer Entscheidung des Einzelfalls.[715] Allerdings darf auch in diesen Fällen gem. § 23 Abs. 2 KUG kein berechtigtes Interesse des Abgebildeten verletzt werden, wie dies beispielsweise bei der Verbreitung von Bildnissen aus der Intimsphäre regelmäßig der Fall ist.[716] So kann sich auch eine prominente Persönlichkeit gegen die Täter nach § 33 KUG strafrechtlich zur Wehr setzen, wenn beispielsweise Nacktaufnahmen

708 Der Begriff des Verbreitens ist grundsätzlich weit auszulegen. Siehe hierzu Dreyer/Kotthoff/Meckel-*Dreyer*, KUG, § 22, Rn. 12.

709 Vgl. MüKo-*Rixecker*, BGB, Anhang zu § 12, Rn. 50; Dreyer/Kotthoff/Meckel-*Dreyer*, KUG, § 22, Rn. 12.

710 Zur Öffentlichkeit in Sozialen Medien siehe die Ausführungen in Kapitel D I 3 b. Siehe hierzu auch *Piltz*, S. 194 f.; Erbs/Kohlhaas-*Kaiser*, KUG, § 33, Rn. 10; *Gerhold*, S. 151 f.; *Beck*, MMR 2008, 77, (80). Zum Setzen von *Hyperlinks* siehe Dreyer/Kotthoff/Meckel-*Dreyer*, KUG, § 22, Rn. 13.

711 Erbs/Kohlhaas-*Kaiser*, KUG, § 33, Rn. 8; Dreyer/Kotthoff/Meckel-*Dreyer*, KUG, § 22, Rn. 11; *Gerhold*, S. 152; siehe hierzu auch *Ernst*, NJW 2004, 1277, (1279).

712 Siehe hierzu ausführlich *Libertus*, ZUM 2007, 621, (626 f.); Erbs/Kohlhaas-*Kaiser*, KUG, § 33, Rn. 24; MüKo-*Graf*, StGB, § 201a, Rn. 5.

713 Siehe hierzu die *Caroline-Entscheidung*, Rspr. des EGMR in NJW 2004, 2647 ff.; *OLG Köln*, Urteil vom 11.09.2012, Az. 15 U 62/12. Zur neueren Rechtsprechung findet sich eine Übersicht bei Erbs/Kohlhaas-*Kaiser*, KUG, § 33, Rn. 38 ff.; Dreyer/Kotthoff/Meckel-*Dreyer*, KUG, § 23, Rn. 5 ff.; ausführlich auch *Piltz*, S. 203 f.; *Libertus*, ZUM 2007, 621, (626).

714 Erbs/Kohlhaas-*Kaiser*, KUG, § 33, Rn. 24 ff. Siehe hierzu auch *Piltz*, S. 203 f.; *Libertus*, ZUM 2007, 621, (626).

715 Vgl. *Piltz*, S. 205; *Libertus*, ZUM 2007, 621, (623 ff.).

716 *Libertus*, ZUM 2007, 621, (627); Erbs/Kohlhaas-*Kaiser*, KUG, § 33, Rn. 63; *Piltz*, S. 207; Dreyer/Kotthoff/Meckel-*Dreyer*, KUG, § 23, Rn. 53.

über Soziale Medien verbreitet werden, um das Mobbing-Opfer zu belästigen oder verächtlich zu machen.

4. Strafbarkeit wegen Beleidigung nach § 185 i.V.m. § 192 StGB

Durch die Veröffentlichung von Bildern oder Videos in Sozialen Medien kann zudem der Beleidigungstatbestand des § 185 StGB erfüllt sein, wobei nicht jede Veröffentlichung einer unvorteilhaften Aufnahme sogleich den Tatbestand der Beleidigung erfüllt.[717] Der Täter muss mit seinem Handeln vielmehr eine Missachtung oder Nichtachtung erkennbar kundtun.[718] Eine Beleidigung kommt nur dann in Betracht, wenn zusätzliche Umstände des Einzelfalls deutlich machen, dass der Täter mit dem Einstellen der Aufnahme in das Internet eine Herabsetzung und Diskreditierung der abgebildeten Person beabsichtigt.[719] Das bloße Zeigen einer Situation, die sich in der Realität so zugetragen hat, erfüllt damit nicht *per se* die Strafbarkeit. Allerdings kann eine ehrverletzende Bezeichnung der Video- bzw. Fotoaufnahme oder die Zusammenstellung verschiedener Sequenzen zu einem beleidigenden Charakter der Aufnahme führen.[720] Fotos und Videoaufnahmen, die etwa pornografische Darstellungen von (ehemaligen) Partnern oder Folgen von übermäßigem Alkoholkonsum, etc. zeigen, beziehen sich auf die Intimsphäre und verletzen durch das öffentliche Anprangern neben dem Persönlichkeitsrecht auch die Ehre der abgebildeten Person.[721] Auch bei unverfälschten Fotografien oder Videos ist in diesem Fall der Publikationsexess bei der Veröffentlichung im Internet gegeben.[722] Damit ist die Veröffentlichung derartiger Aufnahmen aufgrund der verschiedenen Schutzgüter nicht nur nach den §§ 201 ff. StGB strafbewehrt, sondern auch nach § 185 ggf. i.V.m. § 192 StGB.[723]

---

717 S/S-*Lenckner/Eisele*, StGB, § 185, Rn. 3a; *Schmitz*, S. 78. Die §§ 186 und 187 StGB kommen bei Internetveröffentlichungen zutreffender, aber nachteiliger Tatsachenaussagen nicht in Betracht. *Beck Susanne*, MMR 2009, 736, (738); *Hilgendorf/Valerius*, Computer- und Internetstrafrecht, Rn. 344.

718 Die Beleidigung ist ein Äußerungsdelikt und die Ehrverletzung als Taterfolg Ergebnis eines Kommunikationsprozesses. Der reine Vorgang der Informationsgewinnung, wie die Aufnahme mit Hilfe eines *Smartphones*, ist daher nicht nach § 185 StGB strafbar. *Fischer*, StGB, § 185, Rn. 5; *Beck*, MMR 2008, 77, (79 f.).

719 S/S-*Lenckner/Eisele*, StGB, § 185, Rn. 3a; *Beck*, MMR 2008, 77, (80); *Arzt/ Weber/ Heinrich/Hilgendorf*, Strafrecht BT, § 7, Rn. 29; *Reum*, S. 108.

720 MüKo-*Regge/Pegel*, StGB, § 185, Rn. 12; *Beck*, MMR 2008, 77, (80).

721 *Beck Susanne*, MMR 2009, 737, (738).

722 *Hilgendorf*, EWE 2008, 403, (409).

723 So *Beck Susanne*, MMR 2009, 737, (738). Siehe hierzu auch die Ausführungen in Kapitel D I 4.

5. *Zwischenergebnis*

Werden Personen durch die Veröffentlichung und Verbreitung entwürdigender oder intimer Bilder oder Videos durch die Nutzer Sozialer Medien im Internet Opfer von Mobbing, können sie gegen die Täter strafrechtlich vorgehen.[724] Mit den §§ 201, 201a StGB sowie ggf. § 33 KUG stehen Straftatbestände zur Verfügung, die sowohl die Herstellung als auch die Verbreitung von Bild- oder Videoaufnahmen über Soziale Medien ohne oder gegen den Willen des Betroffenen sanktionieren. Die strafrechtliche Bewertung einer Videoaufnahme kann hinsichtlich Ton- und Bildspur auseinanderfallen, was mit dem unterschiedlichen verfassungsrechtlichen Rang der Schutzgüter, der Vertraulichkeit des nichtöffentlich gesprochenen Wortes des § 201 StGB und dem höchstpersönlichen Lebensbereich des § 201a StGB, begründet wird und sich auch in einem unterschiedlichen Strafrahmen widerspiegelt.[725] Bringt eine Aufnahme zudem eine erhebliche Missachtung oder Nichtachtung zum Ausdruck, kann darüber hinaus der Tatbestand der Beleidigung nach § 185 StGB erfüllt sein. Die Beleidigung als Äußerungsdelikt als auch die Verletzung des Rechts am eigenen Bild nach § 33 KUG stellen jedoch nur das Verbreiten oder öffentliche Zurschaustellen der Aufnahme unter Strafe. Die Herstellung durch Fotografieren oder Filmen ist dagegen nur strafbar, wenn die Anforderungen der §§ 201, 201a StGB erfüllt sind.

Vor der Reform des § 201a StGB hatten sich einige Stimmen in der juristischen Literatur über die räumliche Beschränkung der Norm kritisch geäußert und im Hinblick auf anonyme Veröffentlichungen im Internet und die Verbreitung von *Smartphones* eine Ausweitung des Strafschutzes gefordert.[726] Der Gesetzgeber hat auf das

---

724 Nach § 205 Abs. 1 StGB werden Taten nach § 201 Abs. 1 und 2 StGB als auch nach § 201a StGB nur auf Antrag verfolgt. Verletzter und damit zur Antragsstellung berechtigt, ist die das geschützte Wort i.S.d. § 201 StGB gesprochene Person oder in den Fällen des § 201a StGB, die abgebildete Person. Siehe hierzu *Fischer*, StGB, § 205, Rn. 2. Für die Verletzung des Rechts am eigenen Bild hat der Strafantrag des Verletzen gem. § 33 Abs. 2 KUG spätestens drei Monate nach Kenntnis von Tat und Täter zu erfolgen.

725 Der Strafrahmen des § 201 Abs. 1 und 2 StGB sieht Freiheitsstrafe von bis zu drei Jahren oder Geldstrafe vor; der des § 201a Freiheitsstrafe von bis zu einem Jahr oder Geldstrafe. Siehe hierzu *Ernst*, NJW 2004, 1277, (1279).

726 Siehe *Ernst* in NJW 2004, 1277, (1278), *Kühl*, AfP 2004, 190 (194 *Schmitz*, S. 115 ff.; *Cornelius*, ZRP 2014, 164, (166). *Hilgendorf/Valerius*, Computer- und Internetstrafrecht, Rn. 432; LK-*Valerius*, StGB, § 201a, Rn. 14; ebenso *Lackner/Kühl*, StGB, § 201a, Rn. 2. Vereinzelte Stimmen in der Politik fordern darüber hinaus die Schaffung eines Cybermobbing-Straftatbestandes um Jugendliche vor den Auswüchsen der Sozialen Netzwerke besser schützen zu können. Ein eigener Straftatbestand für Cybermobbing sei nötig, damit Opfer die Straftat schneller anzeigen könnten. Siehe hierzu *Heise-Online* am 24.12.2013, *„NRW-Justizminister fordert Paragraf gegen Cybermobbing"*, abrufbar unter http://www.heise.de/newsticker/meldung/NRW-Justizminister-fordert-Paragraf-gegen-Cybermobbing-2072240.html (zuletzt aufgerufen am 28.10.2015). *Hilgendorf* und *Valerius* sind dagegen

Phänomen Cybermobbing in seiner neuen Dimension reagiert.[727] Hierzu wurde der strafrechtliche Schutz des höchstpersönlichen Lebensbereichs vor unbefugten Bildaufnahmen gegenüber der bisherigen Regelung des § 201a StGB erheblich ausgeweitet. Nach dem neu gefassten § 201a Abs. 2 Nr. 2 StGB ist nun auch das Fotografieren in der Öffentlichkeit strafbar, wenn das Foto oder Video die Hilflosigkeit einer Person zur Schau stellt. Die Tatvariante des Abs. 2, der Veröffentlichung einer Bildaufnahme, die geeignet ist, dem Ansehen der abgebildeten Person erheblich zu schaden, umfasst viele der genannten Cybermobbing-Fälle. Auch das Höchstmaß der angedrohten Freiheitsstrafe ist von einem Jahr auf zwei Jahre erhöht worden, vgl. § 201a Abs. 1 StGB n.F.

Die neue Regelung stößt jedoch aufgrund ihrer Weite und Unbestimmmtheit auf Bedenken. Die Strafbarkeit bereits der *Herstellung* von Aufnahmen, die die Hilflosigkeit einer anderen Person zur Schau stellen, wirft die Frage auf, ob angesichts der Unmenge schussbereiter Kameras im öffentlichen Raum eher niederschwelligen oder gar strafunwürdigen Verhaltensweisen mit Mitteln des Strafrechts entgegengetreten wird.[728] Nach der jetzigen Gesetzeslage steht das „gehässige Draufhalten" auf Betrunkene oder Opfer von Schlägereien ebenso unter Strafe wie womöglich gutwillige Aufnahmen des Geschehens zu Beweiszwecken und zur Information der Polizei. Unklar bleibt, warum, dem *ultima ratio* Gedanken des Strafrechts folgend, nicht erst das böswillige Verbreiten über Soziale Medien unter Strafe gestellt wurde.[729] Das Strafrecht bietet grundsätzlich aufgrund seines fragmentarischen Charakters selbst für strafrechtlich schützenswerte Rechtsgüter keinen „Rundumschutz".[730] Allein Gründe des mangelnden Unrechtsbewusstseins der Online-Täter und damit Gründe der Kriminalprävention können nicht für die Ausweitung der Strafbarkeit sprechen.[731] Ein Präventionsstrafecht ist mit rechtsstaatlichen Traditionen und dem *ultima ratio* Prinzip des deutschen Strafrechts schwer zu vereinbaren.[732] Im vorliegenden Fall blieb die Abschreckung der Internetnutzer vor den strafrechtlichen Konsequenzen durch Cybermobbing überdies aus, da die Neufassung des § 201a StGB im Rahmen der Reform des Sexualstrafrechts und der „Edathy Affäre" nahezu unterging.[733]

---

der Ansicht, die virtuellen Angriffe seien nur weitere, moderne Eingriffsformen in die Freiheiten des Einzelnen. Siehe *Dies.* in Computer-und Internetstrafrecht, Rn. 420. Gegen die Schaffung eines (Cyber-)Mobbing-Tatbestandes *DAV* in MMR-Aktuell 2014, 359856, FD-StrafR 2014, 359633; *Reum*, S. 219 ff.

727 BT-Drs. 18/2601, S. 36.

728 So *Wieduwilt*, KuR 2015, 83, (85).

729 So auch *Eisle*, Stellungnahme der Sachverständigen im BT-Rechtsausschuss 2014, S. 23.

730 Zum fragmentarischen Charakter des Strafrechts siehe *Kühl*, AfP 2004, 190 (191).

731 So *Peters*, NStZ 2009, 238, (239); *Cornelius*, ZRP 2014, 164, (167).

732 So auch *Hilgendorf/Hong*, KuR 2003, 168, (171). Zum *ultima ratio* Gedanken des Strafrechts siehe ausführlich *Kühl*, AfP 2004, 190 (191).

733 Als „Edathy-Affäre" wird ein Komplex politischer und juristischer Vorgänge, Auseinandersetzungen und Debatten bezeichnet, die durch ein Ende Januar 2014

Kritisiert wird auch die Vielzahl unbestimmter Rechtsbegriffe deren Auslegung der Gesetzgeber weitgehend der Rechtsprechung überlassen hat.[734] Die Auslegung des Tatbestandsmerkmals der „Geeignetheit", dem Ansehen einer Person erheblich zu schaden, dürfte in der Praxis Schwierigkeiten bereiten. Die unterschiedlichen Ansichten, wann eine Aufnahme dem Ansehen erheblich schadet oder schlicht unvorteilhaft ist, können erheblich auseinanderfallen. *Eisele* sieht hier aufgrund der großen Unschärfe die Gefahr, dass die Klärung der Tatbestandsmerkmale der subjektiven Einschätzungen der Strafverfolgungsorgange überlassen bleibt.[735] Es bleibt abzuwarten, wie die Rechtsprechung die Norm auslegen wird und ob die Neureglung tatsächlich geeignet ist, den Schutz des allgemeinen Persönlichkeitsrechts in Gestalt des Rechts am eigenen Bild zu gewährleisten.

6. *Sonderfälle: Videomontagen, Pornografischen Darstellungen und Gewaltvideos*

Neben den genannten „*Happy Slapping*"-Videos sind in den Medien auch Fälle von Videomontagen bekannt geworden, bei denen das Mobbingopfer in fiktive Hinrichtungs- oder Pornoszenen hineingeschnitten wird.[736] Grundsätzlich können auch Verfremdungen einer Aufnahme durch Fotobearbeitung als auch Montagen Tatobjekt des § 201a StGB sein, soweit es nicht an jeder Identifizierbarkeit fehlt.[737] Allerdings geben diese Fälle, die über das Unrecht der Persönlichkeitsverletzung der §§ 201, 201a StGB hinausgehen, Anlass dazu, weitere Delikte aufzuzeigen, die neben den genannten Strafnormen in Betracht kommen.[738]

Wird das Mobbingopfer in pornografische Videos hineingeschnitten und das Video sodann im Internet veröffentlicht, kann der Straftatbestand des § 184 Abs. 1 Nr. 1 oder Nr. 2 StGB erfüllt sein und der Täter sich wegen Verbreitens pornographischer

---

eingeleitetes Ermittlungsverfahren gegen den früheren SPD-Politiker *Sebastian Edathy* aufgrund des Verdachts der Kinderpornografie ausgelöst wurden. Siehe hierzu *Heise Online* vom 14.11.2014, *„Bundestag verschärft Gesetz gegen Kinderpornografie und Missbrauch"*, abrufbar unter http://www.heise.de/newsticker/meldung/Bundestag-verschaerft-Gesetz-gegen-Kinderpornografie-und-Missbrauch-2457407.html (zuletzt aufgerufen am 18.07.2015). Hierzu auch *Wieduwilt*, KuR 2015, 83; *Jahn/Ziemann*, FS Kargl, S. 227.

734 Kritisch zur neuen Vorschrift *Eisle*, Stellungnahme der Sachverständigen im BT-Rechtsausschuss 2014, S. 23ff.; *Busch*, NJW 2015, 799 ff.; *Wieduwilt*, KuR 2015, 83, (84); *Gercke*, CR 2014, 687, (690). So auch *Constantin Baron von Lijnden* auf *Legal Tribune Online* vom 17.09.2014: *„Reform des Sexualstrafrechts – Gesetzgebung für die Unterschicht"*, abrufbar unter http://www.lto.de/recht/hintergruende/h/gesetzgebung-reform-sexualstrafrecht-kinderpornografie/ (zuletzt aufgerufen am 15.07.2015).

735 *Eisle*, Stellungnahme der Sachverständigen im BT-Rechtsausschuss 2014, S. 23.

736 *Gerhold*, S. 113.

737 *Fischer*, StGB, § 201a, Rn. 5; S/S-*Lenckner/Eisele*, StGB, § 201a, Rn. 4.

738 Siehe hierzu auch *Beck*, MMR 2008, 77, (80).

Schriften strafbar machen, wenn der Film beispielsweise über das Videoportal *YouTube* auch Minderjährigen zugänglich ist.[739] Droht der Täter, pornografische Fotos oder Videos in Sozialen Netzwerke einzustellen, kommen zudem die Tatbestände der Nötigung § 240 StGB und Erpressung nach § 253 StGB in Betracht, da derartige Aufnahmen den Ruf des Opfers erheblich schädigen können und die Veröffentlichung eine erhebliche Verletzung ihrer Intimsphäre darstellen würde.

Bei fiktiven gewalt- oder tierpornografischen Szenen ist zudem eine Strafbarkeit nach § 184a Nr. 3 StGB relevant, denn durch das Hineinschneiden einer anderen Person wird das Wesen der Darstellung derart geändert, dass es sich um eine neue, eigene Darstellung handelt.[740] Das Erstellen und Verbreiten von Hinrichtungsvideos als auch *Happy-Slapping* Videos können unter den Tatbestand der Gewaltdarstellung gem. § 131 StGB subsumiert werden. Danach ist das Verbreiten oder sonstige Zugänglichmachen von Darstellungen von grausamen oder sonstigen unmenschlichen Gewalttätigkeiten gegen Menschen oder menschenähnlichen Wesen strafbar.[741] Geschütztes Rechtsgut ist dabei der öffentliche Frieden, der Schutz der Allgemeinheit vor sozialschädlicher Aggression und Hetze, als auch der Jugendschutz.[742]

III. Strafbarkeit Dritter am Beispiel des Facebook Like- und Share-Buttons

Soziale Medien im Internet zeichnen sich durch die stetige Interaktion ihrer Mitglieder aus. Die Nutzer des Sozialen Netzwerks *Facebook* können neben dem Versenden privater Nachrichten, auch öffentlich Beträge auf ihrer Pinnwand einstellen, die Beiträge anderer Nutzer kommentieren, oder fremde Beiträge lediglich *liken* oder *sharen*.[743] Im Rahmen des Social Media Mobbings können durch diese Funktionen ehrverletzende Inhalte, wie Bilder oder Videos, über das Netzwerk unkontrolliert verteilt werden. Für das Opfer wiegt dies umso schwerer, je mehr Personen sich an diesen Mobbinghandlungen beteiligen.[744] Im Gegensatz zum Cyberstalking, sieht sich das Opfer nicht nur einem Täter, sondern teilweise mehreren hundert Cybermobbern gegenüber, die einen ehrverletzenden oder herabwürdigenden *Post* mit ihren Kommentaren und *Likes* unterstreichen oder über das Netzwerk teilen bzw. *sharen*. Das Zusammenwirken der verschiedenen Nutzer bis hin zu einem *Shitstorm* gegen eine bestimmte Person, verursacht die für

---

739 Vgl. *Gerhold*, S. 111; *Beck*, MMR 2008, 77 (80).

740 *Gerhold*, S. 111.

741 *Hoeren*, Internet- und Kommunikationsrecht, S. 477; ausführlich hierzu auch *Hilgendorf/Valerius*, Computer- und Internetstrafrecht, Rn. 325 f.

742 *Gercke/Brunst*, Rn. 390 f.

743 Siehe hierzu die Ausführungen in Teil I E IV und V. Das Soziale Netzwerk *Facebook* soll bei der nachfolgenden Prüfung als Beispiel dienen. Die Netzwerke weisen dabei allerdings ähnliche Funktionen auf. Auf dem Sozialen Netzwerk *Twitter* gibt es bspw. die Funktion „Retweet“, auf *Google+* die Funktion „+1“.

744 *Wolmerath*, § 2, Rn. 12.

das Mobbing typische Pranger-Wirkung und Bloßstellung des Opfers. Während ein Nutzerkommentar selbst die Grenze zur Strafbarkeit der Beleidigung überschreiten kann, stellt sich die Frage, ob oder wie diejenigen strafrechtlich zu sanktionieren sind, die beleidigende Texte, Bilder oder Videos, lediglich *liken* bzw. *sharen*.

1. Liken einer Beleidigung

Voraussetzung ist zunächst das Handeln eines anderen Nutzers durch Online-Stellen bestimmter beleidigender Inhalte in ein Soziales Netzwerk. Betätigt ein Nutzer sodann den „*Like*"- bzw. -„Gefällt mir" Button unter einem ehrverletzenden Beitrag eines Dritten, stellt sich die Frage, ob er damit selbst den Tatbestand der Beleidigung nach § 185 StGB erfüllt, lediglich eine fremde Beleidigung durch seine Beihilfehandlung fördert[745], oder ob sein Verhalten überhaupt strafrechtliche Relevanz aufweist.

a) Technische Funktionsweise und objektiver Aussagegehalt des Like-Buttons

Für die Einordung als Tat-, Beihilfe- bzw. straffreie Handlung sind zunächst die (technische) Funktionsweise und der objektive Aussagegehalt des *Like*-Buttons zu betrachten.[746] Rein technisch stellt sich die Funktionsweise so dar, dass durch den Klick auf die entsprechende Schaltfläche automatisch eine für alle Kontakte bzw. *Facebook*-Freunde des Nutzers sichtbare Mitteilung, dem sog. *Newsfeed*, einschließlich eines Links zu dem *gelikten* Beitrag erscheint.[747] Dadurch wird der Beitrag über das gesamte Freunde-Netzwerk des *likenden* Nutzers verbreitet. Den Kontakten und ggf. dem Opfer wird angezeigt, dass ihrem *Facebook*-Freund ein bestimmter Beitrag über eine andere Person bzw. die eigene Person „gefällt".

Aus dem Wortlaut „Gefällt mir", bzw. „*(I) like*" und dem Symbol des erhobenen Daumens kann der objektive Aussagegehalt zunächst als eine Bestätigung und Solidarisierung mit dem beleidigenden Inhalt verstanden werden, denn die Nutzer können daraus schließen, dass der *Likende* den Beitrag „gut findet".[748] Da allerdings kein entsprechender „*Dislike*" bzw. „*Gefällt-mir-nicht*"-Button existiert, könnte man in dem Anklicken des vorhandenen *Like*-Buttons auch lediglich die Aussage ziehen, der Nutzer fände den Inhalt wertungsfrei interessant und wolle auf den Beitrag aufmerksam machen. Auch aus der (inflationären) Verwendungsweise des *Like*-Buttons könnte man schließen, dass dieser lediglich als Lesebestätigung unabhängig

---

745 Nach dem dualistischen Beteiligungssystem ist eine Beteiligung an einer Straftat als Täter gem. § 25 StGB oder als Teilnehmer gem. der §§ 26, 27 StGB möglich. Vgl. BeckOK-StGB/*Kudlich*, § 25, Rn. 1 ff.; MüKo-*Joecks*, StGB, Vor. § 25, Rn. 1; *Hilgendorf/Valerius*, Computer- und Internetstrafrecht, Rn. 243.

746 Siehe hierzu *Krischker*, JA 2013, 488, (490).

747 Siehe hierzu Teil I E IV. Im Gegensatz zu einem Beitrag auf der Pinnwand lässt sich der Adressatenkreis bei Anklicken des *Like*-Buttons nicht auf bestimmte Kontakte beschränken. Siehe hierzu *Wahlers*, jurisPR-ITR 12/2010, Anm. 2.

748 *Krischker*, JA 2013, 488, (490); *Wahlers*, jurisPR-ITR 12/2010, Anm. 2.

vom Inhalt und Qualität des Beitrags einzustufen ist. Gerade unter jugendlichen, aktiven *Facebook*-Nutzern, die nahezu alle bedeutenden und unbedeutenden Lebensereignisse in das Netzwerk einstellen, um diese mit ihren *Facebook*-Freunden zu teilen, bemisst sich an der Anzahl der *Likes* und Kommentare unter einem Beitrag eines Nutzers dessen Beliebtheitsgrad und soziale Akzeptanz. Selbst Fotografien der letzten Mahlzeit und Beiträge wie *„Mir ist langweilig"* werden bei beliebten Nutzern von deren Kontakten mit zahlreichen *Likes* versehen. Die Nutzer drücken so ihre Freundschaft und Zugehörigkeit zu bestimmten Personen oder Freundeskreisen aus. Der *Like* kann sich damit grundsätzlich auf den postenden Nutzer, den Inhalt eines Textes oder ein Bild beziehen. Um den objektiven Aussagegehalt eines *Likes* zu bewerten, muss dieser aber im Zusammenhang mit dem „geposteten" Beitrag beurteilt werden.[749] Möchte der Nutzer beispielsweise auf einen ehrverletzenden *Post* lediglich aufmerksam machen, weil er diesen im Grunde ablehnt oder neutral gegenüber steht, könnte er den Beitrag auch teilen oder entsprechend kommentieren um sein Interesse bzw. seinen Unmut über den bestimmten Beitrag kundzutun. Die Aussage „Gefällt mir" bzw. das Symbol des erhobenen Daumens unter einem beleidigenden *Post* stellt sich dagegen nicht nur aus Sicht des Opfers, sondern auch aus der objektiven Betrachtungsweise eines verständigen Dritten[750], als Zustimmung und Bestätigung des ehrverletzenden Inhalts dar. Im Rahmen eines beleidigenden Beitrags kann ein *Like* daher nicht als wertneutral oder lediglich als soziale Anerkennung gegenüber dem *Likenden* verstanden werden.

b) Liken als Tathandlung nach §§ 185, 25 StGB

Fraglich ist, ob durch diese objektive Solidarisierung und Bestätigung durch Anklicken des Buttons sowie die Verbreitung des Inhalts über das Netzwerk eine eigene Täterschaft bezüglich des Beleidigungstatbestandes begründet; mithin ob der Nutzer durch *Liken* eines ehrverletzenden Beitrags selbst gem. § 25 StGB den Tatbestand des § 185 StGB erfüllt.[751] Letzterer erfordert zunächst, dass der Täter seine eigene Missachtung zum Ausdruck bringt, denn die bloße Weitergabe beleidigender Aussagen Dritter stellt noch keine Beleidigung dar.[752] An einer eigenständigen Kundgabe der Missachtung könnte es bereits fehlen, denn dazu müsste sich der Täter mit der diffamierenden Äußerung identifizieren und sich diese *„zu eigen machen"*.[753] Dazu müsste er die Äußerung derart in seinen Gedankengang einfügen, dass sie seine

749 So auch *Lichtnecker*, GRUR 2014, 523, (524).

750 *BGH* 19, 237; *Fischer*, StGB, § 185, Rn. 8.

751 Nach § 25 StGB ist Täter, wer sämtliche Tatbestandsmerkmale verwirklicht. *Fischer*, StGB, § 15, Rn. 3.

752 *BVerfG*, Beschluss vom 19.04.1990, Az. 1 BvR 40, 42/86, in: NStZ 1990, 383, (384); BeckOK-StGB/*Valerius*, § 185, Rn. 23; LK-*Hilgendorf*, StGB, § 185, Rn. 40; MüKo-*Regge*, StGB, § 185, Rn. 39.

753 LK-*Hilgendorf*, StGB, § 186, Rn. 9; S/S-*Lenckner/Eisele*, StGB, § 185, Rn. 17; siehe hierzu auch Hoeren/Bensinger-*Piltz/Trinkl*, Kap. 13, Rn. 124.

eigene Aussage unterstreicht.[754] Selbst wenn der *Likende* der Beleidigung subjektiv zustimmt, sich mit dieser also identifiziert, ist fraglich, ob die durch *Facebook* vorgegeben Aussage „*Gefällt-mir*" eine eigene Aussage durch den Nutzer getroffen wird. Objektiv betrachtet stellt sich die Gesamtaussage nicht als eigener Gedankengang des *Likenden* dar, sondern es wird lediglich eine fremde Äußerung unterstrichen.[755] Damit dürfte es an einem „*Zu eigen machen*" der Beleidigung fehlen. Auch *Krischker* sieht in der Betätigung des *Like*-Buttons keine eigenständige Kundgabe der Missachtung und begründet dies damit, dass der ehrverletzende Beitrag nicht auf der eigenen Pinnwand und damit dem Profil des *likenden* Nutzers permanent eingebunden wird, sondern lediglich über den Newsfeed als *gelikter* Beitrag angezeigt wird, der zudem auf den ursprünglichen Verfasser verweist.[756]

Nach den Kriterien der Rechtsprechung des *BGH* zur Abgrenzung zwischen Täterschaft und Teilnahme ist im Rahmen einer wertenden Beurteilung aller Umstände derjenige Täter, wer den Täterwillen oder die Tatherrschaft aufweist.[757] Dabei sind der Wille zur Tatbegehung, das eigene Interesse am Taterfolg, die objektive Mitbeherrschung des Geschehens, der Umfang der Tatbeteiligung sowie die Bedeutung der Beteiligungshandlung im Rahmen des Gesamtgeschehens maßgebliche Kriterien.[758]

Betrachtet man zunächst den Umfang der Tatbeteiligung und die Bedeutung der Beteiligungshandlung, ist man geneigt, das Formulieren und Einstellen einer Beleidigung in das Netzwerk als schwerwiegender zu bewerten als das schlichte und schnelle Anklicken eines Buttons. Denn der Ersteller setzt mit seiner Äußerung das Cybermobbing gerade in Gang. In Ausnahmefällen kann sich die Situation jedoch auch anders gestalten: Stellt beispielsweise ein Nutzer mit wenigen *Facebook*-Bekanntschaften und damit geringer Einflussmöglichkeit im *Social Web* einen beleidigenden Eintrag ein, kann dieser Beitrag erst durch den *Like* eines äußerst beliebten Nutzers, mit vielen hundert Freunden, zu einer weitreichenden Verbreitung und Aufmerksamkeit führen. Die Solidarisierung dieses bestimmten Nutzers und die damit verbundene weitreichende Verbreitung kann für das Opfer schwerer wiegen, als der ursprüngliche *Post*. In der Politik und bei Prominenten ist dieses Phänomen bekannt. Im *Social Web* kann man von der sog. *sozialen Reichweite* bzw. dem *sozialen Einfluss* sprechen. Die entsprechenden Nutzer sind sich ihrer Position

---

754 BeckOK-StGB/*Valerius*, § 185, Rn. 23; LK-*Hilgendorf*, StGB, § 185, Rn. 40.

755 Ebenso *Krischker*, JA 2013, 488, (491). a.A. *Wahlers*, jurisPR-ITR 12/2012, Anm. 2, der ein Zu-eigen-machen durch Aktivierung des *Like*-Buttons bejaht. So auch *Bauer/Günther*, NZA 2013, 67, (71).

756 *Krischker*, JA 2013, 488, (490 f.).

757 Vgl. *BGH*, Urteil vom 15.01.1991, Az. 5 StR 492/90, in: NStZ 1991, 280 ff. Die Abgrenzung zwischen Täterschaft und Teilnahme wird in der juristischen Literatur kontrovers diskutiert. Siehe hierzu statt vieler MüKo-*Joecks*, StGB, § 25, Rn. 4 ff.; BeckOK-StGB/*Kudlich*, § 25, Rn. 4 ff.

758 Vgl. *BGH*, Urteil vom 15.01.1991, Az. 5 StR 492/90, in: NStZ 1991, 280, (281); *BGH*, Urteil vom 13.03.1979, Az. 1 StR 739/78, in: NJW 1979, 1721 f.

und Einflusses auch durchaus bewusst und können dies gezielt einsetzen. Bei der Bewertung der Strafbarkeit des *Likens* ist daher die soziale Reichweite bzw. der soziale Einfluss bei der Beurteilung des Umfangs des Tatbeitrags des jeweiligen Nutzers miteinzubeziehen.

Auch die objektive Beherrschbarkeit des Gesamtgeschehens spricht gegen eine Täterschaft des *Likenden*. Denn auf den ursprünglich beleidigenden Eintrag hat der *likende* Nutzer keinen Einfluss. Mit der Entfernung des ursprünglichen Eintrags werden auch die „Gefällt mir"-Angaben automatisch gelöscht. Mithin übt die Herrschaft am Gesamtgeschehen lediglich der ursprüngliche Ersteller des Beitrags aus.[759] Im Ergebnis ist daher das *Liken* nicht als eigenständige Tathandlung einer Beleidigung nach § 185 StGB zu bewerten. Bereits ein *„zu-eigen-machen"* der Ehrverletzung ist regelmäßig nicht gegeben, sondern die Gesamtumstände des *Likens* sprechen für ein Fördern fremden Tuns, als eine eigenständige Äußerung der Missachtung.

c) Liken als Beihilfehandlung nach §§ 185, 27 StGB

Das Fördern einer fremden Tat kann dennoch strafbar sein, wenn eine Beihilfehandlung i.S.d. § 27 StGB, mithin eine vorsätzliche Hilfeleistung zu einer tatbestandsmäßigen, rechtswidrigen Tat, gegeben ist. Dabei wird die Hilfeleistung als eine für den tatbestandsmäßigen Erfolg kausale, rechtlich missbilligte Risikosteigerung verstanden.[760] Die Beihilfe muss für den Taterfolg in der Weise kausal sein, dass der Beitrag des Gehilfen die Tatbestandsverwirklichung ermöglicht, erleichtert, intensiviert oder absichert.[761] Die Beihilfe kann dabei auch durch geistige Beiträge geleistet werden, indem der Beihelfende auf die Psyche des Täters einwirkt. Die bloße Solidarisierung mit dem Täter, die Bekundung von Zustimmung zu seinem Vorgehen oder von Sympathie, soll für eine strafbare Beihilfe jedoch nicht ausreichend sein.[762] Drückt der Nutzer den *Like*-Button bei einer Beleidigung, solidarisiert er sich jedoch nicht nur objektiv mit dem ehrverletzenden Inhalt, sondern verbreitet diesen auch an seine *Facebook*-Freunde. Indem das Opfer durch die Vielzahl an *„Gefällt-mir"* Statuten an einen „virtuellen Pranger" gestellt wird, intensiviert sich die ehrverletzende Wirkung und steigert den Unrechtsgehalt der Tat. Das Mobbingopfer sieht sich mehreren Personen gegenüber, die ihre Missgunst und negative Wertschätzung ihm gegenüber teilen. Die Beilhilfehandlung fördert damit kausal die Tathandlung des beleidigenden Täters und den Taterfolg der Ehrverletzung des Opfers.[763] Zudem spricht das Vorantreiben der Verbreitung des Inhalts für einen eigenständigen ehrverletzenden Charakter. Dies

759 So auch *Krischker*, JA 2013, 488, (490).
760 *Roxin*, Strafrecht AT, Band II, § 26, Rn. 183.
761 MüKo-*Joecks*, StGB, § 27, Rn. 24 ff.; *Roxin*, Strafrecht AT, Band II, § 26, Rn. 212.
762 *Roxin*, Strafrecht AT, Band II, § 26, Rn. 202; MüKo-*Joecks*, StGB, § 27, Rn. 39 ff.
763 Zur Kausalität der Beihilfehandlung siehe *Fischer*, StGB, § 27, Rn. 14.

gilt insbesondere für *Facebook*-Mitglieder, die einen großen „Freundeskreis“ und damit eine große soziale Reichweite in Sozialen Netzwerken haben.

Das *Liken* stellt auch keine sog. neutrale (Alltags-)Handlung, als Ausnahme zur strafbaren Beilhilfe dar. Als äußerlich neutrale Handlung oder Alltagshandlung werden alle Verhaltensweisen verstanden, die der Ausführende jedem anderen in der Lage des Täters gegenüber vorgenommen hätte, weil er mit der Handlung tat- und täterunabhängige eigene, rechtlich nicht missbilligte Zwecke verfolgt.[764] *Likende* Nutzer verfolgen oft das Ziel, durch Bestätigung des Beitrags ihre Freundschaft und Anerkennung zu der postenden Person zu demonstrieren, wobei auf den Inhalt kein gesteigerter Wert gelegt wird. Eine Handlung ist jedoch dann keine neutrale Alltagshandlung mehr, wenn sie einen deliktischen Sinnbezug aufweist, mithin der Beihelfende den Deliktsentschluss des Täters kennt und bewusst eine Handlung fördert, die als solche deliktischer Natur ist.[765] Weißt eine Äußerung in einem Sozialen Netzwerk eine erhebliche ehrverletzende Qualität auf, die den Tatbestand des § 185 StGB erfüllt, ist dem *Likenden* der objektive Sinn der Missachtung und damit der ehrverletzende Charakters der Äußerung auch bewusst. Der Durchschnittsnutzer muss damit erkennen, dass die Solidarisierung mit dem Angriff auf die Ehre des Beleidigten weder sozialadäquat noch tolerierbar ist. Eine unüberlegte Nutzung des *Like*-Buttons als neutrale Handlung einzustufen, bleibt auch angesichts der dem Täter bekannten Funktions- und Wirkungsweise kein Raum. Der Gehilfe weiß, dass die technischen Vorgänge der *„Gefällt-mir“*-Funktion eine Verbreitung des ehrverletzenden Inhalts innerhalb des sozialen Netzwerks bewirken. Der *likende* Gehilfe handelt damit auch vorsätzlich bezüglich der Hilfeleistung zu einer vorsätzlichen Handlung des Täters, als auch hinsichtlich der Verletzung des tatbestandlich geschützten Rechtsguts, sog. Doppelvorsatz des Gehilfen.[766] Denn der Nutzer kennt den wesentlichen Unrechtsgehalt und die Angriffsrichtung der von ihm unterstützten Tat.

Da die Beihilfe nach § 27 StGB eine andere Haupttat fördern muss, ergibt sich grundsätzlich eine Einschränkung des möglichen Handlungszeitraums.[767] Dabei stellt sich die Frage, ob eine Beihilfehandlung noch nach Vollendung einer Tat geleistet werden kann, da der Tatbestand der Beleidigung grundsätzlich mit der Kenntnisnahme des ehrverletzenden Beitrags durch den Beleidigten oder eines Dritten vollendet ist.[768] Bei Sozialen Netzwerken wäre dies mit dem ersten Abruf des Beitrags durch einen Nutzer der Fall. Eine Beihilfe ist nach ständiger Rechtsprechung und auch nach einer weit verbreiteten Ansicht in der Literatur grundsätzlich

764 Siehe hierzu BeckOK-StGB/*Kudlich*, § 27, Rn. 10 ff.; *Roxin*, Strafrecht AT, Band II, § 26, Rn. 220; MüKo-*Joecks*, StGB, § 27, Rn. 44 ff.

765 MüKo-*Joecks*, StGB, § 27, Rn. 56; *Roxin*, Strafrecht AT, Band II, § 26, Rn. 222.

766 S/S-*Cramer/Heine*, StGB, § 27, Rn. 19; *Roxin*, Strafrecht AT, Band II, § 26, Rn. 270.

767 Siehe hierzu *Fischer*, StGB, § 27, Rn. 4 ff.; BeckOK-StGB/*Kudlich*, § 27, Rn. 7 f.

768 Vgl. *BGH*, Urteil vom 12.01.1956, Az. 4 StR 470/55, in: NJW 1956, 679; LK-*Hilgendorf*, StGB, § 185, Rn. 26; *Fischer*, StGB, § 185, Rn. 14; S/S-*Lenckner/ Eisele*, StGB, § 185, Rn. 16.

auch über den Zeitpunkt der formellen Tatbestandsverwirklichung hinaus bis zur materiellen Beendigung der Tat möglich.[769] Vor dem Hintergrund, dass Beleidigungen im Internet dauerhaft abrufbar sind und einem unbestimmten Kreis an Personen zugänglich ist, die diesen Inhalt weiter verbreiten können, ist der rechtswidrige Zustand, anders als bei der Offlinebeleidigung, nicht mit der erstmaligen Veröffentlichung beendet. Die schwerwiegende Beeinträchtigung der Opfer von Mobbing ist gerade durch das Zusammenwirken mehrerer und die andauernde öffentliche Bloßstellung bedingt. Dadurch ist eine Vergleichbarkeit der Online-Beleidigung mit Dauerdelikten angezeigt, bei denen die Beihilfehandlungen die Fortsetzung der Tat fördern und damit bis zu ihrer Beendigung möglich sind.[770]

d) Fazit

Im Ergebnis ist das *Liken* einer bereits bestehenden Ehrverletzung als ein Fördern fremden Tuns zu werten, als ein eigenständiges, täterschaftliches Tun. Mangels *„Zu eigen machen"* der Beleidigung und objektiver Beherrschbarkeit des Gesamtgeschehens durch die Kopplung an den ursprünglichen Verfasser ist der *likende* Nutzer nicht als (Mit-)Täter einer Beleidigung nach §§ 185, 25 StGB zu sanktionieren. Durch Solidarisierung mit und Verbreitung von ehrverletzenden Äußerungen oder Bildern, die das Opfer beispielsweise in entwürdigenden Zuständen oder Situationen zeigen und so dessen Ehre verletzen, unterstützt der *Likende* aber aktiv und bewusst das Handeln des Täters.[771] Zusammenfassend ist daher eine Bestrafung als Beihilfe für das *Liken* im Internet zu befürworten und die obligatorische Strafmilderung des § 27 Abs. 2 StGB wird dem (zumeist) untergeordneten Beitrag des *Likens* im Verhältnis zum ehrverletzenden Hauptbeitrag gerecht. Dieses Ergebnis kann in Ausnahmefällen jedoch zu unbefriedigenden Ergebnissen führen, wenn der *Likende* einen besonders hohen Einfluss durch seine soziale Stellung und die Anzahl seiner *Facebook*-Freunde ausübt und damit entsprechende Aufmerksamkeit im Netzwerk genießt.

2. Sharen einer Beleidigung

Die Nutzer des Sozialen Netzwerks *Facebook* haben gegenüber dem *Liken* auch die Möglichkeit, einen fremden Beitrag zu *sharen* (bzw. zu „teilen"). Eine Einstufung des *Teilens* als Tathandlung oder Teilnahmehandlung orientiert sich grundsätzlich an den oben genannten Maßstäben. Die Funktionsweise des *Sharens* unterscheidet sich zunächst gegenüber dem *Like*-Button maßgeblich dadurch, dass der entsprechende

---

769 *Roxin*, Strafrecht AT, Band II, § 26, Rn. 257; *Fischer*, StGB, § 27, Rn. 6. Beendigung meint den Abschluss des gesamten Handlungsgeschehens, mit dem ein Tatunrecht seinen Abschluss findet.

770 So auch *Krischker*, JA 2013, 488, (491 f.). Zu Beihilfehandlungen bei Dauerdelikten siehe *Fischer*, StGB, § 27, Rn. 8. Zum Dauerelement des Cybermobbings siehe *Cornelius*, ZRP 2014, 164, (165).

771 Zum Unrechtsbewusstsein siehe nachfolgendes Kapitel D IV.

Beitrag vollständig auf dem *Profil* des *teilenden* Nutzers erscheint und dort eigenständig durch dessen Kontakte kommentiert, *geliked* oder wiederrum *geteilt* werden kann. Der *teilende* Nutzer kann dabei bestimmen, mit wem er den Beitrag *teilen* möchte und zudem diesen durch Überschriften und Kommentare selbst gestalten. Daneben erscheint ein Link zu der ursprünglichen Quelle des Beitrags und bei Entfernung des Ursprungsbeitrags wird auch der *geteilte* Beitrag aus dem Netzwerk gelöscht.

Der objektive Bedeutungsgehalt des „Teilens" enthält zwar vom Wortlaut her keine positive Aussage einer Zustimmung wie der *„Gefällt-mir"*-Button. Allerdings findet durch die Inkorporation des Beitrags auf der eigenen Profilseite eine Identifizierung mit dem entsprechenden Beitrag statt, denn der Nutzer bindet die ehrverletzende Aussage bewusst in sein eigenes Profil ein. Das objektive Erscheinungsbild stellt sich demnach nicht nur als Solidarisierung mit dem Inhalt, sondern als eigenständige Wiederholung dar.[772] Der *teilende* Nutzer eröffnet auf seinem eigenen Profil zudem seinen Kontakten die Möglichkeit, den Beitrag zu kommentieren und zu *liken*. In der Inkorporation im eigenen Profil kann daher durchaus ein *„Zu-eigen-machen"* der Beleidigung gesehen werden. Dies könnte eine Strafbarkeit als (Mit-)Täter begründen, obwohl der geteilte Beitrag an den ursprünglichen Betrag gekoppelt ist und dem Täter somit wie im Fall des *Likens* die Tatherrschaft über das Gesamtgeschehen fehlt. Fraglich ist, ob die Bedeutung der Beteiligungshandlung und das erhöhte Tatunrecht den Mangel an Tatherrschaft überwiegen und damit eine Strafbarkeit des Teilenden nach § 185 StGB begründet ist. Verneint man aufgrund fehlender Tatherrschaft eine Täterschaft, ist durch die Verbreitung des ehrverletzenden Inhalts aber in jedem Fall eine Förderung der Ehrverletzung in Form einer Beihilfehandlung zu bejahen.

3. *Liken bzw. Sharen einer unwahren oder nicht erweislich wahren Tatsache*

Im Gegensatz zur Beleidigung nach § 185 StGB ist im Rahmen der Verleumdung bzw. üblen Nachrede nach den §§ 186, 187 StGB nicht erforderlich, dass sich der Täter mit dem ehrrührigen Inhalt seiner Äußerungen identifiziert, da diese als Verbreitungsdelikte keine eigene Missachtung verlangen.[773] Stellt ein *Facebook*-Nutzer Tatsachenäußerungen in das Netzwerk ein, die nicht erweislich wahr oder unwahr sind und zudem geeignet sind, einen anderen verächtlich zu machen oder herabzuwürdigen, kommt auch eine Strafbarkeit des *Likenden* bzw. des *Teilenden* dieser Äußerungen wegen Verleumdung bzw. übler Nachrede in Betracht. Durch die *Like-* bzw. *Share*-Funktion wird der Betrag i.S.d. §§ 186 Var. 1, 187 Var. 1 StGB verbreitet[774]

772 Siehe hierzu *Krischker*, JA 2013, 488, (492 f.).

773 S/S-*Lenckner*, StGB, § 185, Rn. 1; § 186, Rn. 1; *Rengier*, Strafrecht BT II, § 29, Rn. 21; *Arzt/Weber/Heinrich/Hilgendorf*, Strafrecht BT, § 7, Rn. 16.

774 Verbreiten meint die Mitteilung einer ehrrührigen Tatsache als Gegenstand fremden Wissens und fremder Überzeugung durch die Weitergabe von wirklichen oder angeblichen Tatsachenbehauptungen anderer, die sich der Täter nicht zu eigen

und darüber hinaus kann die Qualifikation der öffentlichen Äußerung erfüllt sein, wenn eine Kenntnisnahme durch unbestimmte Dritte möglich ist.[775] Ist das Profil nicht auf *Facebook*-Kontakte beschränkt, führt die *Share*-Funktion zudem zu der Möglichkeit der Kenntnisnahme durch alle Nutzer des Sozialen Netzwerks, womit der Täter auch die Qualifikation des öffentlichen Verbreitens erfüllen würde.[776]

Im Rahmen der üblen Nachrede nach § 187 StGB ist ferner erforderlich, dass der *Teilende* die Unwahrheit der Tatsache kennt.[777] Dies dürfte regelmäßig nicht der Fall sein. Der subjektive Tatbestand der Verleumdung nach § 186 StGB erfordert dagegen lediglich, dass der Täter hinsichtlich der Ehrrührigkeit der Tatsache vorsätzlich handelt.[778] Der Täter muss dabei das Bewusstsein und den Willen der Kundgabe an einen Dritten haben[779], was bei Kenntnis der Funktionsweise des *Like*- und *Share*-Buttons regelmäßig der Fall ist. Erkennt folglich der Nutzer die Ehrrührigkeit einer Tatsache und verbreitet diese über die *Like*- oder *Share*-Funktion an seine *Facebook*-Kontakte, liegt die Annahme einer Strafbarkeit nach § 186 StGB nahe.

4. Liken bzw. Sharen von Bildern und Videos

Eine Strafbarkeit wegen der Tathandlung des *Likens* oder *Sharens* kommt auch in Betracht, wenn ein *Facebook*-Nutzer damit eine unbefugt[780] hergestellte Bild- oder Videoaufnahme i.S.d. § 201a Abs. 1 Nr. 1 oder 2 StGB gebraucht oder einem Dritten zugänglich macht, vgl. § 201a Abs. 1 Nr. 3 StGB. Zugänglichmachen umfasst, wie

---

macht und für deren Richtigkeit er daher auch nicht eintritt. Die Mitteilung an einen Erklärungsempfänger ist bereits ausreichend. Siehe *Wolmerath*, § 2, Rn. 59; S/S-*Lenckner/Eisele*, StGB, § 186, Rn. 8. Siehe hierzu auch Kapitel D I 3.

775 Ein Behaupten erfordert eine eigene Überzeugung des Täters, wobei sein Wissen oder Fürwahrhalten zum Ausdruck kommen muss. Siehe LK-*Hilgendorf*, StGB, § 186, Rn. 7. Dies dürfte beim *Liken* oder *Sharen* nicht der Fall sein. Siehe hierzu auch die Ausführungen in Kapitel D I 3.

776 Auch hier könnte entgegengehalten werden, dass der Tatbeitrag des Verbreitens fremder Inhalte wegen der Kopplung an den Originalbeitrag lediglich als Beihilfehandlung mangels Tatherrschaft zu werten ist. So *Hilgendorf/Valerius*, Computer- und Internetstrafrecht, Rn. 246.

777 Siehe hierzu die Ausführungen in Kapitel D I 5.

778 *Fischer*, StGB, § 186, Rn. 9, 13; S/S-*Lenckner/Eisele*, StGB, § 186, Rn. 11.

779 S/S-*Lenckner/Eisele*, StGB, § 186, Rn. 11.

780 Macht ein Nutzer eine befugt, mithin einverständlich angefertigte Aufnahme einem Dritten zugänglich, liegt hierin zwar auch eine eigenständige Verletzung des Rechts am eigenen Bild. Siehe *Hilgendorf/Valerius*, Computer- und Internetstrafrecht, Rn. 423, 438. § 201a Abs. 3 StGB stellt jedoch einen nachträglichen Vertrauensbruch unter Strafe. Vgl. *Fischer*, StGB, § 201a, Rn. 22. Ein unbeteiligter Dritter genießt in der Regel nicht das Vertrauen der abgebildeten Person, welches er durch sein *Liken* oder *Sharen* missbrauchen könnte. Kritisch dagegen LK-*Valerius*, StGB, § 201a, Rn. 27.

bereits erörtert[781], das Ermöglichen des Zugriffs auf die Aufnahme, oder auch nur deren Kenntnisnahme, auch durch einen anderen als den Hersteller.

Obwohl das Bild oder Video von einem anderen hergestellt und (bereits) in Sozialen Netzwerken veröffentlicht wurde, weist das *Liken* oder *Sharen* einer unbefugt aufgenommenen Aufnahme, die das Opfer beispielsweise in intimen Situationen zeigt, einen eigenen Unrechtsgehalt auf, der eine Strafbarkeit nach § 201a Abs. 1 Nr. 3 bzw. Abs. 2 StGB begründen kann. Das Mobbingopfer wird durch die Verbreitungswirkung der beiden Funktionen vor sämtlichen *Facebook*-Freuden des *likenden* bzw. *sharenden* Täters bloßgestellt. Diese können das Foto dann ebenfalls kommentieren, *liken* oder *sharen*, so dass das Bild oder Video je nach Größe der *Facebook*-Freundeskreise einer sehr großen Gruppe zur Verfügung gestellt wird. Die unkontrollierte Verbreitung der Inhalte durch *Sharen* oder *Liken* einer gegen den Willen des Betroffenen hergestellten Aufnahme bedeutet damit eine Intensivierung und Perpetuierung des schon erfolgten Eingriffs und schafft damit eine eigenständige, dem Tatbestand typische Gefährdungslage.[782] Verneint man auch an dieser Stelle aufgrund der Kopplung an den Originalbeitrag die Tatherrschaft, wäre das *Liken* oder *Sharen* der Bild- oder Videoaufnahme jedoch zumindest als Beihilfehandlung zu bestrafen.

Der Vorsatz des *Likenden* bzw. *Sharenden* muss sich allerdings neben dem Verbreiten auch auf die Unbefugtheit der Herstellung der Aufnahme erstrecken.[783] Ist dem *likenden* bzw. *sharenden* Nutzer bewusst bzw. geht er davon aus, dass die Aufnahme ohne Einwilligung des Abgebildeten hergestellt wurde, macht er sich nach § 201a Abs. 1 Nr. 3 bzw. Abs. 2 StGB strafbar. Maßgeblich wird es in diesem Zusammenhang auf den Inhalt der Aufnahme ankommen. Zeigt das Bild oder Video eine besonders intime Situation, beispielsweise auf einer Toilette, dem Schlafzimmer etc., muss der Täter erkennen, dass das Opfer nicht mit der Herstellung und erst recht nicht mit der Verbreitung einverstanden sein wird. Zu denken ist in diesem Zusammenhang auch an Nacktaufnahmen oder Videos erniedrigender Natur, wie beispielsweise stark alkoholisierte Personen, die von Natur aus besonders geheimhaltungsbedürftig sind. Zwar fällt nicht jede erotische Aufnahme oder Abbildung Betrunkener *per se* unter das Geheimhaltungsinteresse des Abgebildeten. Gerade unter jugendlichen Nutzern sind erotische Fotos als auch Aufnahmen von ausschweifenden Partys nicht ungewöhnlich und finden meist mit deren Zustimmung ihren Weg ins *Social Web*. Ob das Opfer mit der Herstellung und Verbreitung der Aufnahme einverstanden ist, kann sich zudem auch aus dem Kontext, beispielsweise einer entsprechenden Bildbezeichnung oder Kommentierung ergeben.

---

781 Siehe hierzu die Ausführungen in Kapitel D II 1 e.

782 *Hilgendorf/Valerius*, Computer- und Internetstrafrecht, Rn. 423; Zum Gebrauchen einer Bildaufnahme siehe *Bosch*, JZ 2005, 377, (380).

783 Wenn der Täter glaubt, die Herstellung sei aufgrund einer Einwilligung befugt gewesen, entfällt aufgrund eines Tatbestandsirrtums der Vorsatz. *Fischer*, StGB, § 201a, Rn. 20; *Heuchemer/Paul*, JA 2006, 616, (620); siehe hierzu auch *Bosch*, JZ 2005, 377, (382).

Beim *Liken* oder *Sharen* von Videos kommt zudem eine Strafbarkeit nach § 201 Abs. 1 Nr. 1 StGB sowie ggf. nach § 201 Abs. 2 Satz 1 Nr. 2 in Betracht, wenn der Betroffene durch die Weitergabe des gesprochenen Wortes bloßgestellt oder das berufliche oder öffentliche Wirken erschwert würde.[784] Eine Strafbarkeit kann sich zudem aus § 33 KUG ergeben, denn der Tatbestand spricht ausdrücklich von der Tathandlung des „*Verbreitens*" von Bildnissen.[785] Liegen die Voraussetzungen des KUG vor, kann damit auch das *Liken* bzw. *Sharen* eines Bildnisses aus der Öffentlichkeit strafbar sein.

5. *Zwischenergebnis*

Das Soziale Netzwerk *Facebook* zählt allein 1,6 Milliarden *Likes* an einem Tag.[786] Auch andere Soziale Netzwerke wie *Twitter* oder *Google+* bieten ihren Nutzern entsprechende Interaktionsmöglichkeiten, um Beiträge als interessant zu markieren, hervorzuheben oder mit anderen zu teilen. Das *Social Web* bietet durch seine einfache und spielerische Struktur damit durchaus Tatanreize für Cybermobbing-Handlungen. Kommentare anderer Nutzer unter beleidigende Aussagen, Fotos oder Video können bei entsprechendem Inhalt des Kommentars den Tatbestand der Beleidigung auch selbst erfüllen. Bleiben die Kommentare unterhalb der strafwürdigen Grenze, können diese dennoch als Beihilfehandlung gewertet werden, wenn sie das Täterverhalten unterstützen und damit den Taterfolg fördern.

Auch der (lediglich) *likende* Nutzer kann sich durch seinen *Like* zu beleidigenden Werturteilen der Beihilfe, bei Tatsachen ehrrührigen Inhalts, als Täter einer Verleumdung strafbar machen. Aufgrund der technischen Funktionsweise der Einbindung eines geteilten Inhalts auf der Pinnwand des Nutzers, sprechen auch einige Argumente dafür, das Betätigen des *Share*-Buttons unter einem beleidigenden Werturteil nach §§ 185, 25 StGB zu bestrafen. Verbreitet der Nutzer Bilder oder Videos, die der Intimsphäre einer Person entstammen, kann er sich durch *Liken* oder *Sharen* dieser Aufnahmen nach den §§ 201 f. StGB, bzw. § 33 KUG, strafbar machen. Die Nutzer können dabei auch regelmäßig erkennen, dass es sich bei den Inhalten um beleidigende Äußerungen oder intime und peinliche Aufnahmen handelt. Ihnen sind zudem die Funktionsweise und damit die Verbreitungswirkung der *Like*- oder *Share*-Funktionen bekannt. Fraglich ist jedoch, ob den Nutzern auch bewusst ist, dass sie durch ihr Handeln Straftatbestände des StGB erfüllen, die eine entsprechende Sanktionierung nach sich ziehen.

---

784 *Hilgendorf/Valerius*, Computer- und Internetstrafrecht, Rn. 427 f.

785 Siehe hierzu die Ausführungen in Kapitel D II 3.

786 Übersicht aktueller Social Networks Statistiken des *Social Media Institute* (SMI), Stand vom 27.04.2014; abrufbar unter http://www.socialmedia-institute.com/uebersicht-aktueller-social-media-nutzerzahlen/ (zuletzt aufgerufen am 25.07.2015).

IV. Unrechtsbewusstsein im Internet

Der Klick auf den *„Gefällt-mir"*-Button ist schnell und einfach getätigt. Die besonderen Eigenschaften des Internets, insbesondere die spielerischen Online-Interaktionsmöglichkeiten stehen dem Unrechtsbewusstsein der Nutzer Sozialer Medien mitunter entgegen.[787] Insbesondere jugendlichen Nutzern ist die Tragweite ihres Handelns im *World Wide Web* oft nicht bewusst.[788] Dabei spielen psychologische Aspekte eine Rolle, wie das Gefühl unbeobachtet zu sein sowie die Möglichkeiten der Nutzung von Pseudonymen statt dem eignen Namen.[789] Die gefühlte Anonymität bei Verwendung von Pseudonymen vermag die Hemmschwelle für „Alltagsdelikte" wie Ehrverletzungen erheblich zu senken.[790] Aus der Perspektive des Absenders betrachtet, mag besonders das *Liken* und *Sharen* interessanter oder lustiger Inhalte eine täglich mehrfach verwendete Funktion und keine große Sache sein. Der Gedanke an mögliche (strafrechtliche) Folgen und die Auswirkungen auf das Opfer liegen da fern. Der Realitätsbezug wird aufgrund der geringen Energieentfaltung beim schlichten Anklicken des *Like-* oder *Share*-Buttons bisweilen übersehen oder unterschätzt. Den Cybertätern kann dabei der kriminelle Gehalt ihrer Handlungen und deren Auswirkungen in der realen Welt verborgen bleiben, indem sie sich im Internet in einem rechtsfreien Raum wähnen. Die einzelnen Handlungen werden von den Tätern dabei durchaus als unmoralisch, jedoch nicht als kriminell, eingestuft.[791] Fraglich ist, ob diese Bedingungen einem strafrechtlichen Sanktionsgedanken als *ultima ratio* entgegenstehen.

1. Anforderungen an das Unrechtsbewusstsein

Das Unrechtsbewusstsein als selbstständiges Element der Schuld setzt voraus, dass dem Täter der Verstoß gegen die verbindlich gesetzte Werteordnung bewusst ist.[792] Nicht erforderlich ist, dass der Täter die Strafbarkeit seines Verhaltens kennt. Ausreichend ist, dass der Täter die Kenntnis besitzt, Unrecht zu tun.[793] Die Kenntnis des Täters muss sich dabei zum einen auf die von dem verwirklichten Tatbestand umfasste spezifische Rechtsgutverletzung beziehen, d.h. dem Täter muss bewusst sein, dass er das betroffene Rechtsgut auch in einer Weise tangiert, die von der

---

787 *Heckmann*, NJW 2012, 2631.

788 Polizeiliche Kriminalprävention der Länder und des Bundes, Cybermobbing: Neue Form der Gewalt, abrufbar unter http://www.polizei-beratung.de/themen-und-tipps/gefahren-im-internet/cybermobbing.html (zuletzt aufgerufen am 28.10.2015).

789 *Hilgendorf/Valerius*, Computer- und Internetstrafrecht, Rn. 249.

790 *Heckmann*, NJW 2012, 2631 f.

791 *Hilgendorf/Valerius*, Computer- und Internetstrafrecht, Rn. 251.

792 *Hilgendorf/Valerius*, Computer- und Internetstrafrecht, Rn. 248.

793 *Fischer*, StGB, § 17, Rn. 3; *Lackner/Kühl*, StGB, § 17, Rn. 2; S/S- *Sternberg-Lieben*, StGB, § 17, Rn. 4 f.; a.A. LK-*Schröder*, StGB, § 17, Rn. 5 ff.; Kindhäuser/Neumann/Paeffgen-*Neumann*, StGB, § 17, Rn. 21.

Rechtsordnung nicht mehr sanktionslos hingenommen wird.[794] Zum anderen muss sich das Unrechtsbewusstsein auch auf die jeweilige Rechtsordnung beziehen, die durch seine Tat verletzt wird.[795] Dabei kommt es nicht auf die Kenntnis des Strafanwendungsrechts an, sondern auf das Bewusstsein, ein bestimmtes Rechtsgut nach einer bestimmten Rechtsordnung zu verletzen.[796] Das Unrechtsbewusstsein fehlt danach, wenn dem Täter der Verstoß gegen eine fremde Rechtsordnung nicht bewusst ist oder wenn er die Rechtsgutverletzung nicht als Unrecht erfährt. Denkbar ist dabei, dass der Täter dem Rechtsgut zwar einen gewissen Wert einräumt, er aber die konkrete Art seiner Verletzung nicht als Unrecht einsieht.[797]

2. Folgen des fehlenden Unrechtsbewusstseins

Fehlendes Unrechtsbewusstsein bedeutet aber nicht zwingend die Straffreiheit eines Täters. Er unterliegt einem sog. Verbotsirrtum gem. § 17 StGB und nur wenn sich der Verbotsirrtum als nicht vermeidbar darstellt, handelt der Täter gem. § 17 Satz 1 StGB ohne Schuld und bleibt straffrei. Hätte sich die Fehlvorstellung des Täters dagegen vermeiden lassen, sieht § 17 Satz 2 StGB lediglich eine fakultative Strafmilderung nach § 49 Abs. 1 StGB vor.[798] Vermeidbar ist ein Verbotsirrtum dann, wenn der Täter das Unrecht nach seinen individuellen Fähigkeiten unter Einsatz seiner geistigen Erkenntniskräfte und sittlichen Wertvorstellungen hätte erkennen können, sog. Gewissensanspannung.[799] An die Unvermeidbarkeit eines Verbotsirrtums, der die Straffreiheit mit sich bringt, sind jedoch nach Ansicht der Rechtsprechung hohe Anforderungen zu stellen.[800] Im Kernstrafrecht bleiben Verbotsirrtümer in der Regel vermeidbar.[801]

---

794 Bereits *BGH*, Urteil vom 28.02.1961, Az.1 StR 467/60, in: NJW 1961, 1731; *Fischer*, StGB, § 17, Rn. 4; *Hilgendorf/Valerius*, Computer- und Internetstrafrecht, Rn. 253; *München*, Beschluss vom 06.08.2005, Az. 4 St RR142/06, in: NStZ 2007, 97, 98.

795 *Valerius*, NStZ 2003, 341 (343); *Hilgendorf/Valerius*, Computer- und Internetstrafrecht, Rn. 254.

796 Siehe hierzu *BGH*, Urteil vom 19.05.1999, Az. 2 StR 86/99, in: NJW 1999, 2908 f.; *Valerius*, NStZ 2003, 341, (343).

797 *Valerius*, NStZ 2003, 341, (343).

798 *Hilgendorf/Valerius*, Computer- und Internetstrafrecht, Rn. 248; *Fischer*, StGB, § 17, Rn. 12.

799 Bereits *BGH*, Beschluss vom 23.12.1952, Az. 2 StR 612/52, in: NJW 1953, 431 ff.; *OLG Düsseldorf*, Beschluss vom 28.06.1974, Az. 3 Ss 87/74, in: LMRR 1974, 5; *Hilgendorf/Valerius*, Computer- und Internetstrafrecht, Rn. 255; *Fischer*, StGB, § 17, Rn. 8; MüKo-*Joecks*, StGB, § 17, Rn. 42.

800 Vgl. *BGH*, Urteil vom 23.04.1953, Az. 3 StR 219/52, in: NJW 1953, 1151; *BGH*, Beschluss vom 23.12.1952, Az. 2 StR 612/52, in: NJW 1953, 431 ff.; MüKo-*Joecks*, StGB, § 17, Rn. 40; *Hilgendorf/Valerius*, Computer- und Internetstrafrecht, Rn. 255; *Valerius*, NStZ 2003, 341 344.

801 *Roxin*, Strafrecht AT, Band I, § 21, Rn. 58; *Hilgendorf/Valerius*, Computer-und Internetstrafrecht, Rn. 255.

3. (Vermeidbare) Verbotsirrtümer bei der Internetkommunikation

Verbotsirrtümer, die auf den besonderen psychischen Bedingungen[802], der gefühlten Anonymität und der vermeintlichen rechtsfreien Sphäre im Internet beruhen, sind in aller Regel vermeidbar.[803] Denn jedem Nutzer muss nach kurzem Überlegen klar sein, dass das Internet kein verselbstständigter Teil der realen Welt ist, der sich von jedem Rechtsgedanken lossagt. Stellt der Täter entsprechende Kommentare, Bilder oder Videos des Opfers in Soziale Medien ein, muss er erkennen, dass er durch dieses Handeln Unrecht tut. In Anbetracht der Kenntnis der Verbreitungswirkung und der Vertrautheit im Umgang mit Sozialen Netzwerken, kann sich in der heutigen Zeit ein durchschnittlicher Internetnutzer kaum mehr auf einen Verbotsirrtum berufen.

Die Option des *Like-* oder *Share*-Buttons wird durch viele *Facebook-User* inflationär genutzt, ohne sich mit dem Ausgangsbeitrag näher auseinander gesetzt zu haben.[804] Ob sich die Nutzer dabei bewusst sind, Unrecht zu tun und sich damit strafbar zu machen, ist mitunter schwer zu beurteilen. Folgt man der Ansicht des Arbeitsgerichts *Dessau-Roßlau*, ist bei der Beurteilung des *Like*-Buttons zu berücksichtigen, dass dessen Verwendung durch den Nutzer oft eine spontane und unüberlegte Reaktion darstellt und der Bedeutungsgehalt durch den Nutzer nicht allzu hoch eingeschätzt wird.[805] Dem folgend müsste dies erst Recht im Rahmen der strengeren strafrechtlichen Bewertung gelten. Das Unrechtsbewusstsein könnte danach zu verneinen sein, da sich der Nutzer zwar mit dem Inhalt eines beleidigenden *Posts* solidarisiert, jedoch durch Betätigen der Funktion nicht das damit verbundene Unrecht reflektiert.[806] Allerdings stellt sich in diesem Zusammenhang die Frage nach der Vermeidbarkeit dieses Verbotsirrtums. Der Nutzer kann bei Anspannung seines Gewissens regelmäßig erkennen, dass das Internet keinen rechtsfreien Raum darstellt und kein Unterschied zwischen virtueller und realer Welt besteht.[807] Gegen eine Strafmilderung und für eine Vermeidbarkeit des Irrtums kann eingewendet werden, dass der Bedeutungs- und Aussagegehalt der *„Gefällt mir“*-Funktion dem Nutzer durchaus bewusst ist und er gerade die Meinungen und Aussagen auf Sozialen Netzwerken unterstreichen und bestärken will.[808] Vergleichbar müsse auch die

---

802 *Hilgendorf*, ZIS 2010, 208, (210 f.).

803 *Hilgendorf/Valerius*, Computer- und Internetstrafrecht, Rn. 256; *Ders.* in: ZIS 2010, 208, (211).

804 *Krischker*, JA 2013, 488, (493).

805 Siehe hierzu auch die Argumentation des *ArbG Dessau-Roßlau*, Urteil vom 31.03.2012, Az. 1 Ca 148/11, in: BeckRS 2012, 69099; kritisch hierzu *Wahlers*, jurisPR-ITR 12/2012, Anm. 2. Im Fall des Arbeitsgerichts ging es um die Frage, ob das *Liken* einer beleidigenden Äußerung im Sozialen Netzwerk *Facebook* gegenüber dem Arbeitgeber eine fristlose Kündigung rechtfertige. Siehe hierzu auch die Ausführungen in Kapitel G III 1.

806 So *Krischker*, JA 2013, 488, (493).

807 *Krischker*, JA 2013, 488, (493).

808 *Wahlers*, jurisPR-ITR 12/2012, Anm. 2.

Handhabung des *Sharens* beurteilt werden, da sich der Täter bewusst ist, welchen Inhalt er auf seiner Profilseite veröffentlicht und welche Wirkung dieser *Post* hervorrufen kann.[809] Inwieweit eine spontane Reaktion ohne nähere Überlegung vorliegt, die einen (vermeidbaren) Verbotsirrtum nach § 17 StGB rechtfertigt, kann jedoch nur für den Einzelfall bestimmt werden. Dabei wird es auch maßgeblich auf den *gelikten* bzw. *gesharten* Inhalt ankommen. Hat eine Äußerung, die über eine Person in einem Sozialen Netzwerk wie *Facebook* getroffen wird, einen besonders ehrverletzenden Charakter, weil sie die Würde der Person, oder dessen Privat- und Intimsphäre in besonderem Maße angreift, muss man in der Regel davon ausgehen, dass der Einzelne das Unrecht einer Verbreitung dieser Äußerung sowie deren Auswirkungen auch erkennen kann. Ebenso verhält es sich mit besonders entwürdigenden Foto- oder Videoaufnahmen. Auch der Kontext einer Aufnahme wie Bildunterschriften und Kommentare kann auf den Zweck der Veröffentlichung wie Rache oder Mobbing hinweisen, den der Täter durch das Verbreiten der Aufnahme dann auch bewusst unterstützt.

4. Unrechtsbewusstsein bei grenzüberschreitenden Straftaten im Internet

Durch die fortschreitende Internationalisierung kommt es insbesondere im Bereich der Online-Kommunikation im weltweit abrufbaren Internet zu einem Kontakt verschiedener Rechtsordnungen. Im Rahmen der Internetkommunikation gilt es den grenzüberschreitenden Charakter des Internets zu berücksichtigen.[810] Dabei stellt sich aufgrund der internationalen und interkulturellen Berührungspunkte die Frage des Unrechtsbewusstseins eines Täters, der einen Tatbestand einer für ihn fremden Rechtsordnung verwirklicht. Denn die Verwirklichung des Tatbestandes kann sich auf das Gebiet mehrerer Staaten erstrecken und der Taterfolg kann in einem anderen Staat eintreten als demjenigen, in dem der Täter gehandelt hat.[811] Der Täter selbst zieht dabei meist den Kontakt zu einer anderen Rechtsordnung überhaupt nicht in Erwägung, noch erfasst er die Dimension seines Handelns.[812] Bei grenzüberschreitenden Kommunikationsvorgängen kann aufgrund der erheblichen Unterschiede zwischen den einzelnen kulturellen Wertvorstellungen und nationalen Strafvorschriften die Gewissensanspannung mitunter nicht zur Unrechtseinsicht verhelfen und einen Verbotsirrtum nach sich ziehen. In den USA ist der Stellenwert der Meinungsfreiheit beispielsweise in den verschiedenen Staaten unterschiedlich ausgeprägt und nimmt traditionell eine überragende Stellung ein.[813] Das

---

809 *Krischker*, JA 2013, 488, (493).

810 Siehe hierzu auch *Hilgendorf/Valerius*, Computer- und Internetstrafrecht, Rn. 252 f.; LK-*Hilgendorf*, StGB, Vor § 185, Rn. 40.

811 Siehe hierzu auch die Ausführungen in Kapitel B II.

812 Zum globalen Unrechtsbewusstsein ausführlich *Valerius*, NStZ 2003, 341 ff.; *Hilgendorf/Valerius*, Computer- und Internetstrafrecht, Rn. 252.

813 *Hilgendorf/Valerius*, Computer-und Internetstrafrecht, Rn. 257; *Hilgendorf*, ZIS 2010, 208, (214).

Regel-Ausnahme-Verhältnis von der Vermeidbarkeit des Verbotsirrtums verkehrt sich in das Gegenteil, wenn der Täter sein Verhalten überhaupt nicht mit einer Rechtsordnung in Verbindung zu bringen wusste, was beispielsweise bei ausländischen Tätern der Fall sein kann.[814] Der Gebrauch der Online-Kommunikation allein führt jedenfalls nicht zu einem globalen Unrechtsbewusstsein; es bedarf dafür vielmehr spezieller Anhaltspunkte, wie beispielsweise das bewusste Herstellen eines Bezugs zu einem fremden Staat.[815] Eine Informationspflicht bzw. Erkundigungspflicht kommt bei grenzüberschreitenden Verhaltensweisen nur bei geschäftlichen Tätigkeiten in Betracht und ergibt sich nicht schon aus der Kenntnis der weltweiten Abrufbarkeit frei zugänglicher Inhalte.[816] *Postet* beispielsweise ein US-amerikanischer Bürger beleidigende Inhalte über eine Person deutscher Staatsangehörigkeit auf Sozialen Medien und ist er der Ansicht, aufgrund der großen Bedeutung der Meinungsfreiheit in seinem Land diese Inhalte unbedenklich verbreiten zu können, kann sein Verbotsirrtum unvermeidbar sein.

5. *Zwischenergebnis*

Ob eine Strafbarkeit bei Social Media Mobbing an einem fehlenden Unrechtsbewusstsein des Täters scheitert, ist mitunter nicht leicht zu beantworten. Stellt ein Nutzer beleidigende Inhalte, bloßstellende Fotos oder Videos des Opfers auf ein Online-Netzwerk wie *Facebook* ein, ist ein Verbotsirrtum des Täters über das Unrecht seiner Handlung in aller Regel vermeidbar.[817] Anders kann dies zu beurteilen sein, wenn Nutzer diese Inhalte *liken* oder *sharen*. Ist dem Nutzer aufgrund einer spontanen und unüberlegten Reaktion nicht bewusst, Unrecht zu tun, stellt sich die Frage, ob er dies bei entsprechender „Gewissensanspannung" hätte erkennen können. Bei besonders herabwürdigenden Inhalten die das Opfer besonders beeinträchtigen, bloßstellen und dessen Ruf erheblich schädigen, ist eine Vermeidbarkeit des Verbotsirrtum wohl in aller Regel zu bejahen. Dagegen kann bei bestimmten grenzüberschreitenden Delikten im Internet, aufgrund der Verschiedenheit von Rechtsordnungen, ein globales Unrechtsbewusstsein nicht vorausgesetzt werden.

---

814 *Hilgendorf/Valerius*, Computer- und Internetstrafrecht, Rn. 262.

815 Zu den besonderen Anknüpfungspunkten bei Online-Taten zur Feststellung des Unrechtsbewusstseins bzgl. der Verletzung einer spezifischen Rechtsordnung *Valerius*, NStZ 2003, 341, (345).

816 Beispielsweise bei Internetauftritten zu Werbezwecken, siehe *Hilgendorf/ Valerius*, Computer- und Internetstrafrecht, Rn. 259.

817 Zur Veröffentlichung von Fotos im Internet *Klinkhammer/Müllejans*, ArbR-Aktuell 2014, 503, (504).

V. Zusammenfassendes Ergebnis zur Strafbarkeit des Social Media Mobbings

Mobbing über Soziale Medien im Internet zeichnet sich durch ein Zusammenwirken mehrerer Nutzer durch verschiedene Handlungsbeiträge aus. Auslöser kann dabei zunächst ein negativer oder beleidigender Beitrag eines Nutzers über eine andere Person, ein Bild oder Video sein. Intensiviert wird die Wirkung dieses *Postings* durch entsprechende Kommentare anderer Nutzer, eine Vielzahl von *Likes* oder durch die Verbreitung mittels *Share*-Buttons über das Online-Netzwerk *Facebook*. Dabei kann sich der Social Media Nutzer durch das Online-Stellen ehrverletzende Beiträge nach § 185 StGB wegen Beleidigung, bzw. nach §§ 186 f. StGB strafbar machen, wenn er Gerüchte oder unwahre Behauptungen über das Opfer in Umlauf bringt. Stellt er ohne oder gegen den Willen des Betroffenen Fotos oder Videos auf Online-Plattformen ein, kommt insbesondere eine Strafbarkeit nach dem neu eingefügten § 201a StGB, als auch nach § 201 StGB und ggf. nach § 33 KUG in Betracht. Dies gilt insbesondere für Aufnahmen, die der Intim- und Privatsphäre des Opfers entstammen oder dem Ansehen des Opfers schaden können. Strafbar kann dabei bereits das Fotografieren in der Öffentlichkeit sein, als auch die Verbreitung der Aufnahme über Soziale Medien. Extreme Fälle des Social Media Mobbings wie die erwähnten *Happy-Slapping*-Videos können darüber hinaus auch noch weitere Straftatbestände erfüllen. Wie aufgezeigt, kann auch das Anklicken des *Like*- oder *Share*-Buttons eine Strafbarkeit nach sich ziehen. Ob den meisten Nutzern von *Facebook*, *YouTube* und Co. die Strafbarkeit und die damit verbundenen Konsequenzen ihres Verhaltens bewusst sind, ist fraglich. Den Nutzern der Social Media Angebote ist die Funktionsweise und damit die Verbreitungswirkung eines öffentlichen Kommentars auf *Facebook*, eines *Likes* bzw. *Shares* auch bekannt. Maßgeblich wird es in diesem Zusammenhang auf den Inhalt der Äußerung bzw. der Aufnahme ankommen. Bei besonders kränkenden und ehrverletzenden Äußerungen, besonders intimen und entwürdigenden Aufnahmen, die das Opfer bloßstellen, kann ein fehlendes Bewusstsein der Nutzer, durch ihre Handlungen Unrecht zu tun, nur schwerlich angenommen werden.

Zumeist wird sich die Kommunikation über Soziale Medien allerdings in einer Grauzone zwischen (gerade noch) sozialadäquaten und strafbaren Verhalten bewegen. Was dabei im erlaubten Risiko zugelassener Betätigung liegt, ist mitunter schwer zu beantworten. Auch ein eher harmloser Kommentar oder Bild kann durch beleidigende Kommentare anderer Nutzer eine gewisse Eigendynamik bis hin zur Eskalation entwickeln, die so von dem ursprünglichen Ersteller des Beitrags gar nicht gewollt war. Dagegen führt nicht jede Online-Beleidigung, und mag der Inhalt noch so ehrverletzend sein, zu Cybermobbing und einer schwerwiegenden Beeinträchtigung des Opfers. Zudem setzen sich die Ersteller öffentlicher Beiträge auf Social Media Plattformen stets auch selbst der öffentlichen Meinung und Kritik aus. Die Reaktionen der anderen Nutzer können sich bei einem negativen *Post* über eine andere Person auch gegen den Ersteller selbst wenden, so dass sich ggf. das Cybermobbing gegen diesen umkehren kann. Ob eine Strafbarkeit der einzelnen

Nutzer wegen Verletzung von Persönlichkeitsrechten in Betracht kommt, ist jeweils für den Einzelfall zu bestimmen, wobei neben dem einzelnen Tatbeitrag auch die äußeren Umstände eine Rolle spielen. Realisieren sich unvermeidbare Lebensrisiken der alltäglichen zwischenmenschlichen Kommunikation, erscheinen diese oft nicht strafwürdig bzw. strafbedürftig. Wird dagegen eine andere Person gezielt verletzt, bloßgestellt und verächtlich gemacht, liegt ein Strafbedürfnis für die Täter nahe.

E. Strafrechtliche Verantwortlichkeit der Internetprovider

Die Kommunikation im Internet wäre ohne die Inanspruchnahme der Dienste von Internet-Anbietern, sog. *Provider*[818], nicht möglich. Diese fungieren als (kommerzielle) Anbieter von internetspezifischen Diensten, Inhalten oder technischen Leistungen, die für die Nutzung oder den Betrieb von Diensten im Internet erforderlich sind.[819] Das Telemediengesetz (TMG[820]) definiert Diensteanbieter zunächst allgemein als natürliche oder juristische Personen, die eigene oder fremde Telemedien zur Nutzung bereithalten oder den Zugang zur Nutzung vermitteln, vgl. § 2 Satz 1 Nr. 1 TMG. Neben dem Nutzer, der diese Dienste in Anspruch nimmt, stellen die Diensteanbieter *die* zentrale Figur im Internet dar.[821]

Bei einem Kommunikationsvorgang über Soziale Medien im Internet sind mehrere Personen und Provider beteiligt:[822] Zunächst greift der *Nutzer* über einen *Access-Provider,* wie beispielsweise die *Telekom,* auf eine Social Media Website wie *Facebook.com* zu. Um einen bestimmten Inhalt bzw. Datei („*content*") auf den Webserver eines Social Media Anbieters wie *Facebook* hochzuladen, nimmt er die Dienste des sog. *Network-Providers* in Anspruch, der die Datei auf den Webserver überträgt. *Facebook* als *Host-Service-Provider* stellt dabei den notwendigen Speicherplatz und die Rahmenbedingungen sowie Funktionsmöglichkeiten zur Verfügung. Für den Abruf der Inhalte durch andere Nutzer der *Facebook* Website muss wiederrum auf die Dienste von *Access-Providern* zurückgegriffen werden, die die Verbindung mit dem Internet herstellen.

---

818 Aus dem Englischen von „to provide" für versorgen, beliefern, bereithalten.

819 *Ohrmann*, S. 5 ff.; *Gercke/Brunst*, Rn. 564 ff.; *Hollenders*, S. 110.

820 Das TMG trat am 01.03.2007 in Kraft und diente der Umsetzung der *Richtlinie über den elektronischen Geschäftsverkehr* 2003/31/EG (ECRL, ABl. EG L 178, S. 1). Nach § 1 Abs. 1 TMG ist der sachliche Anwendungsbereich des TMG auf Telemedien begrenzt, mithin für alle elektronischen Informations- und Kommunikationsdienste, soweit sie nicht Telekommunikationsdienste nach § 3 Nr. 24 TKG, telekommunikationsgestützte Dienste nach § 3 Nr. 25 TKG oder Rundfunk nach § 2 RStV sind. Siehe hierzu auch Teil 3 A II.

821 *Grimm/Rhein/Clausen-Muradian*, S. 327; *Hilgendorf/Valerius*, Computer- und Internetstrafrecht, Rn. 175.

822 Siehe hierzu auch *Hilgendorf/Valerius*, Computer- und Internetstrafrecht, Rn. 176.

Cybermobbing und Cyberstalking, unter Ausnutzung der besonderen Kommunikationsmöglichkeiten der Sozialen Medien im Internet, wirft daher nicht nur die Frage nach der Verantwortlichkeit der Nutzer, sondern auch nach der Verantwortlichkeit derjenigen auf, die dieses Handeln durch das Bereitstellen der technischen Möglichkeiten oder der Social Media Plattform erst ermöglichen bzw. unterstützen. Anknüpfungspunkt für eine Strafbarkeit kann neben dem Veröffentlichen und Verbreiten von Inhalten auch die rein technische Mitwirkung durch Ermöglichung des Zugangs oder Nichtsperrung oder -löschung der jeweiligen Inhalte sein.[823] Da sich der Schwerpunkt der Untersuchung auf die Strafbarkeit der Social Media Nutzer konzentriert, erfolgt hier aufgrund der Relevanz der Providerhaftung bei Internetdelikten ein Überblick der strafrechtlichen Verantwortlichkeit der verschiedenen Provider.[824]

I. Die Haftungsregelungen des TMG

Auch die Strafbarkeit der Internetprovider richtet sich grundsätzlich nach den allgemeinen strafrechtlichen Grundsätzen, soweit das TMG die Verantwortlichkeit für die Verbreitung rechtwidriger Inhalte oder andere strafbare Verhaltensweisen im Internet nicht ausschließt.[825] Die §§ 7 ff. TMG enthalten dabei besondere Verantwortlichkeitsregelungen in Form von Haftungsbegrenzungen für verschiedene Arten von Dienstleistungen in allen Rechtsgebieten, sog. *privilegiertes Providerhandeln.*[826] Die Vorschriften des TMG als reine Haftungsbegrenzungsregelungen können damit weder eine Verantwortlichkeit begründen noch verschärfen.[827] Im Folgenden soll vor der überblicksmäßigen Darstellung der Privilegierungen zunächst deren Verhältnis zu den strafrechtlichen Regelungen geklärt und sodann die Strafbarkeit der einzelnen Provider in Kürze erläutert werden.

---

823 *Hilgendorf/Valerius*, Computer- und Internetstrafrecht, Rn. 236; *Grimm/Rhein/Clausen-Muradian*, S. 327.

824 Die Untersuchung ist dabei auf die Strafbarkeit der Internet-Provider beschränkt. Zur zivilrechtlichen Haftung und Störerhaftung der Provider siehe *Hollenders*, S. 199 ff.; Splittgerber-*Katko/Kaiser*, Kap. 4, Rn. 317 ff., *Hoeren*, Internet- und Kommunikationsrecht, S. 416 ff.

825 Siehe zu dieser Thematik auch ausführlich *Hilgendorf/Valerius*, Computer- und Internetstrafrecht, Rn. 185; *Palm*, S. 220 f. Auf Suchmaschinen sind die Verantwortlichkeitsregeln des TMG nicht anwendbar. Siehe hierzu *Hilgendorf/ Valerius*, Computer- und Internetstrafrecht, Rn. 233; vgl. BT-Drs. 14/6098, S. 37.

826 Privilegierte Telemediendienste sind alle Informations- und Kommunikationsdienste, die nicht ausschließlich Telekommunikationsdienste oder Rundfunk sind. Siehe hierzu S/S-*Perron/Eisele*, StGB, § 184, Rn. 55; *Palm*, S. 222.

827 *Marberth-Kubicki*, Rn. 152; *Palm*, S. 220; *Gercke/Brunst*, Rn. 564; *Hollenders*, S. 200.

1. *Verhältnis der allgemeinen strafrechtlichen Haftungsgrundsätze zu den Haftungsbegrenzungsregelungen der §§ 7 ff. TMG*

Die Rechtsnatur der Haftungsregelungen des TMG sowie deren Verhältnis zu den allgemeinen strafrechtlichen Haftungsgrundsätzen sind umstritten. Die dogmatische Einordung erfolgt dabei in unterschiedlicher Weise: Die Haftungsbegrenzungsregelungen werden teilweise als Vorfilter oder Nachfilter der Prüfung der strafrechtlichen Verantwortlichkeit vorgeschaltet bzw. nachgelagert.[828] Das sog. *Filterkonzept* kennzeichnet die Haftungsregelungen des TMG als selbstständige, rechtsübergreifende Regelungen, die unabhängig von den jeweiligen Haftungsordnungen im Rahmen einer eigenständigen Prüfungsstufe auszulegen sind.[829] Nach der *Integrationslösung* sind die Haftungsregelungen dagegen in die Prüfung des jeweiligen Delikts zu integrieren.[830] Die dogmatische Einordnung in den dreistufigen Verbrechensaufbau[831] ist in der Literatur jedoch nicht einheitlich. Teilweise dienen die Verantwortlichkeitsregelungen des TMG als Rechtfertigungsgrund oder es wird eine Einordnung auf Schuldebene vorgenommen.[832] Die wohl überwiegende Auffassung in der Literatur verneint bei Vorliegen der Voraussetzungen der Haftungsregelungen des TMG bereits die Tatbestandsmäßigkeit, sog. *Tatbestandslösung*.[833] Dies erscheint auch sachgerecht. Denn eine vom jeweiligen Rechtsgebiet losgelöste (Vor-)Filterlösung, die eine rechtsgebiets-spezifische Auslegung der Merkmale verwehrt, erscheint ebenso wenig sinnvoll, wie ein Festmachen an einer persönlichen Vorwerfbarkeit des Verhaltens im Rahmen der Schuld.[834] Die Regelungen des TMG bestimmen vielmehr das privilegierte Providerhandeln, welches bestimmte Pflichten

---

828 Siehe hierzu *Fischer*, StGB, § 184, Rn. 27 f.; Zur Vorfilterlösung vgl. etwa BT-Drs. 13/7385, S. 51; Hoeren/Sieber/Holznagel-*Sieber*, Multimediarecht, Teil 19.1, Rn. 14 ff.; *Hoeren*, Internet-und Kommunikationsrecht, S. 415; *Gercke/Brunst*, Rn. 581; *Marberth-Kubicki*, Rn. 363.

829 Siehe dazu *BGH*, Urteil vom 23.09.2003, Az. VI ZR 335/02, in: MMR 2004, 166 (167); BT-Drs. 14/6098, S. 23; *Hollenders*, S. 200; *Hilgendorf/Valerius*, Computer- und Internetstrafrecht, Rn. 189; *Palm*, S. 221; S/S-*Perron/Eisele*, StGB, § 184, Rn. 56.

830 *Hilgendorf/Valerius*, Computer- und Internetstrafrecht, Rn. 191; *Palm*, S. 222; S/S-*Perron/Eisele*, StGB, § 184, Rn. 56; *Lackner/Kühl*, StGB, § 184, Rn. 7a; *Gercke/Brunst*, Rn. 580.

831 Zum dreistufigen Verbrechensbegriff der tatbestandsmäßigen, rechtswidrigen und schuldhaften Handlung siehe anstatt vieler S/S-*Eisele*, StGB, Vor. zu den §§ 13 ff, Rn. 15.

832 S/S-*Perron/Eisele*, StGB, § 184, Rn. 56; *Palm*, S. 222f. Für eine Einordung auf der Schuldebene siehe die sog. „CompuServe-Entscheidung" des *LG München* vom 17.11.1999, Az. 20 Ns 465 Js 173158/95, in MMR 2000, 171 ff.

833 *Hilgendorf/Valerius*, Computer- und Internetstrafrecht, Rn. 192; *Fischer*, StGB, § 184, Rn. 27; *Lackner/Kühl*, StGB, § 184, Rn. 7a; S/S-*Perron/Eisele*, StGB, § 184, Rn. 56; *Gercke/Brunst*, Rn. 580; *Palm*, S. 223. jeweils m.w.N.

834 So auch *Hilgendorf/Valerius*, Computer- und Internetstrafrecht, Rn. 189, 192; *Palm*, S. 223; *Gercke/Brunst*, Rn. 580; *Marberth-Kubicki*, Rn. 364.

der Anbieter objektiv festlegt und die Verantwortlichkeit regeln, so wie auch auf Ebene des Tatbestands Verhaltensweisen beschrieben werden, die typischerweise Unrecht darstellen.[835] Die Haftungsbegrenzungsregelungen des TMG sind damit in die Prüfung des Tatbestandes des jeweiligen Delikts zu integrieren.

2. Überblick über die Haftungsregelungen der TMG

Das TMG gibt eine funktionale Einteilung der Internet-Provider vor. Diese werden konkret nach Art ihrer bereitgestellten Leistung bzw. ihrer ausgeübten kommunikativen Funktion unterschieden.[836] Dabei ist es aber durchaus möglich, dass derselbe Provider bei der Erfüllung verschiedener Aufgaben auch unterschiedliche Funktionen wahrnimmt, so dass sich die einzelnen Tätigkeiten häufig überscheiden und eine strikte Unterteilung nicht immer möglich ist.[837] Die Verantwortlichkeit des Providers in einem konkreten Fall bestimmt sich daher nicht abstrakt nach seinem Status, sondern jeweils nach der konkret in Frage stehenden Tätigkeit.[838] Innerhalb der Verantwortlichkeitsregelungen des TMG gilt ein abgestuftes System mit der Maßgabe, dass eine rechtliche Verantwortlichkeit desto eher anzunehmen ist, je näher der Anbieter bestimmten Informationen in Internet steht.[839] Im Folgenden soll nun die Verantwortlichkeit der verschiedenen Provider überblicksmäßig dargestellt werden.

a) Verantwortlichkeit des Content Providers

Der *Content Provider* oder Inhaltsanbieter hält eigene Informationen („*content*") auf eigenen Servern, Servern von Online-Diensten oder *Host Service Providern* bereit.[840] Bereithalten meint das Zurverfügungstellen einer Information zum Abruf durch den Nutzer durch Speicherung auf eigenen oder fremden Servern.[841] Der *Content* kann dabei aus Beiträgen auf Websites, Musik, Bildern und Videos bestehen.[842] Ein *Content Provider* kann eine natürliche Person als auch ein gewerblich tätiges

835 Vgl. *Palm*, S. 223.

836 *Ohrmann*, S. 5 ff.; *Gercke/Brunst*, Rn. 583 ff.

837 *Härting*, Internetrecht, Rn. 2073; *Weigl*, S. 12.

838 *Hilgendorf/Valerius*, Computer- und Internetstrafrecht, Rn. 179.

839 *Hilgendorf/Valerius*, Computer- und Internetstrafrecht, Rn. 193; *Fischer*, StGB, § 184, Rn. 28a; *Marberth-Kubicki*, Rn. 11, 362; *Gercke/Brunst*, Rn. 586.

840 *Hilgendorf/Valerius*, Computer- und Internetstrafrecht, Rn. 180; *Gercke/Brunst*, Rn. 587; *Marberth-Kubicki*, Rn. 154; *Weigl*, S. 13; *Hollenders*, S. 110.

841 *Hilgendorf/Valerius*, Computer- und Internetstrafrecht, Rn. 204; S/S-*Perron/ Eisele*, StGB, § 184, Rn. 58; *Weigl*, S. 13.

842 Unter Informationen bzw. *content* werden alle Daten erfasst, die im Rahmen des jeweiligen Telemediums übermittelt oder gespeichert werden. Vgl. BT-Drs. 14/6098, S. 23; S/S-*Perron/Eisele*, StGB, § 184, Rn. 57; *Hilgendorf/Valerius*, Computer- und Internetstrafrecht, Rn. 198; *Fischer*, StGB, § 184, Rn. 28b; *Gercke/Brunst*, Rn. 588; *Weigl*, S. 13.

Unternehmen, bzw. der Inhaber bzw. Betreiber einer (privaten) Webseite sein.[843] Der *Content Provider* ist der originäre Autor bzw. Urheber der Informationen, welche er privat oder geschäftlich in eigener Person zum Abruf im Internet bereithält.[844] Er übt daher vollumfänglich Einfluss auf den Inhalt und die optische Gestaltung aus. Der Social Media Nutzer ist damit zugleich *Content Provider*, wenn er beispielsweise eigene Inhalte auf Servern eines *Host Providers* wie *Facebook* speichert.[845] Nach § 7 Abs. 1 TMG sind *Content Provider* für das Bereithalten *eigener* Informationen grundsätzlich nach den allgemeinen Gesetzen voll verantwortlich, d.h. eine Privilegierung nach den §§ 8–10 TMG kommt ihnen nicht zugute. Stellt ein Nutzer Sozialer Medien selbst rechtswidrige Inhalte öffentlich in sein Social Media Profil oder auf die Pinnwand eines anderen Nutzers ein und hält damit den besagten *content* anderen Nutzern zum Abruf bereit, haftet er, wie unter Kapitel C und D dargestellt, uneingeschränkt nach den strafrechtlichen Vorschriften.

Social Media Profile, wie beispielsweise ein *Facebook*-Account, stellen ein eigenständiges Telemedium innerhalb eines Sozialen Netzwerkes dar.[846] Bei der Beurteilung der Eigenständigkeit eines Social Media Profils ist die Perspektive des durchschnittlich informierten Nutzers entscheidend, der regelmäßig davon ausgeht, dass der Account von dem jeweiligen Inhaber, unabhängig von der übergeordneten Plattform, verwaltet wird.[847] Es stellt sich daher die Frage, inwieweit ein Inhaber eines Social Media Accounts für fremden *Content* haftet, den ein anderer Nutzer auf seinem Profil, beispielsweise seiner *Facebook*-Pinnwand hinterlassen hat.[848] Grundsätzlich kommt es darauf an, von wem die Information stammt, wobei der Speicherort der Information irrelevant ist.[849] Doch auch wenn es sich bei dem Beitrag auf der Pinnwand durch einen Dritten originär nicht um eine eigene Information handelt, kann sich der Account-Inhaber als Diensteanbieter die fremde Information *„zu eigen machen"* und damit ohne jede Privilegierung als *Content Provider* haften.[850] Wann

843 *Hilgendorf/Valerius*, Computer- und Internetstrafrecht, Rn. 180; *Gercke/Brunst*, Rn. 588.

844 Beispielsweise ist ein *Blogger* als Content Provider zu qualifizieren, da er eigene Inhalte selbst zur Verfügung stellt. Siehe hierzu *Ohrmann*, S. 6; *Weigl*, S. 14.

845 *Hilgendorf/Valerius*, Computer- und Internetstrafrecht, Rn. 182; *Weigl*, S. 14.

846 Hoeren/Sieber/Holznagel-*Solmecke*, Multimediarecht, Teil 21.1, Rn. 60.

847 Hoeren/Sieber/Holznagel-*Solmecke*, Multimediarecht, Teil 21.1, Rn. 60; *Palm*, S. 247 f.

848 Hierzu S/S-*Perron/Eisele*, StGB, § 184, Rn. 58; *Hilgendorf/Valerius*, Computer- und Internetstrafrecht, Rn. 199; *Fischer*, StGB, § 184, Rn. 28b; Spindler/Schuster-*Hoffmann*, TMG, § 8, Rn. 14 ff.; *Gercke/Brunst*, Rn. 590 f.

849 Hoeren/Sieber/Holznagel-*Solmecke*, Multimediarecht, Teil 21.1, Rn. 61.

850 S/S-*Perron/Eisele*, StGB, § 184, Rn. 58; *Hilgendorf/Valerius*, Computer- und Internetstrafrecht, Rn. 199; *Fischer*, StGB, § 184, Rn. 28b; Spindler/Schuster-*Hoffmann*, TMG, § 7, Rn. 15 ff.; *Gercke/Brunst*, Rn. 590 f.

sich ein *Content Provider* Informationen *zueigenmacht*, ist allerdings umstritten.[851] Der *BGH* stellt dabei grundsätzlich auf eine objektive Sicht auf Grundlage einer Gesamtbetrachtung der Umstände ab. Nach Ansicht der Rechtsprechung des *BGH* ist hierfür beispielsweise erforderlich, dass sich derjenige mit der fremden Äußerung so identifiziert, dass sie als seine eigene erscheint.[852] Ein *Zueigenmachen* kann, wie unter Kapitel D III aufgezeigt, angenommen werden, wenn der Account-Inhaber den Beitrag teilt, so dass er sich mit dem fremden Beitrag identifiziert, und damit den Inhalt als Eigenen übernehmen will.

Auch für die Betreiber von Sozialen Medien wie *Facebook* oder *Google* stellen die Beiträge ihrer Nutzer grundsätzlich fremde Informationen dar. Denn die Nutzer laden ihre Beiträge ohne die Mitwirkung der jeweiligen Plattform-Betreiber auf die Website hoch. Dabei wählt der Betreiber der Plattform die Beträge der *User* weder aus, noch kontrolliert er diese im Rahmen einer redaktionellen Prüfung vorab, sondern stellt lediglich den erforderlichen Rahmen mit verschiedenen Funktionsmöglichkeiten zur Verfügung.[853] Auch aus Sicht des verständigen Durchschnittsnutzers handelt es sich bei den eingestellten *Posts* um fremde Informationen für den Betreiber, auf die dieser weder Einfluss nehmen, noch sich mit ihnen identifizieren will[854]. Ein Betreiber einer Social Media Website ist damit nicht als *Content Provider* anzusehen, da er sich den Inhalt seiner Nutzer regelmäßig nicht zueigenmacht.

b) Verantwortlichkeit des Host Providers

Handelt es sich nicht um eigene oder *zu eigen gemachte* Informationen, ist der Plattformbetreiber als *Host (Service) Provider*[855] für die Speicherung fremder Informationen nach § 10 TMG privilegiert. Der *Host Provider* speichert fremde Informationen für einen Nutzer, indem er einem Anbieter entgeltlich oder unentgeltlich

---

851 Zum Teil wird angenommen, der Diensteanbieter mache sich Informationen dann zueignen, wenn er fremde Informationen nicht als solche kennzeichnet oder sich hiervon distanziert. Vgl. *LG Hamburg*, Urteil vom 27.04.2007, Az. 324 O 600/06, in: MMR 2007, 450 ff. Andere verlangen darüber hinaus die bewusste Auswahl, Kontrolle und Verantwortung von Fremdinhalten. Ein Überblick über die verschiedenen Ansätze findet sich bei *Gercke/Brunst*, Rn. 590 f.; *Hilgendorf/ Valerius*, Computer- und Internetstrafrecht, Rn. 200; *Palm*, S. 228; *Hoeren*, Internet- und Kommunikationsrecht, S. 416.

852 *BGH*, Urteil vom 30.06.2009, Az. VI ZR 210/08, in: MMR 2009, 752, (753); Hoeren/ Sieber/Holznagel-*Solmecke*, Multimediarecht, Teil 21.1, Rn. 62; *Härting*, Internetrecht, Rn. 2089 ff.

853 Zur inhaltlichen Verantwortung von Providern siehe auch Splittgerber-*Katko/ Kaiser*, Kap. 4, Rn. 306 f.; Spindler/Schuster-*Hoffmann*, TMG, § 7, Rn. 20 f.; *Kudlich*, JA 2002, 798, (800).

854 Hoeren/Sieber/Holznagel-*Sieber/Höfinger*, Multimediarecht, Teil 18.1, Rn. 44; Splittgerber-*Katko/Kaiser*, Kap. 4, Rn. 310.

855 Von "*host*" [engl.] = Gastgeber, Gastwirt.

Speicherplatz auf einem Server zur Verfügung stellt.[856] In den meisten Fällen werden Websites mit verschiedenartigen Inhalten „gehostet", wenn der Website-Anbieter selbst keinen eigenen Server betreibt.[857] Das Haftungsprivileg gilt grundsätzlich auch für Betreiber Sozialer Medien wie *Facebook* oder *Google*, da diese ebenfalls fremde Informationen im Internet automatisiert abspeichern und verbreiten, ohne dabei Einfluss auf den konkreten Inhalt der von den Nutzern gespeicherten Daten auszuüben.[858] Die Privilegierung rechtfertigt sich damit, dass den Providern aufgrund der unbegrenzt großen Datenmenge eine Kontrolle unmöglich bzw. unzumutbar wäre.[859] Die Privilegierung entfällt jedoch dann, wenn der *Host Provider* Kenntnis von einer rechtswidrigen Information erlangt und nicht unverzüglich tätig wird, indem er diese Information entfernt oder den Zugang zu dieser sperrt, vgl. § 10 Satz 1 Nr. 2 TMG.[860]

(1) Strafbarkeit des Host Provider wegen Unterlassens der Löschung rechtswidriger Inhalte

Es kommt damit eine Strafbarkeit des Providers wegen Unterlassen der Sperrung oder Löschung des rechtswidrigen Inhalts in Betracht, denn den Providern kann regelmäßig nicht schon das sozialadäquate Anbieten von Speicherplatz zum Vorwurf gemacht werden.[861] Der Betreiber kann wegen Unterlassens dann bestraft werden, wenn ihn eine strafrechtliche Garantenpflicht zur Vornahme der entsprechenden Handlung trifft. Allerdings begründen nicht schon die §§ 7–10 TMG eine eigene Garantenpflicht des *Host Providers*.[862] Die erforderliche (Sicherungs-)Garantenstellung der Provider ergibt sich in diesem Zusammenhang aus der Herrschaft

---

856 *Gercke/Brunst*, Rn. 594; *Hollenders*, S. 111.

857 *Gercke/Brunst*, Rn. 595; *Weigl*, S. 13.

858 *OLG Düsseldorf*, Urteil vom 04.10.2001, Az. 2 U 48/01, in: NJW-RR 2002, 910 ff.; *Härting*, Internetrecht, Rn. 2121 ff.; *Kartal-Aydemir/Krieg*, MMR 2012, 647, (648); *Weigl*, S. 14; *Hollenders*, S. 111; *Reum*, S. 165.

859 Spindler/Schuster-*Hoffmann*, TMG, § 10, Rn. 1; *Gercke/Brunst*, Rn. 595.

860 Vorbild dieser Regelung war das US-amerikanische Verfahren „*notice and take down*". Unverzüglich meint dabei „ohne schuldhaftes Zögern". Spindler/ Schuster-*Hoffmann*, TMG, § 10, Rn. 41, 46; *Palm*, S. 254 f.

861 Eine Haftung der Provider wird nach h.M. nur unter Einordnung ihres Verhaltens als Unterlassen diskutiert. Zur Abgrenzung von Tun oder Unterlassen im Rahmen der Providerhaftung siehe ausführlich Hoeren/Sieber/Holznagel-*Sieber*, Multimediarecht, Teil 19.1, Rn. 22; S/S-*Perron/Eisele*, StGB, § 184, Rn. 60; *Palm*, S. 278; Splittgerber-*Katko/Kaiser*, Kap. 4, Rn. 313; *Lackner/Kühl*, StGB, § 184, Rn. 7. Grundsätzlich wird bei der bei unterbliebener Löschung durch den Host Provider von einer Unterlassenstäterschaft ausgegangen. Siehe *Palm*, S. 257. a.A. *Marberth-Kubicki*, Rn. 376. Zur Bestimmung des Grads der Beteiligung als Unterlassenstäterschaft oder -beihilfe wird auf die Ausführungen bei *Palm*, S. 256 ff. verwiesen.

862 Hoeren/Sieber/Holznagel-*Sieber*, Multimediarecht, Teil 19.1, Rn. 32 ff., *Kudlich*, JA 2002, 798, (801).

über eine Gefahrenquelle.[863] Informations- und Kommunikationsplattformen wie Soziale Netzwerke können eine Gefahrenquelle darstellen, da sie die Möglichkeit zur (anonymen) Verbreitung illegaler Inhalte und zur Begehung von Delikten wie Cyberstalking und Cybermobbing bieten.[864] *Host Provider*, die Inhalte im Rahmen des von ihnen zur Verfügung gestellten Speicherplatzes vorhalten und administrieren, haben zudem auch die zur Begründung einer Garantenstellung notwendige tatsächliche Sachherrschaft über die Gefahrenquelle, da sie die gespeicherten Inhalte nach Kenntnis jederzeit löschen können.[865]

(2) Positive Kenntnis des Host Providers von rechtswidrigen Inhalten und Zumutbarkeit der Löschung

Positive Kenntnis von einer rechtswidrigen Handlung oder Information liegt dann vor, wenn dem Anbieter zumindest aufgrund einzelner, konkreter Informationen die Fundstelle des rechtswidrigen Inhalts bekannt sein muss; ein *Kennenmüssen* reicht dagegen nicht aus.[866] Nach § 7 Abs. 2 Satz 1 TMG trifft Anbieter fremder Informationen keine anlassunabhängige, proaktive Überwachungs- und Nachforschungspflicht bezüglich rechtswidriger Tätigkeiten.[867] Insbesondere kann dem *Host Provider* nicht zugemutet werden, Beiträge vor ihrer Veröffentlichung auf mögliche Rechtsverletzungen zu untersuchen. Dies würde das gesamte Geschäftsmodell der Social Media Betreiber in technischer und wirtschaftlicher Hinsicht aufgrund der Vielzahl an Beiträgen in Frage stellen.[868] Ausnahmen hierzu sind Überprüfungspflichten aufgrund besonderer rechtswidriger oder gefahrerhöhender Handlungen des Providers,

---

863 Für den *Access, Proxy Cache-* und *Host Provider* scheiden Garantenpflichten zum Schutz eines speziellen Rechtsguts im Regelfall aus. Hoeren/ Sieber/Holznagel-*Sieber*, Multimediarecht, Teil 19.1, Rn. 44.; *Palm*, S. 258, 282; S/S-*Perron/Eisele*, StGB, § 184, Rn. 60; *Lackner/Kühl*, StGB, § 184, Rn. 7; *Kudlich*, JA 2002, 798, (801).

864 Siehe hierzu auch Hoeren/Sieber/Holznagel-*Sieber*, Multimediarecht, Teil 19.1, Rn. 43.

865 *Palm*, S. 282; Hoeren/Sieber/Holznagel-*Sieber*, Multimediarecht, Teil 19.1, Rn. 44; *Kudlich*, JA 2002, 798, (801).

866 *BGH*, Urteil vom 23.09.2003, Az. VI ZR 335/02, in: MMR 2004, 166, (167); BT-Drs. 14/6098, S. 25; *Kartal-Aydemir/Krieg*, MMR 2012, 647, (648); *Hilgendorf/Valerius*, Computer- und Internetstrafrecht, Rn. 208; *Härting*, Internetrecht, Rn. 2126; S/S-*Perron/Eisele*, StGB, § 184, Rn. 60; Splittgerber-*Katko/Kaiser*, Kap. 4, Rn. 316; Spindler/Schuster-*Hoffmann*, TMG, § 10, Rn. 18; *Palm*, S. 242; *Marberth-Kubicki*, Rn. 156; *Gercke/Brunst*, Rn. 598 ff.; *Kudlich*, JA 2002, 798, (801); Hoeren/Bensinger-*Piltz/Trinkl*, Kap. 13, Rn. 68.

867 *Hilgendorf/Valerius*, Computer- und Internetstrafrecht, Rn. 208; *Härting*, Internetrecht, Rn. 2126; *Marberth-Kubicki*, Rn. 374; *Gercke/Brunst*, Rn. 602; Hoeren/Sieber/Holznagel-*Sieber/Höfinger*, Multimediarecht, Teil 18.1, Rn. 44.

868 *BGH*, Urteil vom 11.03.2004, Az. I ZR 304/01, in: MMR 2004, 668, (671), mit Anm. von *Hoeren*; *Kartal-Aydemir/Krieg*, MMR 2012, 647, (650); S/S-*Perron/ Eisele*, StGB, § 184, Rn. 60.

die speziell zur Speicherung strafbarer Inhalte führen, wie beispielsweise der Aufbau einer speziellen *Mobbing*-Website.[869]

Betreiber Sozialer Netzwerke wie *Facebook*, mit vielen Millionen Beiträgen an einem Tag, werden in der Regel erst nach erfolgter Speicherung eines rechtswidrigen Beitrags von dem Opfer selbst oder ggf. durch Hinweise Dritter von den relevanten Inhalten erfahren.[870] Fraglich ist allerdings sodann die Reichweite der Garantenpflicht des Providers. Nach h.M. muss sich die Kenntnis des Providers auch auf die Rechtswidrigkeit des Inhalts beziehen.[871] Denn würde man die Haftungsprivilegierung der Provider bereits mit der bloßen Kenntnisnahme der Information als solcher entfallen lassen, würde dies zu gravierenden straf- und zivilrechtlichen Haftungsfolgen führen.[872] Gerade im Hinblick auf Beleidigungen im Internet lässt sich die Grenze zur Rechtswidrigkeit aufgrund der Qualität der Online-Beleidigung, wie in Kapitel D I 2 a ausgeführt, bisweilen nur schwer bestimmen. Auch bei eingestellten Fotos oder Videos ergibt sich die Rechtswidrigkeit nicht immer aus der Abbildung selbst. Eine uneingeschränkte Garantenpflicht für potentiell strafrechtlich relevante Inhalte und eine damit verbundene Löschungspflicht würde aber dazu führen, dass Betreiber von Social Media Plattformen vorsorglich auch zahlreiche rechtmäßige Inhalte löschen und damit in die Meinungs- und Informationsfreiheit ihrer Nutzer eingreifen würden.[873] Die Entfernung der rechtswidrigen Information muss für den Diensteanbieter auch zumutbar sein, um eine Privilegierung nach § 10 TMG aufgrund *Nichttätigwerdens* entfallen zu lassen.[874] Die Zumutbarkeit bestimmt sich dabei nach den Interessen der Anbieter, der Verletzten und der Allgemeinheit,

---

869 Hoeren/Sieber/Holznagel-*Sieber*, Multimediarecht, Teil 19.1, Rn. 53. Als Beispiel wäre die (ehemalige) Mobbing-Website www.isharegossip.com zu nennen. Siehe hierzu auch *Die Welt* vom 31.03.2011 „Mobbing ist das Erfolgskonzept von isharegossip", abrufbar unter http://www.welt.de/vermischtes/weltgeschehen/article12929898/Mobbing-ist-das-Erfolgskonzept-von-isharegossip.html (zuletzt aufgerufen am 28.10.2015).

870 Die Art und Weise der Kenntniserlangung, z.B. durch Dritte, ist dabei ohne Bedeutung. S/S-*Perron/Eisele*, StGB, § 184, Rn. 60; Spindler/Schuster-*Hoffmann*, § 10, Rn. 26; *Hilgendorf/Valerius*, Computer- und Internetstrafrecht, Rn. 208; siehe hierzu auch *Palm* S. 254; *Gercke/Brunst*, Rn. 597.

871 Ob sich die Kenntnis auch auf die Rechtswidrigkeit der Information beziehen muss ist umstritten. Zustimmend Spindler/Schuster-*Hoffmann*, TMG, § 10, Rn. 22 ff.; *Hilgendorf/Valerius*, Computer- und Internetstrafrecht, Rn. 208; *Gercke/Brunst*, Rn. 601; Hoeren/Bensinger-*Piltz/Trinkl*, Kap. 13, Rn. 72. a.A. *Reum*, S. 172. Siehe hierzu auch die Ausführungen bei *Palm*, S. 243 ff., 285.

872 Spindler/Schuster-*Hoffmann*, TMG, § 10, Rn. 23.

873 Hoeren/Sieber/Holznagel-*Sieber*, Multimediarecht, Teil 19.1, Rn. 51; *Gercke/ Brunst*, Rn. 606.

874 Denn technisch Unmögliches oder Unzumutbares darf das Gesetz nicht fordern. *Hilgendorf/Valerius*, Computer- und Internetstrafrecht, Rn. 209; S/S-*Perron/ Eisele*, StGB, § 184, Rn. 60; *Hoeren*, Internet- und Kommunikationsrecht, S. 422; *Marberth-Kubicki*, Rn. 373.

die gegeneinander abzuwägen sind.[875] Eine zumutbare strafrechtliche Verpflichtung der *Host Provider* zur Löschung bestimmter Inhalte kann sich daher nur auf solche Inhalte erstrecken, die objektiv klar rechtswidrig sind.[876] Im Fall der positiven Kenntnis der objektiven Rechtswidrigkeit der Inhalte muss der *Host Provider* jedoch unverzüglich alle zumutbaren Anstrengungen zu deren Löschung unternehmen.[877] Die Entfernung von Verweisen, beispielsweise durch Hyperlinks, anstelle des rechtswidrigen Inhalts selbst, genügt den Anforderungen des § 10 TMG indes nicht.[878]

c) Verantwortlichkeit des Network und Access Providers

Access Provider vermitteln den Zugang zur Nutzung fremder Inhalte[879]; *Network Provider* übermitteln dagegen fremde Informationen in einem Kommunikationsnetz.[880] Beide sind damit lediglich Mittler bei der Durchleitung von Informationen des Nutzers.[881] Gemäß § 8 Abs. 1 TMG ist ein Diensteanbieter grundsätzlich von einer strafrechtlichen Haftung befreit, wenn er sich auf die reine Durchleitung von fremden Informationen beschränkt. Die Privilegierung beruht darauf, dass die Durchleitung auf dem technischen Vorgang der Weiterleitung oder Zugangsvermittlung basiert und dem Anbieter weder Kenntnis noch Kontrolle über die Informationen ermöglicht.[882] Der Anbieter darf jedoch die Übermittlung weder veranlasst noch den Adressaten der übermittelten Information ausgewählt haben. Auch darf er die übermittelte Information nicht ausgewählt oder verändert haben, § 8 Abs. 1 Satz 1 TMG. Auch sog. kollusives Verhalten, mithin die Zusammenarbeit zwischen Diensteanbieter und Nutzer bei rechtswidrigen Handlungen, lässt die

---

875 *Hilgendorf/Valerius*, Computer- und Internetstrafrecht, Rn. 210.

876 Vgl. *OLG Düsseldorf*, Urteil vom 07.06.2006, Az. I-15 U 21/06, in: MMR 2006, 816 ff.; Hoeren/Sieber/Holznagel-*Sieber*, Multimediarecht, Teil 19.1, Rn. 51; *Hoeren*, Internet- und Kommunikationsrecht, S. 423; Spindler/Schuster-*Hoffmann*, TMG, § 10, Rn. 23.

877 Dabei genügt der ernsthafte Versuch des Anbieters; auf den tatsächlichen Erfolg kommt es nicht an. Hoeren/Sieber/Holznagel-*Sieber*, Multimediarecht, Teil 19.1, Rn. 49; S/S-*Perron/Eisele*, StGB, § 184, Rn. 60; *Hilgendorf/Valerius*, Computer- und Internetstrafrecht, Rn. 207; *Kartal-Aydemir/Krieg*, MMR 2012, 647, (648); *Gercke/Brunst*, Rn. 605; Hoeren/Bensinger-*Piltz/Trinkl*, Kap. 13, Rn. 83.

878 *Gercke/Brunst*, Rn. 604.

879 Von „*access*" [engl.] = Zugang, Zutritt. Keine Access-Provider sind Internet-Cafés, Universitäten, Bibliotheken etc., die anderen die Nutzung eines Rechners gestatten. Diese stehen außerhalb des Netzes und vermitteln daher nicht den Zugang zur Nutzung sondern die Nutzung eines Zugangs. Siehe hierzu *Hilgendorf/Valerius*, Computer- und Internetstrafrecht, Rn. 183; S/S-*Perron/ Eisele*, StGB, § 184, Rn. 55a; *Gercke/Brunst*, Rn. 608 ff.; *Weigl*, S. 12; *Hollenders*, S. 111.

880 *Hilgendorf/Valerius*, Computer- und Internetstrafrecht, Rn. 180; *Weigl*, S. 13.

881 *Hilgendorf/Valerius*, Computer- und Internetstrafrecht, Rn. 180.

882 *Hilgendorf/Valerius*, Computer- und Internetstrafrecht, Rn. 211; *Marberth-Kubicki*, Rn. 366 f.; *Kudlich*, JA 2002, 798, (801).

Privilegierung entfallen, § 8 Abs. 1 Satz 2 TMG.[883] Dies gilt ebenso, wenn deutsche Zugangsprovider gezielt mit ausländischen Anbietern zusammenarbeiten, um eine Haftung für Inhalte zu umgehen, die auf dem ausländischen Server gespeichert sind.[884] Dies dürfte bei Mobbing- bzw. Stalkinghandlungen im privaten Bereich jedoch kaum der Fall sein.

Umstritten ist, ob der Access Provider auch dann von einer strafrechtlichen Haftung freigestellt ist, wenn er die Sperrung einer bestimmten Adresse trotz Kenntnis des Angebots rechtswidriger Inhalte verweigert.[885] Grundsätzlich legt § 8 Abs. 1 Satz 1 TMG fest, dass der Zugangsprovider von jeder (auch strafrechtlichen) Haftung freigestellt ist. Teilweise wird vertreten, dass nach § 7 Abs. 2 Satz 2 TMG eine Verpflichtung zur Entfernung oder Sperrung der Nutzung rechtswidriger Inhalte nach den allgemeinen Grundsätzen unberührt bleibe und damit eine Ausnahme von der grundsätzlichen Haftungsprivilegierung statuiert würde.[886] Gegen eine Anwendbarkeit des Strafrechts wird allerdings die fehlende Garantenpflicht des Access Providers angeführt. Zugangsprovider besitzen in der Regel keine Sachherrschaft über die Gefahrenquelle selbst, sondern lediglich über den Zugang zu ihr.[887] Eine Strafbarkeit der Access bzw. Network Provider wegen Unterlassung der Sperrung des Zugangs zu rechtswidrigen Inhalten wird daher selbst bei Kenntnis von der rechtswidrigen Information überwiegend abgelehnt.[888] Eine Strafbarkeit der Access Provider wegen rechtswidriger Inhalte im Rahmen des Social Media Mobbings bzw. Stalkings kann daher nur in den seltenen und kaum relevanten Spezialfällen des § 8 Abs. 1 Satz 1 TMG angenommen werden.

---

883 Praktische Relevanz kommt dieser Regelung jedoch nicht zu. S/S-*Perron/Eisele*, StGB, § 184, Rn. 59; siehe hierzu auch *Palm*, S. 240, 250.

884 In diesem Fall wäre ein Umgehungstatbestand i.S.d. § 8 Abs. 1 Satz 2 TMG gegeben. *Härting*, Internetrecht, Rn. 2120.

885 Siehe hierzu ausführlich *Hilgendorf/Valerius*, Computer- und Internetstrafrecht, Rn. 215 ff.; *Gercke/Brunst*, Rn. 615.

886 Insoweit wird auf die Ausführungen bei *Hilgendorf/Valerius*, Computer- und Internetstrafrecht, Rn. 217 ff. verwiesen. Siehe hierzu auch *Hilgendorf*, NStZ 2000, 518, (519); *Hilgendorf/Hong*, KuR 2003, 168, (172); a.A. *Lackner/Kühl*, StGB, § 184, Rn. 7a; S/S-*Perron/Eisele*; StGB, § 184, Rn. 57; *Gercke/Brunst*, Rn. 616; *Kudlich*, JA 2002, 798, (802); *Härting*, Internetrecht, Rn. 2119, wonach § 7 Abs. 2 Satz 2 TMG keine Bedeutung für das Strafrecht hat. Siehe hierzu auch *Palm*, S. 250.

887 Eine Garantenstellung aufgrund der Überwachung von Gefahrenquellen wird daher verneint. Hoeren/Sieber/Holznagel-*Sieber*, Multimediarecht, Teil 19.1, Rn. 45 f.; *Lackner/Kühl*, StGB, § 184, Rn. 7.

888 *Palm*, S. 274 f.; Hoeren/Sieber/Holznagel-*Sieber*, Multimediarecht, Teil 19.1, Rn. 62; S/S-*Perron/Eisele*, StGB, § 184, Rn. 59; *Marberth-Kubicki*, Rn. 366; *Gercke/Brunst*, Rn. 608, 614; *Laue*, jurisPR-StrafR, 15/2009, Anm. 2.

d) *Verantwortlichkeit des Cache Providers*

Die §§ 8 Abs. 2 und 9 TMG regeln die automatische kurzzeitige Zwischenspeicherung von Informationen, das sog. *Caching*.[889] Die automatische Zwischenspeicherung durch *Caching* führt dazu, dass dem Nutzer die gespeicherten Informationen schneller zur Verfügung stehen.[890] Zu differenzieren ist dabei zwischen dem *Proxy Cache Provider*[891] nach § 9 TMG und der Zwischenspeicherung im Rahmen der Zugangsvermittlung nach § 8 Abs. 2 TMG, sog. *Netzwerk Cache*.[892] Bei der Zwischenspeicherung des Netzwerk Caches werden Informationen durch den Access Provider vorübergehend zwischengespeichert, um Wartezeiten zu verringern.[893] Für die Haftung des Netzwerk Caches verweist § 8 Abs. 2 TMG auf § 8 Abs. 1 TMG. Die Privilegierung ist danach an die Voraussetzungen der Verantwortlichkeit des Access Providers angelehnt.[894] Diesbezüglich wird auf die obigen Ausführungen verwiesen.

Die Zwischenspeicherung der *Proxy Cache Provider* bestimmt sich dagegen nach § 9 TMG. Die automatische, zeitlich begrenzte Zwischenspeicherung häufig aufgerufener Inhalte von Nutzern dient der Effizienz und Beschleunigung der Übermittlung fremder Informationen.[895] Aufgrund der wirtschaftlichen Bedeutung der Zwischenspeicherung populärer Inhalte sind *Proxy Cache Provider* nach der Sonderregelung des § 9 TMG bei kumulativem Vorliegen der Voraussetzungen des Abs. 1 Nr. 1 bis 5 TMG privilegiert.[896] Nach § 9 Abs. 1 Nr. 2 TMG muss der Anbieter beispielsweise die Bedingungen für den Zugang zu Informationen, wie Altersverifikationsmaßnahmen zur Überprüfung der Volljährigkeit und Passwortabfragen, beachten.[897] Nach § 9 Abs. 1 Nr. 5 TMG entfällt zudem die Privilegierung, wenn der Anbieter nach Kenntniserlangung von rechtswidrigen Inhalten diese nicht entfernt oder sperrt.[898] Dabei wird eine Strafbarkeit aufgrund einer Garantenpflicht der *Proxy Cache Provider* unter dem Gesichtspunkt der Sachherrschaft,

---

889 Von „*cache*" [engl.] = Speicher, auch Hintergrundspeicher.
890 *Marberth-Kubicki*, Rn. 155; *Hollenders*, S. 112; *Kudlich*, JA 2002, 798, (802).
891 Von „proxy" [engl.] = Stellvertreter. Ein Proxy ist eine Kommunikationsschnittstelle in einem Netzwerk.
892 *Hilgendorf/Valerius*, Computer- und Internetstrafrecht, Rn. 223; *Gercke/Brunst*, Rn. 618.
893 *Kudlich*, JA 2002, 798, (802).
894 Die Zwischenspeicherung darf dabei die üblicherweise erforderliche Zeitdauer nicht überschreiten. *Gercke/Brunst*, Rn. 617 ff.; zum *Caching* siehe auch *Hilgendorf/Valerius*, Computer- und Internetstrafrecht, Rn. 224.
895 *Kudlich*, JA 2002, 798, (802); *Hilgendorf/Valerius*, Computer- und Internetstrafrecht, Rn. 224.
896 *Gercke/Brunst*, Rn. 618 ff.; *Palm*, S. 240, 260 ff.; *Marberth-Kubicki*, Rn. 372.
897 *Gercke/Brunst*, Rn. 625; *Hilgendorf/Valerius*, Computer- und Internetstrafrecht, Rn. 228.
898 *Hilgendorf/Valerius*, Computer- und Internetstrafrecht, Rn. 231.

vergleichbar mit der Garantenpflicht des *Host Providers*, angenommen.[899] Auch hier ist die Garantenpflicht allerdings auf zwischengespeicherte Inhalte zu beschränken, deren Rechtswidrigkeit offensichtlich ist.[900]

II. Zwischenergebnis

Zusammenfassend bestimmt sich die Strafbarkeit der Internetprovider nach den allgemeinen strafrechtlichen Grundsätzen, wobei die Haftungsprivilegierungen der §§ 7–10 TMG im Rahmen des jeweiligen Tatbestands, wie beispielsweise der §§ 185 ff. StGB, zu berücksichtigen sind. Neben dem *Content Provider*, der für eigene oder *„zu eigen gemachte"* Inhalte haftet, kann sich eine Strafbarkeit des Anbieters Sozialer Medien wie *Facebook* oder *Google* auf Grund eines Unterlassens der Löschung von rechtswidrigen Inhalten ergeben. Die Strafbarkeit des Anbieters resultiert dabei nicht schon aus dem regelmäßig rechtmäßigen und sozialadäquaten Eröffnen einer Kommunikationsplattform, sondern aus seiner Garantenstellung für eine potentielle Gefahrenquelle. Als *Host Provider* und damit Anbieter fremder Informationen trifft sie gem. § 7 Abs. 2 Satz 1 TMG allerdings keine allgemeine Überwachungs- und Nachforschungspflicht bezüglich rechtswidriger Tätigkeiten wie Mobbing- oder Stalkinghandlungen. Die Haftungsprivilegierung nach § 10 TMG entfällt zudem nur bei (nachträglicher) positiver Kenntnis auch der Rechtswidrigkeit des entsprechenden Inhalts. Dies gilt ebenso für *Proxy Cache Provider* gem. § 9 Satz 1 Nr. 5 TMG. Für die Strafbarkeit der Betreiber von Social Networks, stellt sich allerdings in Unterlassungsfällen die Frage, wieweit die Verpflichtung zur Löschung bestimmter Inhalte reicht. Gerade im Bereich des Social Media Stalkings und Mobbings bewegt sich das Täterverhalten oft in einer Grauzone zwischen sozialadäquater und strafbarer Kommunikation. Eine Löschungspflicht wird sich für besonders diffamierende Beiträge, oder, im Fall des Stalkings, bei Bedrohung des Opfers, bejahen lassen. Die Rechtswidrigkeit muss sich dabei offensichtlich aus dem Inhalt des Beitrags selbst ergeben. Eine weitreichendere Verpflichtung zur Löschung von „möglicherweise" rechtswidrigen Inhalten, ist für den Provider aufgrund der möglichen Verletzung der Kommunikations- und Meinungsfreiheit anderer Nutzer nicht zumutbar. *Access bzw. Network Provider* können sich nur in den Ausnahmefällen des § 8 Abs. 1 TMG strafbar machen, wenn sie in einer Weise aktiv werden, die das Haftungsprivileg des § 8 TMG entfallen lässt. Im Übrigen kommt eine Strafbarkeit des *Access Providers* wegen Unterlassen selbst bei Kenntnis von einem rechtswidrigen Inhalt grundsätzlich nicht in Betracht.

---

899 Hoeren/Sieber/Holznagel-*Sieber*, Multimediarecht, Teil 19.1, Rn. 61
900 Hoeren/Sieber/Holznagel-*Sieber*, Multimediarecht, Teil 19.1, Rn. 61.

F. Social Media und Strafverfolgung

Der tägliche Austausch von 34 Millionen deutschen Nutzern allein im Sozialen Netzwerk *Facebook* hat auch das Interesse der Ermittlungsbehörden geweckt. Zur Aufklärung von Straftaten wie Cyberstalking oder Cybermobbing kommt die freiwillige Preisgabe von Informationen durch die Nutzer der Sozialen Medien auch den ermittelnden Behörden zugute. Denn die zumeist über die öffentlichen *Facebook*-Seiten geführte Kommunikation ist grundsätzlich dauerhaft und unwiderruflich verfügbar und kann auch durch Polizeibeamte eingesehen und nachvollzogen werden.[901] Darüber hinaus kann für die Strafverfolgungsbehörden gerade der Zugriff auf die vertrauliche Kommunikation der Nutzer über Chats oder Nachrichten für die Aufklärung von Straftaten von Bedeutung sein. Dabei lassen sich durch den Zugriff auf personenbezogene Inhalte im Internet wesentlich vielseitigere Daten gewinnen, als bei klassischen Ermittlungsmethoden. Durch die fortschreitende Profilbildung und Vernetzung im Internet unter Verwendung von Klarnamen, können die beteiligten Personen bei der strafbaren Kommunikation des Cybermobbings und Cyberstalkings zumeist auch identifiziert werden.[902] Der rege Austausch in Sozialen Netzwerken bietet aufgrund der rasanten Verbreitung und großen Reichweite für die polizeiliche Praxis auch weitere Chancen zur Aufklärung von Straftaten und Identifikation von Straftätern. So wurde das Soziale Netzwerk *Facebook* in der jüngsten Vergangenheit wiederholt zu Fahndungsaufrufen der Polizeibehörden genutzt.[903] Strafprozessuale Ermittlungsmaßnahmen sind eines der dynamischsten Gebiete des Strafrechts.[904] Sowie der technische Fortschritt beständig neue Ermittlungsmethoden hervorbringt, so birgt er doch auch erhebliche Risiken für den betroffenen Nutzer der Sozialen Medien. Maßnahmen der Strafverfolgungsbehörden, wie der heimliche Zugriff auf vertraulichen Daten, sind immer mit Grundrechtseingriffen für den Betroffenen verbunden und bedürfen daher einer Rechtfertigung.[905] Auch datenschutzrechtlich ist die Online-Recherche brisant, denn auf diese Weise können wesentliche Elemente eines Persönlichkeitsprofils und damit hochsensible Informationen zusammengetragen werden.[906] Fahndungsaufrufen und der Veröffentlichung von Informationen über potentielle Täter in Sozialen Netzwerken haftet das Risiko an, eine gefährliche Eigendynamik zu entwickeln und sogar selbst Auslöser von Cybermobbing zu werden.[907]

---

901 *Singelnstein*, NStZ 2012, 593, (599); *Henrichs/Wilhelm*, Kriminalistik 2010, 30, (32); *Ihwas*, S. 108 ff.

902 Hierzu *Ihwas*, S. 114.

903 Siehe hierzu ausführlich *Schiffbauer*, NJW 2014, 1052 ff.; *Hawellek/ Heinemeyer*, ZD-Aktuell 2012, 02730.

904 *Singelnstein*, NStZ 2012, 593; *Ders.*, NStZ 2014, 305 ff.

905 *Hilgendorf/Valerius*, Computer- und Internetstrafrecht, Rn. 760 f.

906 *Singelnstein*, NStZ 2012, 593, (599).

907 Siehe hierzu *Schiffbauer*, NJW 2014, 1052, (1053).

Die folgende Darstellung widmet sich diesen neuen, besonders relevanten Fragestellungen zur Strafverfolgung im Zusammenhang mit Sozialen Medien im Internet.[908] Näher beleuchtet werden die Zugriffsbefugnisse der Polizeibehörden auf den *User Generated Content* in Sozialen Netzwerken, die Voraussetzungen der Fahndung über Soziale Netzwerke sowie die damit verbundenen Risiken für die Persönlichkeitsrechte der betroffenen Nutzer.

I. Zugriff auf Telekommunikationsdaten in Sozialen Medien

Der Zugriff auf Daten, die im Rahmen der Telekommunikation im Internet übertragen werden, steht im Zentrum neuerer technikgestützter Ermittlungsmaßnahmen.[909] Dabei gehört die Recherche im Internet zur Sachverhaltsaufklärung, Beweisgewinnung und Sicherung für die Ermittlung der Strafverfolgungsbehörden zwingend dazu. Die rechtlichen Rahmenbedingungen bei der Datenerhebung ergeben sich dabei im Wesentlichen aus den Grundrechten.[910] Bei Ermittlungen im Internet als Kommunikationsmittel ist vor allem das Fernmeldegeheimnis des Betroffenen nach Art 10 Abs. 1 GG tangiert.[911] Art. 10 GG schützt jede mit Kommunikationsmedien umgesetzte Individualkommunikation, die sich an einen abgrenzbaren Personenkreis richtet.[912] Die Daten im Internet erlauben zudem Rückschlüsse auf die Persönlichkeit des Einzelnen und betreffen nicht selten dessen höchstpersönlichen Bereich, so dass in aller Regel auch das allgemeine Persönlichkeitsrecht aus Art. 2 Abs. 1 i.V.m. Art. 1 Abs. 1 GG betroffen ist.[913] Dabei ist vor allem dessen Ausprägung als Recht auf Informationelle Selbstbestimmung und als Grundrecht auf Gewährleistung der Vertraulichkeit und Integrität informationstechnischer Systeme betroffen.[914] Jeder Eingriff in diese Grundrechte durch Ermittlungsmaßnahmen bedarf daher

---

908 Eine ausführliche Diskussion sämtlicher strafprozessualen Fragestellungen im Zusammenhang mit dem Medium Internet stünde dem Schwerpunkt der Prüfung entgegen. Zur Online-Durchsuchung und zum staatlichen *Hacken* durch den sog. Bundestrojaner siehe bspw. *Hilgendorf/Valerius*, Computer- und Internetstrafrecht, Rn. 792 ff.

909 *Singelnstein*, NStZ 2012, 593, (594). Zu den Datenbeständen die im Netz gefunden werden können, siehe ausführlich *Henrichs/Wilhelm*, Kriminalistik 2010, 30, (32 f.).

910 *Singelnstein*, NStZ 2012, 593, (594).

911 Jarass/Pieroth-*Jarass*, GG, Art. 10, Rn. 11; /*Hilgendorf/Valerius*, Computer- und Internetstrafrecht, Rn. 760; *Soiné*, NStZ 2014, 248; *Klesczewski*, ZStW 123, 737, (754); *Ihwas*, S. 96 ff.

912 Vgl. Jarass/Pieroth-*Jarass*, GG, Art. 10, Rn. 5. Der Telekommunikationsbegriff der Strafprozessordnung (StPO) erfasst jede Kommunikation, die von der Vertraulichkeit des Mediums ausgeht. Vgl. *Singelnstein*, NStZ 2012, 593, (595).

913 Siehe hierzu ausführlich *Ihwas*, S. 74 f.; *Hilgendorf/Valerius*, Computer- und Internetstrafrecht, Rn. 760.

914 *Hilgendorf/Valerius*, Computer- und Internetstrafrecht, Rn. 760; *Singelnstein*, NStZ 2012, 593, (594); *Beukelmann*, NJW 2012, 2617, (2618); *Soiné*, NStZ 2014, 248. Zum allgemeinen Persönlichkeitsrecht und dessen Ausprägungen siehe

einer Rechtfertigungsgrundlage.[915] Bei Ermittlungen im Internet erweist sich die Notwendigkeit einer gesetzlichen Regelung jedoch oft als problematisch, da die Strafprozessordnung mitunter Normen in ihrer ursprünglichen Fassung aus dem Jahr 1877 enthält und damit den technischen Neuerungen kaum gewachsen ist.[916] Im Folgenden soll dargestellt werden, wie sich die technischen Möglichkeiten neuer Ermittlungsmaßnahmen über Soziale Medien im Internet am Beispiel Sozialer Netzwerke wie *Facebook* unter die bestehenden Befugnisse fassen lassen und welche Grenzen sich hinsichtlich der Eingriffsintensität aus Grundrechten ergeben.

1. Zugriff auf öffentliche Daten

Aus rechtlicher Perspektive stellt sich zunächst die Frage, wann einem entsprechenden Vorgehen der Ermittlungsbehörden überhaupt Eingriffscharakter zukommt, da ein wesentlicher Teil der Daten im Netz frei verfügbar ist. Kann jeder im Internet auf Informationen zugreifen, die beispielsweise durch eine Internetsuche bei *Google* von Polizei und Behörden gefunden werden können, handelt es sich um öffentliche Informationen.[917] Diese können unproblematisch von den Ermittlungsbehörden erhoben werden, selbst wenn es sich im Einzelfall um personenbezogene Daten handelt, denn ein Eingriff in das allgemeine Persönlichkeitsrecht liegt bei Kenntnisnahme öffentlich zugänglicher Informationen regelmäßig nicht vor.[918] Die anlassunabhängige Online-Streife in allgemein zugänglichen Bereichen ist damit ohne weiteres zulässig. Dagegen bedarf die gezielte Suche, Speicherung und Auswertung von Informationen über eine bestimmte Person einer Rechtsgrundlage, wobei die Ermittlungsgeneralklausel der §§ 161 Abs. 1, 163 StPO aufgrund des geringen Grundrechtseingriffs als ausreichend erachtet wird.[919] Bei Sozialen

---

Jarass/Pieroth-*Jarass*, GG, Art. 2, Rn. 37; siehe hierzu auch *Henrichs/ Wilhelm*, Kriminalistik 2010, 30, (35).

915 Der Vorbehalt des Gesetzes wird aus dem Rechtsstaatsprinzip des Art. 20 Abs. 3 GG abgeleitet.

916 Siehe hierzu nur die Vorschriften zur Beschlagnahme gem. §§ 94 ff. StPO; *Hilgendorf/Valerius*, Computer- und Internetstrafrecht, Rn. 761; *Beukelmann*, NJW 2012, 2618, (2620).

917 Zur Öffentlichkeit in Sozialen Netzwerken siehe *Henrichs/Wilhelm*, Kriminalistik 2010, 30, (34).

918 *BVerfG*, Urteil vom 27.02.2008, Az. 1 BvR 370/07, in: NJW 2008, 822, (836); BeckOK-StPO/*Graf*, § 100a, Rn. 32g; *Meyer-Goßner/Schmitt*, StPO, § 163, Rn. 28a m.w.N.; *Rosengarten/Römer*, NJW 2012, 1764, (1765); *Soiné*, NStZ 2014, 248; *Kutscha/Thomé*, S. 31. Siehe hierzu auch die Darstellung bei *Marberth-Kubicki*, Rn. 536; *Henrichs/ Wilhelm*, Kriminalistik 2010, 30, (35); *Bär*, ZIS 2011, 53, (58).

919 *Soiné*, NStZ 2014, 248; *Rosengarten/Römer*, NJW 2012, 1764, (1765); *Singelnstein*, NStZ 2012, 593, (600); *Hilgendorf/Valerius*, Computer- und Internetstrafrecht, Rn. 762; *Gercke/Brunst*, Rn. 781 ff.; Löwe-Rosenberg-*Hauck*, StPO, § 100a, Rn. 80; Jarass/Pieroth-*Jarass*, GG, Art. 2, Rn. 53; *Klesczewski*, ZStW 123, 737, (739); *Kutscha/Thomé*, S. 31; *Ihwas*, S. 117.

Netzwerken wie *Facebook* können bestimmte Informationen nur durch registrierte Nutzer eingesehen werden, die sich erst mit Login und Passwort bei der Plattform anmelden müssen. Allerdings nehmen Social Media Angebote grundsätzlich jeden Interessenten auf und unterliegen keinen bestimmten Anforderungen. Da Nutzern auch mit unzutreffendem Namen allgemein Zugang gewährt wird, können die frei zugänglichen Daten bei *Facebook* wie öffentliche Informationen ermittelt und erhoben werden.[920]

2. Zugriff auf Daten innerhalb bestimmter Nutzergruppen

Schwierigkeiten ergeben sich jedoch dann, wenn der Zugriff auf bestimmte Informationen von der Entscheidung des Bestimmungsberechtigten über die Daten, mithin dem Account-Inhaber, abhängt. Dies ist beispielsweise der Fall, wenn ein *Facebook*-Nutzer einen anderen erst auf eine „Freundschaftsanfrage" hin als „*Facebook*-Freund" akzeptiert hat und somit diesen erst für bestimmte, nicht mehr frei zugängliche Informationen, freischaltet. In diesem Zusammenhang ist zu differenzieren, auf welche Weise Informationen von den ermittelnden Beamten erhoben werden. Meldet sich ein Polizeibeamter unter seinem korrekten Namen an und macht er auch sonst zu seiner Identität zutreffende Angaben, können Informationen, die ein Nutzer für den Beamten auf dessen Anfrage hin freischaltet, erhoben und ggf. in einem Strafverfahren verwendet werden.[921] Erstellt der Beamte den Account jedoch unter einer Legende, beispielsweise unter Angabe eines falschen Namens oder einer angeblichen Herkunft, Schulausbildung oder beruflichen Ausrichtung, wird der Nutzer über die Identität des Ermittlers getäuscht. Begibt sich der Beamte dabei in eine (länger andauernde) Kommunikationsbeziehung mit dem Betroffenen, nutzt er dessen schutzwürdiges Vertrauen in die Identität und die Motivation seines Gegenübers aus.[922] Ein schutzwürdiges Vertrauen in die Identität eines Nutzers ist insbesondere bei Freundschaftsanfragen innerhalb Sozialer Netzwerke gegeben, da sich dort Mitglieder zumeist mit ihrem Klarnamen registrieren, um von Freunden

---

920 *BVerfG*, Urteil vom 27.02.2008, Az. 1 BvR 370/07, in: NJW 2008, 822, (836); *Meyer-Goßner/Schmitt*, StPO, § 100a, Rn. 7; *Ostendorf/Frahm/Doege*, NStZ 2012, 529, (537); *Marberth-Kubicki*, Rn. 522; *Rosengarten/Römer*, NJW 2012, 1764, (1765); *Singelnstein*, NStZ 2012, 593, (600); *Gercke/Brunst*, Rn. 784; *Ihwas*, S 120.

921 BeckOK-StPO/*Graf*, § 100a, Rn. 32i; *Rosengarten/Römer*, NJW 2012, 1764, (1765); *Gercke/Brunst*, Rn. 786.

922 Zum schutzwürdigen Vertrauen im Internet *Rosengarten/Römer*, NJW 2012, 1764, (1765); siehe auch BeckOK-StPO/*Graf*, § 100a, Rn. 32i; *Singelnstein*, NStZ 2012, 593, (600); *Kutscha/Thomé*, S. 41; *Gercke/Brunst*, Rn. 788. a.A. *BVerfG*, Urteil vom 27.02.2008, Az. 1 BvR 370/07, in: NJW 2008, 822, (836 f.), das ein Vertrauen in die Identität des Kommunikationspartners im Internet grundsätzlich verneint. Siehe hierzu auch ausführlich *Soiné*, NStZ 2014, 248, (249). Differenzierend nach dem Grad der Detailliertheit des Profils *Ihwas*, S. 173.

und Kollegen (wieder-)gefunden zu werden.[923] Ein Eingriff in das Recht auf informationelle Selbstbestimmung des Betroffenen ist bei unzutreffenden Angaben des Polizeibeamten daher zu bejahen, da sich der Beamte die Informationen, die er ansonsten nicht erhalten hätte, erschleicht.[924] Die Schwere der Eingriffe wird durch die Heimlichkeit des Grundrechtseingriffs erhöht.[925] Die so erlangten Informationen, die ansonsten nur für „Freunde" des Betroffenen einsehbar wären, sind infolgedessen nicht verwertbar.

Eine Ausnahme ergibt sich nur insoweit, als der Beamte als *verdeckter virtueller Ermittler* befugt unter einer Legende auftreten darf und zusätzlich die Voraussetzungen des § 110a StPO gegeben sind, der die heimlich durchgeführte Überwachung und Aufzeichnung der Telekommunikation regelt.[926] Der Polizeibeamte nimmt dabei als virtueller Ermittler unter Angabe einer falschen Identität mit Personen, gegen die ein konkreter Anfangsverdacht im Hinblick auf die Begehung von Straftaten besteht, Kontakt auf.[927] Ziel ist dabei auch, die Vernetzung von Tätern und Opfern

---

923 *Rosengarten/Römer*, NJW 2012, 1764, (1766). Nach *Meyer-Goßner/Schmitt*, StPO, § 163, Rn. 28a, soll die Kommunikation in Sozialen Netzwerken unter einer Legende zulässig soll, wenn die Anmeldung unter einem Pseudonym problemlos möglich ist und von einer Vielzahl von Nutzern praktiziert wird. Siehe hierzu auch *Klesczewski*, ZStW 123, 737, (752 f.).

924 BeckOK-StPO/*Graf*, § 100a, Rn. 32i; *Rosengarten/Römer*, NJW 2012, 1764, (1765); *Kutscha/Thomé*, S. 41.

925 *BVerfG*, Urteil vom 27.02.2008, Az. 1 BvR 370/07, in: NJW 2008, 822, (836); Jarass/Pieroth-*Jarass*, GG, Art. 2, Rn. 53; *Hilgendorf/Valerius*, Computer- und Internetstrafrecht, Rn. 765.

926 *Meyer-Goßner/Schmitt*, StPO, § 100a, Rn. 7. Siehe zu den Voraussetzungen *Kindhäuser*, StPO, § 8, Rn. 105 ff.; *Rosengarten/Römer*, NJW 2012, 1764 ff.; *Soiné*, NStZ 2014, 248, (250); *Beukelmann*, NJW 2012, 2617, (2621); *Singelnstein*, NStZ 2012, 593, (600); Löwe-Rosenberg-*Hauck*, StPO, § 110a, Rn. 26; *Marberth-Kubicki*, Rn. 530 ff.; *Ostendorf/Frahm/Doege*, NStZ 2012, 529, (537); *Kutscha/Thomé*, S. 41; *Ihwas*, S. 137 ff.

927 Abzugrenzen ist der verdeckte (virtuelle) Ermittler von dem nicht offen ermittelnden Polizeibeamten („NoeP"), dessen Möglichkeiten die einzelfallbezogene Kontaktaufnahme im Internet betreffen, bspw. die Teilnahme an Chats unter Verwendung eines *Nicknames* oder Phantasienamen. Ein schutzwürdiges Vertrauen ist dann regelmäßig zu verneinen, da der Beamte offensichtlich unter einem Pseudonym agiert und damit kein Vertrauen in eine bestimmte Identität des anderen verletzt werden kann. Die Ermittlungen des NoeP dürfen daher auf Grundlage der Ermittlungsgeneralklausel ausgeführt werden. Soweit eine Zugangskontrolle jedoch mit einer gewissen Intensität überwunden wird und die Ermittlungen eine gewisse Dauer und rege Beteiligung in den Kommunikationsforen erfordert, sind die Regelungen des § 110a ff. StPO anzuwenden und der Grundsatz der Verhältnismäßigkeit zu beachten. Zur Figur des NoeP siehe *Ihwas*, S. 137 ff.; BeckOK-StPO/*Graf*, § 100a, Rn. 32j; *Kindhäuser*, StPO, § 8, Rn. 105; *Soiné*, NStZ 2014, 248, (250 f.); *Marberth-Kubicki*, Rn. 534; *Ostendorf/Frahm/Doege*, NStZ 2012, 529, (537); *Rosengarten/Römer*, NJW 2012, 1764, (1767); *Hilgendorf/Valerius*, Computer- und Internetstrafrecht, Rn. 801.

aufzudecken.[928] Voraussetzung ist jedoch das Vorliegen einer bestimmten schweren Straftat (sog. Katalogstraftat nach § 100a Abs. 2 StPO), deren Begehung oder Vorbereitung jemand aufgrund bestimmter Tatsachen und nicht nur bloßer Vermutungen verdächtigt wird sowie die Zustimmung der Staatsanwaltschaft bzw. in besonderen Fällen des Gerichts.[929] Die einschlägigen Straftatbestände bei Stalking oder Mobbing im Internet fallen jedoch nicht unter den abschließenden Katalog der schweren Straftaten nach § 100a Abs. 2 StPO.[930]

3. Zugriff auf vertrauliche, nicht öffentliche Nachrichten

Verschafft sich der Ermittlungsbeamte auf technischem Wege unbefugt Zugriff auf die nicht öffentliche Kommunikation, zu denen nur der Profilinhaber und der Adressat Zugang haben, indem er beispielsweise den Account des Verdächtigen *hackt*, sind die heimlich gewonnenen Informationen nicht verwertbar.[931] Vertrauliche Nachrichten die zwischen *Facebook*-Mitgliedern, vergleichbar einer E-Mail, nicht öffentlich innerhalb der Sozialen Netzwerke versendet werden, sind grundsätzlich einer Überwachungsanordnung unter den Voraussetzungen des § 100a StPO zugänglich.[932]

Diensteanbieter wie *Facebook* erheben neben Bestandsdaten, wie Name und Geburtsdatum der Nutzer[933] und Daten über das Nutzungs- und Kommunikationsverhalten (sog. Verkehrsdaten[934]), auch Inhaltsdaten wie veröffentlichte Beiträge und Inhalte von Nachrichten, auf die sich das Interesse der Ermittlungsbehörden bezieht.[935] Mit der erstmaligen Anordnung der Beschlagnahme eines *Facebook*-Accounts durch

---

928 *Beukelmann*, NJW 2012, 2617, (2619).

929 *Kindhäuser*, StPO, § 8, Rn. 106; *Hilgendorf/Valerius*, Computer- und Internetstrafrecht, Rn. 801 ff. Soweit sich die verdeckten Ermittlungen noch nicht gegen einen bestimmten Beschuldigten richten, ist kein gerichtlicher Beschluss nach § 110b Abs. 2 StPO notwendig, siehe Meyer-Goßner/Schmitt-*Schmitt*, StPO, § 110b, Rn. 3; *Rosengarten/Römer*, NJW 2012, 1767.

930 Siehe hierzu die geprüften Straftatbestände in Kapitel C und D. Zu den schweren Straftaten siehe *Meyer-Goßner/Schmitt*, StPO, § 100a, Rn. 15.

931 *Singelnstein*, NStZ 2012, 593, (600); Löwe-Rosenberg-*Hauck*, StPO, § 110a, Rn. 26.

932 *Meyer-Goßner/Schmitt*, StPO, § 100a, Rn. 6c; Zur Beweissicherung von E-Mails siehe *Klesczewski*, ZStW 123, 737, (745 ff.); *Jahn*, mit Anmerkung zum Beschluss des *BGH* vom 31.03.2009, Az. 1 StR 76/09, in: JuS 2009, 1048, (1049).

933 Bestandsdaten können bereits nach §§ 161 Abs. 1, 163 Abs. 1 StPO ohne richterlichen Beschluss eingeholt werden, siehe BeckOK-StPO/*Graf*, § 100a, Rn. 32m; *Hilgendorf/Valerius*, Computer- und Internetstrafrecht, Rn. 805; *Singelnstein*, NStZ 2012, 593, (603). Zur Rasterfahndung gem. § 98b StPO siehe *Kipker/Voskamp*, ZD 2013, 119, (120 f.).

934 Zur Erhebung von Verkehrsdaten siehe *Hilgendorf/Valerius*, Computer- und Internetstrafrecht, Rn. 804.

935 Zu den verschiedenen Datenarten siehe auch die Ausführungen in Teil 3 E IV. Hierzu auch *Kipker/Voskamp*, ZD 2013, 119, (120); BeckOK-StPO/*Graf*, § 100a, Rn. 32m; Zur Erhebung von Verkehrsdaten siehe *Kindhäuser*, StPO, § 8, Rn. 83 f.

das *AG Reutlingen*[936] im Jahr 2011 stellte die Maßnahme ein Novum in der deutschen Justiz dar.[937] Gemäß der Rechtsprechung des *BGH* zur Beschlagnahme von E-Mail-Accounts[938] erfolgte eine Beschlagnahme in entsprechender Anwendung des § 99 StPO.[939] Danach sind bereits versendete Nachrichten und Chat-Unterhaltungen nicht mehr Gegenstand einer aktuell andauernden Kommunikation, sondern befinden sich in Gewahrsam des Betreibers.[940] Inhaltlich können die betroffenen Inhalte dabei durchaus besonders schutzwürdige private Qualität aufweisen, da die *Facebook*-Nachrichten-Funktion, anderes als die Pinnwand-Funktion, für den Nutzer nicht erkennbar auch für Dritte zugänglich ist und der Berechtigte die übermittelten Informationen bewusst nicht öffentlich machen will.[941] Dabei ist es durchaus üblich, dass die Betroffenen Gefühle und Empfindungen, Ansichten und Erlebnisse höchstpersönlicher Art über die private *Facebook*-Nachrichten-Funktion teilen. Beim Zugriff auf den umfangreichen Datenbestand eines *Facebook*-Accounts muss die Maßnahme ihre Grenze im Grundsatz der Verhältnismäßigkeit, insbesondere im Übermaßverbot finden.[942] Dies entspricht der Rechtsprechung des *BGH* zur Beschlagnahme eines E-Mail-Accounts, nach der eine Beschlagnahme des gesamten auf einem Mailserver gespeicherten E-Mail-Bestands eines Beschuldigten regelmäßig gegen das Übermaßverbot verstößt.[943] Nach dem Verhältnismäßigkeitsgrundsatz sind folglich nur die Daten zu beschlagnahmen, die

936 *AG Reutlingen*, Beschluss vom 31.10.2011, Az. 5 Ds 43 Js 18155/10, in: CR 2012, 193 ff.

937 *Heim*, NJW-Spezial 2012, 184.

938 *BGH*, Beschluss vom 31.03.2009, Az. 1 StR 76/09, in: NJW 2009, 1828.

939 *AG Reutlingen*, a.A.o., CR 2012, 193 ff.; ebenso *AG Pforzheim*, Beschluss vom 21.02.2012, Az. 1 Gs 21/12; in: BeckOK-StPO/*Graf*, § 100a, Rn. 32l; *Beukelmann*, NJW 2012, 2617, (2621); *Singelnstein*, NStZ 2012, 593, (603); Löwe-Rosenberg-*Hauck*, StPO, § 99, Rn. 25a. Kritisch dagegen *Meinicke*, StV 2012, 462 ff. *Neuhöfer*, befürchtet durch die Beschlagnahme in Verbindung mit den weiteren Daten des *Facebook*-Accounts Rückschlüsse auf das Persönlichkeitsprofil des Betroffenen und zieht die §§ 110a f. StPO als Ermächtigungsgrundlage heran, in MMR-Aktuell 2012, 329250, so auch *Meyer-Goßner/Schmitt*, StPO, § 100a, Rn. 6c; kritisch auch *Hilgendorf/Valerius*, Computer- und Internetstrafrecht, Rn. 778 ff.; *Ihwas*, S. 209. Siehe hierzu auch *Gercke/Brunst*, Rn. 810 ff.

940 *AG Reutlingen*, a.A.o., CR 2012, 193 ff.; *AG Pforzheim*, a.A.o.; *Kipker/ Voskamp*, ZD 2013, 119, (122). Siehe hierzu auch BeckOK-StPO/*Graf*, § 100a, Rn. 32l.

941 Ebenso *Meinicke*, StV 2012, 462, (464); *Neuhöfer*, MMR-Aktuell 2012, 329250; a.A. dagegen *AG Reutlingen*, a.A.o., CR 2012, 194; BeckOK-StPO/*Graf*, § 100a, Rn. 32k.

942 Das *AG Reutlingen* hatte über diese Frage nicht zu entscheiden, da der Angeklagte seine auf *Facebook* gespeicherten Daten letztlich freiwillig herausgab, siehe *AG Reutlingen*, a.A.o., CR 2012, 193 ff.

943 Dabei kann es keinen Unterschied machen, ob sich die Daten auf einem Mailserver oder auf dem Server eines Sozialen Netzwerks befinden.

im unmittelbaren Zusammenhang mit der verfolgten Straftat stehen und konkrete Verwendung in dem Ermittlungs- oder Strafverfahren finden können.[944]

Neben rechtlichen Fragestellungen bereiteten jedoch die verfahrenstechnischen Umsetzungsmöglichkeiten einer Beschlagnahme aufgrund der international organisierten Netzwerke Schwierigkeiten.[945] Die relevanten Inhalte auf den *Facebook*-Accounts waren im Fall des *AG Reutlingen* nicht bei der deutschen *Facebook*-Tochter in Hamburg, sondern auf irischen und damit ausländischen Servern gespeichert, auf die deutsche Angestellte des Sozialen Netzwerks keinen Zugriff hatten.[946] Das deutsche Gericht hatte ein Rechtshilfeersuchen gem. dem Rechtshilfeübereinkommen in Strafsachen an Irland zu richten, welches mit nicht unerheblichen Kosten und Zeitaufwand verbunden war. Die Beschlagnahme eines Social Network Accounts ist unter Umständen aufgrund langwieriger Rechtshilfeverfahren oft wenig praktikabel und stößt damit auch an tatsächliche Grenzen.[947] Mit Zustimmung des Verfügungsberechtigten kann allerdings nach § 100 Abs. 3 StPO i.V.m. Art. 32b *Cybercrime-Konvention* auf nicht öffentlich zugängliche Daten zugergriffen werden.[948] Die Strafverfolgung der Internetkriminalität ist auf eine internationale Koordination der nationalen Strafverfolgungssysteme angewiesen.[949] Diese besonderen Bedürfnisse der Verfolgung von Kriminalität im Internet haben im Rahmen der *Cybercrime-Konvention* des Europarates Berücksichtigung gefunden.[950] Die *Cybercrime-Konvention* ist das weltweit erste rechtsverbindliche internationale Regelungsinstrument, das dem grenzüberschreitenden und weltweit vernetzten Charakter der Internetkriminalität entgegentritt. Ziel der *Cybercrime-Konvention* ist neben der Harmonisierung des materiellen Strafrechts auch die Verbesserung und Intensivierung der internationalen Zusammenarbeit der Vertragsparteien.[951]

---

944 *Kipker/Voskamp*, ZD 2013, 119, (120); BeckOK-StPO/*Graf*, § 100a, Rn. 32m; Siehe hierzu auch *Heim*, NJW-Spezial, 184; *Hilgendorf/Valerius*, Computer- und Internetstrafrecht, Rn. 769; *Meyer-Goßner/Schmitt*, StPO, § 99, Rn. 12.

945 Siehe hierzu *Neuhöfer*, MMR-Aktuell 2012, 329250; *Heim*, NJW-Spezial, 184; *Singelnstein*, NStZ 2012, 593, (597).

946 BeckOK-StPO/*Graf*, § 100a, Rn. 32k; *Heim*, NJW-Spezial, 184.

947 *Beukelmann*, NJW 2012, 2618, (2619). Zum Rechtshilfeverkehr mit dem Ausland in Strafsachen und den allgemeinen Voraussetzungen der Rechtshilfe siehe *Marberth-Kubicki*, Rn. 539 ff.

948 Zur vorläufigen Sicherung zugangsgeschützter Datenbestände siehe *Meyer-Goßner/Schmitt*, StPO, § 100a, Rn. 6, 110, Rn. 7a f.; ausführlich hierzu auch *Bär*, ZIS 2011, 53, (57).

949 *Sieber*, NJW-Beil. 2012, 86, (90). Zu den internationalen Ermittlungsmaßnahmen, dem Rechtshilfeverkehr mit dem Ausland in Strafsachen sowie zum internationalen Haftbefehl wird auf die Ausführungen bei *Marberth-Kubicki*, Rn. 539 ff. verwiesen.

950 Siehe hierzu *Marberth-Kubicki*, Rn. 546. Ausführlich zur *Cyber Crime Convention* siehe auch *Hilgendorf/Valerius*, Computer- und Internetstrafrecht, Rn. 114 ff.

951 *Hilgendorf/Valerius*, Computer- und Internetstrafrecht, Rn. 121 f.

4. *Zwischenergebnis*

Zur Aufklärung von Straftaten wie Cybermobbing und Cyberstalking können die Ermittlungsbeamten grundsätzlich auf Grundlage der Ermittlungsgeneralklausel auf die öffentliche Kommunikation in einem Sozialen Netzwerk zugreifen. Werden beispielsweise im Rahmen des Social Media Mobbings Beleidigungen, diffamierende Fotos oder Videos öffentlich in Soziale Netzwerke eingestellt, können die Ermittlungsbehörden diese ohne weiteres zur Strafverfolgung der Täter erheben. Im Rahmen geschlossener Nutzergruppen wie *Facebook*-Freunden ist dies nur zulässig, wenn der ermittelnde Beamte die Freundschaftsanfrage oder Zutrittsanfrage zu einer bestimmten (*Facebook*-)Gruppe unter zutreffender Angabe seiner Identität stellt. Ein Grundrechtseingriff ist dann regelmäßig zu verneinen, weil der ermittelnde Polizeibeamte sein Gegenüber nicht über seine Identität täuscht und damit kein schutzwürdiges Vertrauen des Betroffenen vorsätzlich ausnutzt. Beim Cybermobbing bzw. Cyberstalking über Soziale Netzwerke handelt es sich bei den einschlägigen Straftaten regelmäßig nicht um Straftaten von erheblicher Bedeutung i.S.d § 110a Abs. 2 StPO.[952] Der Einsatz verdeckter Ermittlungsmaßnahmen kommt zur Aufklärung von Cybermobbing- bzw. Stalking daher kaum in Betracht. Zugriff auf die vertrauliche Kommunikation zwischen Nutzern Sozialer Netzwerke kann daher nur über eine Beschlagnahmeanordnung erlangt werden, soweit man der Rechtsprechung des *AG Reutlingen* folgt. Bei grenzüberschreitenden Internetstraftaten kommt zudem der internationalen Zusammenarbeit der Strafverfolgungsbehörden besondere Bedeutung zu.

II. Fahndung 2.0 – Öffentlichkeitsfahndung über Soziale Medien

Die weltweite Vernetzung und Kommunikation unter den Mitgliedern Sozialer Medien bietet auch für die Öffentlichkeitsfahndung der Strafverfolgungsbehörden neue Ermittlungsmöglichkeiten. Immer öfter nutzen Polizeibehörden das Soziale Netzwerk *Facebook*, um nach Verdächtigen zu fahnden und zur Aufklärung von Straftaten aufzurufen.[953] Dabei werden beispielsweise Fahndungsbilder nicht nur auf Internetseiten der örtlichen Polizeibehörde hochgeladen, sondern auch auf deren *Facebook*-Seiten, bzw. denen der LKAs bzw. des BKA[954]. Pionier auf diesem Gebiet

---

952 Siehe hierzu die Aufzählung der Straftaten unter § 110a Abs. 1 Nr. 1 bis 4 StPO. Der Einsatz verdeckter Ermittler soll insbesondere das Eindringen in das Innere einer kriminellen Organisation erreicht werden. Siehe hierzu *Meyer-Goßner/ Schmitt*, StPO, § 110a, Rn. 5.

953 Mittlerweile konzentriert sich die Personensuche der Polizeibehörden hauptsächlich auf das Internet. *Schiffbauer*, NJW 2014, 1054, (1053); *Caspar*, ZD 2015, 12, (15); *Beukelmann*, NJW 2012, 2617, (2619). Siehe auch *Spiegel Online* am 27.10.2011 *„Fahndung auf Facebook: Der Polizei gefällt das“*, abrufbar unter www.spiegel.de/panorama/gesellschaft/fahndung-bei-facebook-der-polizei-gefaellt-das-a-793974.html (zuletzt aufgerufen am 28.10.2015).

954 http://www.facebook.com/bka.Wiesbaden (zuletzt aufgerufen am 28.10.2015).

war die Polizei Hannover die seit dem Jahr 2011 das Soziale Netzwerk *Facebook* zur Verbreitung von Pressemitteilungen, detaillierten Hintergrundinformationen und Zeugenaufrufen nutzt.[955] Auch die international agierende *International Criminal Police Organization* (*ICPO* bzw. *Interpol*) hat wiederholt Internetnutzer dazu aufgerufen, bei der Fahndung nach flüchtigen Verbrechern zu helfen.[956] Am 14. November 2013 wurde auf der Justizministerkonferenz entschieden, dass Fahndungen auch über Soziale Netzwerke im Internet, unter Einhaltung datenschutzrechtlicher und rechtsstaatlicher Grundsätze, möglich sein sollten.[957]

Die Polizeibehörden erhoffen sich durch die große Reichweite der Netzwerke eine schnellere und weitreichendere Verbreitung und gesteigerte Wahrnehmung der Fahndungsaufrufe. Dabei wird auch auf die aktive Partizipation der Nutzer abgestellt. Auf der virtuellen Pinnwand der *Facebook*-Seite werden die Bürger zu einem gewissen Grad direkt in das Fahndungsgeschehen eingebunden. Die Inhalte auf den Seiten der Polizeibehörden können von den Nutzern geteilt, verlinkt oder kommentiert werden. Darüber hinaus besteht für die Nutzer die Möglichkeit, die online gestellten Beiträge wie Fahndungsfotos herunterzuladen, um sie sodann für eigene redaktionelle Zwecke zu verwenden.[958] So kann beispielsweise auch eine eigene *Facebook*-Seite mit den heruntergeladen Fahndungsfotos und mit entsprechenden Fahndungsmeldungen von einem *Facebook* Nutzer kreiert werden.[959] Die dadurch resultierende unkontrollierte und schrankenlose Verbreitung von Fahndungsfotos und Informationen über den Betroffenen kann nicht nur bei Beendigung der Fahndung zum Problem werden, sondern birgt gravierende Risiken für die Persönlichkeitsrechte der betroffenen Personen.

1. Veröffentlichung von Fahndungsfotos im Internet

Die Zulässigkeit der Fahndung unter Einschaltung öffentlicher Kommunikationsmittel ist in den §§ 131 Abs. 3, 131b StPO geregelt.[960] Grundsätzlich zulässig ist danach eine Fahndung über das Internet, soweit eine Straftat von erheblicher Bedeutung vorliegt und nach der Subsidiaritätsklausel andere Formen der Aufenthaltsermittlung erheblich weniger Erfolg versprechen oder wesentlich erschwert

---

955 http://www.facebook.com/PolizeiHannover (zuletzt aufgerufen am 28.10.2015). Siehe hierzu *Hawellek/Heinemeyer*, ZD-Aktuell 2012, 02730; *Ihwas*, S. 266.

956 Siehe hierzu Internet-Fahndungsaufruf von *Interpol*, Redaktion MMR-Aktuell 2010, 306038.

957 Beschluss der 84. Justizministerkonferenz 2013 zu TOP II.2, abrufbar unter http://www.justiz.bayern.de/media/pdf/top_ii2_herbst2013.pdf (zuletzt aufgerufen am 28.10.2015). Siehe auch ZD-Aktuell 2013, 03824.

958 *Schiffbauer*, NJW 2014, 1054, (1054).

959 *Hawellek/Heinemeyer*, ZD-Aktuell 2012, 02730.

960 *Meyer-Goßner*, StPO, Vor § 131, Rn. 3; hierzu auch *Caspar*, ZD 2015, 12, (15); *Ihwas*, S. 268 ff.

wären, vgl. § 131 Abs. 3 StPO.[961] Die Veröffentlichung von Fahndungsfotos eines Verdächtigen[962] im Internet mit dem Ziel der Verbrechensaufklärung und der Identitätsfeststellung darf grundsätzlich nur unter den strengen Voraussetzungen des § 131b StPO von einem Richter angeordnet werden.[963] § 24 KUG steckt dabei den Rahmen ab, innerhalb dessen eine strafprozessuale Maßnahme nicht in das Recht am eigenen Bild eingreift.[964] Der Ausnahmetatbestand des § 24 KUG beschränkt das Persönlichkeitsrecht des Betroffenen für die Veröffentlichung von Personenabbildungen zum Zwecke der Rechtspflege[965]. Zudem handelt es sich bei der Abbildung der verdächtigen Person, aufgrund des allgemeinen gesellschaftlichen Interesses an der Verdachtsberichterstattung, um ein Bildnis aus dem Bereich der Zeitgeschichte, vgl. § 23 Abs. 1 Nr. 1 KUG.[966]

Nach Beendigung der Fahndung lebt das Recht am eigenen Bild gem. § 22 KUG allerdings wieder auf, mit der Folge, dass die Fahndungsfotos nicht mehr öffentlich zur Schau gestellt werden dürfen.[967] Die Entfernung der Bilder von der Internetseite der Polizeibehörden ist allerdings oft nicht ausreichend. Werden Inhalte von einer polizeilich betriebenen *Facebook*-Seite lediglich „geteilt", ist der (geteilte) Link auch an den Fortbestand des ursprünglichen Beitrags gebunden. Wird die Fahndungsmeldung von der ursprünglichen Seite der Polizeibehörde entfernt, führt damit auch der geteilte Link zu keinem Ziel mehr. Können Fahndungsbilder allerdings von Nutzern heruntergeladen und damit auf eigenen (*Facebook*-)Seiten veröffentlicht werden, können diese digitalen Kopien weiterhin in den Sozialen Medien zirkulieren. Die Polizeibehörden sind dann zur Folgenbeseitigung verpflichtet, um die von ihr geschaffene Gefahrenlage der unkontrollierten Bildverbreitung im Internet einzudämmen.[968] Gefordert wird danach, dass die Behörde über dieselben Kommunikationswege als *actus contrarius* aktiv über die Beendigung der Fahndung informiert und dazu auffordert, die weitere Veröffentlichung der Fahndungsbilder

961 Früher war insbesondere die Zulässigkeit der Fahndung über das Internet umstritten, vgl. *Meyer-Goßner/Schmitt*, StPO, Vor § 131, Rn. 3 f.; *Marberth-Kubicki*, Rn. 560 ff.

962 Gegebenenfalls dürfen bei Straftaten gleicher Qualität nach § 131b Abs. 2 StPO auch Abbildungen von Zeugen zur Identitätsfeststellung veröffentlicht werden.

963 Dies gilt auch für Phantombilder, siehe *Meyer-Goßner/Schmitt*, StPO, § 131b, Rn. 1 f.; Vor 131, Rn. 3 f.; BeckOK-StPO/*Niesler*, § 131b, Rn. 2; *Schiffbauer*, NJW 2014, 1054, (1051). Bei Gefahr im Verzug darf auch die Staatsanwalt die entsprechende Fahndung anordnen, vgl. § 131c Abs. 1 StPO, wobei bei einer andauernden Veröffentlichung in elektronischen Medien die Anordnung der Staatsanwaltschaft binnen einer Woche von einem Richter bestätigt werden muss, vgl. § 131c Abs. 2 StPO.

964 Zum Verhältnis des § 24 KUG zu den Eingriffsnormen der StPO siehe BeckOK-UrhR/*Engels*, § 24 KUG, Rn. 2; Dreyer/Kotthoff/Meckel-*Dreyer*, KUG, § 24; Rn. 5.

965 Siehe hierzu BeckOK-UrhR/*Engels*, § 24 KUG, Rn. 1 f.

966 BeckOK-UrhR/*Engels*, § 23 KUG, Rn. 8; Dreyer/Kotthoff/Meckel-*Dreyer*, KUG, § 23; Rn. 72; *Schiffbauer*, NJW 2014, 1054, (1055).

967 Dreyer/Kotthoff/Meckel-*Dreyer*, KUG, § 24; Rn. 5; *Schiffbauer*, NJW 2014, 1054, (1055).

968 *Schiffbauer*, NJW 2014, 1054, (1055 f.).

zu unterlassen. Darüber hinaus wird eine Pflicht der Polizei zum Einschreiten bei positiver Kenntnis von illegaler Weiterveröffentlichung von Fahndungsbildern statuiert.[969]

2. „Virtueller Pranger" durch Diskussionsbeiträge anderer Nutzer

Aufgrund der Eingriffsintensität in die Persönlichkeitsrechte der Betroffenen und der Breitenwirkung bei der Veröffentlichung von Fahndungen im Internet ist zudem der Verhältnismäßigkeitsgrundsatz zu beachten.[970] Daraus folgt, dass den Strafverfolgungsbehörden in einem Ermittlungsverfahren die Amtspflicht obliegt, Ermittlungsmaßnahmen zu unterlassen, die das Persönlichkeitsrecht des Beschuldigten verletzen, wenn diese erkennbar überzogen sind.[971] Ein Aufruf im Internet zur Mithilfe bei der Erteilung von sachdienlichen Hinweisen soll beispielsweise nur dann zulässig sein, soweit diese Hinweise nur an die Strafverfolgungsbehörden gelangen und nicht über das Internet öffentlich gemacht werden.[972] Denn werden auf den öffentlich einsehbaren Seiten der Polizeibehörden auf Sozialen Netzwerken wie *Facebook* Beiträge und Meinungen Dritter eingestellt, kann dies der unverhältnismäßigen Denunziation des Beschuldigten dienen. Aber auch Gerüchte um eine etwaige Täterschaft können durch öffentliche Diskussionen genährt und verbreitet werden.[973] Die öffentlichen Hinweise können dabei unabhängig von ihrer Richtigkeit zur Verdächtigung unschuldiger Personen führen, die in Zukunft mit diesem Makel behaftet leben müssen. Das *OLG Celle* hatte aus diesen Gründen die Aufnahme und Aufrechterhaltung eines Internetforums zur Aufklärung eines Kapitalverbrechens wegen möglicher Persönlichkeitsverletzungen der beschuldigten Person als unverhältnismäßig und damit rechtswidrig eingestuft.[974] Die betroffenen Personen können auf diese Weise an einen „virtuellen Pranger" gestellt oder Opfer von Cybermobbing werden.[975]

Dabei bergen nicht nur Beiträge auf den Seiten der Polizeibehörden eine erhebliche Gefahr für die Persönlichkeitsrechte des Betroffenen. Durch Kopie der Fahndungsbilder oder entsprechende Pressemitteilungen können die Nutzer auch selbst *Facebook* Seiten erstellen, die sodann von anderen kommentiert, *gelikt* oder *geteilt* werden können. Anschaulich zeigt der Fall *Emden*, wie verdächtige Personen dabei einer regelrechten Hetzjagd ausgesetzt werden können.[976] Im März 2012 war

---

969 Zur Strafbarkeit der Betreiber von Trittbrettfahrer-Seiten und „Digitaler Amtsanmaßung" siehe *Schiffbauer*, NJW 2014, 1054, (1056 ff.).

970 *Marberth-Kubicki*, Rn. 563; *Meyer-Goßner/Schmitt*, StPO, § 131, Rn. 3.

971 *Meyer-Goßner/Schmitt*, StPO, Einl., Rn. 20 f. m.w.N.

972 Vgl. *OLG Celle*, Urteil vom 19.06.2007, Az. 16 U 2/07, in: MMR 2008, 180.

973 *OLG Celle*, a.A.o., in MMR 2008, 181.

974 Siehe hierzu die Entscheidungsgründe des *OLG Celle*, a.A.o., in MMR 2008, 180.

975 Siehe hierzu auch *Schiffbauer*, NJW 2014, 1052, (1053); *Ihwas*, S. 280 f.

976 Siehe hierzu auch *Spiegel Online* am 11.06.2013, *„Mordfall Lena: 19-Jähriger wegen Aufrufs zur Selbstjustiz verurteilt"*, abrufbar unter http://www.spiegel.de/panorama/justiz/mordfall-lena-19-jaehriger-wegen-aufruf-zur-selbstjustiz-verurteilt-a-905127.html;

ein junger Mann irrtümlich unter Verdacht geraten, die elfjährige Lena missbraucht und ermordet zu haben. Ein 19-Jähriger nahm die Verhaftung des Verdächtigen zu Anlass, über eine *Facebook*-Seite Aufrufe zur Lynchjustiz zu starten. Noch am gleichen Abend versammelten sich rund 50 aufgebrachte Menschen mit dem Ziel, das Polizeikommissariat in Emden zu stürmen und den mutmaßlichen Mörder des Mädchens der Selbstjustiz zuzuführen. Später sollte sich allerdings herausstellen, dass der Verhaftete unschuldig war. Der Initiator des Internetaufrufs auf *Facebook* wurde dagegen wegen der Aufforderung zu einer Straftat gem. § 111 StGB verurteilt.[977]

Da in der Bevölkerung die Unschuldsvermutung[978], vielfach nicht verstanden wird und die vorläufige Festnahme nach § 127 StPO oft mit einem Schuldnachweis gleichgesetzt wird, müssen die Strafverfolgungsorgane bei Medieninformationen immer wieder und nachdrücklich auf die Unschuldsvermutung hinweisen.[979] Gerade Soziale Medien im Internet eröffnen andernfalls die Möglichkeit zur Anstiftung emotionaler Primitivreaktionen und Aufrufen zur Selbstjustiz gegenüber mutmaßlichen Straftätern.[980]

III. Zusammenfassung und Ausblick

Für Ermittlungsbehörden ist das Internet vor allem Tatort und Umschlagplatz für illegale Inhalte und erfordert eine Anpassung polizeilicher Instrumente. Sie sprechen sich daher für eine stärkere Überwachung und den Einsatz neuer Ermittlungsmethoden aus, um der Kriminalität auf Augenhöhe zu begegnen.[981] Mit der Entwicklung des technischen Fortschritts entwickeln sich parallel auch technikgestützte (heimliche) Ermittlungsmaßnahmen der StPO permanent weiter.[982] Die sich bietenden neuen technischen Möglichkeiten müssen dabei jedoch verantwortungsvoll und maßvoll genutzt werden. So sind die ermittelnden Polizeibeamten

---

(zuletzt aufgerufen am 28.10.2015) bzw. *Süddeutsche* am 01.04.2012, *„Ins Netz gegangen"*, abrufbar unter http://www.sueddeutsche.de/panorama/hetze-gegen-verdaechtigen-im-mordfall-von-emden-ins-netz-gegangen-1.1323099 (zuletzt aufgerufen am 28.10.2015).

977 Zur Strafbarkeit wegen Internetaufrufen zur Lynchjustiz und organisiertem Mobbing siehe ausführlich *Ostendorf/Frahm/Doege*, NStZ 2012, 529, (531 ff.); Kindhäuser/Neumann/Paeffgen-*Paeffgen*, StGB, § 111, Rn. 26b.

978 Jede Person gilt bis zum gesetzlichen Beweis ihrer Schuld als unschuldig, Art. 6 EMRK.

979 *Ostendorf/Frahm/Doege*, NStZ 2012, 529, (530).

980 Siehe hierzu ausführlich *Ostendorf/Frahm/Doege*, NStZ 2012, 529, (538); *Caspar*, ZD 2015, 12, (16).

981 *Fritz*, S. 110. Siehe hierzu auch *Heise Online* vom 04.06.2012, *„Polizei und Hochschule verbünden sich gegen Cyber-Kriminelle"*, abrufbar unter http://www.heise.de/newsticker/meldung/Polizei-und-Hochschule-verbuenden-sich-gegen-Cyber-Kriminelle-1590311.html (zuletzt aufgerufen am 28.10.2015).

982 *Singelnstein*, NStZ 2014, 305.

bei der Recherche und dem Sammeln von Informationen über bestimmte Personen angehalten, ihre Ermittlungen im Internet auf Grundlage der bestehenden Befugnisse und im Rahmen der Verhältnismäßigkeit durchzuführen. Die Befugnisse der Strafverfolgungsbehörden sind dabei stets restriktiv auszulegen. Auch der Umgang mit persönlichen Daten bei Fahndungsaufrufen über Soziale Netzwerke im Internet erfordert eine besondere Sensibilität der Strafverfolgungsbehörden, um damit nicht selbst eine Grundlage für Cybermobbing zu schaffen.[983]

Neue technische Entwicklungen, wie beispielsweise die automatisierte Gesichtserkennung bei Bild- und Videoaufnahmen oder die heimliche Infiltration der Kameras und Mikrofone sowie der *GPS*-Empfänger in Computern und *Smartphones* einer Zielperson, wirken sich auch auf die polizeiliche Ermittlungspraxis aus und lassen sich in ihren Folgen für die Betroffenen nur erahnen.[984] Mit entsprechender Bilderkennungssoftware können schon bald Soziale Netzwerke wie *Facebook* nach Fotografien durchsucht und miteinander in Zusammenhang gebracht werden. Vor diesem Hintergrund werden die Auswertung Sozialer Medien sowie die Analyse des Kommunikationsverhaltens auch weiterhin zu einem festen Bestandteil strafprozessualer Ermittlungen gehören.[985]

Grenzüberschreitende Sachverhalte der Internetkriminalität sowie die Menge und Flüchtigkeit der Daten stellen die Strafverfolgungsbehörden vor neue Herausforderungen. Praktische Probleme der Strafverfolgung stellen sich vor allem dann, wenn die Identifizierung der Täter aufgrund der Verwendung von Pseudonymen nicht möglich ist. Die Rückverfolgung der Verbreitung rechtswidriger Inhalte zu einer bestimmten IP-Adresse bedeutet nicht gleichzeitig die Identifizierung des Täters selbst, da Verbindungsdaten, aus denen sich die Zuordnung der IP-Adresse zu einem bestimmten Rechner ergibt, von den Providern bereits gelöscht sein können.[986]

Die effektive Strafverfolgung steht immer in einem Spannungsverhältnis zum Recht des Bürgers auf Anonymität bei der elektronischen Kommunikation sowie zum effektiven Schutz seiner Daten.[987] Anschaulich zeigt dies die aktuelle Debatte um die *Vorratsdatenspeicherung*, deren Gesetze in der Vergangenheit den Datenschutz der Betroffenen zugunsten des Strafverfolgungsinteresses deutlich

983 *Schiffbauer*, NJW 2014, 1052, (1057).

984 *Singelnstein*, NStZ 2014, 305, (308); *Ders.*; NStZ 2012, 593, (599). Bereits jetzt nutzt die Polizei das Internet, um Bilder aus einer Verkehrsüberwachung mit dem mutmaßlichen Fahrer abzugleichen. Siehe hierzu *Beukelmann*, NJW 2012, 2617, (2619).

985 *Singelnstein*, NStZ 2012, 593, (599).

986 In diesem Zusammenhang wird auf die Ausführungen bei *Hilgendorf/Valerius*, Computer- und Internetstrafrecht, Rn. 759, sowie bei *Marberth-Kubicki*, Rn. 571 verwiesen.

987 Zur Anonymität im Internet wird auf die Ausführungen bei *Brunst*, S. 407 ff. verwiesen. Hierzu auch *Heckmann*, NJW 2012, 2631, (2632). Zum Spannungsverhältnis von Datenschutz und Strafverfolgung siehe *Marberth-Kubicki*, Rn. 27 f.

zurückgedrängten.[988] Zur Vereinfachung der Verfolgung von Straftaten sah die EU-Richtlinie zur Vorratsdatenspeicherung 2006/24/EG[989] eine Speicherpflicht der Diensteanbieter für bestimmte Verkehrsdaten über das Nutzungs- und Kommunikationsverhalten[990] ihrer Nutzer vor. Die Provider waren danach verpflichtet, die Daten sämtlicher Nutzer über einen Zeitraum von sechs Monaten auf Vorrat, also ohne Verdacht und anlassunabhängig zu speichern.[991] In Deutschland wurde die Richtlinie zunächst am 1. Januar 2008 per Gesetz umgesetzt.[992] Das *BVerfG* erklärte die deutschen Vorschriften zur Vorratsdatenspeicherung mit Urteil vom 2. März 2010 wegen Verstoßes gegen das Fernmeldegeheimnis aus Art. 10 GG jedoch für verfassungswidrig und nichtig.[993] Deutsche Telekommunikationsanbieter waren daraufhin zur sofortigen Löschung der bis dahin gesammelten Daten verpflichtet.[994] Im April dieses Jahres erklärte nun auch der *EuGH* die EU-Richtlinie zur Vorratsdatenspeicherung für ungültig da unvereinbar mit der Charta der Grundrechte der Europäischen Union.[995] Der politische und rechtliche Streit über die Vorratsdatenspeicherung ist damit vorläufig entschieden. Das Urteil hat grundlegende Bedeutung für den Datenschutz, denn wenn eine dem Gemeinwohl dienende Zielsetzung wie die Terrorismusabwehr und die Bekämpfung organisierter Kriminalität die Erforderlichkeit der Vorratsdatenspeicherung nicht zu rechtfertigen vermag, muss dies für alle anderen anlasslosen Datenverarbeitungen erst recht gelten.[996] Die weitere Entwicklung und Konsequenzen aus dieser Entscheidung bleiben insoweit abzuwarten.

---

988 Zur Entwicklung der Vorratsdatenspeicherung siehe *Busch*, ZRP 2014, 41, (42 f.); *Marberth-Kubicki*, Rn. 28. Zur Vorratsdatenspeicherung siehe auch *Brunst*, S. 512 ff.; siehe hierzu auch *Beukelmann*, NJW 2012, 2618, (2621); Sieber/Satzger/von Heintschel-Heinegg-*Sieber*, Europäisches Strafrecht, § 24, Rn. 46 ff.; *Roßnagel*, MMR 2014, 372, (372 ff.).

989 Richtlinie 2006/24/EG des europäischen Parlaments und des Rates vom 15.03.2006 über die Vorratsdatenspeicherung von Daten.

990 Zu den Begriffen *Marberth-Kubicki*, Rn. 572; *Brunst*, S. 429 f.

991 *Marberth-Kubicki*, Rn. 312, 329; ausführlich hierzu auch *Hoeren*, Internet- und Kommunikationsrecht, S. 498 f.; *Brunst*, S. 513.

992 *Gesetz zur Neuregelung der Telekommunikationsüberwachung und anderer verdeckter Ermittlungsmaßnahmen sowie zur Umsetzung der Richtlinie 2006/24/EG.* Die Regelungen des Gesetzes wurden zum 01.01.2009 verbindlich. Der Zugriff auf die Daten blieb jedoch nach einer einstweiligen Anordnung des *BVerfG* auf die Verfolgung von schweren Straftaten beschränkt. *BVerfG*, Beschluss vom 11.03.2008, Az. 1 BvR 256/08, in: MMR 2008, 303 ff. Siehe hierzu auch *Hoeren*, Internet-und Kommunikationsrecht, S. 474.

993 *BVerfG*, Urteil vom 02.03.2010, Az. 1 BvR 256/08, in: NJW 2010, 883 ff. Hierzu auch *Busch*, ZRP 2014, 41, (43); *Hoeren*, Internet- und Kommunikationsrecht, S. 501 f.

994 Siehe hierzu Sieber/Satzger/von Heintschel-Heinegg-*Sieber*, Europäisches Strafrecht, § 24, Rn. 48 f.

995 Urteil des *EuGH* vom 08.04.2014, Az. C 293/12, in: BeckRS 2014, 80686.

996 *Roßnagel*, MMR 2014, 372, (377).

G. Rechtsschutzmöglichkeiten im Zivil- und öffentlichen Recht

Rechtsschutz gegen (Cyber-)Stalker und Mobber kann sich nicht nur aus dem Strafrecht, sondern auch aus dem Zivil- und öffentlichen Recht ergeben. Der Vollständigkeit halber erfolgt an dieser Stelle ein Überblick der zivil- und öffentlichrechtlichen Schutzmaßnahmen und Abwehrmöglichkeiten, die im Hinblick auf Stalking- und Mobbinghandlungen über das Internet relevant sind. Die Ausführungen sollen sich dabei auf einen groben Überblick beschränken[997]. Eine umfassende Darstellung verbietet sich im Hinblick auf den Umfang der Dissertation.

I. Zivilrechtliche Interventionsmöglichkeiten

Der zivilrechtliche Rechtsschutz ergibt sich aus verschiedenen Anspruchsgrundlagen und kann sich auf die Zukunft als auch auf die Vergangenheit richten.[998] Grundsätzlich kann das Opfer zivilrechtliche Löschungs-, Unterlassungs-, Schadensersatz- und Schmerzensgeldansprüche gegen den Cyberstalker bzw. Mobber geltend machen. Da Mobbing und Stalking keine Rechtsbegriffe sind gibt es keine mit einer Rechtsnorm vergleichbare Anspruchsgrundlage.[999]

Werden persönliche Daten wie der Name oder ein Bild des Opfers ohne dessen Einwilligung im Internet veröffentlicht, kommt zunächst ein Löschungsanspruch gem. der Anspruchsgrundlagen der §§ 823 Abs. 1, 2 BGB i.V.m. einem Schutzgesetz oder §§ 823 Abs. 1, 1004 Abs. 1 BGB analog in Betracht.[1000] Im Mai dieses Jahres entschied nun das *OLG Koblenz*, dass digitale, intime Aufnahmen des ehemaligen Beziehungspartners auf Wunsch des Abgebildeten nach Beziehungsende vollständig zu löschen seien, da die aufgenommene Person ihre einmal erteilte Einwilligung zur Aufnahme auch für die Zukunft widerrufen könne.[1001] Insoweit geht es bereits um den Besitz von Fotos oder Videoaufnahmen, die den Kernbereich des Persönlichkeitsrechts des Abgebildeten betreffen.[1002]

---

997 Die Prüfung fokussiert sich dabei auf die zivil- und öffentlich-rechtlichen Ansprüche die den Opfern gegen die Cybertäter zustehen. (Zivilrechtliche) Ansprüche gegen die Provider und damit die Anbieter Sozialer Netzwerke sind aus der Prüfung ausgenommen.

998 Zu den zivilrechtlichen Interventionsmöglichkeiten ausführlich *Gerhold*, S. 16 ff.

999 *BAG*, NJW 2009, 251; MüKo-*Wagner*, BGB, § 823, Rn. 78; BeckOK-ArbR/ *Hesse*, § 619a, Rn. 47; *Brose/Ulber*, JuS 2012, 721722; *Keiser*, NJW 2007, 3387, (3390).

1000 *Klinkhammer/Müllejans*, ArbR-Aktuell 2014, 503, (505). Werden Fotos oder Videos des Namensinhabers hochgeladen, kommt neben einer Verletzung des Rechts am eigenen Bild, ggf. auch eine Verletzung von Urheber- oder Leistungsschutzrechten in Betracht. Hoeren/Sieber/Holznagel-*Solmecke*, Multimediarecht, Teil 21.1, Rn. 17.

1001 *OLG Koblenz*, Urteil vom 20.05.2014, Az. 3 U 1288/13. Der Anspruch folgt dabei aus § 238 Abs. 1 BGB i.V.m. § 1004 BGB analog.

1002 *Kirchberg*, Anmerkung zum Urteil des *OLG Koblenz*, Urteil vom 20.05.2014, in: GRUR-Prax. 2014, 332. Nach dem Urteil des *OLG Koblenz* sind dagegen Lichtbilder,

Ein Unterlassungsanspruch, z.B. aus dem Namensrecht nach § 12 Abs. 1 2. Alt. BGB, oder § 823 Abs. 1 i.V.m. § 1004 BGB analog, bzw. §§ 823 Abs. 2, 824 BGB geht über die Löschung hinaus, indem er den Geschädigten präventiv vor Wiederholung der Mobbing- oder Stalkinghandlung schützt und somit das primäre Rechtsschutzziel des Opfers auf sofortige Beendigung der Belästigung erfüllt.[1003] Darüber hinaus kann das Opfer repressive Ansprüche auf Schadensersatz und Schmerzensgeld nach § 823 BGB bzw. § 253 Abs. 2 BGB geltend machen, sofern durch die andauernden Stalking- bzw. Mobbinghandlungen eine Gesundheitsverletzung, wie Schlafstörungen, Verfolgungsängste oder Depressionen, verursacht wird.[1004] Bleiben die Folgen der durch Stalking bzw. Mobbing verursachten psychischen Störungen unterhalb der Schwelle einer Gesundheitsverletzung, kommt ein Anspruch auf Geldentschädigung nach § 823 Abs. 1 BGB wegen Verletzung des Allgemeinen Persönlichkeitsrechts dann in Betracht, wenn der Eingriff in das allgemeine Persönlichkeitsrecht schwerwiegend ist und die Beeinträchtigung nicht in anderer Weise ausgeglichen werden kann.[1005] *Postet* beispielsweise der Ersteller eines *„Fake-Profils"* beleidigende Äußerungen, kann eine Persönlichkeitsrechtsverletzung darin liegen, dass dem Namensinhaber eine nicht getane Äußerung untergeschoben wird, die seinen Sozialen Geltungsanspruch und sein Selbstbestimmungsrecht verletzt.[1006]

---

welche die Klägerin im bekleideten Zustand in Alltags- oder Urlaubssituationen z.B. bei Feiern oder Festen zeigten, in einem geringeren Maße geeignet, ihr Ansehen gegenüber Dritten zu beeinträchtigen, so dass gestattet werde, diese auf Dauer zu besitzen und zu nutzen.

1003 Beseitigungs- und Unterlassungsansprüche aus dem Namensrecht gem. § 12 BGB sind insbesondere beim Identitätsdiebstahl in Sozialen Netzen relevant. Zum Identitätsdiebstahl siehe Hoeren/Sieber/Holznagel-*Solmecke*, Multimediarecht, Teil 21.1, Rn 16 ff. Zu den Anspruchsvoraussetzungen des Unterlassungsanspruchs siehe *Gerhold*, S. 81 ff.; *Weinitschke*, S. 13 ff. Zur Verletzung des allgemeinen Persönlichkeitsrechts und dem Anspruch auf Unterlassen gem. §§ 823 Abs. 1, 1004 Abs. 1 Satz 2 BGB siehe *BGH*, Urteil vom 08.11.2005, Az. VI ZR 64/05, in: NJW 2006, 603 ff.

1004 Zu den Ansprüchen auf Schadensersatz bzw. Schmerzensgeld siehe *Keiser*, NJW 2007, 3387 ff.; *Wolmerath*, § 3, Rn. 20 ff.; MüKo-*Wagner*, BGB, § 823, Rn. 78.

1005 Zur Geldentschädigung wegen persönlichkeitsverletzender Äußerungen auf den Sozialen Netzwerken *Facebook*, *Twitter* und *MySpace* siehe *LG Berlin*, Urteil vom 13.08.2012, Az. 33 0 434/11, in: BeckRS 2012, 18220; *OLG Dresden*, Urteil vom 03.05.2012, Az. 4 U 1883/11; MüKo-*Wagner*, BGB, § 823, Rn. 78; BeckOK-ArbR/*Hesse*, § 619a, Rn. 47; *Wolmerath*, § 3, Rn. 30; Mobbing als Unterfall des Allgemeinen Persönlichkeitsrechts *Jansen/Hartmann*, NJW 2012, 1540, 1542; *Keiser*, NJW 2007, 2287, (3388); *Bieszk/Sadtler*, NJW 2007, 3382, (3383); *Seel*, öAT 2013, 158, (159). Siehe hierzu auch *BGH*, Urteil vom 24.11.2009, Az. VI ZR 219/08, in: NJW 2010, 763 ff.

1006 Hoeren/Sieber/Holznagel-*Solmecke*, Multimediarecht, Teil 21.1, Rn. 17.

II. Exkurs 1: Verstöße gegen das Gewaltschutzgesetz durch (Cyber-) Stalkinghandlungen

Das Gesetz zum zivilrechtlichen Schutz vor Gewalttaten und Nachstellungen, sog. Gewaltschutzgesetz (GewSchG[1007]) stellt eine gesetzliche Grundlage für zivilrechtliche Schutzmaßnahmen gegen (Cyber-)Stalker dar. Schutzzweck des GewSchG ist die Durchsetzung bürgerlich-rechtlicher Ansprüche in Bezug auf Gewalttaten und bestimmte unzumutbare Belästigungen.[1008] Mit § 4 GewSchG enthält das Gesetz zudem eine Strafvorschrift, deren Erörterung bei den zivilrechtlichen Schutzmöglichkeiten aufgrund der zivilrechts-akzessorischen Ausgestaltung systematisch begründet ist.[1009]

Auf Antrag des Opfers kann das Gericht verschiedene Maßnahmen, insbesondere Anordnungen nach § 1 Abs. 1 S. 3 GewSchG, treffen, wobei der Katalog der Anordnungen nicht abschließend ist.[1010] Für Cyberstalking-Handlungen über das Internet sind insbesondere die Folgenden relevant: Nach § 1 Abs. 1 S. 3 Nr. 4 GewSchG kann das Familiengericht gegenüber dem Täter eine Unterlassungsanordnung treffen, die es dem Täter versagt, zu der bestimmten Person unter Verwendung von Kommunikationsmitteln, beispielsweise über das Internet, Verbindung aufzunehmen.[1011] Ferner kann das Gericht nach § 1 Abs. 2 Satz 1 Nr. 2 b GewSchG Schutzanordnungen treffen, wenn der Täter widerrechtlich und vorsätzlich eine andere Person dadurch unzumutbar belästigt, dass er ihr gegen den ausdrücklich erklärten Willen wiederholt nachstellt oder unter Verwendung von Kommunikationsmitteln verfolgt; beispielsweise durch das Veröffentlichen allgemein belästigender oder beleidigender Inhalte im Internet zum Zweck der Kenntnisnahme durch Dritte.[1012] Schutzanordnungen kommen auch bei widerrechtlichen Drohungen des Täters mit der Verletzung des Lebens, des Körpers, der Gesundheit oder der Freiheit in Betracht, vgl. § 1 Abs. 2 Satz 1 Nr. 1 GewSchG. Wer einer bestimmten vollstreckbaren Anordnung nach § 1 Abs. 1 S. 1 oder 3 ggf. i.V.m. Abs. 2 S. 1 GewSchG vorsätzlich zuwiderhandelt, die ein Gericht zum Schutz einer konkreten Person vor Gewalt oder Nachstellungen erlassen hat, macht sich gem. § 4 S. 1 GewSchG strafbar.[1013] Strafgrund ist dabei aber nicht die Annäherung an das Opfer oder eine unzumutbare Belästigung,

---

1007 Das GewSchG trat am 1. Januar 2002 in Kraft.

1008 Palandt-*Brudermüller*, GewSchG, Einl., Rn. 1; *Port*, S. 130; *Hilgendorf/ Hong*, KuR 2003, 168, (171).

1009 Die Strafrechtsklausel setzt einen Verstoß gegen eine zivilrechtliche Anordnung voraus.

1010 Erbs/Kohlhaas-*Freytag*, GewSchG, § 1, Rn. 7; Palandt-*Brudermüller*, GewSchG, § 1, Rn. 8; *Port*, S. 131.

1011 Erbs/Kohlhaas-*Freytag*, GewSchG, § 1, Rn. 11; Palandt-*Brudermüller*, GewSchG, § 1, Rn. 8; *Valerius*, JuS 2007, 319, (320); *Hilgendorf/Hong*, KuR 2003, 168, (171).

1012 Ausführlich hierzu Erbs/Kohlhaas-*Freytag*, GewSchG, § 1, Rn. 19 f.; *Port*, S. 132; *Hilgendorf/Hong*, KuR 2003, 168, (171).

1013 Erbs/Kohlhaas-*Freytag*, GewSchG, § 1, Rn. 22; ausführlich *Gerhold*, S. 152 ff.

sondern die Missachtung des Richterspruchs.[1014] Der Verbotsgehalt ergibt sich damit aus einer zivilrechtlichen Schutzanordnung, die vom Opfer zu bewirken ist.[1015] Die Strafbarkeit nach anderen Vorschriften bleibt gem. § 4 S. 2 GewSchG unberührt, so dass Verstöße gegen das Gewaltschutzgesetz in Tateinheit zu § 238 StGB stehen können.[1016]

Anmerkung

Der am 13. Juli 2016 durch das Bundeskabinett beschlossene Entwurf eines Gesetzes zur Verbesserung des Schutzes gegen Nachstellungen sieht ferner eine Verbesserung der effektiven Durchsetzung von Vergleichen in Gewaltschutzverfahren vor. Danach soll nunmehr nicht nur der Verstoß gegen eine gerichtliche Gewaltschutzanordnung strafbar sein, sondern auch der Verstoß gegen eine in einem gerichtlich bestätigten Vergleich übernommene Verpflichtung.[1017]

III. Exkurs 2: (Cyber-)Mobbing in der arbeitsrechtlichen Praxis

Soziale Medien wie *Facebook* haben längst Einzug in die Arbeitswelt gefunden. Neben einer Reihe von Vorteilen birgt die Kommunikation von Arbeitnehmern über Soziale Medien auch einige Risiken für Unternehmen.[1018] Zum einen kann die rege Beteiligung in Sozialen Medien die Produktivität der Arbeitnehmer negativ beeinflussen.[1019] Darüber hinaus können unternehmensschädliche Äußerungen von Arbeitnehmern auf *Facebook* & Co. Reputationsschäden hervorrufen.[1020] Aufgrund der enormen Verbreitungsgeschwindigkeit und dem kaum überschaubaren Adressatenkreis, werden Soziale Medien als besonders ideales Medium für externes „*Whistleblowing*" betrachtet.[1021] Besondere Bedeutung erlangt allerdings die

1014 Palandt-*Brudermüller*, GewSchG, § 4, Rn. 1; *Gerhold*, S. 154.

1015 Das Gewaltschutzgesetz ist geprägt vom zivilrechtlichen Grundsatz der Privatautonomie. Siehe hierzu *Gerhold*, S. 156.

1016 *Port*, S. 134; *Gerhold*, S. 153.

1017 Gesetzesentwurf der Bundesregierung vom 13.07.2016, abrufbar unter http://www.bmjv.de/SharedDocs/Gesetzgebungsverfahren/Dokumente/RegE_Stalking.pdf;jsessionid=6BE8AB149C983B92BB4C8317379C5883.1_cid297?__blob=publicationFile&v=1 (zuletzt (zuletzt aufgerufen am 14.07.2016).

1018 Siehe zu den Risiken von Sozialen Netzwerken in der Arbeitswelt *Determann*, BB 2013, 181, (182); *Günther*, ArbR-Aktuell 2013, 223; *Pauken*, ArbR-Aktuell 2013, 350.

1019 *Determann*, BB 2013, 181, (182).

1020 *Oberwetter*, NJW 2011, 417, (419).

1021 *Whistleblower* (aus dem engl. „to blow the whistle" = pfeifen) meint jemanden, der Missstände (an seinem Arbeitsplatz) öffentlich macht. Siehe unter http://www.duden.de/rechtschreibung/Whistleblower (zuletzt aufgerufen am 28.10.2015). siehe hierzu auch *Günther*, ArbR-Aktuell 2013, 223.

Thematik des *Mobbing* unter Kollegen und Vorgesetzten über Soziale Netzwerke im arbeitsrechtlichen Umfeld.[1022]

1. Kündigungsrechtliche Fragestellungen

Arbeitsgerichte hatten sich in der jüngeren Vergangenheit vermehrt mit Kündigungen wegen negativer Äußerungen über den Arbeitgeber oder Kunden des Unternehmens, sowie mit Beleidigung von Vorgesetzen und Kollegen im Internet zu befassen. Arbeitnehmeräußerungen im Internet über Kollegen oder Vorgesetzte können eine ordentliche Kündigung aus verhaltensbedingten Gründen nach § 622 BGB wegen Verletzung arbeitsvertraglicher Pflichten nach sich ziehen. Sind die Vertragsverletzungen derart schwerwiegend, kommt darüber hinaus auch eine außerordentliche Kündigung gem. § 626 Abs. 1 BGB in Betracht, wenn unter Berücksichtigung aller Umstände des Einzelfalls, unter Abwägung der beiderseitigen Interessen, die Fortsetzung des Arbeitsverhältnisses bis zum Ablauf der Kündigungsfrist nicht zuzumuten ist.[1023] Nach ständiger Rechtsprechung können beispielsweise grobe Beleidigungen des Arbeitgebers, seiner Vertreter oder von Arbeitskollegen, die der Arbeitnehmer über das Internet tätigt und die nach Form und Inhalt erheblich ehrverletzend für den Betroffenen sind, eine außerordentliche, verhaltensbedingte Kündigung auch ohne vorherige Abmahnung rechtfertigen.[1024] Die Rechtsprechung lässt dabei das Spannungsverhältnis zwischen der Meinungsäußerungsfreiheit des

---

1022 Dabei werden je nach Erscheinungsform des Mobbings verschiedene Begrifflichkeiten verwendet. Der Begriff *Bullying* umschreibt grundsätzlich Mobbinghandlungen unter Kollegen. Werden die Mobbinghandlungen dagegen durch einen Vorgesetzten begangen, spricht man vom *Bossing*; das Mobbing eines Vorgesetzten durch seine Angestellten wird als *Staffing* bezeichnet. Zu den Begriffen siehe *Bieszk/Sadtler*, NJW 2007, 3382. Das sogenannte *Straining* bezeichnet eine Situation von gezwungenem Stress am Arbeitsplatz, in welcher das Opfer zumindest einer Maßnahme unterzogen wird, die eine negative Auswirkung auf seine Arbeitsbedingungen hat und zielt damit auch auf einmalige feindselige Handlungen am Arbeitsplatz ab. Zum Begriff des *Straining* siehe *Jansen/Hartmann*, NJW 2012, 1540, (1543 f.).

1023 *Wolmerath*, § 4, Rn. 42 ff.; *Bauer J./Günther*, NZA 2013, 67, (72); *Wahlers*, jurisPR-ITR 12/2012, Anm. 2. Zu den arbeitsrechtlichen Rechtsfolgen durch Veröffentlichung von Fotos siehe ausführlich *Klinkhammer/Müllejans*, ArbR-Aktuell 2014, 503 ff.

1024 Zur groben Beleidigung des Arbeitgebers und Kollegen *BAG*, Urteil vom 10.12.2009, Az. 2 AZR 534/08, in: BeckRS 2010, 68588; *BAG*, Urteil vom 12.01.2006, Az. 2 AZR 21/05, in NZA 2006, 917; *BAG*, Urteil vom 10.10.2002, Az. 2 AZR 418/01, in: NZA 2003, 1295; Zur fristlosen Kündigung wegen grober Beleidigung über das Social Network Facebook *ArbG Duisburg*, Urteil vom 26.09.2012, Az. 5 Ca 949/12, in: NZA-RR 2013, 18; *ArbG Dessau-Roßlau*, Urteil vom 21.03.2012, Az. 1 Ca 148/11, in: BeckRS 2012, 69099; *BayVGH München*, Beschluss vom. 29.02.2012, Az. 12 C 12.264, in: NZA-RR 2012, 302; *ArbG Hagen*, Urteil vom 16.05.2012, Az. 3 Ca 2597/11, in: BeckRS 2012, 71401; *LAG Hamm*, Urteil vom 10.10.2012, Az. 3 Sa 644/12, in: BeckRS 2012, 74357.

Arbeitnehmers nach Art. 5 GG einerseits und dessen Loyalitätspflichten andererseits deutlich erkennen.[1025] Das *BAG* hatte Äußerungen eines Beschäftigten, der die Arbeitsbedingungen und Vorgehensweisen seines Arbeitgebers auf einer Internetseite mit dem nationalsozialistischen Terrorsystem bzw. mit Konzentrationslagern verglich, als geeignet eingestuft, eine fristlose Kündigung aus wichtigem Grund zu begründen.[1026] Die Rücksichtnahmepflichten des Arbeitnehmers bei unternehmenskritischen Äußerungen in Sozialen Medien sind dabei besonders ausgeprägt.[1027] Eine schriftliche Äußerung auf Internetplattformen wie *Facebook* ist von der Intensität her nicht mit einer wörtlichen Äußerung unter Arbeitskollegen zu vergleichen und greift besonders in die Rechte der Betroffenen ein, da sie eine Verkörperung der beleidigenden Äußerung darstellt, die immer wieder nachlesbar ist und das Risiko von Folgebeiträgen birgt.[1028] Bei der Beurteilung der Arbeitnehmeräußerung kommt es darauf an, für welche und wie viele Personen die Äußerung abrufbar ist, sowie die Umstände und äußere Form.[1029] Uneinigkeit besteht in der Rechtsprechung darüber, ob Aussagen auf einer Internetplattform wie *Facebook* als vertraulich bewertet werden können und damit als Ausdruck der Persönlichkeit grundrechtlich gewährleistet sind.[1030] Eindeutig verneint wurde die Vertraulichkeit für den öffentlichen Bereich von *Facebook*, der für jedermann einsehbar ist.[1031] In der neueren Rechtsprechungspraxis wird teilweise die Auffassung vertreten, dass ein über *Facebook* verbreitetes Statement den Charakter eines vertraulichen Gesprächs unter Freunden oder Arbeitskollegen tragen kann, wenn die Aussage nur einem beschränkten Personenkreis, wie beispielsweise *Facebook*-Freunden zugänglich ist.[1032] Begründet wird dies damit, dass ein Chat im Internet immer häufiger das persönlich gesprochene Wort

1025 *LAG Berlin-Brandenburg*, Beschluss vom 18.08.2008, Az. 10 TaBV 885/08, in: BeckRS 2009, 55187; *Kort*, NZA 2012, 1321; *Bauer J./Günther*, NZA 2013, 67.

1026 *BAG*, Urteil vom 24.11.2005, Az. 2 AZR 584/04, in: NZA 2006, 650.

1027 *Oberwetter*, NJW 2011, 417, (419); *Bauer J./Günther*, NZA 2013, 71f.

1028 So die Begründung des *ArbG Duisburg*, Urteil vom 26.09.2012, Az. 5 Ca 949/12, in NZA-RR 2013, 18; ebenso *ArbG Dessau-Roßlau* Urteil vom 21.03.2012, Az. 1 Ca 148/11, in: BeckRS 2012, 69099; *LAG Berlin-Brandenburg*, Beschluss vom 18.08.2008, Az. 10 TaBV 885/08, in: BeckRS 2009, 55187.

1029 *Oberwetter*, NJW 2011, 417, (419); *Kort*, NZA 2012, 1321, (1322); *Bauer J./Günther*, NZA 2013, 67.

1030 *BAG*, Urteil vom 10.12.2009, Az. 2 AZR 534/08, in: BeckRS 2010,68588; *BAG*, Urteil vom 10.10.2002, Az. 2 AZR 418/01, in: NZA 2003, 1295; Ausführlich zur Vertraulichkeit im Internet *Bauer J./Günther*, NZA 2013, 67; *Kort*, NZA 2012, 1321, (1323 f.); *Scheid/Klinkhammer*, ArbR Aktuell 2013, 6; *Wahlers*, jurisPR-ITR 12/2012, Anm. 2.

1031 *ArbG Bochum*, Urteil vom 09.02.2012, Az. 3 Ca 1203/11, in: BeckRS 2012, 68181; zustimmend *Kort*, NZA 2012, 1321, (1324); *Wahlers*, jurisPR-ITR 12/2012, Anm. 2.

1032 *ArbG Bochum*, Urteil vom 09.02.2012, Az. 3 Ca 1203/11, in: BeckRS 2012, 68181; *BayVGH München*, Beschluss vom. 29.02.2012, Az. 12 C 12.264, in: NZA-RR 2012, 302; zustimmend *Kort*, NZA 2012, 1321, (1323); mit Beispielsfällen *Bauer J./Günther*, NZA 2013, 67.

ersetzt.[1033] Das *ArbG Duisburg* sieht dagegen eine außerordentliche Kündigung bei grober Beleidigung des Arbeitgebers oder Kollegen über *Facebook* als gerechtfertigt an, unabhängig davon, ob der Eintrag nur für *Facebook*-Freunde und Freundes-Freunde sichtbar ist oder nicht, denn bereits *Facebook*-Freunde stellen einen großen Empfängerkreis dar, dem auch Arbeitskollegen angehören können.[1034]

Das *ArbG Dessau-Roßlau* hatte sich mit der Frage zu beschäftigen, ob das Drücken des *Facebook-Like*-Buttons unter einem abwertenden *Post* über den Arbeitgeber wegen Zustimmung zu einer Schmähkritik die (fristlose) Kündigung der Arbeitnehmerin rechtfertige.[1035] In diesem Zusammenhang führt das Gericht zur Vertraulichkeit aus, dass der *Facebook*-Nutzer *„immer"* mit einer Veröffentlichung rechnen müsse und nicht darauf vertrauen dürfe, dass ein Statement in Sozialen Netzwerken den Charakter eines vertraulichen Gesprächs unter Freunden oder Arbeitskollegen gleichkomme. Dabei mache es auch keinen Unterschied, ob das *Posting* über den öffentlichen oder sogenannten privaten Bereich erfolge.[1036] Die öffentlich erklärte Zustimmung der Klägerin sei damit grundsätzlich als Loyalitätspflichtverletzung gegenüber der Beklagten anzusehen. Nach der Urteilsbegründung sei aber zu berücksichtigen, dass die Betätigung des *Like*-Buttons bei *Facebook*-Nutzern *„in der Regel eine spontane Reaktion ohne nähere Überlegung"* darstelle und *„in ihrem Bedeutungsgehalt nicht zu hoch eingeschätzt"* werden sollte.[1037] Im Ergebnis sah das Gericht daher eine Kündigung als nicht gerechtfertigt an.

2. Schadensersatz- und Schmerzensgeldansprüche

In der Rechtsprechung der Arbeitsgerichte haben seit dem Jahr 2001 verstärkt Klagen auf Schadensersatz und Schmerzensgeld wegen Mobbings Einzug gehalten.[1038] Nach der Einführung des AGG im Jahr 2006 stieg die Zahl der Diskriminierungs- und Mobbing-Klagen erneut an.[1039] Probleme bei der Beurteilung des Mobbingverhaltens im Arbeitsumfeld ergeben sich bereits aus der Konturlosigkeit des Begriffs *Mobbing*.[1040] Die Schwierigkeit besteht darin, dass einzelnen Handlungen oder

---

1033 *ArbG Bochum* Urteil vom 09.02.2012, Az. 3 Ca 1203/11, in: BeckRS 2012, 68181.

1034 *ArbG Duisburg* Urteil vom 26.09.2012, Az. 5 Ca 949/12, in: NZA-RR 2013, 18; ebenso *ArbG Hagen*, Urteil vom 16.05.2012, Az. 3 Ca 2597/11, in: BeckRS 2012, 71401.

1035 *ArbG Dessau-Roßlau* Urteil vom 31.03.2012, Az. 1 Ca 148/11, in: BeckRS 2012, 69099; mit Anmerkung von *Wahlers*, jurisPR-ITR 12/2012, Anm. 2. Hierzu auch *Rosenbaum/Tölle*, MMR 2013, 209, (210).

1036 Siehe zu den Entscheidungsgründen *ArbG Dessau-Roßlau* Urteil vom 21.03.2012, Az. 1 Ca 148/11, in: BeckRS 2012, 69099; kritisch hierzu *Kort*, NZA 2012, 1321, (1324); *Wahlers*, jurisPR-ITR 12/2012, Anm. 2.

1037 *ArbG Dessau-Roßlau*, Urteil vom 21.03.2012, Az. 1 Ca 148/11, in: BeckRS 2012, 69099; kritisch dagegen *Bauer J./Günther*, NZA 2013, 67, (71).

1038 *Bieszk/Sadtler*, NJW 2007, 3382.

1039 *Jansen/Hartmann*, NJW 2012, 1540.

1040 *Hey*, BB 2013, 1; *Bieszk/Sadtler*, NJW 2007, 3382.

Verhaltensweisen für sich allein betrachtet keine rechtliche Bedeutung zukommen kann. Bei den schadensersatz-rechtlichen Aspekten von Mobbing wird daher bei der rechtlichen Würdigung nicht auf die einzelnen Handlungen, sondern auf eine zusammenfassende Begutachtung des Geschehensprozesses abgestellt.[1041] Dabei ist zu prüfen, ob diese im Wege einer Gesamtschau zu einem *„feindlichen Umfeld"* führen.[1042] Das Schadensersatzrecht zielt dabei nicht wie das Strafrecht auf die Sanktionierung des Täters, sondern auf den Ersatz der zugefügten Schäden ab.[1043] Neben der Definition von Mobbing stellt sich zudem die Problematik der Darlegungs- und Beweislast für eine hinreichend substantiierte Verletzungshandlung.[1044]

Werden von Arbeitnehmern Ansprüche auf Grund von *Mobbing* geltend gemacht, ist eine Verletzung des Arbeitsvertrags oder eines absoluten Rechts zu prüfen.[1045] Der Arbeitnehmer kann zunächst seine mobbenden Kollegen auf Unterlassung und Schadensersatz wegen unerlaubter Handlung in Anspruch nehmen.[1046] Treten mehrere Arbeitnehmer gemeinsam als Mobber auf, haften sie als Gesamtschuldner mit der Folge, dass der Gemobbte von jedem einzelnen Schadensersatz begehren kann.[1047] Gegenüber dem Arbeitgeber kann das Mobbingopfer neben Schadensersatzansprüchen aus unerlaubter Handlung[1048] auch Schadensersatzansprüche wegen Pflichtverletzung geltend machen.[1049] Denn dem Arbeitgeber obliegt die Nebenverpflichtung aus dem Arbeitsverhältnis, den einzelnen Arbeitnehmer vor Diskriminierung und Schikanen zu schützen.[1050]

1041 Vgl. *BAG*, Urteil vom 22.07.2010, Az. 8 AZR 1012/08, in: NZA 2011, 93, (102); *BAG*, Urteil vom 24.04.2008, Az. 8 AZR 347/07, in: NJW 2009, 251 (252); *BAG*, Urteil vom 16.05.2007, Az. 8 AZR 709/06; in: NZA 2007, 1154 ff.; *LAG Mecklenburg-Vorpommern*, Urteil vom 25.08.2010, Az. 2 SA 111/10, in: BeckRS 2010, 74854; *LAG Berlin-Brandenburg*, Urteil vom 18.06.2010, Az. 6 SA 271/10, in: BeckRS 2010, 73888; *LAG Köln*, Urteil vom 03.05.2010, Az. 5 SA 1343/09, in: BeckRS 2010, 71115; *LAG Rheinland-Pfalz*, Urteil vom 04.06.2009, Az. 11 Sa 66/09, in: BeckRS 2010, 65390; *Hey*, BB 2013, 1. Zu den schadensersatzrechtlichen Aspekten siehe *Wolmerath*, § 3, Rn. 3.

1042 Siehe hierzu die Rechtsprechung des *BAG*, das sich bei der Definition des Mobbings des Begriffs der Belästigung nach § 3 Abs. 3 AGG bedient; Siehe hierzu die Ausführungen in Kapitel A II 1; *Brose/Ulber*, JuS 2012, 721, (723).

1043 *Wolmerath*, § 3, Rn. 7.

1044 *LAG Berlin*, Urteil vom 01.11.2002, Az. 19 Sa 940/02, in: NZA-RR 2003, 232; *OLG Celle*, Beschluss vom 17.03.2008, Az. 1 Ws 105/08; *Sasse*, ArbRB 2002, 272, (273); zu den praktischen Handlungsmöglichkeiten bei Mobbing am Arbeitsplatz siehe *Bieszk/Sadtler*, NJW 2007, 3382, (3383); *Seel*, öAT 2013, 158, (159 f.).

1045 *BAG*, NJW 2009, 251; *Brose/Ulber*, JuS 2012, 721, (722).

1046 *Sasse*, ArbRB 2002, 272, (273).

1047 *Wolmerath*, § 3, Rn. 2.

1048 *Sasse*, ArbRB 2002, 272, (273); *Wolmerath*, § 3, Rn. 20 f.

1049 *LAG Berlin*, Urteil vom 01.11.2002, Az. 19 Sa 940/02, in: NZA-RR 2003, 232; *Jansen/Hartmann*, NJW 2012, 1540, (1542); *Sasse*, ArbRB 2002, 272, (272).

1050 *BAG*, Urteil vom 16.05.2007, Az. 8 AZR 709/06; in: NZA 2007, 1154, (1161); *BAG*, Urteil vom 25.10.2007, Az. 8 AZR 593/06, in: NZA 2008 223 ff.; BeckOK-BGB/*Fuchs*,

Gemäß § 253 Abs. 2 BGB kann zudem eine billige Entschädigung in Geld, sog. Schmerzensgeld, gefordert werden, beispielsweise wegen Verletzung der Gesundheit des Mobbingopfers. Dabei begründen alle Normen, die den Schädiger zum Schadensersatz wegen Verletzung eines der durch § 253 Abs. 2 BGB geschützten Güter verpflichten, zugleich einen Anspruch auf Schmerzensgeld, unabhängig davon, ob der Schadensersatzanspruch auf unerlaubter Handlung oder auf einer Vertragsverletzung beruht.[1051] Vertragliche Schmerzensgeldansprüche gegen den Arbeitgeber kommen sowohl bei Mobbing durch den Arbeitgeber selbst oder einer seiner Erfüllungsgehilfen in Betracht[1052], als auch für den Fall, dass der Arbeitgeber seinen vertraglichen Nebenpflichten zum Schutz des Arbeitnehmers nicht nachkommt.[1053]

3. Social Media Guidelines im Unternehmen

Der Arbeitgeber kann diesen Risiken durch Richtlinien für den Umgang mit Sozialen Medien, sog. *Social Media Guidelines*, im Rahmen des arbeitsrechtlichen Weisungsrechts nach § 106 GewO in Verbindung mit dem jeweiligen Arbeitsvertrag entgegentreten.[1054] Im Rahmen der *Social Media Guidelines* kann der Arbeitgeber auf die arbeitsvertraglichen Nebenpflichten nach § 241 Abs. 2 BGB hinweisen oder den Arbeitgeber an seine Loyalität erinnern.[1055] Die Regelbarkeit für den Umgang mit Sozialen Medien durch entsprechende Richtlinien stößt jedoch in verschiedener Hinsicht an ihre Grenzen. Soweit Unternehmen Einfluss auf die Online-Präsentation des Arbeitnehmers nehmen wollen, müssen sie die Rechte der Arbeitnehmer auf freie Meinungsäußerung und persönliche Entfaltung respektieren.[1056] Bei überwiegend privater Nutzung einer Plattform durch den Arbeitnehmer, kann ein Unternehmen ferner nur dann Einfluss auf die Online-Präsentation nehmen, wenn

---

§ 611, Rn. 75; *Jansen/Hartmann*, NJW 2012, 1540, (1542); *Sasse*, ArbRB 2002, 272, (273); *Bieszk/Sadtler*, NJW 2007, 3382, (3383); *Seel*, öAT 2013, 158, (159). Siehe hierzu auch ausführlich *Hey*, BB 2013, 1 ff.

1051 Dies begründet sich auf die systematische Verordnung der Norm des § 253 BGB im Allgemeinen Teil des BGB.

1052 *BAG*, BAGE 122, 304, NZA 2007, 1154, (1161); *Jansen/Hartmann*, NJW 2012, 1540, (1542); *Bieszk/Sadtler*, NJW 2007, 3382, (3383).

1053 *Jansen/Hartmann*, NJW 2012, 1540, 1542; *Sasse*, ArbRB 2002, 272, (273); *Bieszk/Sadtler*, NJW 2007, 3382, (3383).

1054 Siehe zu den Richtlinien für den Umgang mit Sozialen Netzwerken *Determann*, BB 2013, 181, (182 f.); *Günther*, ArbR-Aktuell 2013, 223; *Oberwetter*, NJW 2011, 417, (419).

1055 Soweit Unternehmen entsprechende Richtlinien erlassen, sollten diese Hinweise enthalten, dass die für Mitarbeiter geltenden Gesetze und Richtlinien auch für die Nutzung Sozialer Netzwerke zu beachten sind. Zum Inhalt von *Social Media Guidelines* siehe *Günther*, ArbR-Aktuell 2013, 223; *Oberwetter*, NJW 2011, 417, (420). Zum Thema *Compliance* im Unternehmen siehe *Determann*, BB 2013, 181, (187).

1056 *Günther*, ArbR-Aktuell 2013, 223; *Determann*, BB 2013, 181, (189); *Oberwetter*, NJW 2011, 417, (419).

auch ein betrieblicher Bezug besteht.[1057]. Durch das Aufstellen und Umsetzen klarer Richtlinien für den Umgang mit Social Media können Unternehmen jedenfalls eine Basis schaffen, um die Arbeitnehmer für einen verantwortungsvollen Umgang mit Sozialen Medien wie *Facebook* zu sensibilisieren. Durch entsprechende Schulungsmaßnahmen kann das notwendige Problembewusstsein und ein entsprechendes Medienverständnis geschaffen werden.[1058]

IV. Abwehrmaßnahmen im Öffentlichen Recht

Neben den zivil- und strafrechtlichen Interventionsmöglichkeiten kann dem Online-Stalker bzw. Mobber auch im öffentlichen Recht mit präventiven Maßnahmen zur Gefahrenabwehr entgegengetreten werden.

1. Polizeirechtliche Abwehrmaßnahmen

Die präventiven Schutzmaßnahmen der Polizei stützen sich auf Standardermächtigungsklauseln und Generalklauseln der Polizei- und Ordnungsgesetze der Länder. Die grundlegenden Prinzipien des Gefahrenabwehrrechts unterscheiden sich dabei jedoch nicht und bieten weitgehend bundeseinheitliche Abwehrmöglichkeiten.[1059] Diese kommen jedoch nur dann in Betracht,

> *„wenn gerichtlicher Schutz nicht rechtzeitig zu erlangen ist oder wenn ohne polizeiliche Hilfe die Verwirklichung des Rechts vereitelt oder wesentlich erschwert werden würde“.*[1060]

Die Zunahme häuslicher Gewalt hat die Gesetzgeber einiger Bundesländer veranlasst, Spezialregelungen zu erlassen, die ein Annäherungs- bzw. Kontaktverbot vorsehen, welches dem Störer untersagt, sich mit der betroffenen Person, auch

---

1057 Ein Bezug zur dienstlichen Tätigkeit liegt jedenfalls vor, wenn der Arbeitnehmer über sein *Facebook*-Profil seinen Vorgesetzten beleidigt. Denn bei Kritik gegenüber dem Arbeitgeber sind im Umgang mit Sozialen Medien andere Maßstäbe zu setzen als im Rahmen der Privatsphäre. Der Arbeitgeber kann bspw. von dem Arbeitnehmer bei privater Nutzung eine Klarstellung verlangen, ob er seine private Meinung vertritt oder die des Unternehmens. Siehe hierzu *Determann*, BB 2013, 181, (185); *Günther*, ArbR-Aktuell 2013, 223.

1058 *Günther*, ArbR-Aktuell 2013, 223; *Determann*, BB 2013, 181, (189).

1059 *Weinitschke*, S. 99; *Utsch*, S. 123. Die polizeilichen Standardmaßnahmen wie der Platzverweis (Veranlassen einer Person zum Verlassen einer bestimmten Örtlichkeit), das Aufenthaltsverbot (Anordnung einen bestimmten Ort nicht aufzusuchen), bzw. der Personengewahrsam bei Nichtbefolgung eines Platzverbotes bzw. Aufenthaltsverbots sind bei Stalking bzw. Mobbinghandlungen, die ausschließlich über das Internet erfolgen, nicht anwendbar, da sich der Täter dem Opfer nicht unmittelbar nähert.

1060 Subsidiaritätsklausel, vgl. für Bayern Art. 2 Abs. 2 PAG.

unter Verwendung von Kommunikationsmitteln[1061], in Verbindung zu setzen.[1062] Entscheidend ist dabei jedoch der Grad der Beeinträchtigung der geschützten Interessen des Opfers wie Leben, Körper, Gesundheit und Freiheit.[1063] Ein erheblicher Eingriff in das allgemeine Persönlichkeitsrecht des Betroffenen stellt eine Verletzung der öffentlichen Sicherheit dar und rechtfertigt ein polizeiliches Einschreiten.[1064] Polizeiverfügung können jedoch grundsätzlich nur im Rahmen der Verhältnismäßigkeit und dem pflichtgemäßen Ermessen der Beamten erlassen werden.[1065]

In der polizeilichen Praxis hat sich die Gefährderansprache bzw. das Gefährderanschreiben bewährt, die den Täter mit den gesammelten Erkenntnissen konfrontiert und die rechtlichen und persönlichen Konsequenzen aufzeigt.[1066] Diese dürfen bereits dann erfolgen, wenn sich eine entsprechende Gefahr abzeichnet, sog. positive Gefahrenprognose.[1067] Soweit erforderlich, kommen auch eine Durchsuchung und Sicherstellung der PCs der Cybertäter in Betracht, wenn diese gegenwärtig und zukünftig für weitere Mobbing bzw. Stalkinghandlungen genutzt werden.[1068] Die Polizei hat nach den entsprechenden landesgesetzlichen Vorschriften mithin eine ausreichende Handhabe, um gezielt gegen die Täter vorzugehen.[1069]

2. Schulrechtliche Maßnahmen gegen Cybermobbing

Schülerinnen und Schüler nutzen als sog. *Digital Natives* die Social Media Angebote des Internets besonders intensiv, wobei den jugendlichen Nutzern die Konsequenzen ihres Handelns nicht immer bewusst sind.[1070] Die Relevanz des Internets für die schulische Sphäre zeigte sich bereits in der *„Spickmich-Entscheidung"* des *BGH* über ein Bewertungsprotal von Lehrern im Internet.[1071] Durch die Zunahme von Cybermobbing gegenüber Mitschülern und Lehrern stellt sich die Frage nach

1061 *Weinitschke*, S. 109.

1062 Spezialregelungen existieren bspw. für Hamburg und Nordrhein-Westfalen; anders Bayern, wo das Kontaktverbot über die Generalklausel des Art. 11 bzw. Art. 16 PAG hergeleitet wird. *Berner/Köhler/Käß*, PAG, Art 16, Rn. 6; *Bieszk/Stadler*, NJW 2007, 3382; *Gerhold*, S. 184 f.

1063 *Gerhold*, S. 193.

1064 Vertiefend *Gerhold*, S. 184; *Utsch*, S. 134.

1065 Ein Anspruch auf Einschreiten durch die Polizei hat das Opfer von Stalking- oder Mobbinghandlungen jedoch nur, wenn das Erschließungsermessen ausnahmsweise auf „Null" reduziert ist. *Gerhold*, S. 184 f.

1066 *Bieszk/Stadler*, NJW 2007, 3382, (3385).

1067 *Gerhold*, S. 187; *Sadtler*, S. 152; *Bieszk/Sadtler*, NJW 2007, 3382, (3385).

1068 *Gerhold*, S. 189.

1069 Zu den einzelnen öffentlich-rechtlichen Interventionsmöglichkeiten gegen Cyberstalking und Cyberbullying ausführlich *Gerhold*, 182 ff.

1070 Oft bildet jede Klasse der höheren Jahrgangsstufen einer Schule eine eigene *Facebook*-Gruppe. *Steenhoff*, NVwZ 2013, 1190.

1071 *BGH*, Urteil vom 23.06.2009, Az. VI ZR 196/08, in: NJW 2009, 2888 ff.; hierzu ausführlich *Gounalakis/Klein*, NJW 2010, 566, (567).

schulrechtlichen Ordnungsmaßnahmen, die über pädagogische Erziehungsmaßnahmen hinausgehen. Die Zahl der Entscheidungen zu Fehlverhalten von Schülern im Internet steigt derzeit rasch an.[1072] Soweit Ordnungsmaßnahmen, die nur bei erheblichem Fehlverhalten des Schülers in Betracht kommen, Verwaltungsakte sind, sind diese umfassend überprüfbar.[1073] Das *VG Köln* hatte über die Rechtmäßigkeit einer schulrechtlichen Maßnahme der Versetzung eines Schülers zu entscheiden, der als Mitglied einer Mobbing-Gruppe Mitschüler massiv über die Plattformen *Facebook* und *StudiVZ* beleidigt hatte.[1074] Auch die Veröffentlichung von Fotos einer Unterrichtssituation mit entsprechenden despektierlichen Kommentaren stellt eine Gefährdung der Verwirklichung der Aufgaben der Schule dar.[1075] Dabei beschränken sich die Reaktionsmöglichkeiten der Schule nicht nur auf das Verhalten der Schüler im Bereich des Schulgebäudes und des Schulhofs; maßgeblicher Anknüpfungspunkt ist vielmehr, ob die in der Freizeit erfolgten Interneteintragungen störend in den Schulbetrieb hineinwirken.[1076] Das Schulrecht ist jedoch nur mit Verzögerungen und Einschränkungen in der Lage, mit der rasanten technischen Entwicklung der Internetkommunikation mitzuhalten.[1077] Präventiv sollten Schulen daher im Rahmen des Unterrichts die Schüler für die Risiken des Internets sensibilisieren.

H. Zusammenfassendes Ergebnis und Ausblick

Die Kommunikation über Soziale Medien im Internet birgt für die Nutzer in vielerlei Hinsicht Risiken. Cyberstalker machen sich die im Internet vorhanden Informationen zu Nutze, um ihr Opfer auszuspionieren und zu verfolgen. Selbst für vertrauliche Informationen, die Nutzer über Nachrichten oder Chats Freunden

---

1072 *Steenhoff*, NVwZ 2013, 1190; *Hanschmann*, NVwZ 2008, 1295 ff.; siehe nur *VG Hannover*, Urteil vom 30.05.2007, Az 6 A 3372/06, in: BeckRS 2007, 25436; *VG Köln*, Beschluss vom 19.04.2011, Az. 10 L 488/11, in: MMR 2012, 275 ff.; *VGH Mannheim*, Beschluss vom 12.05.2011, Az. 9 S 1056/11, in: NVwZ-RR 2011, 647ff; Zur Ankündigung eines Amoklaufs über Soziale Netzwerke im Internet *OVG Lüneburg*, Beschluss vom 26.01.2010, Az. 2 ME 444/09, in: BeckRS 2010, 46302; *LG Aachen*, Urteil vom 05.09.2012, Az. 94 Ns 27/12, in: BeckRS 2012, 24704.

1073 Die Schulgesetze aller Bundesländer enthalten Regelungen zur rechtlichen Ahndung von Fehlverhalten durch Schüler. Zu den einzelnen Maßnahmen siehe *Steenhoff*, NVwZ 2013, 1191; Zu den rechtlichen Voraussetzungen schulischer Ordnungsmaßnahmen siehe *Hanschmann*, NVwZ 2008, 1295, (1296 f.).

1074 *VG Köln*, Beschluss vom 19.04.2011, Az. 10 L 488/11, in: MMR 2012, 275 ff.

1075 *VG Bayreuth*, Beschluss vom 08.02.2012, Az. B 3 S 12.107, in: BeckRS 2012, 48328.

1076 *VGH Mannheim*, Beschluss vom 12.05.2011, Az. 9 S 1056/11, in: NVwZ-RR 2011, 647 ff.; vgl. auch *VGH München*, Urteil vom 10.03.2010, Az. 7 B 09.1906, in: BeckRS 2010, 49144; verneint wurde der Schulbezug dagegen durch das *VG Gelsenkirchen*, Urteil vom 20.10.2010, Az. 4 K 2662/08, in: BeckRS 2011, 45106; Zum Außerschulischen Verhalten als Anlass für Ordnungsmaßnahmen *Hanschmann*, NVwZ 2008, 1295, (1298).

1077 *Steenhoff*, NVwZ 2013, 1195.

oder Kontakten mitteilen, besteht die Gefahr, von technisch versierten Stalkern eingesehen und manipuliert zu werden. Die Kommunikationsmöglichkeiten der Sozialen Medien eröffnen zudem ein weiteres Medium für Stalker, um mit seinem Opfer in Kontakt zu treten. Auch Cybermobber bedienen sich der Kommunikationsmöglichkeiten des *Social Web*, allerdings weniger um mit dem Opfer in Kontakt zu treten, sondern vielmehr um durch ehrverletzende Text-, Bild- oder Videobeiträge das Opfer verächtlich zu machen und öffentlich bloßzustellen. Die spielerische Infrastruktur der Sozialen Medien bietet dabei gewisse Tatanreize und ist der Entwicklung von Cybermobbing und sog. *Shitstorms* durchaus förderlich. In der heutigen Internetgesellschaft kann sich ein Nutzer kaum mehr auf ein unüberlegtes Agieren auf einer Social Media Plattform berufen, um einer strafrechtlichen Sanktion zu entgehen. Bereits der einfache und schnelle Klick unter ein peinliches Partyfoto kann mitunter zu strafrechtlichen Konsequenzen führen. Social Media Stalker und Mobber können je nach konkreter Handlungsweise nach verschiedenen Straftatbeständen sanktioniert werden. Dabei kann sich auch der Stalker nach den §§ 185, 201, 201a StGB, § 33 KUG strafbar machen, wenn er sein Opfer durch ehrverletzende Beiträge beleidigt oder Bilder und Fotos online stellt, die das Persönlichkeitsrecht des Abgebildeten verletzen.[1078] Demgegenüber kann im Rahmen des Cybermobbings der Tatbestand des § 238 StGB erfüllt sein, wenn ein Täter wiederholt eine oder mehrere Tathandlungen i.S.d. § 238 StGB begeht und damit den Taterfolg der schwerwiegenden Beeinträchtigung der Lebensgestaltung des Opfers hervorruft.[1079] Die Tatbestände des § 238 StGB und der neu gefasste § 201a StGB, die die Verhaltensweisen des (Cyber-)Stalkings und Mobbings konkret erfassen sollen, zeichnen sich durch eine Vielzahl unbestimmter Rechtsbegriffe aus, die der Vielfältigkeit und den immer neuen Erscheinungsformen der Phänomene Rechnung tragen sollen, deren Auslegung allerdings größtenteils der Rechtsprechung überlassen wurde.

Für die Opfer führen beide Online-Delikte oft zu dem gleichen Ergebnis einer erheblichen psychischen Belastung, wobei dies beim Stalking auf dem beharrlichen Handeln *einer* Person beruht, beim Mobbing dagegen aus der Dynamik der Mitwirkung mehrerer resultiert. Beiden Online-Delikten ist gemein, dass sich viele Handlungen unterhalb der Schwelle der Strafbarkeit bewegen. Im Rahmen des § 238 StGB können an sich sozial adäquate Handlungen eines Täters, bei einer bestimmten Intensität oder Häufigkeit, die Grenze der Strafbarkeit überschreiten, wobei die Bestrafung des Täters zumeist an der großen Hürde des Taterfolgs scheitern wird. Wirken dagegen viele Täter im Rahmen des Cybermobbings bzw. eines *Online-Shitstorms* zusammen, können sich einzelne Handlungen der verschiedenen Täter einer strafrechtlichen Sanktionierung entziehen. Dagegen erscheint das Anklicken der

1078 *Marberth-Kubicki*, Rn. 239; *Hilgendorf/Hong*, KuR 2003, 168, (169).

1079 *Reum*, S. 95 ff.; Siehe hierzu *Neubacher/Seher* in JZ 2007, 1029, (1033 f.), die die Frage aufwerfen, ob eine Mittäterschaft bei mehreren Mobbingtätern angenommen werden kann, wobei sich die Handlungen aller Täter zu einem Gesamtgeschehen zusammenfassen ließen, das als beharrlich zu qualifizieren wäre.

Funktionen des *Like-* oder *Share-*Buttons aufgrund der geringen kriminellen Energie oftmals gegenüber dem Ursprungsbeitrag nicht strafbedürftig oder strafwürdig. Dies kann im Einzelfall zu unbefriedigenden Ergebnissen führen.

In der Strafverfolgungspraxis ergeben sich bei virtueller Belästigung durch Cyberstalker und Cybermobber darüber hinaus noch weitere Fragestellungen. Oft ist die Hinterlegung der richtigen Personalien für die Eröffnung eines Nutzerkontos nicht notwendig oder wird durch Errichtung eines *Fake-*Profils auf den entsprechenden Seiten umgangen. Beweisprobleme ergeben sich dann hinsichtlich der Urheberschaft der über das Internet gesendeten Nachrichten oder *Posts* auf Sozialen Netzwerken wie *Facebook*.[1080] Sind die Online-Täter nicht identifizierbar und können damit einer (strafrechtlichen) Sanktion nicht zugeführt werden, stellt sich die Frage, ob die bekannten Provider für die Bereitstellung der Social Media Seiten bzw. der Vermittlung des Zugangs strafrechtlich haften. Dies kommt für Anbieter Sozialer Netzwerke wie *Facebook* zumeist nur dann in Betracht, wenn diese als *Host Provider*, trotz positiver Kenntnis auch der Rechtswidrigkeit, einen entsprechenden Beitrag nicht entfernen.

Internetstraftaten wie Cybermobbing haftet immer das Risiko an, dass einmal ins Internet gestelltes Material, aufgrund der Möglichkeiten der Vervielfältigung und Verbreitung, schwerlich endgültig entfernt werden kann. Die Verurteilung des Täters kann die negativen Folgen für den Ruf des Opfers oftmals nicht beseitigen. Um einen effektiven Opferschutz zu realisieren, kann das Strafrecht zur Ahndung von Rechtsverletzungen daher nicht allein zielführend sein. Bei ehrverletzenden Veröffentlichungen und unwahren Tatsachenbehauptungen im Internet kommen zivilrechtliche Widerrufs- und Unterlassungsklagen, sowie vor allem Ansprüche auf Geldentschädigungen wegen Verletzung des allgemeinen Persönlichkeitsrechts gegen die Täter in Betracht.[1081] Bei Opfern von Cyberstalking kann dagegen ein schnelles polizeiliches Einschreiten hilfreich sein. Die strafrechtliche Verfolgung steht daher nicht immer im Hauptinteresse des Geschädigten. Vielmehr kann nur durch das Zusammenspiel von präventiven und repressiven Interventionsmöglichkeiten versucht werden, den unterschiedlichen Sachverhalten und der Intensität der Beeinträchtigung des Opfers gerecht zu werden.

Im Rahmen präventiver Vorkehrungen gegen Stalking und Mobbing im Internet sind auch die Anbieter Sozialer Netzwerke vermehrt in die Pflicht zu nehmen. Bisher sieht beispielsweise das Soziale Netzwerk *Facebook* lediglich unter sog. *Notes* entsprechende Informationen zum Thema Stalking und Mobbing vor.[1082] Nutzern und möglichen Betroffenen werden dort Sicherheitshinweise, Tipps zur Prävention und

---

1080 *Peters*, NStZ 2009, 238, (240). Der Tatnachweis lässt sich besonders schwer führen, wenn die Tat etwa aus einem Internetcafé heraus gegangen wird.

1081 Zu den zivilrechtlichen Ansprüchen gegen Internetprovider siehe Fn. 992.

1082 Vgl. http://www.facebook.com/notes/facebook-deutschland/mobbing-und-stalking-auf-facebook-das-kannst-du-dagegen-machen/211710202175159 (zuletzt aufgerufen am 28.10.2015).

entsprechende Handlungsempfehlungen gegeben. Allerdings wird der Nutzer diese Seiten, wenn überhaupt, erst nach bereits erfolgten Mobbing bzw. Stalkinghandlungen konsultieren. Handlungsbedarf besteht jedoch vielmehr bereits im Vorfeld, um in der spielerischen Kommunikationsstruktur das Bewusstsein für strafbare Handlungen zu schaffen. So können entsprechende Warnhinweise oder *Icons* vor dem Upload von Fotos oder Videos das Bewusstsein für Mobbing und Stalking fördern. Für das Netzwerk *Twitter* gibt es bereits die Möglichkeit, durch entsprechende *Browser*-Einstellungen, quasi selbstverpflichtend einen Warnhinweis zu schalten, der den Nutzer an die Möglichkeiten arbeitsrechtlicher Konsequenzen bei negativen Beiträgen über den Arbeitgeber erinnert. Statt der Frage *„Was gibt's Neues?"* erscheint im Eingabefeld der *Twitter*-Startseite dann der Hinweis *„Denken Sie daran: Sie sind nur einen Tweet davon entfernt, gefeuert zu werden"*.[1083] Um die Internetnutzer für die Risiken des Cybermobbings und Cyberstalkings zu sensibilisieren, sind solche Warnhinweise in Form von standardmäßigen Voreinstellungen durch die Anbieter denkbar. So könnten in den Eingabefeldern voreingestellte Warnhinweise wie beispielsweise *„Vorsicht, diese Bilder kann jeder Facebook-Nutzer sehen"*, *„Dieser Beitrag kann das Leben eines Menschen zerstören"oder auch „Vergiss nicht, dass Dein Satz eine Tat ist"*[1084], erscheinen. Die Hinweise können dabei auch das Vertrauen der Nutzer in das Soziale Medium fördern. Die Herausforderung liegt bei technischen Vorkehrungen allerdings darin, diese in einer Weise in die Kommunikationsstruktur eines Sozialen Netzwerks zu integrieren, ohne der Benutzerfreundlichkeit und damit letztendlich der Benutzerakzeptanz entgegen zu stehen.

Letztendlich kann ein effektives präventives Vorbeugen gegen Social Media Stalking und Mobbing nur über die Vermittlung entsprechender Medienkompetenz erreicht werden.[1085] Das mediale Umfeld hat sich in den letzten Jahren extrem verändert und wird auch in den kommenden Jahren immer wieder neue Social Media Angebote für Internetnutzer bereithalten. *Hilgendorf* sieht die Vermittlung der nötigen Medienkompetenz und Internetkompetenz hauptsächlich als Aufgabe der Schulen.[1086] Aber auch Eltern müssen heutzutage nachvollziehen können, welchen Einfluss Soziale Medien im Internet auf ihre Kinder haben, deren Alltag sich zunehmend im Netz abspielt. Der vorsichtige und überlegte Umgang mit (persönlichen) Informationen, sind für Internetnutzer jeder Altersstufe in der heutigen digitalen Welt essentiell.

1083 Siehe hierzu *Spiegel Online* vom 07.03.2015: *„Arbeitsrecht, Die Abmahnung ist nur einen Tweet entfernt"*, abrufbar unter http://www.spiegel.de/karriere/berufsleben/twitter-die-abmahnung-ist-nur-einen-tweet-entfernt-a-1021918.html (zuletzt aufgerufen am 16.07.2015).

1084 Zitat des französischen Schriftstellers *Antoine de Saint-Exupéry*.

1085 So auch der *DAV* in FD-StrafR 2014, 359633. Weiterführende Informationen zur Medienkompetenz bei *Robertz/Wickenhäuser*, S. 213 ff.

1086 *Hilgendorf*, ZIS 2010, 208, (211).

Teil 3: Datenschutz und Social Media

In der Welt des Web 2.0 dreht es sich alles um Kommunikation und Interaktion. Über eine Milliarde Internetnutzer sind nicht nur bei *Facebook* angemeldet, sondern geben auch täglich endlose Details ihrer Privatsphäre über die Plattform preis. Aus datenschutzrechtlicher Perspektive bedeutet dies, dass unentwegt Daten der Nutzer erhoben, gespeichert und übermittelt werden. Dies geschieht durch Anbieter wie *Facebook* oder *Google* oft unmerklich, denn die spielerisch-einfache und attraktive Gestaltung von Websites verhindern eine kritische Reflektion der Betroffenen nicht nur hinsichtlich der Gefahren von Cybermobbing und Cyberstalking, sondern auch über die negativen Folgen ihrer Datenpreisgabe. Aus dem Mitteilungsbedürfnis ihrer Mitglieder haben Unternehmen wie *Facebook*, *Google* oder *Twitter* im Gegenzug ein Multimilliardengeschäft gemacht. Die gespeicherten Nutzerdaten sind für die erfolgreichen Internetunternehmen ihr größtes Kapital.[1087] Hinter der scheinbar kostenlosen Nutzung der Web 2.0-Plattformen steht das automatisierte, systematische und kontinuierliche *Tracking* von Daten, sog. *Social Media Monitoring*.[1088] Algorithmische Analysen ermöglichen die Auswertung der vorhandenen Datenmassen; durch Klassifikation und Profilbildung lässt sich das Abbild der Persönlichkeit eines Menschen mit einer Vielzahl von Parametern mathematisch berechnen.[1089] Von den erstellten Nutzungsprofilen erwarten sich die Anbieter zum einen Rückschlüsse auf ihre Nutzer, um das Telemedium bedarfsgerecht zu optimieren und zum anderen ein zielgenaues Ansprechen und Bewerben des Nutzers mit potentiell effektiverer Wirkung, sog. *Online Behavioral Targeting* (auch *Online Behavioural Advertising* oder *Target Advertising* genannt).[1090] Je umfassender die Informationen über einen Social Media Nutzer sind, desto effektiver kann die personalisierte Online-Werbung gewinnbringend platziert werden, indem beispielsweise auf Nutzerinteressen basierende Produktvorschläge oder Nachrichtenbeiträge geschaltet werden.[1091] Die Vorteile liegen auf der Hand: Der Nutzer erhält bedarfsgerechte Informationen über Produkte, für die er sich maßgeblich interessiert; für die Anbieter Sozialer

---

1087 *Fritz*, S. 64; *Weigl*, S. 23; *Rohrlich*, S. 83. Siehe hierzu auch *Süddeutsche Zeitung* vom 18.12.2014: *„Daten für Milliarden“*, abrufbar unter http://www.sueddeutsche.de/digital/geschaeftsmodelle-von-google-und-facebook-daten-fuer-milliarden-1.2270247 (zuletzt aufgerufen am 20.07.2015).

1088 Moos-*Baumgartner*, Teil 3 III, Rn. 8.

1089 Algorithmen sind komplexe Formeln die Wahrscheinlichkeitsberechnungen vornehmen. Siehe hierzu *Härting*, CR 2014, 528, (529); *Kurz/Rieger*, S. 58.

1090 Ausführlich zum *Behavioural Advertising Zeidler/Brüggemann*, CR 2014, 248 ff.; *Arning/Moos*, ZD 2014, 126; *Himmels*, S. 40; Plath-*Hullen/Roggenkamp*, TMG, § 15, Rn. 18, 29; *Steinhoff*, KuR 2014, 86; *Spindler*, GRUR-Beil. 2014, 101(105).

1091 *Himmels*, S. 1. Zur Werbung in Sozialen Netzwerken siehe auch *Lichtnecker*, GRUR 2013, 135 f.; *Arning/Moos*, ZD 2014, 126.

Netzwerke wie *Facebook* steigert sich der Umsatz aus dem Verkauf von passgenauen Werbeplätzen an werbetreibende Unternehmen.[1092] Anbieter von *Online Behavioral Adertising* Diensten sind daher stets bestrebt, die Dienste zu verbessern, um immer präzisere Vorhersagen über die Interessen und das Kaufverhalten der Nutzer treffen zu können. Prognosen zufolge soll sich das Werbevolumen für Online-Werbung alle zehn Jahre verdreifachen.[1093]

Die extensive Bildung von Nutzungsprofilen liefert den Internetunternehmen jedoch auch tiefe Einblicke in die Privatsphäre des Einzelnen. Der Anbieter *Google* erhält beispielsweise Informationen über seine Nutzer nicht nur über die Social Media Plattform *Google+*, sondern auch über die Eingaben über die Suchmaschine *Google* sowie die verschiedenen Informationsseiten des Unternehmens, wie etwa Standortdaten der Nutzer über den Dienst *Google Maps.*[1094] Die Gefahr des virtuell überwachten und kontrollierten „gläsernen Menschen" ist in den letzten Jahren immer konkreter geworden. Werden Inhalte auf Internetseiten auf das zuvor erfasste und analysierte Nutzerverhalten abgestimmt, findet zudem eine durch die Internetunternehmen kontrollierte Vorauswahl der übermittelten Inhalte statt, von der der Nutzer keine Kenntnis hat.[1095] Es besteht die Gefahr eines monothematischen, selektiven Informationsangebots, da der zugrundliegende Mechanismus nicht transparent ausgestaltet ist.[1096] Für die Betroffenen sind zunächst keine unmittelbaren negativen Konsequenzen spürbar.[1097] Die Langzeitfolgen der Preisgabe von Informationen über die eigene Person sind zum jetzigen Zeitpunkt nicht greifbar oder absehbar. Die eingeschränkte Kontrolle der Systeme, denen wir unsere Daten anvertrauen, und die systematische Beobachtung rufen ein *„diffuses bedrohliches Gefühl"* hervor.[1098] Datenschutzbehörden und Verbraucherzentralen sehen diese Entwicklung mit Sorge. Sie kritisieren die Datenschutzpraktiken der Internetunternehmen und die wiederholten Verstöße gegen deutsches und europäisches Datenschutzrecht

---

1092 *Fritz*, S. 64; *Arning/Moos*, ZD 2014, 126 f.; *Artikel 29-Datenschutzgruppe*, Stellungnahme 5/2009 zur Nutzung Sozialer Online-Netzwerke vom 12.06.2009, S. 5. (abrufbar unter http://ec.europa.eu/justice/policies/privacy/docs/wpdocs/2009/wp163_de.pdf (zuletzt aufgerufen am 20.07.2015). Zur *Artikel-29-Datenschutzgruppe* sei auf die Ausführungen in Fn. 1134 verwiesen.

1093 *Dittler/Hoyer*, S. 15.

1094 Zur Verknüpfung von Daten bei *Google* siehe *Voigt*, MMR 2009, 377, (380).

1095 Hierzu *Härting*, CR 2014, 528, (531 f.).

1096 *Härting*, Internetrecht, Annex: Datenschutz im 21. Jahrhundert, Rn. 38 ff.; Plath-*Hullen/Roggenkamp*, TMG, § 15, Rn. 20.

1097 *Lepperhoff/Petersdorf/Thursch*, DuD 2013, 301, (306).

1098 So ursprünglich das *BVerfG* zur Vorratsdatenspeicherung mit Urteil vom 02.03.2010, Az. 1 BvR 256/08. Zur „diffusen Bedrohlichkeit" bei Social Media Anbietern *Härting*, Internetrecht, Annex: Datenschutz im 21. Jahrhundert, Rn. 42; *Ders.*, CR 2014, 528, (532); *Zeidler/Brüggemann*, CR 2014, 248.

und befürchten eine Gefährdung der Persönlichkeitsinteressen der Nutzer.[1099] Die Online-Unternehmen sehen in den strengen Datenschutzregelungen dagegen eine unverhältnismäßige Einschränkung der Internetwirtschaft. Erfinder des heutigen „Smart Life", wie *Facebook*-Gründer *Mark Zuckerberg*, erklärten aufgrund der positiven Nachfrage nach den beliebten Internetdiensten das Zeitalter der Privatsphäre bereits endgültig für vorbei. Es wurde bisweilen sogar von einer „Post Privacy Gesellschaft" gesprochen.[1100]

Als in jüngster Vergangenheit die beliebten Social Networks vermehrt durch Datenpannen in Erscheinung traten, kam das Thema Datenschutz auch im Bewusstsein der Nutzer an und rückt nun stetig mehr in den Mittelpunkt des allgemeinen Interesses. Internetnutzer fürchten zunehmend um die Bewahrung ihrer Privatsphäre und ihrer Entscheidungsfreiheit sowie die Sicherheit und Unbefangenheit ihrer Kommunikation durch die „Verdatung" und Manipulation durch Internetunternehmen.[1101] Gefürchtet wird eine Welt der Vorhersagen bei der der freie Wille auf der Strecke bleibt.[1102] Gleichzeitig besteht das starke Interesse der Internetnutzer, sich frei im Netz zu bewegen, sich überall zu informieren, alle gespeicherten Inhalte ungehindert und möglichst unentgeltlich zur Kenntnis zu nehmen und eigene Botschaften ungehindert zu verbreiten. Die Frage nach dem Schutz und der Schutzbedürftigkeit des Einzelnen vor den Gefahren für das Persönlichkeitsrecht, bedingt durch die stetige Datenerhebung und Verarbeitung, ist daher mitunter nicht leicht zu beantworten; hängt der Kontrollverlust über die eigenen Daten, das Ausmaß und die Intensität der kommerziellen Verwertung doch in erster Linie davon ab wieviel der einzelne Social Media Nutzer freiwillig von sich preisgibt.

Das Datenschutzrecht versteht sich als Schutz des Einzelnen vor den Gefahren für das Persönlichkeitsrecht durch den Umgang mit seinen personenbezogenen

---

1099 So bspw. *Artikel-29-Datenschutzgruppe*, Stellungnahme 5/2009 zur Nutzung Sozialer Online-Netzwerke, a.A.o., S. 3; Präsidiumsarbeitskreis „Datenschutz und IT-Sicherheit" der Gesellschaft für Informatik (GI) warnt vor der Nutzung datenschutzfeindlicher Sozialer Netzwerke wie *Facebook*, in: DuD 2013, 193.

1100 Der Gründer von *Facebook Marc Zuckerberg* propagiert immer wieder ein Weniger an Privatsphäre und ein Mehr an „Sharing-Philosophie". Siehe hierzu *The Guardian* am 11.01.2010: *"Privacy no longer a social norm, says Facebook founder"*, abrufbar unter http://www.theguardian.com/technology/2010/jan/11/facebook-privacy (zuletzt aufgerufen am 25.07.2015). Siehe hierzu *Weichert*, DuD 2012, 716, (718); Zur „Post-Privacy Ära" siehe *Luch/Schulz/Kuhlmann*, EuR 2014, 698, (715); *Schertz*, NJW 2013, 721.

1101 *Bull*, S. 18 f. Zur Manipulation durch Internetunternehmen siehe *Spiegel Online* vom 30.06.2014, „Manipulierte Seiten: Facebook rechtfertigt Psycho-Experiment", abrufbar unter http://www.spiegel.de/netzwelt/web/facebook-rechtfertigt-psycho-experiment-auf-neuigkeitenseiten-a-978253.html (zuletzt aufgerufen am 20.07.2015).

1102 *Härting*, Internetrecht, Annex: Datenschutz im 21. Jahrhundert, Rn. 42; *Ders.*, CR 2014, 528, (529).

Daten.[1103] Dies wirft die Frage auf, ob nach derzeitiger Rechtslage das Recht auf informelle Selbstbestimmung, der Anspruch des Bürgers auf anonymen Aufenthalt im Internet sowie der umfassende Kommunikations- und Informationsaustausch auf Social Media Plattformen seine Realisierung in einem effektiven Datenschutz findet und gleichzeitig die kollidierenden wirtschaftlichen Interessen der Internetunternehmen damit in Einklang gebracht werden. Die nachfolgende Untersuchung beginnt zunächst mit der Darstellung der Rechtsvorschriften, aus denen sich die datenschutzrechtlichen Anforderungen für Social Media Plattformen ergeben und geht der Frage nach, ob diese bei den internationalen Internetangeboten überhaupt zur Anwendung kommen. Sodann wird erläutert, inwieweit Informationen im Internet und insbesondere *User Generated Content* als „personenbezogene Daten" i.S.d. Datenschutzgesetze zu klassifizieren sind. Schwerpunkt der Untersuchung ist die Prüfung der Zulässigkeit der Erhebung, Verarbeitung und Nutzung personenbezogener Daten durch Social Media Anbieter am Beispiel von *Social Plugins* nach geltendem deutschen und europäischen Datenschutzrecht. Dabei soll nicht nur die Umsetzung der datenschutzrechtlichen Anforderungen durch Anbieter von Social Media Plattformen, sondern auch die aktuelle Rechtslage einer kritischen Betrachtung unterzogen werden. Mit Blick auf die europäische Datenschutzreform wird abschließend ein Ausblick auf die geplanten Regelungsziele im zukünftigen Datenschutzrecht gegeben.

A. Rechtsvorschriften des deutschen Datenschutzrechts

I. Bundesdatenschutzgesetz (BDSG)

Zum Schutz des Betroffenen vor den Gefahren elektronischer Datenverarbeitung wurden erste Überlegungen in den 60er Jahren angestellt. Mit der Geburtsstunde des Datenschutzrechts im Jahr 1970 verabschiedete das Bundesland Hessen das weltweit erste Datenschutzgesetz.[1104] Auf Bundesebene trat das BDSG, als Fundament des deutschen Datenschutzrechts, am 1. Januar 1978 in Kraft.[1105] Bis 1981 wurden auf Grundlage des BDSG in allen Bundesländern Landesdatenschutzgesetze erlassen, sowie Datenschutzbeauftragte eingesetzt und Aufsichtsbehörden installiert.[1106] Grundlegende Veränderungen des Datenschutzrechts ergaben sich als Folge des „Volkszählungsurteils" des *Bundesverfassungsgerichts* vom 15. Dezember 1983, mit

1103 Siehe hierzu die Ausführungen in Kapitel A.

1104 Gesetz und Verordnungsblatt für das Land Hessen, Teil I, S. 625 ff.

1105 Siehe hierzu Taeger/Gabel-*Taeger/Schmidt*, BDSG, Einf., Rn. 5.

1106 In Deutschland sind die Datenschutzbeauftragten der Bundesländer und ihre Behörden für die Einhaltung des Datenschutzes zuständig und legen als Datenschützer die Gesetze oft strenger aus als die Gerichte. Ihre Meinung ist jedoch nur eine Interpretation des Gesetzes und muss nicht unbedingt allgemeingültig sein. Siehe hierzu *Schwenke*, S. 375; *Köhler/Arndt/Fetzer*, Rn. 954.

dem erstmals das *Recht auf informationelle Selbstbestimmung* statuiert wurde.[1107] Als Teil des Allgemeinen Persönlichkeitsrechts ergibt sich dieses aus Art. 2 Abs. 1 i.V.m. Art. 1 Abs. 1 GG und gewährt jedem das Recht, selbst darüber zu bestimmen, ob und welche Informationen zu seiner Person preisgegeben werden.[1108] Das Recht auf informationelle Selbstbestimmung bewegt sich dabei in einem Spannungsfeld zwischen den Interessen des Individuums an der Verfügungsgewalt über seine Daten und den Interessen seiner sozialen Umwelt diese zu nutzen.[1109] Das Recht auf informationelle Selbstbestimmung wird daher nicht schrankenlos gewährt, sondern unterliegt dem einfachen Gesetzesvorbehalt des Art. 2 Abs. 1 GG. Das Bundesdatenschutzgesetz stellt zum einen eine Konkretisierung des Rechts auf informationelle Selbstbestimmung dar, mit dem Ziel, den Einzelnen davor zu schützen, dass durch den Umgang mit seinen personenbezogenen Daten sein Persönlichkeitsrecht verletzt wird, § 1 Abs. 1 BDSG.[1110] Zum anderen nennt das Gesetz bestimmte Eingriffsmöglichkeiten, inwieweit bestimmte datenverarbeitende Stellen personenbezogener Daten erheben und verarbeiten dürfen.[1111]

Neben den nationalen Gesetzgebern wurde auch die EU auf dem Gebiet des Datenschutzes tätig um den grenzüberschreitenden Datenaustausch zu regulieren. Die europäische Datenschutzrichtlinie RL 95/46/EG[1112] wurde im Jahr 2001 vom deutschen Gesetzgeber im Rahmen der BDSG-Novelle umgesetzt und normiert die Grundprinzipien des Datenschutzes in allen Mitgliedsstaaten.[1113] Das Bundesdatenschutzgesetz von 2001 wurde zuletzt im Jahr 2009 weitreichend überarbeitet und novelliert.[1114]

1107 „Volkszählungsurteil" des *BVerfG* vom 15.12.1983, Az. 1 BvR 209/83, in NJW 1984, 419 ff.; siehe hierzu auch Taeger/Gabel-*Taeger/Schmidt*, BDSG, Einf., Rn. 5; *Kodde*, ZD 2013, 115; Hoeren/Bensinger-*Piltz/Trinkl*, Kap. 13, Rn. 127.

1108 *BVerfG* vom 15.12.1983, Az. 1 BvR 209/83, in NJW 1984, 419 ff.; hierzu *Solmecke/Wahlers*, Recht im Social Web, S. 267.

1109 Taeger/Gabel-*Taeger/Schmidt*, BDSG, Einf., Rn. 33.

1110 Zum Begriff der personenbezogenen Daten siehe sogleich die Ausführungen in Kapitel C.

1111 *Gola/Schomerus*, BDSG, § 1, Rn. 16; Taeger/Gabel-*Schmidt*, BDSG, § 1, Rn. 16; *Brennscheidt*, S. 47; Simitis-*Simitis*, BDSG, § 1, Rn. 107 ff.

1112 Richtlinie des Europäischen Parlaments und des Rates vom 24.10.1995 zum Schutz natürlicher Personen bei der Verarbeitung personenbezogener Daten und zum freien Datenverkehr, ABl. EG vom 23.11.1995, Nr. L 281/31.

1113 Taeger/Gabel-*Taeger/Schmidt*, BDSG, Einf., Rn. 54; *Albrecht*, ZD 2013, 587.

1114 Gesetz zur Änderung des Bundesdatenschutzgesetzes vom 19.07.2009, BGBl. I, Nr. 48, 2254. Siehe hierzu auch Taeger/Gabel-*Taeger/Schmidt*, BDSG, Einf., Rn. 11.

II. Telemediengesetz (TMG) als Sonderbestimmung für den Online-Bereich

Die Zulässigkeit und Grenzen der Datenverarbeitung im Internet richten sich jedoch nur teilweise nach dem BDSG. Für den Bereich der elektronischen Medien und Kommunikationsmittel wurden bereichsspezifische Regelungen erlassen. Für die Betreiber von Social Media Angeboten im Internet enthält der vierte Abschnitt (§§ 11–15a) des TMG spezielle Vorschriften.[1115] Telemedien sind in § 1 Abs. 1 Satz 1 TMG legaldefiniert[1116] und umfassen in der Praxis alle Dienste, die die elektronische Bereitstellung von Inhalten zum Gegenstand haben, also insbesondere Websites und andere Internetangebote.[1117] Soziale Netzwerke wie *Facebook* sind als Telemedien, auf die das TMG Anwendung findet, zu klassifizieren.[1118]

Die bereichsspezifischen Regelungen des TMG für die sog. Interaktionsebene von Telemedien und Nutzern gehen dem BDSG gem. § 1 Abs. 3 Satz 1 BDSG grundsätzlich vor. Zur Beantwortung datenschutzrechtlicher Fragestellungen im Bereich der Sozialen Netzwerke im Internet muss daher zunächst das TMG als Sonderregelung konsultiert werden. Soweit das TMG keine spezielleren Regelungen enthält, ist für grundlegende Fragen auf die allgemeinen Datenschutzvorschriften, insbesondere das BDSG und die europäischen Datenschutzvorschriften zurückzugreifen.

B. Adressaten des BDSG und des TMG

I. Verantwortliche Stelle nach dem BDSG

Adressat des BDSG und damit verantwortlich für die Einhaltung der entsprechenden Vorschriften ist eine datenschutzrechtlich verantwortliche öffentliche oder nichtöffentliche Stelle.[1119] Gem. § 3 Abs. 7 BDSG ist dies die Einrichtung, die

---

1115 Das TMG ist eine teilweise modernisierte Kombination aus dem früheren Teledienstegesetz (TDG) und dem Teledienstedatenschutzgesetz (TDDSG). Die wesentlichen Regelungen des TDDSG, das lange Zeit als Grundlage für die Entwicklungen des kommerziellen Internets galt, wurden im Jahr 2007 in das TMG übernommen. Siehe hierzu Plath-*Hullen/Roggenkamp*, TMG, Einl., Rn. 4.

1116 Telemedien sind nach § 1 Abs. 1 Satz 1 TMG *„alle elektronischen Informations- und Kommunikationsdienste, soweit sie nicht Telekommunikationsgesetze nach § 3 Nr. 24 des Telekommunikationsgesetzes, die ganz in der Übertragung von Signalen über Telekommunikationsnetze bestehen, telekommunikationsgeschützte Dienste nach § 3 Nr. 25 des Telekommunikationsgesetzes oder Rundfunk nach § 2 des Rundfunkstaatsvertrages sind"*. Zur Abgrenzung von Telekommunikation, Telemedien und Rundfunk siehe *Köhler/Arndt/Fetzer*, Rn. 898 ff.; Spindler/Schuster-*Holznagel/Ricke*, TMG, § 1, Rn. 9; Hoeren/ Sieber/Holznagel-*Schmitz*, Multimediarecht, Teil 16.2, Rn. 31 ff.

1117 Plath-*Hullen/Roggenkamp*, TMG, § 11, Rn. 6; *Köhler/Arndt/Fetzer*, Rn. 902.

1118 Plath-*Hullen/Roggenkamp*, TMG, § 11, Rn. 6; Taeger/Gabel-*Taeger/Schmidt*, TMG, Einf., Rn. 5; Moos-*Krieg*, Teil 7 II, Rn. 8.

1119 Taeger/Gabel-*Schmidt*, BDSG, § 1, Rn. 21.

personenbezogene Daten für sich selbst erhebt, verarbeitet oder nutzt, oder dies durch andere im Auftrag vornehmen lässt und insofern über Zweck, Ziel, betroffene Daten und beteiligte Personen bei der Datenverarbeitung entscheidet.[1120] Betreiber Sozialer Netzwerke wie *Facebook* oder *Google* sind regelmäßig als verantwortliche nicht-öffentliche Stellen i.S.d. § 3 Abs. 7 BDSG anzusehen, da sie über Zwecke und Mittel der Datenverarbeitung bestimmen.[1121] Die Unternehmen sind juristische Personen, die die wesentlichen organisatorischen und technischen Bestandteile eines Sozialen Netzwerks bereitstellen und den Dienst damit ermöglichen und darüber hinaus den Umfang und die Bedingungen der Nutzung festlegen.[1122]

Grundsätzlich sind auch die Nutzer Sozialer Netzwerke datenschutzrechtlich verantwortlich, wenn sie personenbezogene Daten anderer Personen in ihren Nutzungsprofilen oder auf der Plattform veröffentlichen.[1123] Die Anwendung der Datenschutzvorschriften ist nur dann ausgeschlossen, wenn die Nutzer ausschließlich in Ausübung persönlicher oder familiärer Tätigkeiten tätig werden, vgl. § 1 Abs. 2 Nr. 3 BDSG. Die Annahme einer ausschließlich persönlichen oder familiären Datenverarbeitung ist bei der Verwendung fremder personenbezogener Daten jedoch meist nicht gegeben, insbesondere wenn die personenbezogenen Daten für jedermann sichtbar sind.[1124] Dies ist insbesondere der Fall, wenn Social Media Profile ganz oder teilweise zu beruflichen oder geschäftlichen Zwecken nutzt werden, wie dies beispielsweise bei Netzwerken wie *Xing* oder *LinkedIn* der Fall ist.[1125] Von einer rein familiären und persönlichen Nutzung wird dagegen ausgegangen, wenn die Zugriffsmöglichkeiten auf Informationen anderer Betroffener in dem Profil des jeweiligen Nutzers auf die von ihm selbst ausgewählten Kontakte beschränkt ist,

---

1120 *Brennscheidt*, S. 61, 182; Hoeren/Bensinger-*Piltz/Trinkl*, Kap. 13, Rn. 129; Taeger/Gabel-*Buchner*, BDSG, § 3, Rn. 52.

1121 Konferenz der Datenschutzbeauftragten des Bundes und der Länder, Orientierungshilfe „Soziale Netzwerke“ vom 13./14.03.2013, S. 10, abrufbar unter http://www.baden-wuerttemberg.datenschutz.de/konferenzentschliesungen-2013-soziale-netzwerke-brauchen-leitplanken/ (zuletzt aufgerufen am 20.07.2015); *Artikel-29-Datenschutzgruppe*, Stellungnahme 5/2009 zur Nutzung sozialer Online-Netzwerke, a.A.o., S. 6; Plath-*Plath*, BDSG, § 29, Rn. 13; Hoeren/Bensinger-*Piltz/Trinkl*, Kap. 13, Rn. 131.

1122 Konferenz der Datenschutzbeauftragten des Bundes und der Länder, Orientierungshilfe „Soziale Netzwerke“, a.A.o., S. 4.

1123 Die vorliegende Untersuchung ist auf die Zulässigkeit der Verwendung von Nutzerdaten durch die Anbieter Sozialer Medien beschränkt. Zur datenschutz-rechtlichen Bewertung des Datenumgangs durch die Nutzer siehe vertiefend *Jandt/Roßnagel*, ZD 2011, 160 f.; Konferenz der Datenschutzbeauftragten des Bundes und der Länder, Orientierungshilfe „Soziale Netzwerke“, a.A.o., S. 12; hierzu auch Hoeren/Bensinger-*Piltz/Trinkl*, Kap. 13, Rn. 137.

1124 Konferenz der Datenschutzbeauftragten des Bundes und der Länder, Orientierungshilfe „Soziale Netzwerke“, a.A.o., S. 12.

1125 Siehe hierzu *Jandt/Roßnagel*, ZD 2011, 160, (162).

d.h. die Informationen ausschließlich zur privaten Kommunikation und Interaktion verwendet werden.[1126]

II. Anbieter von Telemedien nach dem TMG

Das TMG adressiert grundsätzlich alle Anbieter von Telemediendiensten. Diensteanbieter im Sinne des § 2 Satz 1 Nr. 1 TMG ist

> *„jede natürliche oder juristische Person, die eigene oder fremde Telemedien zur Nutzung bereit hält oder den Zugang zur Nutzung vermittelt“.*[1127]

Betreiber von Social Networks wie *Facebook* offerieren bzw. erbringen geschäftsmäßig Telemedien nach § 11 i.V.m. § 2 S. 1 Nr. 2 TMG und sind damit regelmäßig verantwortliche Stelle i.S.d. BDSG als auch Anbieter von Telemedien i.S.d. TMG.[1128] Aber auch Angebote, die auf bereits bestehenden Plattformen errichtet werden, wie beispielsweise eine Unternehmensseite auf *Facebook*, eine sog. *Fanpage* oder ein *Twitter*-Account sind als eigenständige Telemediendienste einzustufen.[1129]

C. Der Begriff der personenbezogenen Daten

Über Social Media Plattformen im Internet wird eine Vielzahl von Daten ausgetauscht. Gegenstand des Datenschutzes des BDSG als auch des TMG ist jedoch nur der Schutz *personenbezogener* Daten. Nach der Legaldefinition des § 3 Abs. 1 BDSG sind dies

> *„Einzelangaben über persönliche oder sachliche Verhältnisse einer bestimmten oder bestimmbaren natürlichen Person (Betroffener)“.*

Einzelangaben sind, im Gegensatz zu Sammelangaben über Personengruppen, Informationen, die sich auf eine bestimmte natürliche Person beziehen, oder geeignet sind, einen Bezug zu ihr herzustellen.[1130] *Bestimmt* im Sinne des § 3 Abs. 1 BDSG ist eine Person, wenn ihr der Datensatz ohne weiteres eindeutig zugeordnet werden kann. *Bestimmbar* meint, dass eine Zuordnung bzw. Identifizierung jedenfalls mit

---

1126 Konferenz der Datenschutzbeauftragten des Bundes und der Länder, Orientierungshilfe „Soziale Netzwerke“, a.A.o., S. 12; *Artikel-29-Datenschutzgruppe*, Stellungnahme 5/2009 zur Nutzung sozialer Online-Netzwerke, a.A.o., S. 6; *Jandt/Roßnagel*, ZD 2011, 160, (162).

1127 Der Diensteanbieter muss dabei keinen eigenen Server betreiben; die technische Umsetzung des Angebots ist unerheblich.

1128 Splittgerber-*Splittgerber*, Kap. 3, Rn. 40; *Himmels*, S. 22; Taeger/Gabel-*Moos*, TMG, Einf., Rn. 5; Moos-*Krieg*, Teil 7 II, Rn. 8.

1129 *LG Aschaffenburg*, Urteil vom 19.08.2011, Az. 2 HK O 54/11, in: BeckRS 2011, 24110; Plath-*Hullen/Roggenkamp*, TMG, § 11, Rn. 7; Taeger/Gabel-*Moos*, TMG, Einf., Rn. 5.

1130 Plath-*Hullen/Roggenkamp*, TMG, § 11, Rn. 13; *Gola/ Schomerus*, BDSG, § 3, Rn. 3; *Kühling/Seidel/Sivridis*, S. 79; *Himmels*, S. 24.

Zusatzwissen möglich ist.[1131] Welche Informationen eine Person bestimmbar machen ist stets im konkreten Kontext zu beurteilen.[1132] Der Begriff der personenbezogenen Daten wird dabei sehr weit ausgelegt[1133], wobei die Einzelangaben über persönliche oder sachliche Verhältnisse grundsätzlich alle Informationen gleich welcher Art oder Qualität umfassen.[1134] Unerheblich ist bei der Einordnung einer Information als personenbezogenes Datum, wie sensibel die Information ist, oder in welchem Maße sie den höchstpersönlichen Bereich einer Person betrifft.[1135]

In Sozialen Medien wie *Facebook* hinterlässt der Nutzer eine Vielzahl von personenbezogenen Daten für die das Datenschutzrecht gilt. Typische Kategorien personenbezogener Daten bei Social Media Plattformen sind Name und E-Mail-Adresse, Fotos[1136], Profil und Statusdaten, Umstände über die Kommunikation innerhalb des Netzwerks, sowie Beiträge in Blogs, *Tweets* oder Nachrichten.[1137]

Umstritten ist die Einordung einer IP-Adresse[1138] als personenbezogenes Datum. IP-Adressen stellen die technische Grundlage der Internetkommunikation dar anhand derer mit dem Internet verbundene Rechner identifiziert werden können.[1139] Für statische IP-Adressen, die einem bestimmten Rechner fest zugeordnet sind, wird der Personenbezug regelmäßig bejaht, soweit der Inhaber des Rechners eine natürliche Person ist.[1140] Uneinheitlich sind die Rechtsprechung und die Ansichten der juristischen Literatur dagegen bei dynamischen IP-Adressen, die durch den

---

1131 *Hilgendorf/Valerius*, Computer- und Internetstrafrecht, Rn. 738; Taeger/Gabel-*Buchner*, BDSG, § 3, Rn. 11.

1132 Taeger/Gabel-*Buchner*, BDSG, § 3, Rn. 11; Simitis-*Dammann*, BDSG, § 3, Rn. 20 ff.

1133 *Kühling/Seidel/Sivridis*, S. 79; Taeger/Gabel-*Buchner*, BDSG, § 3, Rn. 3.

1134 Plath-*Hullen/Roggenkamp*, TMG, § 12, Rn. 5; *Schwenke*, S. 378; *Hilgendorf/ Valerius*, Computer- und Internetstrafrecht, Rn. 738.

1135 Der Grad der Sensibilität ist lediglich insofern von Bedeutung als besondere personenbezogene Daten i.S.d. § 3 Abs. 9 BDSG, sog. sensitive bzw. sensible Daten, wie bspw. Angaben über die rassische oder ethnische Herkunft, politische Meinungen, religiöse Überzeugung, Gesundheit oder Sexualleben, grundsätzlich nur mit Einwilligung des Betroffenen verarbeitet werden dürfen, vgl. § 28 Abs. 6 ff. BDSG. Taeger/Gabel-*Buchner*, BDSG, § 3, Rn. 4. Vertiefend Splittgerber-*Splittgerber*, Kap. 3, Rn. 82 ff.; *Rohrlich*, S. 84; Simitis-*Simitis*, BDSG, § 3, Rn. 250 ff.

1136 Eine Ausnahme stellen nur vollständig verpixelte Aufnahmen dar. Siehe hierzu auch Splittgerber-*Splittgerber*, Kap. 3, Rn. 33 f.; *Rohrlich*, S. 84.

1137 Siehe hierzu Splittgerber-*Splittgerber*, Kap. 3, Rn. 33. Personenbezogene Daten sind nicht nur objektive, zutreffende oder bewiesene Informationen über eine Person, sondern auch Werturteile, vgl. Taeger/Gabel-*Buchner*, BDSG, § 3, Rn. 5.

1138 „IP" steht für Internetprotokoll.

1139 Taeger/Gabel-*Buchner*, BDSG, § 3, Rn. 17. Zur Funktionsweise *Schwenke*, S. 378.

1140 Taeger/Gabel-*Buchner*, BDSG, § 3, Rn. 17; Simitis-*Dammann*, BDSG, § 3, Rn. 63; Moos-*Jansen*, Teil 7 I, Rn. 16; *VG Wiesbaden*, Beschluss vom 27.02.2009, Az. 6 K 1045/08, in: BeckRS 2009, 31788. Zur Unterscheidung zwischen dynamischer und statischer IP-Adresse ausführlich *Venzke*, ZD 2011, 114, (115).

Access Provider den Internetnutzern bei jedem Einwählvorgang neu zugeordnet werden.[1141]

Datenschutzaufsichtsbehörden, wie die *Artikel-29-Gruppe*[1142] und der *Düsseldorfer Kreis*[1143], vertreten dabei eine klar restriktive Ansicht, wonach auch dynamische IP-Adressen die Qualität eines personenbezogenen Datums besitzen. Die Aufsichtsbehörden folgen dabei der „Theorie des absoluten Personenbezugs", wonach ein Datum bereits dann personenbezogen ist, sobald auch nur eine Stelle über das zur Identifikation erforderliche Zusatzwissen verfügt.[1144] Damit wäre aber kaum ein Datum im Internet *nicht* personenbezogen. Nach der vorzugswürdigen „relativen Theorie der Bestimmbarkeit" kommt es dagegen ausschließlich auf die Kenntnisse und Möglichkeiten der verantwortlichen Stelle an.[1145] Denn verantwortliche Stellen wie *Facebook* oder *Google* können ohne Zugriff auf das Zusatzwissen der Access-Provider den Inhaber der dynamischen IP-Adresse nicht

---

1141 Zum Streitstand siehe vertiefend *Specht/Müller-Riemenschneider*, ZD 2014, 71 ff.; *Schwenke*, S. 379 f.; Taeger/Gabel-*Buchner*, BDSG, § 3, Rn. 17; *Himmels*, S. 25 ff.; Moos-*Jansen*, Teil 7 I, Rn. 16; *Venzke*, ZD 2011, 114, (115); *Scheider/Härting*, ZD 2011, 63, (65), *Brink/Eckhardt*, ZD 2015, 1 ff.; *Härting*, AnwBl. 2011, 246, (247); *Selk*, AnwBl. 2011, 244.

1142 Die sog. *Artikel-29-Datenschutzgruppe* wurde als unabhängige Beratungsgremium der Europäischen Union in Fragen des Datenschutzes durch Artikel 29 der Datenschutzrichtlinie 95/46/EG eingesetzt. Ihre amtliche Bezeichnung lautet „Gruppe für den Schutz von Personen bei der Verarbeitung personenbezogener Daten". Siehe hierzu http://ec.europa.eu/justice/data-protection/article-29/index_de.htm (zuletzt aufgerufen am 23.06.2015).

1143 Der sog. *Düsseldorfer Kreis* dient seit 2013 als Gremium in der Konferenz der Datenschutzbeauftragten des Bundes und der Länder der Kommunikation, Kooperation und Koordinierung der Aufsichtsbehörden im nicht-öffentlichen Bereich. Siehe hierzu http://www.bfdi.bund.de/SharedDocs/Publikationen/Entschliessungs sammlung/Functions/DKreis.html?cms_templateQueryString=d%C3%BCsseldor fer+kreis&cms_sortOrder=score+desc (zuletzt aufgerufen am 23.06.2015).

1144 *Artikel 29-Datenschutzgruppe*, Stellungnahme 1/2008 zu Datenschutzfragen im Zusammenhang mit Suchmaschinen vom 04.04.2008, S. 9, abrufbar unter http://ec.europa.eu/justice/policies/privacy/docs/wpdocs/2008/wp148_de.pdf (zuletzt aufgerufen am 20.07.2015); wohl auch *Düsseldorfer Kreis*, Orientierungsansätze zu den Datenschutzanforderung an App-Entwickler und App-Anbietervom16.06.2014,S.5,abrufbarunterhttp://www.lda.bayern.de/lda/daten schutzaufsicht/lda_daten/Orientierungshilfe_Apps_2014.pdf (zuletzt aufgerufen am 30.06.2015). Für den Personenbezug einer (dynamischen) IP-Adresse auch *EuGH*, Urteil vom 24.11.2011, Az. C -70/10, in: GRUR 2012, 265, (268); *AG Berlin-Mitte*, Urteil vom 27.03.2007, Az. 5 C 314/06, in: BeckRS 2007, 18728; *VG Wiesbaden*, Beschluss vom 27.02.2009, Az. 6 K 1045/08, in BeckRS 2009, 3178; *Venzke*, ZD 2011, 114, (117); Splittgerber-*Splittgerber*, Kap. 3, Rn. 33; *Köhler/Arndt/Fetzer*, Rn. 907.

1145 Zum Theorienstreit *Specht/Müller-Riemenschneider*, ZD 2014, 71 ff.; *Venzke*, ZD 2011, 114, (115); *Stiemerling/Lachenmann*, ZD 2014, 133, (134); *Brink/ Eckhardt*, ZD 2015, 1 ff.; *Voigt*, MMR 2009, 377, (378); Moos-*Krieg*, Teil 7 II, Rn. 54 f.

ermitteln.[1146] Allein die Erhebung und Verwendung einer dynamischen IP-Adresse kann den Anwendungsbereich der Datenschutzgesetze danach nicht eröffnen.[1147] Zur Klärung dieser Frage hat der *BGH* Ende Oktober 2014 nun eine Vorlage an den *EuGH* eingereicht, ob eine IP-Adresse auch dann ein personenbezogenes Datum darstellt, wenn das Zusatzwissen zur Herstellung des Personenbezugs unerreichbar bei einem Dritten liegt.[1148] Die Entscheidung bleibt insoweit abzuwarten. Als große Datenverarbeiter ist bei *Google* oder *Facebook* als verantwortliche Stellen allerdings oft schon aufgrund der Menge der Daten und der Verdichtung zu Persönlichkeitsprofilen eine Bestimmbarkeit der betroffenen Personen nicht auszuschließen.[1149] Die Daten erlangen dann einen Informationswert, der die Persönlichkeitsrechte beeinträchtigen kann.

Aus dem notwendigen Bezug zu einer zumindest bestimmbaren natürlichen Person folgt, dass entsprechende Maßnahmen wie Verschlüsselung, Pseudonymisierung oder Anonymisierung der Anwendung des BDSG entgegenstehen können. *Anonyme* Daten sind Daten, die keinen Rückschluss auf eine bestimmte Person zulassen.[1150] *Anonymisieren* meint gem. § 3 Abs. 6 BDSG, dass personenbezogene Daten derart verändert werden, dass sie nicht mehr oder nur mit einem unverhältnismäßig großen Aufwand an Zeit, Kosten und Arbeitskraft einer bestimmten oder bestimmbaren natürlichen Person zugeordnet werden können.[1151] Von anonymisierten Daten sind *pseudonymisierte* Daten zu unterscheiden. § 3 Abs. 6a BDSG definiert pseudonymisierte Daten als solche, bei denen der Name und andere Identifikationsmerkmale durch ein Kennzeichen zu dem Zweck ersetzt werden, die Bestimmung des Betroffenen auszuschließen oder wesentlich zu erschweren. In Sozialen Netzwerken gelten beispielsweise *Nicknames* als pseudonymisierte Daten.[1152]

1146 *Härting*, AnwBl. 2011, 246, (247); *Selk*, AnwBl. 2011, 244; *Voigt*, MMR 2009, 377, (379).

1147 So auch *LG Berlin*, Urteil vom 31.01.2013, Az. 57 S 87/08, in: ZD 2013, 618 ff.; Taeger/Gabel-*Buchner*, BDSG, § 3, Rn. 13; Simitis-*Dammann*, BDSG, § 3, Rn. 33; *Gola/Schomerus*, BDSG, § 3, Rn. 10; *Voigt*, MMR 2009, 377, (379).

1148 Mitteilung der Pressestelle des *BGH* Nr. 152/2014, abrufbar unter http://juris.bundesgerichtshof.de/cgi-bin/rechtsprechung/document.py?Gericht=bgh&Art=pm&pm_nummer=0152/14 (zuletzt aufgerufen am 04.01.2015).

1149 Siehe hierzu Taeger/Gabel-*Buchner*, BDSG, § 3, Rn. 17; *Voigt*, MMR 2009, 377, (379); Hoeren/Bensinger-*Piltz/Trinkl*, Kap. 13, Rn. 155; *Härting*, CR 2014, 528, (533); *Voigt/Alich*, NJW 2011, 3541; *Katko/Babaei-Beigi*, MMR 2014, 360, (361).

1150 *Schwenke*, S. 378; *Köhler/Arndt/Fetzer*, Rn. 907; Simitis-*Dammann*, BDSG, § 3, Rn. 196 ff. *Kühling/Seidel/Sivridis*, S. 86; *Härting*, Internetrecht, Rn. 212, Moos-*Jansen*, Teil 7 I, Rn. 17.

1151 Taeger/Gabel-*Buchner*, BDSG, § 3, Rn. 44.

1152 Splittgerber-*Splittgerber*, Kap. 3, Rn. 31.

D. Anwendbarkeit des deutschen Datenschutzrechts

Bereits die Antwort auf die grundsätzliche Frage, ob deutsches Datenschutzrecht im Verhältnis zu den meist ausländischen Anbietern wie *Google* oder *Facebook* überhaupt Anwendung findet, stellt die rechtswissenschaftliche Literatur und Rechtsprechung vor einige Schwierigkeiten. Dienste US-amerikanischer Firmen, die ihren Sitz außerhalb des territorialen Anwendungsbereichs deutscher und europäischer Datenschutznormen haben, wirken dennoch unmittelbar auf die Rechte und Interessen der deutschen Nutzer ein.

Als zentrale Kollisionsnorm zur Regelung der Anwendbarkeit deutschen Datenschutzrechts ist § 1 Abs. 5 BDSG nicht nur für die Bestimmung der Anwendbarkeit des BDSG relevant, sondern auch bei der Bestimmung der Anwendung des TMG.[1153] Telemediendienste-Anbieter unterliegen nach § 3 TMG grundsätzlich nur den rechtlichen Anforderungen ihres Niederlassungsstaates, auch wenn sie ihre Dienste in anderen EU-Mitgliedsstaaten und EWR-Staaten[1154] anbieten, sog. *Herkunftslandprinzip.*[1155] Eine Ausnahme dieses Prinzips findet sich in § 3 Abs. 3 Nr. 4 TMG für die Vorgaben des allgemeinen Datenschutzrechts[1156]. Damit richtet sich auch der Anwendungsbereich der Datenschutzvorschriften des TMG im internationalen Kontext nach der allgemeinen Kollisionsvorschrift des BDSG.[1157] Rechtswahlklauseln in Nutzungsbedingungen können die Anwendbarkeit deutschen Datenschutzrechts im Übrigen nicht abbedingen, da es sich um zwingendes Recht handelt.[1158]

§ 1 Abs. 5 BDSG geht zunächst von der Anwendung des sog. *Sitzprinzips* aus. Entscheidend ist danach zunächst, in welchem Land die verantwortliche Stelle, mithin der Social Media Anbieter, ihren Sitz hat.[1159]

1153 § 1 Abs. 5 BDSG basiert auf § 4 der europäischen Datenschutzrichtlinie und ist in diesem Lichte auszulegen. Siehe 18. Erwägungsgrund RL 95/46/EG; *VG Schleswig*, ZD 2013, 245, (246); Splittgerber-*Splittgerber*, Kap. 3, Rn. 8; *Karg*, ZD 2013, 371, (372); *Beyvers/Herbrich*, ZD 2014, 558.

1154 Abkommen über den Europäischen Wirtschaftsraum (EWR).

1155 Plath-*Hullen/Roggenkamp*, TMG, § 11, Rn. 20; Taeger/Gabel-*Moos*, TMG, Einf., Rn. 10.

1156 Nach § 3 Abs. 3 Nr. 4 TMG bleiben die Vorgaben des allgemeinen Datenschutzrechts unberührt. Siehe hierzu Taeger/Gabel-*Moos*, TMG, Einf., Rn. 11; *Dietrich/Ziegelmayer*, CR 2013, 104 (105); *Karg*, ZD 2013, 271, (273); *Kremer*, CR 2012, 438, (440).

1157 Siehe hierzu Plath-*Hullen/Roggenkamp*, TMG, § 11, Rn. 20; *Karg*, ZD 2013, 371, (372); Splittgerber-*Splittgerber*, Kap. 3, Rn. 17; Taeger/Gabel-*Moos*, TMG, Einf., Rn. 11; *Voigt*, DSRITB 2013, 157, (163); *Rittweger/Dechamps*, WDPR 2013, S. 3.

1158 Taeger/Gabel-*Moos*, TMG, Einf., Rn. 16; *Dietrich/Ziegelmayer*, CR 2013, 104 (105); *Rittweger/Dechamps*, WDPR 2013, S. 3.; *Lejeune*, CR 2013, 822.

1159 Taeger/Gabel-*Moos*, TMG, Einf., Rn. 12; *Karg*, ZD 2013, 371, (372); *Kremer*, CR 2012, 438, (439).

I. Sitz der verantwortlichen Stelle innerhalb der EU

Soweit der Diensteanbieter als verantwortliche Stelle seinen Sitz in dem Territorium eines anderen Mitgliedsstaats der europäischen Union hat, kommt nicht das deutsche, sondern das Datenschutzrecht des jeweiligen Sitzstaates zur Anwendung, vgl. § 1 Abs. 5 S. 1 BDSG. Diese Regelung beruht auf der Vereinheitlichung des Datenschutzniveaus der EU-Staaten durch die Europäische Datenschutzrichtlinie und dient dem Ziel, dass sich ein grenzüberschreitend agierendes Unternehmen nicht mit vielen unterschiedlichen Datenschutzrechten auseinandersetzen muss, sondern seine Tätigkeit dem gewohnten Datenschutzrecht unterliegt.[1160]

Eine Ausnahme hiervon besteht jedoch nach § 1 Abs. 5 S. 1 2. Halbsatz BDSG dann, wenn die verantwortliche Stelle mit Sitz in einem EU-Land eine *Niederlassung* in einem anderen EU-Land hat und von dieser Niederlassung aus Daten erhoben, verarbeitet oder genutzt werden.[1161] Erforderlich für eine Niederlassung ist jedoch, dass unabhängig von der Rechtsform, eine maßgebliche Tätigkeit tatsächlich von dieser festen Einrichtung aus ausgeübt wird.[1162] Soweit ein Unternehmen mehrere Zweigniederlassungen in verschiedenen EU-Ländern hat, muss jede Niederlassung das Recht am Ort der Niederlassung berücksichtigen.[1163] Hat danach beispielsweise ein englisches Unternehmen eine Niederlassung in Deutschland, ist deutsches Datenschutzrecht maßgeblich.

II. Sitz der verantwortlichen Stelle außerhalb der EU

Befindet sich der Sitz des Diensteanbieters jedoch in einem Drittstaat außerhalb der EU bzw. des EWR, kommt es für die Anwendbarkeit des deutschen Datenschutzrechts nach dem sog. *Territorialitätsprinzip* auf den Ort der Datenverarbeitung an, unabhängig davon, woher die Daten stammen.[1164] Danach ist das deutsche

---

1160 Taeger/Gabel-*Gabel*, BDSG, § 1, Rn. 54; Simitis-*Dammann*, BDSG, § 1, Rn. 199; *Gola/Schomerus*, BDSG, § 1, Rn. 27; *Brennscheidt*, S. 182 f.; Hoeren/ Bensinger-*Piltz/Trinkl*, Kap. 13, Rn. 154; *Ziebarth*, ZD 2014, 394; *Beyvers/Herbrich*, ZD 2014, 558, (561).

1161 Diese Regelung folgt aus Art. 4 Abs. 1a) der Datenschutzrichtlinie; *Brennscheidt*, S. 183; *Schwenke*, S. 376; Splittgerber-*Splittgerber*, Kap. 3, Rn. 9; *Rittweger/Dechamps*, WDPR 2013, S. 2; Taeger/Gabel-*Moos*, TMG, Einf., Rn. 13; Hoeren/Bensinger-*Piltz/Trinkl*, Kap. 13, Rn. 155. Zu den Begriffen der Erhebung, Verarbeitung und Nutzung von Daten siehe sogleich die Ausführungen in Kapitel E II 3.

1162 Teilweise wird die Niederlassungseigenschaft eines Unternehmens verneint, wenn lediglich ein Server in Deutschland betrieben wird. So *Artikel-29-Datenschutzgruppe*, WP 56, S. 9; Taeger/Gabel-*Moos*, TMG, Einf., Rn. 13 f. Zum Meinungsstand siehe *Brennscheidt*, S. 184 ff.

1163 *Brennscheidt*, S. 183.

1164 *Unabhängiges Landeszentrum für Datenschutz Schleswig-Holstein* (ULD), Datenschutzrechtliche Bewertung der Reichweitenanalyse durch Facebook vom 19.08.2011, S. 19, abrufbar unter http://www.datenschutzzentrum.de/facebook/

Datenschutzrecht nur anwendbar, wenn personenbezogene Daten im Inland, erhoben, verarbeitet oder genutzt werden, vgl. § 1 Abs. 5 S. 2 BDSG. Daneben kann das Datenschutzrecht des Drittstaates anwendbar sein, soweit auch im Ausland Daten erhoben, verarbeitet oder genutzt werden.[1165]

Wann eine Datenverarbeitung innerhalb Deutschlands stattfindet, ist allerdings fraglich. Die Anwendbarkeit deutschen Datenschutzrechts wird nach überwiegender Auffassung nicht schon dadurch begründet, dass sich der Telemediendienst, wie ein Social Network, an deutsche Nutzer richtet oder die deutsche Sprache verwendet.[1166] Die Anwendbarkeit wird vielmehr erst dann angenommen, wenn ein Unternehmen eine deutsche Niederlassung an der Datenverarbeitung beteiligt oder Computer, Server, *Cookies*, *Social Plugins*, *Apps* oder andere in Deutschland *„belegene Mittel*" zur Datenverarbeitung einsetzt.[1167]

III. Anwendbarkeit deutscher Datenschutzgesetze auf US-Unternehmen

Die Unsicherheit, die gegenüber international agierenden Unternehmen mit Hauptsitz in den USA herrscht, basiert nicht nur auf den unbestimmten gesetzlichen Vorgaben, sondern auch auf den komplexen Konzernstrukturen der verantwortlichen Stellen.[1168] Die intransparente Verantwortungsverteilung zwischen den beteiligten Konzerngesellschaften bzw. Niederlassungen ist für den Nutzer dabei kaum

facebook-ap-20110819.pdf (zuletzt aufgerufen am 28.10.2015). Das *ULD* ist eine Dienststelle des Landes Schleswig-Holstein und nimmt staatliche Kontroll- und Beratungsfunktionen im Bereich des Datenschutzes sowie der Informationsfreiheit wahr. Siehe hierzu http://www.datenschutzzentrum.de/ldsh/index.htm (zuletzt aufgerufen am 23.06.2015). Plath-*Hullen/Roggenkamp*, TMG, § 11, Rn. 23; Taeger/Gabel-*Moos*, TMG, Einf., Rn. 15; *Gola/Schomerus*, BDSG, § 1, Rn. 28; *Brennscheidt*, S. 183; *Karg*, ZD 2013, 371, (372); Hoeren/Bensinger-*Piltz/Trinkl*, Kap. 13, Rn. 153; *Ziebarth*, ZD 2014, 394, (395). So auch *EuGH*, Urteil vom 13.05.2014, Az. C 131/12, in: ZD 2014, 350.

1165 *Brennscheidt*, S. 184; Splittgerber-*Splittgerber*, Kap. 3, Rn. 16.

1166 Taeger/Gabel-*Moos*, TMG, Einf., Rn. 15, BDSG, § 1, Rn. 58; *Karg*, ZD 2013, 371, (373); *Ziebarth*, ZD 2014, 394, (396). Zum Meinungsstand siehe *Voigt*, DSRITB 2013, 157, (163 f.).

1167 Ausführlich hierzu *Ziebarth*, ZD 2014, 394, (395 f.); Splittgerber-*Splittgerber*, Kap. 3, Rn. 13, 19; Simitis-*Dammann*, BDSG, § 1, Rn. 220; Taeger/Gabel-*Moos*, TMG, Einf., Rn. 15; *Kremer*, CR 2012, 438, (439); *Brennscheidt*, S. 184; *Voigt*, DSRITB 2013, 157, (163); *Rittweger/Dechamps*, WDPR 2013, S. 2. Zu den Anforderungen an eine Niederlassung siehe *Karg*, ZD 2013, 371, (373 f.); *Dietrich/Ziegelmayer*, CR 2013, 104 (105); *Ernst*, NJOZ 2010, 1917, (1918). Zu den Begriffen und Funktionsweisen von *Cookies* und *Social Plugins* siehe die Ausführungen in Kapitel E I.

1168 *Karg*, ZD 2013, 371, (374); *Dietrich/Ziegelmayer*, CR 2013, 104 (105 f.); *Ziebarth*, ZD 2014, 394 ff.

nachvollziehbar.[1169] Ob deutsches Datenschutzrecht beispielsweise für Daten gilt, die von *Facebook* verarbeitet werden, ist Gegenstand vielfacher Diskussionen. Hinter *Facebook* steht die *Facebook Inc.* mit Sitz in den USA, die mit der *Facebook Ireland Ltd.* eine Niederlassung in Irland und mit der *Facebook Germany GmbH* eine weitere Niederlassung in Deutschland hat. Das Unternehmen stellt in seinen „Datenverwendungsrichtlinien" nicht klar, wer verantwortliche Stelle für die Datenverarbeitung ist.[1170] Laut Impressum werden die *Facebook*-Websites, auch die de-Website, inklusiver aller Dienste, von der *Facebook Ireland Ltd.* betrieben.[1171] Die deutsche Tochtergesellschaft *Facebook Germany GmbH* soll dagegen nur Anzeigenakquise und Marketing anbieten.[1172] Da personenbezogene Daten europäischer Nutzer damit nur von der irischen Tochtergesellschaft verarbeitet würden, mithin einer Niederlassung im Sinne des 19. Erwägungsgrundes der Datenschutzrichtlinie 95/46/EG, müsste sich das Unternehmen am irischen Datenschutzrecht orientieren. Das *OVG Schleswig* sah das deutsche Datenschutzrecht aus diesem Grund für nicht anwendbar an.[1173] Der *EuGH* legte in seiner Entscheidung in der Rechtssache „Google Spain und Google" den Begriff der Niederlassung dagegen weit aus und erklärte das nationale spanische Recht in diesem Fall für anwendbar.[1174]

Hintergrund der komplexen Konzernstrukturen US-amerikanischer Unternehmen ist u.a., dass Deutschland im Vergleich zu den meisten anderen EU-Ländern einen sehr hohen Datenschutzstandard hat.[1175] Die global agierenden Unternehmen können den konsequenzreichen Vorgaben deutscher Datenschutzgesetze dadurch entgehen, indem sie den Niederlassungsort in einem europäischen Mitgliedsstaat mit den geringsten datenschutzrechtlichen Anforderungen wählen und damit die Anwendbarkeit dieses nationalen Rechts für ganz Europa steuern, sog. *forum shopping*.[1176] In Frage kommt dabei insbesondere das relativ liberale irische

---

1169 Hierzu *Karg*, ZD 2013, 371.

1170 http://de-de.facebook.com/about/privacy (zuletzt aufgerufen am 28.10.2015). Hierzu auch *Dietrich/Ziegelmayer*, CR 2013, 104 (105); Splittgerber-*Splittgerber*, Kap. 3, Rn. 19; *Weichert*, DuD 2012, 716 (719); *Lejeune*, CR 2013, 822 (823).

1171 http://de-de.facebook.com/legal/terms (zuletzt aufgerufen am 28.10.2015).

1172 Siehe hierzu *Dietrich/Ziegelmayer*, CR 2013, 104 (106); Splittgerber-*Splittgerber*, Kap. 3, Rn. 19; *Ziebarth*, ZD 2014, 394, (395); *Beyvers/Herbrich*, ZD 2014, 558, (560).

1173 So jedenfalls *OVG Schleswig*, Beschluss vom 22.04.2013, Az. 4 MB 11/13, in: ZD 2013, 364 ff. Siehe hierzu *Rittweger/Dechamps*, WDPR 2013, S. 1 ff.; *Karg*, ZD 2013, 371, (372); Hoeren/Bensinger-*Piltz/Trinkl*, Kap. 13, Rn. 158; *Beyvers/ Herbrich*, ZD 2014, 558.

1174 Zur Auslegung des Niederlassungsbegriffs für Suchmaschinen *EuGH*, des Urteil vom 13.05.2014, Az. C 131/12, in: ZD 2014, 350 ff. Ausführlich *Luch/Schulz/ Kuhlmann*, EuR 2014, 698, (700). Kritisch hierzu *Beyvers/Herbrich*, ZD 2014, 558, (561 f.)

1175 *Ulbricht*, S. 126; *Rittweger/Dechamps*, WDPR 2013, S. 4; *Lejeune*, CR 2013, 822 (823).

1176 Siehe hierzu *Rittweger/Dechamps*, WDPR 2013, S. 4; *Karg*, ZD 2013, 371, (373); *Beyvers/Herbrich*, ZD 2014, 558, (561); *Albrecht*, ZD 2013, 587, (589).

Datenschutzrecht.[1177] Da eine interessengerechte und dem Schutzzweck der Datenschutzrichtlinie konsistente Auslegung der bestehenden Gesetzeslage derzeit nicht möglich erscheint, fordern deutsche Datenschützer Rechtssicherheit durch die Vereinheitlichung des europäischen Datenschutzrechts, die nun durch die geplante Datenschutzgrundverordnung erreicht werden soll.[1178] Hierzu wird auf die Ausführungen unter Kapitel G verwiesen.

E. Zulässigkeit der Datenerhebung, -Verarbeitung und -Nutzung am Beispiel von Social Plugins

Die Vielfältigkeit und die stets neuen Angebote des *Social Web* werfen immer wieder neue datenschutzrechtliche Fragestellungen auf. Diese drehen sich maßgeblich um die Zulässigkeit der Erhebung und Auswertung von Nutzerdaten und die Erstellung von Nutzungsprofilen durch die Anbieter der bekannten Online-Plattformen. Unbedenklich ist die Erstellung von Nutzungsprofilen grundsätzlich dann, wenn ausschließlich anonymisierte und damit keine personenbezogenen Daten verwendet werden. Steht bei der Erstellung konkreter Nutzungsprofile zu Werbezwecken dagegen der Personenbezug im Vordergrund, unterfallen die Daten dem Schutz des BDSG bzw. TMG.[1179]

Auf Social Media Plattformen eingestellte Informationen werden in mehrfacher Hinsicht von den Anbietern erhoben, verarbeitet und genutzt. Die systematische Erhebung der Daten und die Analyse des Surfverhaltens auf den Internetseiten erfolgt dabei durch den Einsatz verschiedenartiger Software.[1180] Die vorliegende Untersuchung soll aufzeigen, dass nicht nur Informationen, die von den Nutzern bewusst auf einer Social Media Seite eingestellt werden durch den jeweiligen Social Media Anbieter erhoben und genutzt werden, sondern dass sich mittels sog. *Social Plugins* das *Tracking* und die Analyse über die Social Media Plattform hinaus auch auf andere Websites erstrecken können.

1177 *Dietrich/Ziegelmayer*, CR 2013, 104 (105); *Rittweger/Dechamps*, WDPR 2013, S. 4; *Lejeune*, CR 2013, 822 (823).

1178 *ULD*, Datenschutzrechtliche Bewertung der Reichweitenanalyse durch Facebook, a.A.o., S. 19 f. Hierzu auch *Karg*, ZD 2013, 371, (373); *Kremer*, CR 2012, 438, (440); *Ziebarth*, ZD 2014, 394 ff.; *Beyvers/Herbrich*, ZD 2014, 558, (562).

1179 Plath-*Plath*, BDSG, § 28, Rn. 56, 101; *Himmels*, S. 40 f.; Splittgerber-*Splittgerber*, Kap. 3, Rn. 199; hierzu auch *Rohrlich*, S. 92.

1180 Die unbemerkte Überwachung erfolgt bspw. über IP-Adresse, *Cookies*, *Webbugs* und *Spyware*. Siehe hierzu *Zeidler/Brüggemann*, CR 2014, 251 f.; *Rohrlich*, S. 91; *Spindler*, GRUR-Beil. 2014, 101(105). Das bekannteste und wohl auch am meisten genutzte Analysetool ist *Google Analytics*, das kostenlos für jedermann nutzbar einen großen Funktionsumfang bietet. Siehe hierzu http://www.google.com/intl/de_de/analytics/ (zuletzt aufgerufen am 28.06.2015).

Unter einem *Social Plugin* versteht man eine Erweiterung der Funktionen von Social Media-Plattformen und -Präsenzen auf andere Websites.[1181] Kommerzielle Mitglieder der Social Media Plattform *Facebook* können beispielsweise den *Facebook-Like*-Button als *Social Plugin* durch einfache Übernahme eines kurzen Computer-Codes auf ihrer eigenen Website integrieren und anzeigen.[1182] Der *Facebook-Like*-Button erlaubt dann nicht nur die Bewertung und den Austausch von Inhalten auf der *Facebook*-Seite selbst, sondern fördert durch Einbindung auf der fremden Website die Nutzerkommunikation auch außerhalb der Plattform. Die Besucher der Webseiten können so auch Inhalte dieser fremden Webseiten ihren Freunden bzw. Kontakten auf *Facebook* empfehlen. Weitere Beispiele von *Social Plugins* sind die Kommentar-Funktion bzw. "Comment"-Funktion von *Facebook*, die „+1"-Funktion von *Google* oder der „Tweet"-Button von *Twitter*. Zunächst soll nun die Funktionsweise der *Social Plugins* dargestellt werden, bevor die datenschutzrechtliche Beurteilung nach dem BDSG und TMG erfolgt.

I. Funktionsweise und technischer Hintergrund von Social Plugins

Obwohl das *Social Plugin* auf einer anderen Website inkorporiert ist, stellt er eine direkte Datenverbindung zum Betreiber wie beispielsweise der Social Media Plattform *Facebook* her: Ruft ein *Facebook*-Mitglied eine fremde Website mit einem integrierten *Facebook-Plugin* auf, werden bereits beim Seitenaufruf der fremden Website verschiedene Daten des Nutzers an *Facebook* übertragen.[1183] Ist das Mitglied im Sozialen Netzwerk eingeloggt, sind dies (zumindest) die eindeutige Benutzerkennung (*Facebook-Username*), IP-Adresse, Informationen über das Betriebssystem und den Browser sowie Informationen über das Surfverhalten, wie die *URL* der aufgerufenen Website, das Datum und die Uhrzeit des Website-Besuchs.[1184] Damit kommt es bereits ohne Anklicken des Buttons zu einer Erfassung von Nutzerdaten und der Verknüpfung mit bestehenden *Facebook*-Nutzerprofilen, die eine Erstellung von ganzen Bewegungsmustern im Internet ohne Kenntnis und Einfluss des Nutzers erlauben.[1185] Betätigt ein eingeloggter *Facebook*-Nutzer den *Like*-Button bezüglich eines Inhalts auf der Website, wird dies auf dem *Facebook*-Profil des Nutzers als

---

1181 Splittgerber-*Splittgerber*, Kap. 3, Rn. 185.

1182 *Social Plugins* werden durch kurze Fragmente von *HTML*- oder *JavaScript*-Anweisungen in die fremde Website eingebunden. Vgl. *ULD*, Datenschutzrechtliche Bewertung der Reichweitenanalyse durch Facebook, a.A.o., S. 7. Siehe hierzu auch *Solmecke/Wahlers*, Recht im Social Web, S. 282; *Ulbricht*, S. 127 f.

1183 Splittgerber-*Splittgerber*, Kap. 3, Rn. 187; *Voigt/Alich*, NJW 2011, 3541; *Ernst*, NJOZ 2010, 1917.

1184 Vgl. *ULD*, Datenschutzrechtliche Bewertung der Reichweitenanalyse durch Facebook, a.A.o. S. 8. So auch *Solmecke/Wahlers*, Recht im Social Web, S. 285; Splittgerber-*Splittgerber*, Kap. 3, Rn. 188; *Rosenbaum/Tölle*, MMR 2013, 209, (211).

1185 *Rohrlich*, S. 92; *Ernst*, NJOZ 2010, 1917.

Beitrag, inklusive eines *Hyperlinks* zu der entsprechenden Website, angezeigt und zudem die Information über den „für gut befundenen" Website-Inhalt an *Facebook* übermittelt.[1186] Doch selbst wenn ein Website-Besucher nicht in dem Sozialen Netzwerk eingeloggt, bzw. überhaupt nicht oder nicht mehr bei *Facebook* registriert ist, werden bei jedem Aufruf von Websites mit integriertem *Social Plugin* (zumindest) die IP-Adresse, Informationen über das Betriebssystem und Browser des Internetnutzers, als auch die aufgerufene Website an *Facebook* übermittelt.[1187]

Zudem setzt *Facebook* beim Klicken des *Like*-Buttons durch authentifizierte Nutzer einen *Cookie*, der auf dem Rechner des Nutzers verbleibt und bei Wiederaufruf von *Facebook* oder anderen Websites mit integriertem *Like*-Button eine Profilbildung ermöglicht.[1188] *Cookies* sind individualisierte Datensätze, die eine eindeutigen Identifikator, die *Cookie-ID*, enthalten und bei jedem Website-Besuch automatisch auf dem Rechner des Nutzers platziert werden.[1189] Mittels des *Cookies* wird das Surfverhalten des Nutzers erfasst und zusammen mit der *Cookie-ID* an den Webseitenbetreiber übertragen, wo die Informationen in einem Nutzungsprofil gespeichert werden können. *Cookies* erleichtern grundsätzlich die Nutzung des jeweiligen Webangebots, indem etwa Passwörter, Suchanfragen oder sonstige Eingaben gespeichert werden und bei Wiederaufruf der Website durch den Nutzer verwendet werden können. Zudem können die vorhandenen Informationen jedoch auch analysiert werden, um eine Vorhersage über die Interessen und das künftige Surf- und Kaufverhalten des Nutzers zu treffen.[1190]

1186 Siehe hierzu *Solmecke/Wahlers*, Recht im Social Web, S. 285; *Ernst*, NJOZ 2010, 1917.

1187 Welche Daten das Unternehmen genau erhebt und wie es diese Daten nutzt ist grundsätzlich Geschäftsgeheimnis der Social Media Plattform. Siehe aber die Einschätzung des *ULD*, Datenschutzrechtliche Bewertung der Reichweitenanalyse durch Facebook, a.A.o., S. 5, und die Bewertung der *Stiftung Warentest* vom 06.10.2011, „Soziale Netzwerke und Datenschutz: Was Facebook alles erfährt", abrufbar unter http://www.test.de/Soziale-Netzwerke-und-Datenschutz-Was-Facebook-alles-erfaehrt-4271957-0/ (zuletzt aufgerufen am 28.10.2015). Hierzu auch Splittgerber-*Splittgerber*, Kap. 3, Rn. 189; *Piltz*, CR 2011, 657, (658); *Ernst*, NJOZ 2010, 1917; *Ulbricht*, S. 128.

1188 *Ulbricht*, S. 128; *Voigt/Alich*, NJW 2011, 3541; *Himmels*, S. 24 und 29; Moos-*Krieg*, Teil 7 II, Rn. 57 ff.; *Zeidler/Brüggemann*, CR 2014, 248, (250); Vgl. *ULD*, Datenschutzrechtliche Bewertung der Reichweitenanalyse durch *Facebook*, a.A.o., S. 8.

1189 Siehe hierzu *Arning/Moos*, ZD 2014, 126, (127); *Voigt*, MMR 2009, 377. Zu den verschiedenen *Cookie*-Arten ausführlich *Stiemerling/Lachenmann*, ZD 2014, 133, (135 f.); *Zeidler/Brüggemann*, CR 2014, 248, (250); *Steinhoff*, KuR 2014, 86.

1190 *Arning/Moos*, ZD 2014, 126, (127); *Ulbricht*, S. 128; *Voigt/Alich*, NJW 2011, 3541; *Zeidler/Brüggemann*, CR 2014, 248, (250).

II. Erhebung, Verarbeitung und Nutzung personenbezogener Daten am Beispiel des Facebook-Like-Buttons

1. Verantwortliche Stelle

Die Nutzung eines *Social Plugin* hat für den Website-Anbieter den Vorteil des Empfehlungsmarketings über die *Facebook*-Plattform, wenn beispielsweise ein bestimmter Website-Beitrag *gelikt* wird. Für den Social Media Anbieter *Facebook* selbst ist das Sammeln der Daten von Mitgliedern als auch anderen Internetnutzern für interne Analysezwecke und darüber hinaus für Zwecke Dritter im Rahmen des *Behavioural Targeting* von großem wirtschaftlichen Wert. Datenschutzrechtlich verantwortlich ist neben dem Betreiber der Social Media Plattform *Facebook* grundsätzlich auch der Betreiber der fremden Website, denn ihm obliegt die Entscheidung darüber, ob er einen *Social Plugin* auf seiner Website integriert.[1191] Da sich in der Praxis datenschutzkonforme technische Lösungen für die zulässige Einbindung von *Social Plugins* auf Websites für deren Betreiber herauskristallisiert haben (hierzu wird auf die Ausführungen in Kapitel F verwiesen), soll im Folgenden die datenschutzrechtliche Verantwortlichkeit des Social Media Anbieters *Facebook* für die Erhebung und Verwendung von personenbezogenen Daten über *Social Plugins* dargestellt werden.[1192]

2. Personenbezogene Daten

Um den Anwendungsbereich der Datenschutzgesetze zu eröffnen, ist die Erhebung, Verarbeitung oder Nutzung personenbezogener Daten der verantwortlichen Stelle erforderlich. Im Hinblick auf den *Facebook-Username* bzw. die IP-Adresse eines registrierten *Facebook*-Mitglieds liegen personenbezogene Daten vor, da Mitglieder von der verantwortlichen Stelle über ihren *Facebook*-Account und die über sie bereits gesammelten Daten auf der Plattform identifiziert werden können.[1193] Aber auch nicht bei *Facebook* registrierte Internetnutzer können grundsätzlich über ihre (statische) IP-Adresse bestimmt werden. Handelt es sich jedoch um eine dynamische IP-Adresse eines nicht bei *Facebook* registrierten Mitglieds kann die verantwortliche Stelle, aufgrund fehlender anderweitiger Informationen über den Betroffenen, eine Zuordnung zu einer konkreten Person nicht vornehmen. Allein

1191 Das *ULD* sieht neben *Facebook* auch die Website-Betreiber als datenschutzrechtliche verantwortlich an. Vgl. *ULD*, Datenschutzrechtliche Bewertung der Reichweitenanalyse durch Facebook, a.A.o. S. 17; so auch Splittgerber-*Splittgerber*, Kap. 3, Rn. 193; *Piltz*, CR 2011, 657, (662); *Ernst*, NJOZ 2010, 1917, (1918). Kritsch hierzu *Voigt/Alich*, NJW 2011, 3541 ff.

1192 Bei der nachfolgenden Prüfung wird dazu die Anwendbarkeit deutschen Datenschutzrechts unterstellt.

1193 So auch Splittgerber-*Splittgerber*, Kap. 3, Rn. 189; *Piltz*, CR 2011, 657, (659); *Ulbricht*, S. 129; *Ernst*, NJOZ 2010, 1917, (1918).

die Übermittlung der dynamischen IP-Adresse kann mangels Bestimmbarkeit der betroffenen Person durch *Facebook* den Anwendungsbereich des BDSG und TMG nicht eröffnen.[1194] Über *Cookies* erlangte Informationen sind unter den Anwendungsbereich des BDSG und TMG zu subsumieren, wenn dem Website-Betreiber *Facebook* neben der *Cookie-ID* und dem Surfverhalten auch weitere Informationen wie der Name und die (statische) IP-Adresse des Nutzers bekannt sind, die eine Identifizierung ermöglichen.[1195]

3. Begriffsbestimmung der Erhebung, Verarbeitung oder Nutzung personenbezogener Daten

Erheben ist nach § 3 Abs. 3 BDSG zunächst das Beschaffen von Daten über den Betroffenen und setzt voraus, dass die verarbeitende Stelle objektiv und subjektiv ihre Verfügungsgewalt über die Daten begründet hat.[1196] Das Erheben erfordert dabei zielgerichtetes Beschaffen von Informationen.[1197] *Verarbeiten* meint nach § 3 Abs. 4 Satz 1 BDSG das Speichern, Verändern, Übermitteln, Sperren und Löschen personenbezogener Daten.[1198] Beispielsweise ist das Einstellen von Daten in das Internet eine Datenübermittlung i.S.d. § 3 Abs. 4 Satz 2 Nr. 3 BDSG.[1199] Unter dem Begriff *Nutzen* ist nach dem Auffangtatbestand des § 3 Abs. 5 BDSG jede Verwendung zu verstehen, die keine Verarbeitung darstellt und meint jeden zweckbestimmten Gebrauch der Daten.[1200] Bei der digitalen Informationsverarbeitung nach dem TMG wurden aus Gründen der Vereinfachung die Handlungen der Verarbeitung und Nutzung unter dem Begriff *Verwendung* zusammengefasst, siehe § 12 Abs. 1 TMG, wobei sich hieraus keine inhaltlichen Veränderungen ergeben.[1201]

Auf Social Media Plattformen ist beispielsweise die Datengewinnung durch Zurverfügungstellen eines Webformulars, welches von den Nutzern auf der Website ausgefüllt werden kann, wie etwa die Kommentar-Funktion, noch keine

---

1194 Siehe zum Meinungsstand der Personenbezogenheit einer IP-Adresse die Ausführungen in Kapitel C.

1195 *Ulbricht*, S. 128; *Voigt/Alich*, NJW 2011, 3541; *Himmels*, S. 24 und 29; Moos-*Krieg*, Teil 7 II, Rn. 57 ff.; *Zeidler/Brüggemann*, CR 2014, 248, (253). Die *Cookie-ID* selbst gilt als Pseudonym. Siehe hierzu *Arning/Moos*, ZD 2014, 126, (128).

1196 Simitis-*Dammann*, BDSG, § 3, Rn. 102; Taeger/Gabel-*Buchner*, BDSG, § 3, Rn. 25; Hoeren/Sieber/Holznagel-*Schmitz*, Multimediarecht, Teil 16.2, Rn. 144; Plath-*Hullen/Roggenkamp*, TMG, § 12, Rn. 3; BDSG, § 3, Rn. 30.

1197 *Gola/Schomerus*, BDSG, § 3, Rn. 24; Taeger/Gabel-*Buchner*, BDSG, § 3, Rn. 26; *Kühling/Seidel/Sivridis*, S. 89.

1198 Taeger/Gabel-*Buchner*, BDSG, § 3, Rn. 27 ff.; Siehe ausführlich und m.w.N. zu den einzelnen Begriffen *Kühling/Seidel/Sivridis*, S. 90 ff.

1199 Taeger/Gabel-*Buchner*, BDSG, § 3, Rn. 36.

1200 *Gola/Schomerus*, BDSG, § 3, Rn. 42; *Kühling/Seidel/Sivridis*, S. 95; Taeger/ Gabel-*Buchner*, BDSG, § 3, Rn. 41 f.

1201 Plath-*Hullen/Roggenkamp*, TMG, § 12, Rn. 3.

Datenerhebung, da es an einem zielgerichteten Beschaffen fehlt. Anders als im traditionellen Internetbereich werden diese Daten aber gleichzeitig veröffentlicht, um eine Abrufbarkeit für andere Nutzer zu ermöglichen sodass zwar kein Erheben, aber ein Verarbeiten der Daten durch Speicherung, Übermittlung und Nutzung vorliegt.[1202]

Allein das Setzen von *Cookies* wird nicht als Datenverarbeitung angesehen, da der Nutzer durch Browsereinstellungen das Setzen des *Cookies* erlauben muss und zudem den gesetzten *Cookie* jederzeit löschen kann.[1203] Dies erscheint insoweit fraglich, als die Standardeinstellungen bei Browsern das Setzen von *Cookies* regelmäßig erlauben und zudem der entsprechende Dienst bei deaktivierten *Cookies* zumeist nicht genutzt werden kann. Die Speicherung und Auswertung über *Cookies* erlangter Nutzerdaten zu Werbezwecken stellt eine zielgerichtete datenschutzrelevante Handlung in Form der Verarbeitung und Nutzung dar.[1204] Das Erstellen eines Nutzerprofils ist zudem eine Verarbeitung durch Verändern, da die Daten nicht nur gespeichert sondern auch zusammengeführt werden.[1205]

Werden Daten über *Social Plugins* durch den Anbieter einer Social Media Plattform „geholt", liegt ein zielgerichtetes Beschaffen vor.[1206] *Facebook* sammelt zielgerichtet die Daten der eigenen Mitglieder als auch Daten anderer Website-Besucher, um diese später für eigene Zwecke, bzw. Zwecke Dritter wie etwa personalisierte Werbung, zu speichern und zu verwenden. Im Gegensatz zu *Cookies* besteht auch nicht die Möglichkeit, einen *Social Plugin* auf fremden Websites durch Browsereinstellungen zu deaktivieren.

III. Grundprinzipien des deutschen Datenschutzrechts

Werden personenbezogene Daten erhoben, verarbeitet oder genutzt, sind bestimmte Grundprinzipien des deutschen und europäischen Datenschutzrechts einzuhalten, die auch für den Umgang mit personenbezogenen Daten im Internet gelten. Diese Grundprinzipien haben ihren Niederschlag in einzelnen Vorschriften des BDSG und TMG gefunden und dienen darüber hinaus als Richtschnur in Auslegungsfragen.[1207] Das deutsche und europäische Datenschutzrecht ist maßgeblich auf dem Konzept eines *Verbots mit Erlaubnisvorbehalt* aufgebaut. Die Erhebung, Verarbeitung und Nutzung personenbezogener Daten ist danach nur zulässig, wenn ein gesetzlicher Erlaubnistatbestand erfüllt ist oder der Betroffene in den Vorgang eingewilligt hat,

---

1202 Splittgerber-*Splittgerber*, Kap. 3, Rn. 118.

1203 Siehe hierzu Hoeren/Sieber/Holznagel-*Schmitz*, Multimediarecht, Teil 16.2, Rn. 144; *Himmels*, S. 29 f.

1204 *Jandt/Roßnagel*, MMR 2011, 637, (639); *Himmels*, S. 30.

1205 *Gola/Schomerus*, BDSG, § 3, Rn. 30; ausführlich *Himmels*, S. 30.

1206 Splittgerber-*Splittgerber*, Kap. 3, Rn. 119; *Piltz*, CR 2011, 657, (568).

1207 *Kühling/Seidel/Sivridis*, S. 105.

siehe § 4 BDSG als auch § 12 TMG.[1208] Eines solchen Erlaubnisvorbehaltes bedarf es in jeder Phase der Datenverarbeitung.[1209] Als Ausformung des verfassungsmäßigen Erforderlichkeitsgebots ist nach dem Grundsatz der *Datensparsamkeit* und *Datenvermeidung* gem. § 3a BDSG die Erhebung, Verarbeitung, Nutzung als auch die Dauer der Speicherung personenbezogener Daten auf ein erforderliches Mindestmaß zu reduzieren.[1210] Die Vorschrift trägt dem Umstand Rechnung, dass die rasche technische Weiterentwicklung der zur Verfügung stehenden Datenverarbeitungstechniken eine Verarbeitung und Weitergabe der Daten quasi per „Knopfdruck" ermöglicht.[1211] Damit soll die Sammlung von Daten auf Vorrat verhindert und die Menge der zu verarbeitenden Daten reduziert werden.[1212] Auf die Verarbeitung personenbezogener Daten soll danach soweit wie möglich verzichtet werden, bzw. sind diese soweit möglich, zu anonymisieren oder pseudonymisieren.[1213] Als Ausprägung des Verhältnismäßigkeitsgrundsatzes dürfen Daten auch grundsätzlich nur für den rechtmäßigen Zweck verwendet werden, für den sie erhoben wurden, es sei denn, eine gesetzliche Ausnahme von diesem *Zweckbindungsgrundsatz*[1214] greift ein oder der Nutzer willigt in die Zweckänderung ein, § 28 Abs. 1 Satz 2 und Abs. 2 BDSG, § 12 Abs. 2 TMG. Bevor Daten erhoben werden, muss der bestimmte Zweck für die Verarbeitung bereits festgelegt und dem Betroffenen mitgeteilt werden.[1215] Aus dem Recht der informationellen Selbstbestimmung erwächst die Notwendigkeit, den Umgang mit personenbezogenen Daten transparent zu gestalten.[1216] Das *Transparenzgebot* findet in zahlreichen Normen des BDSG und TMG seine

---

1208 Vgl. auch Art. 7 RL 95/46/EG. Zum Verbot mit Erlaubnisvorbehalt *Gola/Schomerus*, BDSG, § 4, Rn. 3; Plath-*Hullen/Roggenkamp*, TMG, § 12, Rn. 4; Taeger/Gabel-*Taeger*, BDSG, § 4, Rn. 15 f.; Hoeren/Sieber/Holznagel-*Schmitz*, Multimediarecht, Teil 16.2, Rn. 112; Splittgerber-*Splittgerber*, Kap. 3, Rn. 61; *Rohrlich*, S. 87; *Köhler/Arndt/Fetzer*, Rn. 914; *Kühling/Seidel/Sivridis*, S. 106; *Härting*, Internetrecht, Rn. 165; Moos-*Krieg*, Teil 7 II, Rn. 9.

1209 *Gola/Schomerus*, BDSG, § 4, Rn. 5; *Brennscheidt*, S. 63; *Solmecke/Wahlers*, Recht im Social Web, S. 268; *Kühling/Seidel/Sivridis*, S. 106.

1210 Taeger/Gabel-*Zscherpe*, BDSG, § 3a, Rn. 1 ff.; Simitis-*Scholz*, BDSG, § 3a, Rn. 30 ff.; *Köhler/Arndt/Fetzer*, Rn. 915; *Rohrlich*, S. 86.

1211 Taeger/Gabel-*Zscherpe*, BDSG, § 3a, Rn. 4.

1212 Splittgerber-*Splittgerber*, Kap. 3, Rn. 62; *Schwenke*, S. 381; *Solmecke/Wahlers*, Recht im Social Web, S. 269 f.

1213 Siehe hierzu *Rohrlich*, S. 86; *Kühling/Seidel/Sivridis*, S. 112.

1214 Zum Zweckbindungsgrundsatz siehe Hoeren/Sieber/Holznagel-*Schmitz*, Multimediarecht, Teil 16.2, Rn. 109; *Schwenke*, S. 381; Splittgerber-*Splittgerber*, Kap. 3, Rn. 64; *Köhler/Arndt/Fetzer*, Rn. 916; *Rohrlich*, S. 87; *Kühling/Seidel/ Sivridis*, S. 110; Taeger/Gabel-*Moos*, TMG, § 12, Rn. 25; *Weichert*, ZD 2013, 251, (255).

1215 Beispielsweise dürfen Daten, die im Rahmen der Durchführung eines Gewinnspiels verarbeitet werden, nicht ohne weiteres auch für Marketingzwecke verwendet werden. Vgl. Splittgerber-*Splittgerber*, Kap. 3, Rn. 64; *Solmecke/ Wahlers*, Recht im Social Web, S. 269.

1216 *Kühling/Seidel/Sivridis*, S. 111.

Ausprägung.[1217] Danach muss der Nutzer eines Sozialen Netzwerks stets darüber informiert werden, ob und ggf. welche Daten über ihn erhoben und wie und zu welchem Zweck diese Daten verwendet werden.[1218] Die personenbezogenen Daten sollen nach diesem Grundsatz auch direkt bei den Betroffenen mit dessen Kenntnis und nicht über Dritte erhoben werden, sog. *Direkterhebung*.[1219]

IV. Gesetzliche Erlaubnistatbestände

Im BDSG und TMG finden sich verschiedene Normen, die die Erhebung, Verarbeitung und Nutzung bzw. Verwendung von personenbezogenen Daten ohne Einwilligung des Nutzers erlauben. Für die Datenerhebung und Verarbeitung durch Social Media Anbieter sind die gesetzlichen Erlaubnistatbestände der §§ 14 und 15 TMG sowie §§ 28 und 29 BDSG relevant. Für das Auffinden der richtigen Rechtsgrundlage ist zunächst zwischen den verschiedenen Datenarten zu differenzieren: Für *Bestands- und Nutzungsdaten bzw. Abrechnungsdaten* sind die spezifischen Erlaubnistatbestände der §§ 14 und 15 TMG maßgeblich.[1220] Sog. *Inhaltsdaten* unterfallen mangels Spezialregelungen im TMG den allgemeinen Vorschriften der §§ 28, 29 BDSG.[1221]

1. Erhebung und Verwendung von Bestands- und Nutzungsdaten nach dem TMG

a) Zulässigkeit der Erhebung und Verwendung von Bestandsdaten nach § 14 TMG

Gemäß dem Erlaubnistatbestand des § 14 Abs. 1 TMG ist die Erhebung und Verwendung von personenbezogenen *Bestandsdaten* durch den Diensteanbieter ohne die Einwilligung des Nutzers zulässig, soweit sie für die Begründung, inhaltliche Ausgestaltung oder Änderung eines Vertragsverhältnisses über die Nutzung von Telemedien erforderlich sind. Auch Anbieter kostenloser Social Media Plattformen haben Interesse an einem Vertragsschluss mit ihren Nutzern, um bestimmte Verhaltensregeln im Rahmen der Nutzungsbedingungen rechtsverbindlich zu vereinbaren, da durch die Inanspruchnahme des Dienstes Rechte Dritter beeinträchtigt

---

1217 Siehe nur §§ 4 Abs. 3, 33 Abs. 1, 34 BDSG, § 13 Abs. 1 TMG.

1218 *Solmecke/Wahlers*, Recht im Social Web, S. 268 f.; Splittgerber-*Splittgerber*, Kap. 3, Rn. 66, 101.

1219 *Solmecke/Wahlers*, Recht im Social Web, S. 269; *Kühling/Seidel/Sivridis*, S. 111.

1220 Andere Rechtsvorschriften können ebenfalls Erlaubnistatbestände enthalten. Diese Rechtsvorschriften müssen sich aber ausdrücklich auf Telemedien beziehen, sog. Zitiergebot. Siehe hierzu Hoeren/Sieber/Holznagel-*Schmitz*, Multimediarecht, Teil 16.2, Rn. 113.

1221 Siehe hierzu auch die nachfolgenden Ausführungen in Kapitel E IV 2. Inhaltsdaten werden nicht „zur Bereitstellung von Telemedien“ erhoben und verwendet. Somit greift die Subsidiaritätswirkung mangels echter Tatbestandskonkurrenz nicht ein.

werden können.[1222] Die Nutzung eines Sozialen Netzwerks und die Entstehung eines Vertragsverhältnisses beginnen regelmäßig mit der Registrierung. Der Nutzer hat dabei typische Bestandsdaten wie Name, Geburtsdatum und E-Mail-Adresse, sowie Login-Daten (Nutzername und Passwort) anzugeben.[1223] Auch die IP-Adresse kann ein Bestandsdatum sein.[1224]

Die Erhebung von Bestandsdaten über das *Facebook Social Plugin* ist allerdings nicht nach § 14 TMG gerechtfertigt. Dies begründet sich wie folgt: Nicht registrierte Nutzer stehen mit der Plattform *Facebook* schon gar nicht in einem Vertragsverhältnis, so dass der Erlaubnistatbestand des § 14 TMG für diese nicht in Betracht kommt.[1225] Bestandsdaten registrierter *Facebook*-Nutzer erhebt das *Social Plugin* nicht im Rahmen der Begründung, inhaltlichen Ausgestaltung oder Änderung ihres Nutzungsvertrags. Vielmehr werden die Daten wie der *Username* und die IP-Adresse im Zusammenhang mit dem Surfverhalten während der Besuche fremder Websites außerhalb der *Facebook*-Plattform erhoben. Bestandsdaten dürfen darüber hinaus von Anbietern der Online-Dienste nur erhoben werden, wenn dies für den Telemedien-Nutzungsvertrag erforderlich ist.[1226] Die über den *Social Plugin* erhobenen Daten sind für das Vertragsverhältnis mit dem Social Media Anbieter jedoch nicht

1222 Vgl. Plath-*Hullen/Roggenkamp*, TMG, § 14, Rn. 4, 14; Taeger/Gabel-*Zscherpe*, TMG, § 14, Rn. 10. Von der Frage der Notwendigkeit der Identifikation gegenüber dem Diensteanbieter ist die Frage der Zumutbarkeit von Klarnamen auf der Nutzer-Nutzer-Ebene zu unterscheiden. Nach § 13 Abs. 6 TMG ist der Diensteanbieter verpflichtet, die Nutzung von Telemedien anonym oder unter Pseudonym zu ermöglichen, soweit dies technisch möglich und zumutbar ist. Umstritten ist, ob die Verpflichtung zur Verwendung des Klarnamens bei Sozialen Netzwerkdiensten mit vornehmlich privaten Charakter, wie dies bspw. bei *Facebook* der Fall ist, ohne weitere Begründung mit vermeintlicher Unzumutbarkeit einer anonymen oder pseudonymen Nutzung zu rechtfertigen ist, da gerade im *Social Web* mitunter das legitime Bedürfnis besteht, Äußerungen zumindest unter einem Pseudonym zu veröffentlichen. Jedenfalls wird eine Unzumutbarkeit der Zulassung von Pseudonymen in Betracht gezogen, wenn das gesamte Geschäftsmodell des Sozialen Netzwerks evident auf der Offenlegung der Identität beruht, wie bspw. im Fall von Sozialen Netzwerken mit ausschließlich berufsbezogener Prägung wie bspw. *Xing* oder *LinkedIn*. Zum Meinungsstand siehe vertiefend m.w.N. Plath-*Hullen/Roggenkamp*, TMG, § 13, Rn. 40 f.

1223 Plath-*Hullen/Roggenkamp*, TMG, § 14, Rn. 11; Hoeren/Bensinger-*Piltz/Trinkl*, Kap. 13, Rn. 162; Taeger/Gabel-*Zscherpe*, TMG, § 14, Rn. 36. Siehe hierzu auch die Ausführungen in Teil 1 E I. Die Diensteanbieter haben durch Gestaltung ihres Angebots teilweise in der Hand, was erforderlich ist und was nicht, indem sie den Zugang zur Online-Plattform bspw. vom Alter der Nutzer abhängig machen und daher bei Anmeldung ein Geburtsdatum anfordern. Siehe hierzu *Schwenke*, S. 381.

1224 *Voigt*, MMR 2009, 377, (380); Spindler/Schuster-*Spindler/Nink*, § 15, Rn. 2.

1225 Dies ergibt sich zwingend aus dem Erforderlichkeitsprinzip. Siehe hierzu Taeger/Gabel-*Zscherpe*, TMG, § 14, Rn. 32.

1226 Taeger/Gabel-*Zscherpe*, TMG, § 14, Rn. 28.

erforderlich, da bereits die Erhebung der Bestandsdaten bei Registrierung zur Zweckerreichung ausreichend ist.[1227]

Werden die gesammelten Daten darüber hinaus zur Datenanalyse für spätere Werbezwecke verwendet und an Dritte übermittelt, steht dieser Nutzungszweck der Daten einer Zulässigkeit nach § 14 TMG entgegen.[1228] Dieser erlaubt die Erhebung, Verarbeitung und Nutzung von Bestandsdaten ausschließlich zur Erfüllung des entsprechenden Telemedien-Nutzungsvertrags. Die Erhebung und Verwendung der Daten für andere als in § 14 Abs. 1 TMG genannte Zwecke ist ohne Einwilligung des Nutzers unzulässig.[1229] Der Gesetzgeber verfolgt hierbei zum Schutz des informationellen Selbstbestimmungsrechts der Betroffenen bewusst einen restriktiven Ansatz.[1230]

b) Zulässigkeit der Erhebung und Verwendung von Nutzungsdaten nach § 15 Abs. 1 TMG

Gem. § 15 Abs. 1 TMG ist die Erhebung und Verwendung von personenbezogenen Nutzungsdaten erlaubt, soweit dies erforderlich ist, um die Inanspruchnahme von Telemedien zu ermöglichen oder abzurechnen.[1231] *Nutzungsdaten* entstehen im Gegensatz zu *Bestandsdaten* durch eine konkrete Inanspruchnahme des Telemediums.[1232] § 15 Abs. 1 Satz 2 TMG enthält eine nicht abschließende Aufzählung typischer Nutzungsdaten, wie Merkmale zur Identifikation des Nutzers (Nr. 1), Angaben über Beginn, Ende und Umfang der Nutzung (Nr. 2) und Angaben über die vom Nutzer in Anspruch genommenen Telemedien (Nr. 3).[1233] Bei Sozialen Netzwerken fallen als Merkmale zur Identifikation des Nutzers der Benutzername und das Passwort, sowie die IP-Adresse und sog. *Clickstream-Daten*[1234] über das Nutzungs- und Kommunikationsverhalten des *Users* im Netzwerk an.[1235] Bestimmte Daten wie der

---

1227 So auch *Karg/Fahl*, KuR 2011, 453, (458); *Piltz*, CR 2011, 657, (659).

1228 *Zeidler/Brüggemann*, CR 2014, 248, (254); Taeger/Gabel-*Zscherpe*, TMG, § 14, Rn. 37.

1229 Plath-*Hullen/Roggenkamp*, TMG, § 14, Rn. 8; Taeger/Gabel-*Zscherpe*, TMG, § 14, Rn. 2.

1230 Taeger/Gabel-*Zscherpe*, TMG, § 14, Rn. 1; Plath-*Hullen/Roggenkamp*, TMG, § 14, Rn. 1.

1231 Für die zumeist kostenlosen Social Networks sind die Vorschriften für den Umgang mit Abrechnungsdaten nach den Abs. 2, 4, 5, 6 und 7 nicht relevant. Die Prüfung beschränkt sich daher auf die Abs. 1 und 3.

1232 *Kühling/Seidel/Sivridis*, S. 234; Taeger/Gabel-*Zscherpe*, TMG, § 15, Rn. 16.

1233 BT-Drs. 14/6098, S. 29; Plath-*Hullen/Roggenkamp*, TMG, § 15, Rn. 6; *Kühling/Seidel/Sivridis*, S. 234; *Härting*, Internetrecht, Rn. 244; Moos-*Jansen*, Teil 7 I, Rn. 23; *Steinhoff*, KuR 2014, 86, (87).

1234 Der sog. *Clickstream* bezeichnet den aufgezeichneten Verlauf des Besuchs einer Website.

1235 *Kipker/Voskamp*, ZD 2013, 119, (120). Nutzungsdaten können gleichzeitig auch als Bestandsdaten eingestuft werden. *Kühling/Seidel/Sivridis*, S. 234. Auch in *Cookies*

Nutzername, IP-Adresse etc. können demnach als Bestands- als auch als Nutzungsdaten eingestuft werden.

Der Diensteanbieter darf Nutzungsdaten nur erheben, soweit dies für die Inanspruchnahme des Dienstes *erforderlich* ist. Das Maß der Erforderlichkeit wird dabei durch das Vertragsverhältnis zwischen Diensteanbieter und Nutzer bestimmt, das mit der Anmeldung bei einem Sozialen Netzwerk zwischen dem Anbieter des Netzwerks und dem Nutzer zustande kommt.[1236] Der Wortlaut der Norm eröffnet mit dem Begriff „erforderlich" einen gewissen Gestaltungsspielraum für den Nutzungsvertrag, wonach nicht nur zwingend notwendige Daten des Nutzers, sondern auch solche, die der Sicherung der ordnungsgemäßen Vertragsdurchführung vernünftigerweise dienen können, erhoben und erarbeitet werden dürfen.[1237] Grundsätzlich kann der Betreiber durch Gestaltung seiner Website selbst festlegen, unter welchen Voraussetzungen diese besucht und genutzt werden kann. Die detaillierte Ausgestaltung des Nutzungsvertrages durch genaue Beschreibung des Dienstes ist für den Anbieter damit ein wichtiges Element.

Facebook kann im Rahmen der Nutzungsbedingungen den *„Gefällt-mir"*-Button auf der eigenen Plattform als wesentliches Gestaltungselement festlegen, welcher der Interaktion der registrierten Mitglieder auf der Plattform dient. Klickt ein eingeloggter *Facebook*-Nutzer den Button auf der fremden Website an, werden Nutzungsdaten wie der *Username* und die IP-Adresse, sowie die besuchte Website und der *gelikte* Beitrag durch *Facebook* erhoben, um den Kontakten des Nutzers auf dessen *Facebook*-Profil anzuzeigen, dass dieser einen bestimmten Inhalt für gut befunden hat. Die Erhebung der Nutzungsdaten ist damit für die Inanspruchnahme des konkreten Dienstes erforderlich und durch § 15 Abs. 1 TMG legitimiert.

Aus dem Erforderlichkeitsprinzip und dem Zweckbindungsgrundsatz folgt allerdings, dass die erhobenen Daten unverzüglich zu löschen sind, wenn sie für die Inanspruchnahme des Telemediums nicht mehr erforderlich sind.[1238] Die Speicherung der Nutzungsdaten zu Zwecken personalisierter Werbung ist für die Erfüllung des Vertragsverhältnisses nicht notwendig, sondern für den Diensteanbieter lediglich wirtschaftlich zweckmäßig. Eine bloße wirtschaftliche Erforderlichkeit zur finanziellen Ermöglichung des Dienstangebots ist jedoch nicht ausreichend.[1239] Der Gesetzgeber hat die Erstellung von Nutzerprofilen zu Werbezwecken in § 15 Abs. 3 TMG geregelt (hierzu sogleich) und verfolgt daher im Rahmen des § 15 Abs. 1 TMG einen restriktiven Ansatz.[1240]

---

gespeicherte Daten können Nutzungsdaten sein. Plath-*Hullen/ Roggenkamp*, TMG, § 15, Rn. 5, 8; *Voigt*, MMR 2009, 377, (380).

1236 Siehe hierzu *Kühling/Seidel/Sivridis*, S. 234; Hoeren/Bensinger-*Piltz/Trinkl*, Kap. 13, Rn. 164.

1237 Plath-*Hullen/Roggenkamp*, TMG, § 14, Rn. 13.

1238 Taeger/Gabel-*Zscherpe*, TMG, § 15, Rn. 33, 40.

1239 *Himmels*, S. 36 f.; *Voigt*, DSRITB 2013, 157, (169).

1240 Taeger/Gabel-*Zscherpe*, TMG, § 15, Rn. 2.

Die Erhebung von Nutzungsdaten durch *Facebook* vor dem eigentlichen Klick auf den *Like*-Button durch ein (eingeloggtes) Mitglied ist durch den Erlaubnistatbestand des § 15 Abs. 1 TMG nicht legitimiert. Denn die Erhebung der IP-Adresse bzw. Nutzerkennung und schon gar nicht des Surfverhaltens auf fremden Websites, ist für die Inanspruchnahme der Plattform *Facebook*, noch der Funktion des *Likens* erforderlich. Es handelt sich vielmehr um Nutzungsdaten die während der Nutzung eines anderen Telemediums, mithin einer anderen Website, anfallen. Für nicht auf *Facebook* registrierte Internetnutzer, die den Button nicht anklicken, ist für eine einwilligungsfreie zulässige Erhebung und Verwendung ihrer Daten nach § 15 TMG erst Recht kein Raum.

c) Zulässigkeit der Erstellung pseudonymisierter Nutzungsprofile nach § 15 Abs. 3 TMG

Der Erlaubnistatbestand des § 15 Abs. 3 TMG regelt die Zulässigkeit der Erstellung *pseudonymisierter* Nutzungsprofile basierend auf Nutzungsdaten i.S.d. § 15 Abs. 1 TMG durch den Diensteanbieter.[1241] Der Gesetzgeber hatte das Recht des Nutzers auf informationelle Selbstbestimmung und das berechtigte wirtschaftliche Interesse der Diensteanbieter an der Auswertung in Einklang zu bringen und mit § 15 Abs. 3 TMG der Erstellung von Nutzungsprofilen ohne Einwilligung des Nutzers enge Grenzen gesetzt.[1242] Danach dürfen Nutzungsprofile nur zu den bestimmten, abschließend aufgezählten Zwecken der Werbung, Marktforschung und bedarfsgerechten Gestaltung der Telemedien und insbesondere nur unter Verwendung von Pseudonymen erstellt werden, vgl. § 15 Abs. 3 Satz 1 TMG. Dies kann durch den Anbieter beispielsweise realisiert werden, indem der Name des Nutzers durch eine Zuordnungskennung ersetzt wird.[1243] Der Nutzer darf zudem der Profilbildung nach entsprechendem Hinweis zu Beginn des Nutzungsvorgangs nicht widersprochen haben, § 15 Abs. 3 Satz 2 TMG.[1244]

Bei pseudonymisierten Daten bleibt die Zuordnung zu einer bestimmten Person mit Kenntnis der entsprechenden Verknüpfungsregel grundsätzlich möglich.[1245]

1241 Vom Erlaubnistatbestand des § 15 Abs. 3 TMG sind lediglich Nutzungsdaten i.S.d. § 15 Abs. 1 TMG erfasst. Für die Erstellung von Nutzungsprofilen unter Verwendung von Inhaltsdaten muss dagegen ein Erlaubnistatbestand des BDSG oder die Einwilligung des Nutzers vorliegen. Siehe hierzu die Ausführungen in Kapitel E IV 2. Plath-*Hullen/Roggenkamp*, TMG, § 15, Rn. 22; *Steinhoff*, KuR 2014, 86, (88).

1242 BT-Drs. 13/7385, S. 24; Plath-*Hullen/Roggenkamp*, TMG, § 15, Rn. 21; Taeger/Gabel-*Zscherpe*, TMG, § 15, Rn. 58; *Kühling/Seidel/Sivridis*, S. 235.

1243 *Kühling/Seidel/Sivridis*, S. 235.

1244 Plath-*Hullen/Roggenkamp*, TMG, § 15, Rn. 30; *Kühling/Seidel/Sivridis*, S. 235; Moos-*Lang/Kamlah*, Teil 3 IV, Rn. 17; *Steinhoff*, KuR 2014, 86, (88). Der Widerspruch wirkt *ex-nunc* und lässt damit die Rechtmäßigkeit der zuvor erstellten und verwendeten Profile nicht rückwirkend entfallen.

1245 Simitis-*Scholz*, BDSG, § 3, Rn. 215; Taeger/Gabel-*Zscherpe*, TMG, § 15, Rn. 68; Plath-*Hullen/Roggenkamp*, TMG, § 15, Rn. 24.

§ 15 Abs. 3 Satz 3 TMG verbietet dem Dienstanbieter daher eine nachträgliche Identifizierung über die von ihm aufgestellte Zuordnungsregel für die pseudonymisierten Profile, sog. *Zusammenführungsverbot*[1246]. Eine Pseudonymisierung im Sinne des § 15 Abs. 3 TMG liegt ferner nicht vor, wenn dem Diensteanbieter die Zuordnung der Person gleichwohl möglich bleibt. Dies ist der Fall, wenn durch stetige Sammlung, Hinzufügen und Verknüpfung von Einzeldaten ein Personenbezug aus der Fülle der Daten und dem Umfang des Profils des Nutzers selbst erwächst.[1247] Die Regelung in § 13 Abs. 4 Satz 1 Nr. 6 TMG flankiert das Zusammenführungsverbot des § 15 Abs. 3 Satz 3 TMG, wonach der Diensteanbieter technische und organisatorische Maßnahmen ergreifen muss, dass Nutzungsprofile nicht mit Angaben zur Identifikation des Nutzers, zusammengeführt werden dürfen.[1248]

Bei der Datenerhebung durch *Social Plugins* beruht das Geschäftsmodell gerade auf der Profilbildung unter der vollständigen bürgerlichen Identität ohne Pseudonymisierung. Im Rahmen des *Online Behavioural Targeting* erfolgt die Speicherung der IP-Adresse und der erhobenen Informationen, die sich explizit auf persönliche Merkmale oder das Verhalten einer Person beziehen, um für diese Person gezielt Werbung zu schalten.[1249] Durch den Plattform-Betreiber *Facebook* wird das Zusammenführungsverbot des § 15 Abs. 3 Satz 3 TMG verletzt, wenn bei eingeloggten *Usern* im Rahmen der Auswertung neben der Nutzerkennung und dem Surfverhalten auch noch auf Daten aus dem *Facebook* Profil zugegriffen wird.

2. Erhebung, Verarbeitung und Nutzung von Inhaltsdaten nach dem BDSG

Legt der Nutzer eines Sozialen Netzwerks ein Profil mit Informationen wie Beruf, Hobbys, Fotos etc. von sich an und veröffentlicht Beiträge innerhalb des Netzwerks, handelt es sich bei den anfallenden Daten um sog. Inhaltsdaten.[1250] Dies gilt auch für die Daten, die durch „Klick" auf den *Like*-Button erhoben und sodann auf der Plattform *Facebook* den anderen Nutzern angezeigt werden. Die Daten betreffen den *Inhalt* der Interaktion zwischen Nutzer und Anbieter, wobei der Telemediendienst

---

1246 Taeger/Gabel-*Zscherpe*, TMG, § 15, Rn. 68; Moos-*Lang/Kamlah*, Teil 3 IV, Rn. 18. Gemäß § 13 Abs. 4 Satz 1 Nr. 6 TMG hat der Diensteanbieter zudem mittels technischer und organisatorischer Vorkehrungen sicherzustellen, dass Nutzungsprofile nicht mit Angaben zur Identifikation des Trägers des Pseudonyms zusammengeführt werden können, sog. Grundsatz des Systemdatenschutzes bzw. *„Privacy-by-Design"*. Siehe hierzu BT-Drs. 14/6098, S. 28; Plath-*Hullen/Roggenkamp*, TMG, § 15, Rn. 26.

1247 *Zeidler/Brüggemann*, CR 2014, 248, (254); *Himmels*, S. 37.

1248 Taeger/Gabel-*Zscherpe*, TMG, § 15, Rn. 69, § 13, Rn. 43 ff.

1249 *Himmels*, S. 37.

1250 Plath-*Hullen/Roggenkamp*, TMG, § 15, Rn. 13; Spindler/Schuster-*Spindler/Nink*, TMG, § 15, Rn. 3, 5a; Moos-*Jansen* bzw. -*Krieg*, Teil 7 I, Rn. 14, Teil 7 II, Rn. 10, 42; *Wintermeier*, ZD 2012, 210, (211).

die Interaktion ermöglicht.[1251] Diese nutzergenerierten personenbezogenen Inhalte, die für andere Mitglieder des Netzwerks sichtbar sind, unterfallen mangels Spezialregelungen im TMG den allgemeinen Vorschriften der BDSG.[1252] Sie ermöglichen gerade nicht die Inanspruchnahme des Telemediendienstes, sondern stellen die Inanspruchnahme des Dienstes selbst dar.[1253] Die Zulässigkeit der Erhebung und Verarbeitung dieser Daten bemisst sich an den Erlaubnisnormen der §§ 28 und 29 BDSG. § 28 BDSG regelt die Datenerhebung und -Speicherung für *eigene Geschäftszwecke*; die Erlaubnisnorm des § 29 BDSG bestimmt dagegen die Zulässigkeit der *geschäftsmäßigen Datenübermittlung* und ist neben § 28 BDSG die für die Praxis bedeutendste Erlaubnisnorm.[1254] Die Abgrenzung der beiden Normen und der Tatbestandsmerkmale „eigene Geschäftszwecke" und „geschäftsmäßige Datenübermittlung" erfolgt anhand des Merkmals der Zweckbestimmung: Im Gegensatz zu § 28 BDSG hat die verantwortliche Stelle im Rahmen des § 29 BDSG grundsätzlich kein eigenes inhaltliches Interesse an den Daten sondern das Erheben und Speichern dient dem Zweck, die Daten Dritten anzubieten.[1255] Folglich sind für die verantwortliche Stelle nicht die in den Daten enthaltenen Informationen von Interesse, sondern der Wert der Daten für Dritte.[1256]

Stellen beispielsweise *Facebook*-Mitglieder im Laufe der Zeit auf einem Sozialen Netzwerk Daten ein, erhebt und speichert der Betreiber der Plattform diese Daten, um sie anderen Nutzern zum Abruf bereit zu halten. Ruft ein Nutzer das Profil des Betroffenen auf, werden die Informationen des Nutzerprofils an diesen übermittelt. Die Speicherung der Daten durch *Facebook* dient damit nicht der Erfüllung eigener

---

1251 Taeger/Gabel-*Zscherpe*, TMG, § 15, Rn. 20.

1252 Überwiegende Ansicht in der juristischen Literatur und der Aufsichtsbehörden vgl. *Düsseldorfer Kreis*, Beschluss vom 17./18.04.2008, Datenschutzkonforme Gestaltung Sozialer Netzwerke, abrufbar unter http://www.datenschutz.de/auf sicht_privat/ (zuletzt aufgerufen am 28.06.2015). Plath-*Plath*, BDSG, § 29, Rn. 26 f.; Taeger/Gabel-*Zscherpe*, TMG, § 14, Rn. 25; *Wintermeier*, ZD 2012, 210, (211); *Moser-Knierim*, ZD 2013, 263, (265); *Arning/Moos*, ZD 2014, 126, (127); *Ernst*, NJOZ 2010, 1917, (1918); *Steinhoff*, KuR 2014, 86, (87). a.A. Spindler/Schuster-*Spindler/Nink*, TMG, § 15, Rn. 5a; die Inhaltsdaten als Unterfall der Nutzungsdaten nach § 15 TMG sehen. Vertiefend hierzu *Himmels*, S. 39; Hoeren/Bensinger-*Piltz/Trinkl*, Kap. 13, Rn. 151; Moos-*Krieg*, Teil 7 II, Rn. 10.

1253 Plath-*Hullen/Roggenkamp*, TMG, § 15, Rn. 13; *Himmels*, S. 39 f.; *Arning/Moos*, ZD 2014, 126, (127); *Ernst*, NJOZ 2010, 1917, (1918).

1254 Plath-*Plath*, BDSG, § 29, Rn. 1.

1255 Taeger/Gabel-*Taeger*, BDSG, § 29, Rn. 13; Plath-*Plath*, BDSG, § 28, Rn. 4, § 29, Rn. 11; *Gola/Schomerus*, BDSG, § 28, Rn. 4. Zur Abgrenzung auch *OLG Frankfurt*, Urteil vom 08.03.2012, Az. 16 U 125/11, in: CR 2012, 399 f. Siehe hierzu auch *Himmels*, S. 40.

1256 *BGH*, Urteil vom 23.06.2009, Az. VI ZR 196/08, in: NJW 2009, 2888, (2891); Plath-*Plath*, BDSG, § 29, Rn. 11; *Piltz*, CR 2011, 657, (661); Hoeren/Bensinger-*Piltz/Trinkl*, Kap. 13, Rn. 174.

Geschäftszwecke i.S.d. § 28 BDSG, sondern nach § 29 BDSG der Übermittlung an Dritte im Informationsinteresse der Nutzer und für den Meinungsaustausch.[1257]

a) *Zulässigkeit der Erhebung, Verarbeitung und Nutzung von Inhaltsdaten nach § 28 BDSG*

(1) Zulässigkeit nach § 28 Abs. 1 Satz 1 Nr. 1 BDSG

Das Erfordernis der Datenerhebung und -verwendung für eigene Geschäftszwecke meint beispielsweise die Datenverarbeitung zur Erfüllung eines bestehenden Schuldverhältnisses zwischen der verantwortlichen Stelle und dem Betroffenen und der sich daraus ergebenden Verpflichtungen, vgl. § 28 Abs. 1 Satz 1 Nr. 1 BDSG.[1258] Inhaltlich entspricht § 28 Abs. 1 Satz 1 Nr. 1 BDSG damit der Regelung des § 14 Abs. 1 TMG.[1259] Auch das Nutzungsverhältnis zwischen dem Betreiber eines Sozialen Netzwerkes und dem Nutzer wird als Schuldverhältnis i.S.d. § 28 Abs. 1 Satz 1 Nr. 1 BDSG angesehen.[1260] Liegt ein Schuldverhältnis vor, muss die Datenverwendung zur Begründung, Durchführung oder Beendigung dieses Schuldverhältnisses objektiv erforderlich sein.[1261] Anbieter Sozialer Netzwerke speichern Inhaltsdaten ihrer Mitglieder bei der Registrierung zunächst auf Grundlage des § 28 Abs. 1 Satz 1 Nr. 1 BDSG.[1262]

Das *Social Plugin* erhebt jedoch Inhaltsdaten, wie den Browser und das Betriebssystem des Nutzers und zudem die fremden Internetadressen, auf denen der Nutzer surft, ohne dass der Nutzer den Button überhaupt anklickt. Wie im Rahmen des § 14 TMG bereits erörtert, gehen diese Angaben über die Informationen hinaus, die *Facebook* zur Durchführung des Vertrages mit seinen Nutzern benötigt und sind auch nicht vom Vertragszweck umfasst, denn die Informationen sind für die Bereitstellung des Sozialen Netzwerks nicht relevant.[1263] *Facebook* erhebt über den *Like*-Button darüber hinaus nicht nur Inhaltsdaten der Plattform-Mitglieder, sondern auch von denjenigen, die nicht bei dem Netzwerk registriert sind und mit denen folglich schon gar kein Nutzungsvertrag geschlossen wurde. Eine Zulässigkeit ergibt sich daher nicht aus dieser Norm.

1257 *Gola/Schomerus*, BDSG, § 28, Rn. 5; Plath-*Plath*, BDSG, § 29, Rn. 25; Taeger/Gabel-*Taeger*, BDSG, § 28, Rn. 37, § 29, Rn. 13; Simitis-*Eugen/ Ehmann*, BDSG, § 29, Rn. 96. Hierzu auch *OLG Frankfurt*, Urteil vom 08.03.2012, Az. 16 U 125/11, in: CR 2012, 399, (400). Vgl. für Bewertungsplattformen *BGH*, Urteil vom 23.06.2009, Az. VI ZR 196/08, in: NJW 2009, 2888 ff.

1258 Taeger/Gabel-*Taeger*, BDSG, § 28, Rn. 33; Plath-*Plath*, BDSG, § 29, Rn. 28; *Gola/ Schomerus*, BDSG, § 28, Rn. 4; Splittgerber-*Splittgerber*, Kap. 3, Rn. 71.

1259 Taeger/Gabel-*Zscherpe*, TMG, § 14, Rn. 7; Plath-*Plath*, TMG, § 14, Rn. 1; Moos-*Jansen*, Teil 7 I, Rn. 14.

1260 Plath-*Plath*, BDSG, § 29, Rn. 28.

1261 Taeger/Gabel-*Taeger*, BDSG, § 28, Rn. 47.

1262 *Piltz*, CR 2011, 657, (661).

1263 So auch *Piltz*, CR 2011, 657, (660).

(2) Zulässigkeit nach § 28 Abs. 1 Satz 1 Nr. 2 BDSG

Nach der Zulässigkeitsvariante des § 28 Abs. 1 Satz 1 Nr. 2 BDSG ist die Erhebung und Verwendung von Inhaltsdaten für die Erfüllung eigener Geschäftszwecke erlaubt, soweit es zur Wahrung berechtigter Interessen der verantwortlichen Stelle erforderlich ist und kein Grund zu der Annahme besteht, dass schutzwürdige Interessen des Betroffenen überwiegen. Die Erlaubnisnorm stellt einen Auffangtatbestand zu § 28 Abs. 1 Satz 1 Nr. 1 BDSG für den Fall dar, dass kein rechtsgeschäftliches Schuldverhältnis besteht, bzw. die Datenverwendung nicht im konkreten Zusammenhang mit der Begründung, Durchführung oder Beendigung des Schuldverhältnisses erfolgt.[1264]

Ein berechtigtes eigenes Interesse der verantwortlichen Stelle ist dabei jedes rechtlich zulässige, mithin auch wirtschaftliche Interesse, das bei vernünftiger Erwägung durch die Sachlage gerechtfertigt ist.[1265] Unternehmen wie *Facebook* haben ein nachvollziehbares kommerzielles Interesse an der Analyse der Daten ihrer Nutzer, um u.a. das Angebot auf der Plattform zu optimieren und zur Finanzierung der Plattform gezielte und damit effektivere Werbung für ihre Nutzer zu schalten.[1266] Diese Interessen der verantwortlichen Stelle sind jedoch mit den entgegenstehenden Interessen der Betroffenen abzuwägen, um deren informationelle Selbstbestimmung zu wahren.[1267] Dabei ist die verantwortliche Stelle nicht angehalten, eine ausführliche Interessenabwägung für den Einzelfall durchzuführen, sondern ausreichend ist eine summarische, am typischen Sachverhalt orientierte, Abwägung.[1268] Die verantwortliche Stelle hat dabei den selbst verfolgten Verarbeitungszweck zum Maß des Eingriffs in die Persönlichkeitsrechte des Betroffenen in Beziehung zu setzen.[1269]

Bei der vorliegenden Datenerhebung durch *Social Plugins* fallen am deutlichsten die entgegenstehenden Interessen der nicht bei *Facebook* registrierten Betroffenen aus. Die Internetnutzer stehen mit der Social Media Plattform in keinem Kontakt und haben daher ein berechtigtes Interesse daran, dass das Unternehmen keine personenbezogenen Daten über sie sammelt und auswertet. Demgegenüber ist kein schützenswertes Interesse der verantwortlichen Stelle *Facebook* erkennbar, auf Daten sämtlicher Internetnutzer zu zugreifen, die auf anderen Websites mit integriertem *Social Plugin* surfen. Auch sind die erhobenen Informationen über das Surfverhalten Dritter für die Durchsetzung der Ziele des Diensteanbieters, wie die Bereitstellung und Nutzung der Social Media Plattform, nicht erforderlich.[1270]

1264 Plath-*Plath*, BDSG, § 28, Rn. 47; Taeger/Gabel-*Taeger*, BDSG, § 28, Rn. 54.

1265 Plath-*Plath*, BDSG, § 28, Rn. 47; Taeger/Gabel-*Taeger*, BDSG, § 28, Rn. 55; *Gola/Schomerus*, BDSG, § 28, Rn. 24; Simitis-*Simitis*, BDSG, § 28, Rn. 103 ff.; Splittgerber-*Splittgerber*, Kap. 3, Rn. 74.

1266 *Arning/Moos*, ZD 2014, 126, (132); Plath-*Plath*, BDSG, § 28, Rn. 55.

1267 Taeger/Gabel-*Taeger*, BDSG, § 28, Rn. 47; Plath-*Plath*, BDSG, § 28, Rn. 51.

1268 Plath-*Plath*, BDSG, § 28, Rn. 53; Taeger/Gabel-*Taeger*, BDSG, § 28, Rn. 61.

1269 Taeger/Gabel-*Taeger*, BDSG, § 28, Rn. 64.

1270 Siehe hierzu *Piltz*, CR 2011, 657, (661).

Zur Optimierung der Leistungsangebots und Schaltung zielgerichteter Werbung auf der Plattform sind die Interessen der bei *Facebook* nicht registrierten Internetnutzer nicht relevant.

Auch die Erhebung des Surfverhaltens der *Facebook*-Mitglieder hält einer Abwägung nicht stand. Die Zulässigkeitsvariante des § 28 Abs. 1 Satz 1 Nr. 2 ist grundsätzlich eng auszulegen, wenn, wie im Fall der Mitglieder Sozialer Netzwerke, eine vertragliche Beziehung durch Nutzungsbedingungen besteht, und sich aus diesen primär die Zulässigkeit der Datenverarbeitung bestimmt. Der Nutzer muss sich darauf verlassen können, dass seine Daten nur für den Zweck verwendet werden, zu dem er sie gegeben hat.[1271] Bereits bei der Erstellung von konkreten Kundenprofilen aus Daten, die Mitglieder selbst auf der *Facebook*-Plattform hinterlassen haben, ist fraglich, ob die Interessen der verantwortlichen Stelle höher einzustufen sind als die Schutzbedürftigkeit des Betroffenen.[1272] Die Erstellung von Kundenprofilen ist für die Wahrung der Geschäftsinteressen von *Facebook*, wie beispielsweise zur Optimierung des eigenen Leistungsangebots, schon nicht erforderlich, da objektiv zumutbare Alternativen vorliegen, wie beispielsweise die Verwendung anonymisierter oder pseudonymisierter Daten.[1273]

Die Interessen der Internetnutzer überwiegen erst Recht, wenn bei der Erstellung von konkreten Kundenprofilen Daten von fremden Websites verwendet werden. Im Vergleich zu Inhaltsdaten, die ein *Facebook*-Nutzer bewusst auf der Plattform in Form von Beiträgen, Profilangaben, Pinnwandeinträgen oder Kommentaren hinterlässt, ist sich der im Internet surfende Betroffene überhaupt nicht bewusst, dass und in welchem Umfang *Facebook* Daten über sein Surfverhalten auf fremden Websites erhebt. Insbesondere die Heimlichkeit der Erhebung und Verwendung der Daten auf fremden Websites führt zu einer unverhältnismäßigen Beeinträchtigung des Rechts auf informationelle Selbstbestimmung.[1274] Das Unternehmen *Facebook* ist durch die Datenerhebung in der Lage, in Verbindung mit den Profilangaben auf der *Facebook*-Plattform selbst, umfassende Nutzerprofile über den Betroffenen zu erstellen. Der Nutzer hat jedoch ein berechtigtes und schützenswertes Interesse daran, sich unbeobachtet im Internet bewegen und informieren zu können, ohne dass Rückschlüsse auf seine Persönlichkeit gezogen werden können. Zu denken ist dabei nicht nur an den Fall, dass ein Nutzer auf Seiten politischer Parteien oder Websites mit medizinischem Inhalt, etc. surft. Soweit diese Websites einen *Social Plugin* verwenden, wird dieses Surfverhalten des Nutzers erfasst und an *Facebook* übermittelt. Die Speicherung und Verknüpfung dieser Daten zu einem Persönlichkeitsprofil steht einer freien Entfaltung der Persönlichkeit unter den Bedingungen moderner Informationstechnologien massiv entgegen. Dem Betroffenen wird die Befugnis entzogen, selbst über die Preisgabe und Verwendung seiner Daten zu

1271 Simitis-*Simitis*, BDSG, § 28, Rn. 55; *Gola/Schomerus*, BDSG, § 28, Rn. 9.
1272 Vgl. Plath-*Plath*, BDSG, § 28, Rn. 56.
1273 Plath-*Plath*, BDSG, § 28, Rn. 55.
1274 So auch *Piltz*, CR 2011, 657, (661).

entscheiden. Die heimliche Erhebung, Speicherung und Verwendung dieser Daten birgt die Gefahr, dass die Fähigkeit der Teilnahme an einem Informations- und Kommunikationsprozess als Subjekt verloren geht und der Nutzer zum Informationsobjekt degradiert würde.[1275]

Da die Voraussetzungen des § 28 Abs. 1 Satz 1 Nr. 2 BDSG für den Zweck der Erfüllung eigener Geschäftszwecke nicht vorliegen, dürfen die Daten auch nicht für andere Zwecke nach § 28 Abs. 2 Nr. 1 i.V.m. Abs. 1 Satz 1 Nr. 2 BDSG übermittelt und genutzt werden.[1276] Für den Fall, dass die Erhebung der Daten und die Erstellung der Kundenprofile *ausschließlich* Werbezwecken dient, richtet sich die Zulässigkeit überdies nach § 28 Abs. 3 BDSG und setzt eine Einwilligung des Nutzers voraus.[1277]

b) *Zulässigkeit der der Erhebung, Verarbeitung und Nutzung von Inhaltsdaten nach § 29 BDSG*

Im Rahmen des § 29 BDSG hat die verantwortliche Stelle kein eigenes Interesse an den Daten, sondern es werden die Voraussetzungen normiert, unter denen die Daten geschäftsmäßig erhoben und verarbeitet werden dürfen, um sie an Dritte zu übertragen. Geschäftsmäßig meint dabei, dass eine Website auf eine gewisse Dauer angelegt ist und auf wiederholte Datenerhebung und Übermittlung ausgerichtet ist.[1278] Der erste Tatbestandskomplex des Abs. 1 regelt dabei, unter welchen Voraussetzungen die geschäftsmäßige Erhebung, Speicherung, Veränderung oder Nutzung

---

1275 Zum Schutzbereich des Datenschutzrechts vgl. Simitis-*Simitis*, BDSG, § 1, Rn. 36; Taeger/Gabel-*Taeger/Schmidt*, BDSG, Einf., Rn. 28.

1276 Vgl. Taeger/Gabel-*Taeger*, BDSG, § 28, Rn. 120. Siehe hierzu auch *Piltz*, CR 2011, 657, (661). Die Zulässigkeitsvarianten des § 28 Abs. 2 Nr. 2 und 3 BDSG sind vorliegend nicht relevant, da es an berechtigten Interessen Dritter (§ 28 Abs. 2 Nr. 2a BDSG) oder Gefahren für die staatliche oder öffentliche Sicherheit oder der Verfolgung von Straftaten (§ 28 Abs. 2 Nr. 2b) BDSG) fehlt. Ferner ist keine Forschungseinrichtung gegeben (§ 28 Abs. 2 Nr. 3 BDSG). Auch Die Zulässigkeitsvariante des § 28 Abs. 2 Nr. 1 i.V.m. § 28 Abs. 1 Satz 1 Nr. 3 BDSG ist vorliegend nicht relevant, da die über *Social Plugins* erhobenen Daten keine allgemein zugänglichen Daten i.S.d. § 28 Abs. 1 Satz 1 Nr. 3 BDSG sind. Öffentlich verfügbar sind Daten, die im Internet über Suchmaschinen wie *Google* gefunden werden können oder auf Sozialen Netzwerken ohne weitere Voraussetzung, als der für jedermann möglichen Registrierung, frei einsehbar sind. Vgl. *Weichert*, ZD 2013, 251, (257); Moos-*Baumgartner*, Teil 3 III, Rn. 22. Siehe hierzu auch *Piltz*, CR 2011, 657, (661 f). Zur Erhebung und Verarbeitung allgemein öffentlich zugänglicher Daten siehe Splittgerber-*Splittgerber*, Kap. 3, Rn. 78; Plath-*Plath*, BDSG, § 28, Rn. 75 ff.; *Gola/Schomerus*, BDSG, § 28, Rn. 33a.

1277 So Plath-*Plath*, BDSG, § 28, Rn. 56, 101. Siehe hierzu auch *Himmels*, S. 41. Zur datenschutzrechtlichen Einwilligung siehe sogleich Kapitel E V.

1278 *Gounalakis/Klein*, NJW 2010, 566, (568); Simitis-*Buchner*, BDSG, § 29, Rn. 35 ff.; *Gola/Schomerus*, BDSG, § 29, Rn. 6.

von Daten als Vorstufe vor der Übermittlung zulässig ist; Abs. 2 regelt sodann die Zulässigkeit des Übermittlungsvorgangs selbst.

Facebook erhebt über *Social Plugins* Daten über den *gelikten* Inhalt und die entsprechende Website, sobald ein eingeloggtes Mitglied den *Like*-Button anklickt, um diese Informationen anderen *Facebook*-Nutzern auf der Plattform zur Verfügung zu stellen. Diese Informationen werden wie Daten, die von den Nutzern direkt auf der Plattform eingestellt werden, über das Profil des Nutzers an dessen Kontakte übermittelt. Dies ist von den aktiven Nutzern des *Like*-Buttons auch bewusst so gewollt. Die Daten werden damit zulässig im Informationsinteresse und für den Meinungsaustausch gemäß der Philosophie des *Web 2.0* nach § 29 BDSG von *Facebook* erhoben und geschäftsmäßig an ihre Nutzer übermittelt.[1279]

Werden über das *Social Plugin* allerdings Daten über das Surfverhalten, Browser und Betriebssystem in Verbindung mit der IP-Adresse des Betroffenen erhoben, ohne dass dieser den Button anklickt, um diese Daten Dritten zu übermitteln, ist dies nur zulässig, wenn kein Grund zu der Annahme besteht, dass ein schutzwürdiges Interesse des Betroffenen entgegensteht, vgl. § 29 Abs. 1 Nr. 1 BDSG.[1280] Auch im Rahmen des § 29 BDSG verlangt der ausfüllungsbedürftige Begriff des „schutzwürdigen Interesses" eine Abwägung nach dem Verhältnismäßigkeitsgrundsatz zwischen den schutzwürdigen Interessen des Betroffenen und den berechtigten Interessen der verantwortlichen Stelle.[1281] Möchte die verantwortliche Stelle die erhobenen Daten als Wirtschaftsgut gewinnbringend vermarkten, indem sie die Daten zu Werbezwecken an Dritte, wie Werbe- oder Marketingagenturen, verkauft, verweist § 29 Abs. 1 Satz 2 auf die Regelung des § 28 Abs. 3 Satz 1 BDSG, wonach für die rechtmäßige Nutzung der Daten eine Einwilligung des Nutzers erforderlich ist. Dies zeigt die hohe Hürde auf, die der Gesetzgeber an die Zulässigkeit einer derartigen Erhebung und Nutzung personenbezogener Daten aufgestellt hat.[1282] Den wirtschaftlichen Interessen der verantwortlichen Stelle stehen wie bereits im Rahmen des § 28 BDSG erörtert, die schützenswerten Interessen der Betroffenen

1279 Vgl. *BGH*, Urteil vom 23.06.2009 für das Bewertungsportal „spickmich.de", Az. VI ZR 196/08, in: NJW 2009, 2888, (2891 f.); *OLG Düsseldorf*, Urteil vom 06.10.2010, Az. 15 U 80/08, in: BeckRS 2011, 21696; *Gounalakis/Klein*, NJW 2010, 566, (568); Taeger/Gabel-*Taeger*, BDSG, § 29, Rn. 13.

1280 *Gola/Schomerus*, BDSG, § 29, Rn. 10; Plath-*Plath*, BDSG, § 29, Rn. 43. Eine besondere Schutzwürdigkeit des Betroffenen kann sich aus der Minderjährigkeit der Person ergeben oder aus der Natur der verwendeten Daten wie bspw. bei subjektiv, negativen Bewertungen oder falschen Daten.

1281 St. Rspr. des *BGH* mit Urteil vom 17.12.1985, Az. VI ZR 244/84, in: NJW 1986, 2505 (2506); *BGH*, Urteil vom 23.06.2009, Az. VI ZR 196/08, in: NJW 2009, 2888 ff.; *OLG Frankfurt*, Urteil vom 08.03.2012, Az. 16 U 125/11, in: NJW 2012, 2896; Plath-*Plath*, BDSG, § 29, Rn. 37; *Gola/Schomerus*, BDSG, § 29, Rn. 11, *Gounalakis/Klein*, NJW 2010, 566, (568).

1282 Vgl. *Piltz*, CE 2011, 657, (662).

entgegen, deren Daten verdeckt erhoben werden.[1283] Auch hier gewährt das Recht auf informationelle Selbstbestimmung die Entscheidungsfreiheit des Einzelnen darüber, wann und in welchen Grenzen er seine Daten preisgibt.[1284] Insbesondere Nicht-Mitglieder haben ein schützenswertes entgegenstehendes Interesse daran, dass ihre Daten nicht von einem Unternehmen erhoben und gespeichert werden, mit dem sie (bewusst) nicht in Verbindung stehen. Auch Daten der *Facebook*-Mitglieder, die diese außerhalb des Sozialen Netzwerks hinterlassen, wie etwa die IP-Adresse oder das Surfverhalten auf fremden Websites, sind für den Betreiber des Sozialen Netzwerks nicht bestimmt und begründen daher kein schützenswertes Interesse des Plattform-Betreibers. Aus den genannten Gründen ist auch die *Übermittlung* der Daten nach § 29 Abs. 2 Satz 1 Nr. 1 und 2 BDSG nicht zulässig, da bereits der Erhebung, Speicherung, Veränderung oder Nutzung der Daten schutzwürdige Interessen des Betroffenen entgegenstehen.[1285]

V. Einwilligung des Nutzers

Wenn die Voraussetzungen der Erlaubnistatbestände der §§ 14, 15 TMG oder §§ 28, 29 BDSG nicht vorliegen, ist die Datenerhebung, Verarbeitung oder Nutzung bzw. Verwendung unzulässig, es sei denn, es liegt eine formwirksame datenschutzrechtliche Einwilligung des Nutzers gem. § 4a BDSG für Inhaltsdaten bzw. nach § 12 Abs. 1 TMG für Bestands- bzw. Nutzungsdaten vor.

1. Elektronische Einwilligung bei Social Media Plattformen

§ 4a Abs. 1 Satz 2 BDSG sieht grundsätzlich die Schriftform der Einwilligung vor, soweit nicht wegen besonderer Umstände eine andere Form angemessen ist. Der gegenüber § 4a BDSG speziellere § 13 Abs. 2 TMG gestattet im Geltungsbereich des TMG ausdrücklich die elektronische Erklärung der Einwilligung, soweit der Diensteanbieter sicherstellt, dass der Nutzer eine eindeutige und bewusste Einwilligung erteilt (§ 13 Abs. 2 Nr. 1 TMG), die Einwilligung protokolliert wird (Abs. 2 Nr. 2), der Nutzer die Einwilligung jederzeit abrufen kann (Abs. 2 Nr. 3) und dass er sie jederzeit *ex-nunc*, mit Wirkung für die Zukunft, widerrufen kann (Abs. 2 Nr. 4).[1286] Wird eine der Voraussetzungen nicht erfüllt, liegt keine wirksame elektronische Einwilligung vor.

Im Rahmen von Social Media Angeboten im Internet ist die Privilegierung der elektronischen Einwilligung auch für Inhaltsdaten i.S.d. BDSG angemessen, da sich die Social Media Angebote ausschließlich online abspielen und die Voraussetzungen des TMG an eine elektronische Einwilligung zusätzliche Regularien für

---

1283 Taeger/Gabel-*Taeger*, BDSG, § 29, Rn. 30; *Piltz*, CE 2011, 657, (662).
1284 *Gounalakis/Klein*, NJW 2010, 566, (568).
1285 So auch *Piltz*, CR 2011, 65, (662).
1286 Zu den Anforderungen an den (elektronischen) Widerruf siehe Plath-*Hullen/Roggenkamp*, TMG, § 13, Rn. 27; Taeger/Gabel-*Moos*, TMG, § 13, Rn. 16 ff.

die besondere Gefahrenlage im Internet aufstellen, mithin über die Anforderungen des BDSG hinaus gehen.[1287].

a) Einwilligung durch Opt-In

Zentrales Element der elektronischen Einwilligung ist das Erfordernis der eindeutigen und bewussten Erteilung, vgl. § 13 Abs. 2 Nr. 1 TMG. Eine bewusste Einwilligung liegt vor, wenn der durchschnittlich verständige Nutzer erkennen kann und muss, dass er rechtsverbindlich einer Verarbeitung seiner personenbezogenen Daten zustimmt.[1288] Notwendig ist dazu eine eindeutige und bewusste Handlung, mithin eine aktive Zustimmungserklärung des Betroffenen.[1289] In der Praxis wird bei Sozialen Netzwerken eine Einwilligungserklärung von den Anbietern vorformuliert, deren Bedingungen der Nutzer dann nur noch zustimmen muss.[1290] Dies wird häufig so realisiert, dass der Nutzer durch Setzen eines Häkchens in einer *Checkbox* der Erklärung des Anbieters zur Datenerhebung und -verarbeitung zustimmt, sog. *Opt-In*[1291]. Teilweise wird darüber hinaus auch eine bestätigende Wiederholung des Übermittlungsbefehls, sog. *Double-Opt-In-Verfahren*, angewendet.[1292] Der Einwilligende erhält bei diesem Verfahren nach dem Klick (*Opt-In*) eine Bestätigungsmail an seine E-Mail-Adresse mit der Aufforderung, einen Bestätigungslink anzuklicken. Erst durch die zweite Bestätigungshandlung wird der Einwilligungsprozess abgeschlossen. Reagiert der Empfänger nicht auf die Bestätigungsmail, ist dies als Versagung der Einwilligungserteilung anzusehen.[1293] Der Nutzer soll auf diese Weise auf die Relevanz seiner Handlung hingewiesen werden.

b) Einwilligung durch Opt-Out

Umstritten ist dagegen, ob die Möglichkeit eines sog. *Opt-Outs* für eine wirksame Einwilligungserklärung ausreichend ist. Die vorformulierte Einwilligung gilt in diesem Zusammenhang als erteilt, soweit der Betroffene nicht aktiv die Datenverarbeitung

---

1287 Taeger/Gabel-*Moos*, TMG, § 13, Rn. 18; Splittgerber-*Splittgerber*, Kap. 3, Rn. 87, 91; *Gennen/Kremer*, ITRB 2011, 59, (62); *Zeidler/Brüggemann*, CR 2014, 248, (255); *Himmels*, S. 42; Simitis-*Simitis*, BDSG, § 4a, Rn. 36; *Voigt*, MMR 2009, 377, (381).

1288 Taeger/Gabel-*Moos*, BDSG, § 13 TMG, Rn. 20; *Kartheuser/Klar*, ZD 2014, 500, (504).

1289 *Ulbricht*, S. 119.

1290 *Himmels*, S. 45.

1291 Siehe hierzu Moos-*Jansen*, Teil 7 I, Rn. 4, Teil II, Rn. 23 f.; *Himmels*, S. 46.

1292 Vgl. *OLG Brandenburg*, Urteil vom 11.01.2006, Az. 7 U 52/05, in: MMR 2006, 405, (406). Da der Diensteanbieter für das Vorliegen einer Einwilligung die Darlegungs- und Beweislast trägt, wird die Bestätigung der Erklärung im Rahmen eines *Double-Opt-in*-Verfahrens aus Gründen der Beweisführungssicherung für sinnvoll erachtet. Hierzu auch Plath-*Hullen/Roggenkamp*, TMG, § 13, Rn. 22; Moos-*Jansen*, Teil 7 I, Rn. 4.

1293 Plath-*Hullen/Roggenkamp*, TMG, § 13, Rn. 28; Hoeren/Bensinger-*Piltz/Trinkl*, Kap. 13, Rn. 159.

ausschließt. Dies kann durch die Deaktivierung eines bereits gesetzten Häkchens in einer *Checkbox* oder mittels einer Schaltfläche mit *„hier klicken, falls die Einwilligung nicht erteilt wird"* realisiert werden.[1294] Der *BGH* hatte im Rahmen der Einwilligung nach § 4a BDSG diese Möglichkeit für eine Offline-Einwilligung als rechtmäßig erachtet.[1295] Begründet wurde dies damit, dass das *Opt-Out* Verfahren keine Hemmschwelle für den Verbraucher begründe, um diesen abzuhalten, von seiner Entscheidungsmöglichkeit Gebrauch zu machen. Die Einwilligungsklausel müsse dabei aber so hervorgehoben werden, dass dem Nutzer die Abwahlmöglichkeit hinreichend deutlich macht wird.[1296] Ob dies auch für die elektronische Einwilligung nach dem TMG gilt, ist richterlich noch nicht geklärt. Moniert wird, dass es bei der Variante des *Opt-Out* an einer eindeutigen Handlung durch den Nutzer fehle.[1297] Dem wird entgegen gehalten, dass § 13 Abs. 2 TMG gerade dazu diene, Telemedienanbietern eine erleichterte Form der Einholung der Einwilligung zu ermöglichen und daher eine einfache und deutlich gestaltete Abwahlmöglichkeit auch im Online-Bereich als ausreichend einzustufen wäre.[1298] Allerdings tragen die durch den BGH aufgestellten Anforderungen im Offline-Bereich den Gefahren, die durch die Flüchtigkeit des Mediums Internet entstehen, nicht Rechnung, so dass an das Bewusstsein im Internet besonders hohe Anforderungen zu stellen sind.[1299] Die Gestaltungsform des *Opt-In* ist folglich aus Gründen des Übereilungsschutzes vorzugswürdig.[1300]

2. Freiwillige und informierte Einwilligung durch Transparenz

Die Einwilligung erfordert sowohl nach dem BDSG als auch dem TMG eine freie, informierte und spezifische Abgabe.[1301] Der Nutzer muss hierfür die nötige Einsichtsfähigkeit hinsichtlich der Tragweite und der Risiken seiner Entscheidung besitzen.[1302] Die Einwilligung muss ferner auf einer freien Entscheidung des

---

1294 Taeger/Gabel-*Moos*, TMG, § 13, Rn. 21; *Himmels*, S. 45 f.

1295 *„Payback-Entscheidung"* des *BGH*, Urteil vom 16.07.2008, Az. VIII ZR 348/06, in: NJW 2008, 3055 ff.; *„Happy-Digits-Entscheidung"* des *BGH*, Urteil vom 11.11.2009, Az. VIII ZR 12/08, in: NJW 2010, 864, (866).

1296 *BGH*, Urteil vom 16.07.2008, Az. VIII ZR 348/06, in: NJW 2008, 3055, (3056); hierzu auch *Schneider/Härting*, ZD 2011, 63, (66); *Himmels*, S. 46.

1297 *Himmels*, S. 47; *Weichert*, ZD 2013, 251, (255).

1298 Plath-*Hullen/Roggenkamp*, TMG, § 13, Rn. 23; Spindler/Schuster-*Spindler/Nink*, TMG, § 13, Rn. 6; a.A. Taeger/Gabel-*Moos*, BDSG, § 13 TMG, Rn. 21; *Himmels*, S. 47.

1299 Vgl. bei *Himmels*, S. 47 für die Datenerhebung durch *Cookies*. Siehe hierzu auch Hoeren/Bensinger-*Piltz/Trinkl*, Kap. 13, Rn. 159; *Härting*, AnwBl. 2011, 244, (248).

1300 Taeger/Gabel-*Moos*, TMG, § 13, Rn. 21.

1301 *Artikel-29-Datenschutzgruppe*, Stellungnahme 5/2009 zur Nutzung Sozialer Online-Netzwerke, a.A.o., S. 9, Fn. 16; Splittgerber-*Splittgerber*, Kap. 3, Rn. 85; *Himmels*, S. 42.

1302 Bei Abgabe von Einwilligungserklärungen bei Minderjährigen wird auf die Einsichtsfähigkeit im Einzelfall abgestellt. Zur datenschutzrechtlichen Einwilligung

Betroffenen beruhen und für den konkreten Fall und in Kenntnis der Sachlage abgegeben werden, um dem Betroffenen die Möglichkeit zu geben, sein informationelles Selbstbestimmungsrecht aktiv und autonom auszuüben.[1303] Freiwilligkeit meint nach der Vorgabe der Datenschutzrichtlinie 95/46/EG eine Erklärung, die ohne äußeren Zwang aus eigenem Willen abgegeben wird.[1304] Die Freiwilligkeit der Einwilligung soll dabei insbesondere durch das *Kopplungsverbot* und durch das *Transparenzgebot* gewährleistet werden.[1305]

a) Kopplungsverbot

Der Anbieter Sozialer Netzwerke darf nach dem Kopplungsverbot die Datenpreisgabe nicht zur zwingenden Voraussetzung der Nutzung des Dienstes machen, sog. *Take it or leave it*-Vorgehen.[1306] Außerdem ist erforderlich, dass der Zugang zu einer anderen vertraglichen Leistung nicht in zumutbarer Weise möglich ist.[1307] Dies erfordert nach überwiegender Meinung das Ausnutzen einer Monopolstellung durch den Anbieter.[1308] Sowohl an privaten als auch an beruflichen Sozialen Netzwerken existiert bereits jetzt eine Vielzahl unterschiedlichster Angebote, so dass eine Monopolstellung in einem bestimmten Bereich eher abzulehnen ist.[1309] Allerdings sind im Hinblick auf die Nutzerzahlen und die internationale Verbreitung von *Facebook* klare Tendenzen einer Monopolstellung des Unternehmens zu erkennen. Die Gesetzgebung übt sich bei der Bejahung einer Monopolstellung grundsätzlich in Zurückhaltung. So hat beispielsweise das *OLG Brandenburg* eine Monopolstellung von *Ebay* trotz eines Marktanteils von 73% abgelehnt.[1310]

b) Transparenzgebot

Das Transparenzgebot als Grundprinzip des europäischen und deutschen Datenschutzrechts betrifft grundsätzlich nicht nur die Einwilligung. Nach § 13 Abs. 1 TMG hat der Anbieter den Nutzer beispielsweise zu Beginn jedes

---

von Kindern und Jugendlichen siehe vertiefend m.w.N. *Jandt/Roßnagel*, MMR 2011, 637 ff.; *Wintermeier*, ZD 2012, 210 ff.; Taeger/ Gabel-*Taeger*, BDSG, § 4a, Rn. 29; Moos-*Krieg*, Teil 7 II, Rn. 27.

1303 *Gola/Schomerus*, BDSG, § 4a, Rn. 25; Splittgerber-*Splittgerber*, Kap. 3, Rn. 86; *Himmels*, S. 42.

1304 Vgl. Art. 7a der Datenschutzrecht-Richtlinie 95/46/EG; Simitis-*Simitis*, BDSG, § 4a, Rn. 62; BeckOK-BDSG/*Kühling*, § 4a, Rn. 24.

1305 Spindler/Schuster-*Spindler/Nink*, § 4a BDSG, Rn. 4; Simitis-*Simitis*, BDSG, § 4a, Rn. 63; *Himmels*, S. 42.

1306 Die Datenschutzrichtlinie 95/546/EG sieht kein ausdrückliches Kopplungsverbot vor. Dieses wurde im Rahmen des Handlungsspielraums vom nationalen Gesetzgeber eingeführt. Hierzu *Himmels*, S. 43.

1307 *Spindler*, GRUR-Beil. 2014, 101(102).

1308 Siehe hierzu vertiefend m.w.N. *Himmels*, S. 43; *Bauer S.*, MMR 2008, 435, (436 f.).

1309 Siehe hierzu Hoeren/Bensinger-*Piltz/Trinkl*, Kap. 13, Rn. 171.

1310 *OLG Brandenburg*, Urteil vom 11.01.2006, Az. 7 U 52/05, in: MMR 2006, 405, (407.

Nutzungsvorgangs über Art, Umfang und Zweck der Erhebung und Verwendung personenbezogener Daten sowie über die Verarbeitung seiner Daten in Staaten außerhalb des Anwendungsbereichs der Richtlinie 95/46/EG in allgemein verständlicher Form zu unterrichten. Im Rahmen der Einwilligung verlangt das Transparenzgebot, dass der Nutzer vor der Abgabe der Einwilligung umfassend darüber unterrichtet werden muss, welche seiner Daten zu welchem Zweck verwendet werden, um Anlass, Ziel und Folgen der Verarbeitung abschätzen zu können.[1311]. Nur wenn der Nutzer eines Sozialen Netzwerks hinreichend informiert ist, kann er sein Verhalten entsprechend anpassen oder seine Rechte geltend machen.[1312] Der Betroffene muss dabei erkennen können, worauf sich seine Einwilligung genau bezieht. Dazu gehören auch Informationen über den Einsatz von Analysetools wie *Cookies* oder *Social Plugins*, dass über diese Daten erhoben werden sowie die Information, welche Daten sodann an Dritte weitergegeben werden.[1313] Zusätzlich muss der Hinweis auf Auskunfts- und Widerrufsrechte sowie Kontaktdaten für die Geltendmachung dieser Rechte erfolgen.[1314]

Der Text der Einwilligung muss genau und in einer für den Nutzer verständlichen Weise beschreiben, welche Datenverarbeitungsschritte auf Basis dieser Einwilligung vorgenommen werden sollen und zudem auf die Folgen einer Verweigerung der Einwilligung hinweisen.[1315] Die Einwilligung darf zudem nur den Teil der Datenverarbeitung abdecken, für den sie erforderlich ist, weil kein Erlaubnistatbestand vorliegt. Dem Nutzer wird hierdurch seine Dispositionsbefugnis für einen bestimmten Bereich an Daten vor Augen gehalten.[1316] Umfasst der Einwilligungstext auch Datenverarbeitungen, die ohne Einwilligung zulässig wären, darf der Plattformbetreiber selbst diese Daten nicht verarbeiten, für die eine Einwilligung gar nicht erforderlich ist, wenn der Nutzer die Einwilligung verweigert oder widerruft.[1317]

1311 Simitis-*Simitis*, BDSG, § 4a, Rn. 70; *Schwenke*, S. 68; *Gola/Schomerus*, BDSG, § 4a, Rn. 12a.

1312 BeckOK-BDSG/*Kühling*, § 4a, Rn. 43; Splittgerber-*Splittgerber*, Kap. 3, Rn. 101; *Gola/Schomerus*, BDSG § 4a, Rn. 25; *Katko/Babaei-Beigi*, MMR 2014, 360, (362).

1313 Taeger/Gabel-*Moos*, TMG, § 13, Rn. 6; *Zeidler/Brüggemann*, CR 2014, 248, (251).

1314 *Schwenke*, S. 68.

1315 Splittgerber-*Splittgerber*, Kap. 3, Rn. 86; Taeger/Gabel-*Moos*, TMG, § 13, Rn. 4 ff.; Simitis-*Simitis*, BDSG, § 4a, Rn. 72; *Stiemerling/Lachenmann*, ZD 2014, 133, (134).

1316 Splittgerber-*Splittgerber*, Kap. 3, Rn. 89.

1317 Siehe hierzu das Urteil des *LG Berlin* vom 30.04.2013, Az. 15 O 92/12, in: ZD 2013, 451 ff. bzgl. der Datenschutzrichtlinien von *Apple*. In der Praxis wird daher textlich klar abgegrenzt die Information über ohne Einwilligung zulässige Datenverarbeitungen dem Einwilligungswortlaut vorangestellt. Hierzu auch Splittgerber-*Splittgerber*, Kap. 3, Rn. 88 f.

3. *Einwilligung in die Datenerhebung und -Verwendung durch Social Plugins*

Eine Legitimierung über eine Einwilligung kommt zunächst nur für *Facebook*-Mitglieder in Betracht, die diese gegenüber *Facebook*, als dem Datenerhebenden und -nutzenden Social Media Anbieter, abgeben können. Zu Beginn der Nutzung eines Sozialen Netzwerks verlangt *Facebook* von ihren Nutzern regelmäßig, mehrere Nutzungsbedingungen zu akzeptieren und auch einzuhalten.[1318] Diese allgemeine und pauschale „Einwilligung", die der Nutzer bei der Registrierung abgibt, ist für die Erhebung und Verarbeitung von personenbezogenen Daten durch *Social Plugins* nach den Anforderungen des BDSG bzw. TMG allerdings nicht ausreichend.[1319] Dies begründet sich bereits durch die intransparente Gestaltung des Einwilligungstextes im Rahmen der Nutzungsbedingungen bzw. der Datenschutzerklärung. Bei Social Media Plattformen findet sich die Einwilligung oft innerhalb der umfassenden allgemeinen Nutzungsbedingungen im Rahmen einer Datenschutzerklärung (auch *„Datenschutz-Policy"* bzw. *„Privacy Policy"* genannt).[1320] Soll eine Einwilligung mit anderen Erklärungen abgegeben werden, muss sie jedoch optisch hervorgehoben sein, um Transparenz zu gewährleisten.[1321] Denn für die Einwilligung gelten im Gegensatz zur Datenschutzerklärung besonders strenge Vorgaben, da sie nicht nur der Information der Nutzer dient.[1322]

Ferner fehlt es an einer umfassenden Information und Aufklärung des Nutzers über die Art, den Umfang und den Zweck der Datenerhebung durch *Social Plugins*. Für eine wirksame Einwilligung nach deutschem Datenschutzrecht ist erforderlich, dass dem Nutzer die einzelnen Verarbeitungsprozesse transparent gemacht werden und zwischen den jeweils hierzu verwendeten Daten differenziert wird.[1323] Bei den oft seitenlangen Ausführungen und Verweisen auf andere *Subsites* ist allein aufgrund des Umfangs der Datenschutzerklärung keine transparente Information des

---

1318 Nutzungsbedingungen von *Facebook* unter www.facebook.com/legal/terms. Siehe auch allgemeine Geschäftsbedingungen von *Twitter* unter http://twitter.com/tos, oder *Google* Nutzungsbedingungen unter http://www.google.de/policies/terms (die Websites wurden zuletzt aufgerufen am 30.06.2015). Die verschiedenen Regelungen werden ständig bearbeitet und geändert. Siehe hierzu *Solmecke/Wahlers*, Recht im Social Web, S. 36.

1319 So auch *LG Berlin*, Urteil vom 06.03.2012, in: CR 2012, 270 ff.; *Sieber*, GRUR-Beil. 2014, 101, (102).

1320 *Kartheuser/Klar*, ZD 2014, 500, (504 f.); Plath-*Hullen/Roggenkamp*, TMG, § 13, Rn. 8; Taeger/Gabel-*Moos*, TMG, § 13, Rn. 9; *Schwenke*, S. 68. *Himmels*, S. 44; *Ernst*, NJOZ 2010, 1517 (1919); Splittgerber-*Splittgerber*, Kap. 3, Rn. 110; *Moser-Knierim*, ZD 2013, 263, (265); *Ernst*, NJOZ 2010, 1917, (1919). Zur Einwilligung bei *Facebook* siehe *LG Berlin*, Urteil vom 06.03.2012, in: CR 2012, 270, (272).

1321 Splittgerber-*Splittgerber*, Kap. 3, Rn. 86; *Köhler/Arndt/Fetzer*, Rn. 937; Moos-*Krieg*, Teil 7 II, Rn. 22; *Schneider/Härting*, ZD 2011, 63, (66).

1322 Siehe hierzu ausführlich *Kartheuser/Klar*, ZD 2014, 500, (505).

1323 Hierzu *Kartheuser/Klar*, ZD 2014, 500, (504).

Nutzers gegeben.[1324] Zudem enthalten die Datenschutzhinweise dehnbare Begriffe wie „gegebenenfalls“ oder „manchmal“ ohne die genaue Ausgestaltung der Datenverarbeitung zu erklären.[1325] Ein *Facebook*-Nutzer würde über den Einsatz von *Social Plugins* und die Erhebung von Daten auch auf fremden Websites, wenn überhaupt, nur durch Lesen der äußerst umfangreichen, unübersichtlichen und schwer verständlichen Datenschutzvorschriften Kenntnis erlangen. Dem maßgeblichen Durchschnittsnutzer ist mangels deutlich hervorgehobenen Hinweises gar nicht bewusst, dass sein Surfverhalten auf fremden Websites durch *Social Plugins* nachvollzogen werden kann. Von Transparenz kann bei diesem Verfahren nicht gesprochen werden.

Es liegt auch keine Einwilligung des Nutzers durch das *Opt-Out*-Modell vor. Im Vergleich zu *Cookies* kann der Nutzer die Datenerhebung und -verwendung durch *Social Plugins* nicht durch entsprechende Browsereinstellungen vermeiden. Indem der Nutzer nicht aktiv das Setzen von *Cookies* verhindert, wird hierin teilweise eine Einwilligung in Form eines *Opt-Out* gesehen.[1326] Wie erörtert, ist das *Opt-Out*-Modell im Online-Bereich mehr als fragwürdig. Bei *Social Plugins* besteht schon gar nicht die Möglichkeit der Deaktivierung durch entsprechende Browsereinstellungen.

Eine (konkludente) Einwilligung des Betroffenen kann auch nicht durch die Nutzung des Dienstes angenommen werden. Klickt ein eingeloggtes *Facebook*-Mitglied das *Like-Plugin* auf der fremden Website an, kann er zwar regelmäßig den Bezug zu der Social Media Plattform *Facebook* herstellen, denn der Nutzer beabsichtigt gerade die Weiterempfehlung des Website-Inhalts über sein Profil für seine *Facebook*-Kontakte. Allerdings stellt die elektronische Einwilligung nach § 13 Abs. 2 TMG, wie erläutert, gewisse Anforderungen an eine wirksame Einwilligung im Internet, der

---

1324 Sie bspw. die sich ständig ändernden *Datenverwendungsrichtlinien* von *Facebook* unter http://www.facebook.com/about/privacy/. Zu *Social Plugins* siehe u.a. http://www.facebook.com/about/privacy/your-info-on-other, http://www.facebook.com/help/443483272359009 (die Webseiten wurden zuletzt aufgerufen am 28.10.2015). Siehe hierzu *Moser-Knierim*, ZD 2013, 263, (265); *Katko/Babaei-Beigi*, MMR 2014, 360, (362); *Ernst*, NJOZ 2010, 1517 (1919); *Himmels*, S. 45.

1325 Siehe bspw. die Angaben von *Facebook* zu *Social Plugins* http://www.facebook.com/about/privacy/your-info-on-other unter „Über soziale Plug-ins“: „*Webseiten, die soziale Plug-ins verwenden, können manchmal feststellen, dass du das soziale Plug-in verwendet hast. Beispielsweise können sie gegebenenfalls feststellen, dass du in einem sozialen Plug-in auf eine „Gefällt mir“-Schaltfläche geklickt hast.*“ (zuletzt aufgerufen am 29.06.2015).

1326 Allerdings wird gegen diese Auslegung eingewendet, dass standardmäßige Browsereinstellungen schon keine Willenserklärung des Nutzers darstellen. Denn dabei fehle es bereits an einer deutlichen Hervorhebung des Hinweises auf die Abwahlmöglichkeit durch ein *Opt-Out*-Verfahren. Siehe hierzu vertiefend und m.w.N. *Himmels*, S. 46 f.; *Zeidler/Brüggemann*, CR 2014, 248, (250). Die bisher in Deutschland nicht umgesetzte *E-Privacy-Richtlinie der Europäischen Union* (RL 2009/136/EG) vom 25.11.2009 wird dahingehend ausgelegt, dass beim Einsatz von *Cookies* eine aktive Einwilligung des Nutzers (*Opt-In*) erforderlich ist. Siehe hierzu *Steinhoff*, KuR 2014, 86, (88 f.).

selbst ein *Opt-Out* nicht genügen kann. In der vorliegenden Konstellation ist den meisten Nutzern mangels ausdrücklichen Warnhinweises und entsprechender Aufklärung überhaupt nicht bewusst, dass bzw. welche Daten durch das *Social Plugin* erhoben und an *Facebook* übermittelt werden. Eine derartige Generalermächtigung durch Nutzung eines Dienstes wird dem Erfordernis einer Einwilligung weder für den vorliegenden konkreten Einzelfall des *Social Plugin*, noch allgemein im Datenschutzrecht gerecht.[1327] Der Einsatz von *Social Plugins* kann daher nach Auslegung der gesetzlichen Vorgaben nicht durch eine konkludente Einwilligung legitimiert werden. Sofern ein Internetnutzer den Button überhaupt nicht betätig, besteht schon gar kein Raum für die Annahme einer konkludenten Einwilligung.

F. Zusammenfassendes Ergebnis und kritische Betrachtung der datenschutzrechtlichen Anforderungen de lege lata

Wie die Untersuchung zeigt, ist die Erhebung personenbezogener Daten über *Social Plugins* und deren Verwendung, wie sie durch Anbieter wie *Facebook* praktiziert wird, nach der derzeitigen Rechtslage in Deutschland weder durch einen Erlaubnistatbestand des TMG oder BDSG noch durch eine datenschutzrechtliche Einwilligung der Nutzer legitimiert.[1328] Regelmäßig überwiegen bei der Abwägung im Rahmen der Erlaubnistatbestände die schutzwürdigen Interessen der Betroffenen gegenüber den wirtschaftlichen Interessen der Anbieter. Die formalen und inhaltlichen Anforderungen an eine ausdrückliche und freiwillige Einwilligung sind hoch, so dass diese nicht in der Lage ist, die Reichweite des Verbotsprinzips zu relativeren.

Die strikte Regelung des Verbots mit Erlaubnisvorbehalts ist eine Besonderheit des europäischen Datenschutzrechts und bietet ein besonderes hohes Schutzniveau, das so in anderen Ländern wie den USA, China, Russland, Indien oder den afrikanischen Ländern nicht existiert.[1329] In den USA basiert das Rechtsverständnis auf dem Gedanken, welche vernünftigen Erwartung ein Verbraucher bei der Nutzung der Neuen Medien hat (*„reasonable expectation of privacy“*). Daten von Nutzern dürfen grundsätzlich erhoben und verarbeitet werden, solange diese dem

---

1327 *Moser-Knierim*, ZD 2013, 263, (265); Spindler/Schuster-*Spindler/Nink*, BDSG, § 4a, Rn. 6; Simitis-*Simitis*, BDSG, § 4a, Rn. 78; Taeger/Gabel-*Moos*, TMG, § 13, Rn. 21; *Piltz*, CR 2011, 657, (660); *Voigt*, MMR 2009, 377, (381).

1328 *Anmerkung*: Am 09.03.2016 bestätigte das *LG Düsseldorf* (AZ. 12 O 151/15, in: GRUR-RS 2016, 04916), dass ein Websitenbetreiber, der auf seiner Website den „Like-Button“ von *Facebook* integriert, grundsätzlich datenschutzwidrig handle. Das Gericht sah für die Datenübermittlung keine Rechtsgrundlage. Insbesondere sei diese nicht nach § 15 TMG gerechtfertigt, noch liege eine wirksame vorherige Einwilligung des Nutzers oder auch nur eine Unterrichtung vor.

1329 Siehe ausführlich *Rohrlich*, S. 87; *Fritz*, S. 63; *Schwenke*, S. 372.

nicht widersprechen (*Opt-Out*-Prinzip).[1330] Die unterschiedlichen Ansätze führen zwangsläufig dazu, dass die zumeist in den USA entwickelten Social Media Plattformen die technischen Möglichkeiten ausschöpfen, um den Nutzerkomfort und damit auch den wirtschaftlichen Erfolg der Betreiber voranzutreiben, aber hierzulande gegen geltende Datenschutzgesetze verstoßen.[1331]

Aufgrund der rasanten Ausweitung der Datenverarbeitung im nicht-öffentlichen Bereich wird die Sinnhaftigkeit des Verbotsprinzips als oberstes Datenschutzprinzip hinterfragt.[1332] Die gesellschaftliche Realität im Internetzeitalter steht dem Verbotsgrundsatz und dem Grundsatz auf Datensparsamkeit gegenüber: Datenverarbeitung ist Alltag und damit die Regel, nicht die Ausnahme. Viele der gesetzlichen Anforderungen an den Datenschutz sind unverständlich und zudem unter praktischen Gesichtspunkten kaum umsetzbar. So sind beispielsweise die Vorstellungen des Gesetzgebers zur Informationspflicht nach § 13 Abs. 1 TMG fern jeder Wirklichkeit und würden bedeuten, dass der Nutzer *„zu Beginn jedes Nutzungsvorgangs"*, mithin vor jedem Besuch eines Sozialen Netzwerks, durch eine Vorschaltseite mit einer Datenschutzerklärung begrüßt und darauf hingewiesen würde, welche Daten im Rahmen des Online-Angebots für welchen Zweck erhoben werden. Dies wäre für die Anbieter und Nutzer des Netzwerks gleichermaßen nicht praktikabel und untragbar.[1333] Auch im Hinblick auf die gesetzlichen Anforderungen an die Transparenz der erforderlichen Datenschutzerklärung wird deutlich, dass diese durch Anbieter von Social Media Angeboten kaum rechtsicher zu erfüllen sind.[1334] Informiert der Plattformbetreiber detailliert und umfassend über jede mögliche Datenerhebung und den Einsatz von *Social Plugins*, wie es die gesetzlichen Anforderungen vorsehen, steht dies allein aufgrund des immensen Umfangs der Erklärung einer verständlichen Nutzerinformation und Nützlichkeitserwägungen gegenüber. Greift ein Nutzer zudem über sein *Smartphone* mit wesentlich kleinerem Bildschirm auf Social Media Plattformen zu, hat der Einwilligungstext als auch die Datenschutzerklärung noch wesentlich kürzer auszufallen als bei einem Zugriff über den PC, um überhaupt in benutzerfreundlicher Weise wahrgenommen werden zu können.[1335] Regelmäßig haben dabei die Nutzer selbst schon kein Interesse an der Lektüre dieser

---

1330 Zu den Anforderungen des US-amerikanischen Datenschutzrechts ausführlich *Lejeune*, CR 2013, 822, (826); *Schwenke*, S. 372.

1331 *Schwenke*, S. 372 f.

1332 Siehe hierzu *Schneider*, AnwBl. 2011, 233 ff.; *Schneider/Härting*, ZD 2011, 63, (64); Plath-*Hullen/Roggenkamp*, TMG, Einf., Rn. 9.

1333 In der Praxis wird daher nach h.M. als ausreichend erachtet, wenn diese Informationen in einer abrufbaren Datenschutzerklärung nach dem Betreten des Sozialen Netzwerks mittels direktem Link von jeder Webseite aus zur Verfügung gestellt werden. Höchstrichterlich ist die Frage allerdings noch nicht geklärt. Siehe hierzu *Schwenke*, S. 375; Moos-*Jansen*, Teil 7 I, Rn. 2; *Stiemerling/ Lachenmann*, ZD 2014, 133, (134).

1334 Siehe hierzu auch *Himmels*, S. 45; Splittgerber-*Splittgerber*, Kap. 3, Rn. 91 ff.

1335 Vgl. Splittgerber-*Splittgerber*, Kap. 3, Rn. 93.

umfangreichen Texte zum Datenschutz, bevor sie den jeweiligen Dienst nutzen können. Auch das Einholen einer ausdrücklichen Einwilligung vor jeder Datenerhebung durch das Einblenden eines *Popup* Fensters mit einer *Checkbox* für die Erteilung der Einwilligung mit entsprechend umfangreichen Belehrungen, aufgrund derer der Nutzer seine Entscheidung treffen kann, würde den Nutzer im Ergebnis eher belästigen und abschrecken.[1336]

Eine Social Media Präsenz ohne Datenschutzverstöße scheint unter der derzeitigen Rechtslage kaum möglich.[1337] So haben sich die Verstöße gegen Datenschutzvorschriften auch auf deutschen Websites in den letzten fünf Jahren verdoppelt.[1338] Da die gesetzlichen Anforderungen die Gefahr bergen, dass eine Social Media Plattform erheblich an Benutzerfreundlichkeit und damit Nutzerakzeptanz und letztendlich den Erfolg der Plattform einbüßt, werden sie in der Praxis kaum umgesetzt.[1339] Dies findet in den vergleichsweise milden gesetzlichen Sanktionen bei Datenschutzverstößen Widerklang.[1340] Ist eine Datenverarbeitung unzulässig, kann dies nach § 43 BDSG bzw. § 16 TMG als Ordnungswidrigkeit mit einem Bußgeld von bis zu 50.000 Euro bzw. bis zu 300.000 Euro geahndet werden.[1341] Für große Internetkonzerne wie *Google* oder *Facebook* mit Jahresumsätzen in Milliardenhöhe stellt dies ein verhältnismäßig geringes und kalkulierbares Risiko dar. Rufschädigung und Vertrauensverlust bei den Nutzern können dagegen weitreichendere und empfindlichere Folgen für die Unternehmen haben als rechtliche Konsequenzen.[1342] Dabei hat sich in den letzten Jahren gezeigt, dass das Datenschutzrecht auch im Bewusstsein der Bevölkerung einen immer höheren Stellenwert einnimmt. Durch eine zunehmende Berichterstattung in den Medien über Themen wie *Google Street View*, Datenschutzbedingungen bei *Facebook*, Vorratsdatenspeicherung bis hin zu Entwicklungen wie *Google Glass* lässt sich eine deutliche Sensibilisierung für die bestehenden Gefahren für persönliche Daten im Internet feststellen.[1343] Viele Social Media Nutzer hinterfragen grundsätzlich die

---

1336 Hierzu auch *Zeidler/Brüggemann*, CR 2014, 248, (256); *Härting*, CR 2014, 528, (533); *Spindler*, GRUR-Beil. 2014, 101(103).

1337 *Schwenke*, S. 372; *Lepperhoff/Petersdorf/Thursch*, DuD 2013, 301, (306).

1338 Zu der Entwicklung von Datenschutzverstößen seit 2008 (Stand 2013) siehe *Lepperhoff/Petersdorf/Thursch*, DuD 2013, 301, (306).

1339 Siehe hierzu *Schwenke*, S. 67 f.

1340 Die Sanktionen werden zudem kaum umgesetzt. Siehe hierzu *Weichert*, DuD 2012, 716 (721).

1341 Siehe zu den Rechtsfolgen Plath-*Hullen/Roggenkamp*, TMG, § 14, Rn. 28; *Köhler/Arndt/Fetzer*, Rn. 951; Splittgerber-*Splittgerber*, Kap. 3, Rn. 161; Hoeren/Bensinger-*Piltz/Trinkl*, Kap. 13, Rn. 176 ff.; Moos-*Krieg*, Teil 7 II, Rn. 4.

1342 Splittgerber-*Splittgerber*, Kap. 3, Rn. 170; *Reding*, ZD 2012, 195, (197); *Weichert*, DuD 2012, 716, (721).

1343 Siehe hierzu *BITKOM* am 04.11.2014, *„Neues Vertrauen in digitale Sicherheit“*, abrufbar unter https://www.bitkom.org/Bitkom/Blog/Blog-Seiten_1753.html. Danach halten nur 16 % der Nutzer ihre Daten im Netz für sicher. Hierzu auch *Spiegel Online* am 05.06.2014, *„Umfrage zum Datenschutz: Deutsche misstrauen dem Staat“*, abrufbar unter

„Erosion ihrer Privatsphäre".[1344] Doch trotz der weitgehend bekannten Datenpannen vermeldeten die Unternehmen *Google* und *Facebook* (bisher) keinen starken Rückgang ihrer Nutzer.[1345] Dabei ist bei den Social Media Nutzern eine verblüffende Naivität festzustellen: Einerseits werden zunehmend Forderungen nach dem Schutz der eigenen Privatsphäre laut, andererseits werden die „kostenlosen" Dienste mit einer Sorglosigkeit und Unbesonnenheit genutzt, ohne den Gedanken daran, wie teuer „kostenlos" wirklich ist.[1346] Die Nutzer tolerieren und unterstützen hierdurch Geschäftsmodelle, für die sie mit echtem Geld nicht bezahlen würden.[1347] Doch kein Unternehmen stellt umfangreiche Dienste wie den Betrieb einer Website für Millionen aktive Nutzer, sowie Rechner und Speicherkapazitäten, die mit dem immensen Umfang an hochgeladenen Bildern oder Videos umgehen können, bereit, ohne sich einen monetären Vorteil zu erhoffen.[1348] Um den Nutzern am eindrücklichsten zu verdeutlichen, dass in der heutigen digitalen Welt personenbezogene Daten als Währung dienen, wäre das Angebot einer gebührenpflichtige Variante neben der kostenlosen Möglichkeit der Nutzung eines Internetangebots wie *Facebook* zu überlegen. Entscheidet sich der Nutzer in diesem Fall für die kostenlose Nutzung, ginge dies mit der Verwertung seiner Daten einher, indem der Nutzer beispielsweise verpflichtet wird, bei der Wahl der kostenfreien Variante ein entsprechendes Häkchen für eine umfassende Datenverarbeitung zu setzen. Vielfach wird einer kostenpflichtigen Variante aber entgegengehalten, dass Bezahlinhalte kaum eine Chance hätten, gemäß dem *Google* Motto *„you can't compete with free"*.[1349]

Es stellt sich die Frage, ob ein wirtschaftlich denkendes Internetunternehmen unter Beachtung der Datenschutzregularien überhaupt rechtskonform ausgestaltet sein kann. Stellen die hohen Datenschutzstandards nur eine gesetzliche „Bevormundung" des Bürgers dar, der auf Grund seines extensiven Kommunikations- und Interaktionsbedürfnisses daran selbst kein Interesse und kein Schutzbedürfnis hat?[1350] Dient der selbst gewählte exhibitionistische Umgang mit Informationen dem Individualrecht der freien Entfaltung der Persönlichkeit und stellt damit eine

---

http://www.spiegel.de/netzwelt/web/umfrage-deutsche-misstrauen-dem-staat-beim-online-datenschutz-a-973522.html (Die Webseiten wurden zuletzt aufgerufen am 25.07.2015). Siehe hierzu *Köhler/Arndt/Fetzer*, Rn. 883; *Ulbricht*, S. 121; *Klinkhammer/Müllejans*, ArbR-Aktuell 2014, 503; *Weichert*, ZD 2013, 251, (254).

1344 Hierzu *Beyvers/Herbrich*, ZD 2014, 558.

1345 *Fritz*, S. 65.

1346 *Luch/Schulz/Kuhlmann* sprechen von einem synallagmatischen Austauschverhältnis in dem Daten als kommerzielles Gut die Gegenleistung der Nutzung Sozialer Netzwerke darstellen, siehe in EuR 2014, 698, (715). So auch *Hoffmann/ Schulz/ Borchers*, MMR 2014, 89, (90).

1347 *Kurz/Rieger*, S. 272.

1348 *Kurz/Rieger*, S. 14.

1349 *Huber*, S. 19; *Kurz/Rieger*, S. 16.

1350 So *Steinhoff*, KuR 2014, 86, (90).

Ausübung von Grundfreiheiten dar, die der Gesetzgeber unzulässig einschränkt?[1351] Oder verlieren Unternehmen wie *Facebook* wegen des Kommerzdrucks vielmehr die Balance zwischen ihren grundsätzlich nachvollziehbaren Unternehmensinteressen und den Interessen der Nutzer am Schutz ihrer Daten?

Die Verantwortung gänzlich auf den Internetnutzer unter dem Stichwort „Selbstdatenschutz" abzuwälzen[1352] oder die eindimensionale Wahrnehmung des um jeden Preis gewinnstrebenden Internetanbieters wären dabei zu kurz gefasst. Sicherlich ist ein gewisses Basiswissen und das Gespür der Nutzer für einen möglichst zurückhaltenden Umgang mit den Informationen über die eigene Person nötig, das nur durch entsprechende Aufklärung und die Vermittlung von Medienkompetenz erreicht werden kann.[1353] Nichtsdestotrotz dürfen sich auch die Anbieter nicht ihrer Pflicht entziehen und die Uninformiertheit ihrer Nutzer maßlos ausnutzen. Im derzeitigen Graubereich des Rechts beschränken sich die Social Media Anbieter nicht auf Daten, die sie wirklich brauchen, sondern erheben alles, was technisch möglich ist, was das vorliegende Beispiel der Erhebung von Daten über *Social Plugins* eindrücklich zeigt.

Dabei gilt es vielmehr, Transparenz in einer komplexen IT-Umgebung zu schaffen und dem Social Media Nutzer die Reichweite der Datenverarbeitung vor Augen zu führen.[1354] Dem Nutzer sollte die umfassende und einfache Möglichkeit gegeben werden, durch entsprechende Privatsphäre Einstellungen, sog. *Privacy Settings*, selbst darüber zu bestimmen, was mit seinen Daten geschieht. Die derzeit auf der Plattform *Facebook* vorzufindende verzweigte Navigation mit mehr als 170 komplexen und wenig transparenten Einstellungsvarianten mit der Grundeinstellung eines *Opt-Out* zielt vielmehr darauf ab, dass schlecht informierte Durchschnittsnutzer ihre Daten in größtmöglichem Umfang preisgeben.[1355] Um dem Grundsatz der Datensparsamkeit gerecht zu werden, wäre bereits durch den Anbieter eine Voreinstellung der Privatsphäre Einstellungen auf „hoch" zu gewährleisten, die

---

1351 *Schneider/Härting*, ZD 2012, 199, (201).

1352 *Andrew Couts* am 07.08.2012: *"State of the Web: Who killed privacy? You did"*, abrufbar unter http://www.digitaltrends.com/opinion/state-of-the-web-who-killed-privacy/#ixzz2PUwt5WIO (zuletzt aufgerufen am 28.06.2015).

1353 *Rohrlich*, S. 83; *Hoffmann/Schulz/Borchers*, MMR 2014, 89, (94).

1354 *Härting*, Internetrecht, Annex: Datenschutz im 21. Jahrhundert, Rn. 90 ff.

1355 Siehe hierzu *The New York Times*, Privacy: A Bewildering Tangle of Options: *„To manage your privacy on Facebook, you will need to navigate through 50 settings with more than 170 options."* Abrufbar unter www.nytimes.com/interactive/2010/05/12/business/facebook-privacy.html?ref=personaltech (zuletzt aufgerufen am 30.06.2015). Auch die neuen Nutzungsbedingungen von *Facebook* sehen hier keine Verbesserung vor: Siehe hierzu *Spiegel Online* vom 30.01.2015: *„Neue Nutzungsbedingungen: Was sich heute bei Facebook ändert"*, abrufbar unter http://www.spiegel.de/netzwelt/web/facebook-agb-was-sich-jetzt-beim-netzwerk-aendert-a-1015660.html (zuletzt aufgerufen am 20.07.2015).

der Nutzer aktiv verändern muss, um bestimmte Dienste zu nutzen, sog. *Privacy bei Default*.[1356]

In Zukunft immer wichtiger dürfte auch der technische Datenschutz, sog. *Privacy by Design*, werden, um eine gewisse Transparenz zu schaffen.[1357] So hat zur vorliegend erörterten Problematik der *Social Plugins* die technische Vorkehrung der sog. *2-Klick-Lösung* von *Heise* auch den Zuspruch der obersten Datenschutzaufsichtsbehörde, dem *Düsseldorfer Kreis*, erhalten.[1358] Der Lösungsansatz basiert auf dem Prinzip, dass zunächst nur ein Platzhalter in Form einer Grafik für den *Social Plugin*, beispielsweise des *Facebook Like*-Button, auf der fremden Website eingeblendet wird, ohne die *Plugins* selbst schon zu aktivieren. Sobald der Nutzer mit dem Mauszeiger über die Platzhalter-Grafik fährt, wird ein Hinweistext einer Belehrung über die rechtlichen Folgen nach dem Anklicken der Grafiken eingeblendet. Klickt der Nutzer sodann die Grafik an, werden die *Social Plugins* und ihre Funktionen erst aktiviert. Mit einem weiteren Klick auf den aktivierten Button kann der Nutzer damit auf seiner *Facebook*-Seite posten, dass ihm der entsprechende Inhalt auf der jeweiligen Website gefällt.[1359]

Lösungsansätze und einen Mittelweg zwischen den hohen Datenschutzstandards und der aus Praktikabilitätsgründen notwendigen Flexibilität bieten derzeit auch Selbstregulierungskonzepte der Werbewirtschaft.[1360] Ein Konzept ist der flächendeckende Einsatz von interaktiven *Icons*, die dem Nutzer die Wahlmöglichkeit eröffnen soll, ob er seine Daten für *Online Behavioural Advertising* Zwecke zur Verfügung stellen will oder nicht.[1361] Indem das *Icon* im Kontext von Werbeanzeigen platziert wird, wird dem Nutzer verdeutlicht, dass sein Verhalten *getrackt* wird und die Werbeanzeige aufgrund einer entsprechenden Zielgruppenanalyse geschaltete wurde. Klickt der Nutzer auf das *Icon*, werden ihm weitere Informationen und die Möglichkeit eines *Opt-Out* angezeigt.[1362] Das *Icon* soll so für Transparenz sorgen und dem Nutzer bestimmte Wahlmöglichkeiten eröffnen.

1356 Siehe hierzu Splittgerber-*Splittgerber*, Kap. 3, Rn. 63; *Schneider*, AnwBl. 2011, 233, (238); *Spindler*, GRUR-Beil. 2014, 101(103).

1357 Zum so. *Smart Privacy Management* siehe hierzu *Heckmann*, NJW 2012, 2634 f. Zu den technisch-organisatorischen Vorkehrungen *Spindler*, GRUR-Beil. 2014, 101 (107).

1358 Zur „Zwei-Klick-Lösung" von *Heise*, siehe http://www.heise.de/ct/artikel/2-Klicks-fuer-mehr-Datenschutz-1333879.html (zuletzt aufgerufen am 30.06.2015). Zustimmend *Düsseldorfer Kreis*, siehe unter http://www.datenschutz-bayern.de/0/soziale-netzwerke-plugins.html (zuletzt aufgerufen am 30.06.2015).

1359 Siehe zu den technischen Vorkehrungen *Rohrlich*, S. 93.

1360 Ausführlich hierzu *Zeidler/Brüggemann*, CR 2014, 248, (256 f.); *Steinhoff*, KuR 2014, 86, (88).

1361 Leitfaden der *European Advertising Standards Alliance* (EASA) vom 14.04.2011: *„Best Practice Recommendation on Online Behavioural Advertising"* abrufbar unter http://www.easa-alliance.org/page.aspx/386 (zuletzt aufgerufen am 25.07.2015).

1362 Leitfaden der *EASA* vom 14.04.2011, a.A.o., S. 12. Ausführlich hierzu *Zeidler/Brüggemann*, CR 2014, 248, (257).

Grundlage des technischen Datenschutzes sowie Lösungen wie datenschutzfreundliche Voreinstellungen und Selbstregulierungsvorschläge der Werbewirtschaft müssen jedoch anwendbare und durchsetzbare gesetzliche Regularien sein, um der ausufernden Nutzerprofilbildung durch Datensammler wie *Facebook* oder *Google* entgegenzutreten. Das deutsche Datenschutzrecht in seiner jetzigen Fassung hält mit der rasanten technischen und sozialen Entwicklung nicht Schritt und stellt kaum passende Lösungsvorschläge bereit. Zudem mangelt es auf dem Gebiet des Online-Datenschutzes vielfach an klärender Rechtsprechung.[1363] Folge ist eine Rechtsunsicherheit sowohl auf Seiten der Nutzer, die nicht mehr wissen, was mit „ihren" Daten geschieht, als auch auf Seiten der Diensteanbieter, die den Datenschutz zunehmend als Hemmschwelle bei der Entwicklung neuer Geschäftsmodelle begreifen.[1364] Bei US-amerikanischen Anbietern ist bereits die Frage, ob das strenge deutsche Datenschutzgesetz überhaupt Anwendung findet, nicht ohne weiteres zu beantworten. Die datenschutzrechtlichen Vorgaben und auch die Rechtsprechung können die bestehende Rechtsunsicherheit nicht ausräumen. Die Aufmerksamkeit richtet sich nun auf die geplante Datenschutzgrundverordnung, die ein (erster) Schritt in die richtige Richtung sein soll.

G. Ausblick – Europäische Datenschutzreform

Die unterschiedliche Umsetzung der Vorgaben der europäischen Datenschutzrichtlinie hatte in den Mitgliedsstaaten zu einer vielfach kritisierten Fragmentierung des europäischen Datenschutzrechts geführt.[1365] Die Forderungen nach einer Überarbeitung der bisherigen rechtlichen Instrumentarien und die Schaffung neuer Konzepte zur Durchsetzung des Datenschutzrechts wurden in den letzten Jahren immer lauter. Am 25. Januar 2012 stellte die *Europäische Kommission* einen Regelungsentwurf für eine *EU-Datenschutzgrundverordnung zum Schutz natürlicher Personen bei der Verarbeitung personenbezogener Daten und zum freien Datenverkehr* (im folgenden DS-GVO-E) vor.[1366] Der Entwurf soll die vollständige Harmonisierung des europäischen Datenschutzrechts, insbesondere die EU-weite Vereinheitlichung der Verarbeitung von personenbezogenen Daten durch private Unternehmen,

---

1363 Hierzu *Solmecke/Wahlers*, Recht im Social Web, S. 261.

1364 Siehe hierzu Plath-*Hullen/Roggenkamp*, TMG, Einf., Rn. 4.

1365 So die ehemalige EU-Justizkommissarin und Vizepräsidentin der Europäischen Kommission *Viviane Reding*, ZD 2011, 1; *Artikel-29-Datenschutzgruppe*, WP 168, S. 20; *Rittweger/Molloy*, WDPR 2012, S. 1; *Brennscheidt*, S. 48 f.; *Albrecht*, ZD 2013, 587, (588).

1366 „Vorschlag für Verordnung des Europäischen Parlaments und des Rates zum Schutz natürlicher Personen bei der Verarbeitung personenbezogenen Daten und zum freien Datenverkehr (Datenschutzgrundverordnung)" vom 25.12.2012, abrufbar unter http://eur-lex.europa.eu/legal-content/DE/TXT/PDF/?uri=CELEX:52012PC0011&qid=1413209861769&from=DE (zuletzt aufgerufen am 30.06.2015).

erzielen.[1367] Im Gegensatz zur bisherigen Datenschutzrichtlinie, die eine Umsetzung in das jeweilige nationale Recht erfordert, stellt die EU-Verordnung nach Art. 288 AEUV unmittelbar geltendes Recht für alle Mitgliedstaaten dar. Die Verordnung würde nicht nur die europäische Datenschutzrichtlinie 95/46/EG sondern auch das BDSG sowie die bereichsspezifischen Datenschutzvorschriften des TMG aufgrund ihrer unmittelbaren Geltung in weiten Teilen ersetzen. Der Entwurf sieht in Art. 3 DS-GVO-E zum territorialen Anwendungsbereich vor, dass die Verordnung für alle EU ansässigen Stellen gelten soll, sowie nach Art. 3 Nr. 2 für solche außerhalb der EU, die Waren und Dienstleistungen Betroffenen in der EU anbieten oder das Verhalten Betroffener in der EU überwachen. Damit hätten nun auch die US-amerikanischen Social Media Anbieter wie *Facebook* oder *Google* die Vorgaben der Verordnung einzuhalten, wenn sie ihr Angebot etwa durch eine deutschsprachig gestaltete Website an EU-Bürger ausrichten.[1368]

Obwohl der europäische Entwurf an vielen Stellen inhaltlich dem BDSG entspricht, sieht er auch einige neue Regelungsinstrumente vor.[1369] Über die wesentlichen Neuerungen, die Soziale Medien im Internet betreffen, soll nachfolgend ein Überblick gegeben werden.

I. Einwilligung nach dem DS-GVO-E

Der DS-GVO-E geht ebenso wie die europäische Datenschutzrichtlinie 95/46/EG und das deutsche BDSG und TMG, weiterhin von einem Verbotsprinzip mit Erlaubnisvorbehalt als zentralem Grundsatz aus, vgl. Art. 6 DS-GVO-E. Der Entwurf der Verordnung regelt die datenschutzrechtliche Einwilligung als eine Erlaubnistatbestandsalternative für die Zulässigkeit der Datenverarbeitung in Art. 6 Nr. 1a DS-GVO-E. Danach ist eine Datenverarbeitung nur dann rechtmäßig, wenn die betroffene Person

> *„ihre Einwilligung zu der Verarbeitung der sie betreffenden personenbezogenen Daten für einen oder mehrere genau festgelegte Zwecke gegeben hat“.*

Auch nach dem Verordnungsentwurf muss die Einwilligung *„ohne Zwang, für den konkreten Fall und in Kenntnis der Sachlage“* erklärt werden, sog. Grundsatz der Informiertheit, siehe Art. 4 Abs. 8 und Art. 7 DS-GVO-E.[1370] Diese Regelungen entsprechen insoweit dem jetzigen § 4a BDSG. Der DS-GVO-E sieht gegenüber § 4a

---

1367 Siehe hierzu insbesondere die Erwägungsgründe (4) bis (8) des DS-GVO-E. Hierzu auch *Rittweger/Dechamps*, WDPR 2013, S. 4; *Roßnagel/Kroschwald*, ZD 2014, 495; *Hoffmann/Schulz/Borchers*, MMR 2014, 89; *Reding*, ZD 2012, 195 f.

1368 Simitis-*Simitis*, BDSG, § 1, Rn. 241, *Rittweger/Molloy*, WDPR 2012, S. 2; *Rittweger/Dechamps*, WDPR 2013, S. 5; *Roßnagel/Kroschwald*, ZD 2014, 495; *Hornung*, ZD 2012, 99, (102).

1369 Siehe hierzu *Brennscheidt*, S. 49; *Albrecht*, ZD 2013, 587, (589); *Roßnagel/ Kroschwald*, ZD 2014, 495, (497).

1370 *Kipker/Voskamp*, DuD 2012, 737; *Ulbricht*, S. 126.

Abs. 1 Satz 3 BDSG jedoch kein zwingendes Schriftformerfordernis mehr vor. Bisher besteht gem. § 13 Abs. 2 TMG nur für die Verwendung von Bestands- und Nutzungsdaten ausdrücklich die Möglichkeit der elektronischen Einwilligungserklärung. Auch für Inhaltdaten wird bisher vom Schriftformerfordernis des § 4a Abs. 1 Satz 3 BDSG abgewichen, so dass diese Reform in der Praxis unbeachtlich ist.[1371] Der Entwurf verlangt darüber hinaus aber nun ausdrücklich eine *Opt-In* Zustimmung durch Anklicken des entsprechenden Kontrollkästchens, da gem. Art 4. Abs. 8 DS-GVO-E eine *„explizite Willensbekundung"* verlangt wird.[1372]

Die Freiwilligkeit der Einwilligung konkretisiert sich bislang durch das sog. Kopplungsverbot, wonach der Abschluss eines Vertrages nicht von einer Einwilligungserklärung abhängig gemacht werden darf, wenn für den Betroffenen ohne diese Einwilligung kein anderer Zugang zu gleichwertigen vertraglichen Leistungen möglich ist.[1373] Der DS-GVO-E enthält dagegen kein ausdrückliches Kopplungsverbot, sondern in Art. 7 Nr. 4 eine *Ungleichgewichtsreglung* zwischen der Position des Betroffenen und des für die Verarbeitung Verantwortlichen mit der Maßgabe, dass eine Einwilligungserklärung dann keine wirksame Rechtsgrundlage für eine Datenverarbeitung darstellt, wenn sie durch eine Zwangslage herbeigeführt wurde.[1374] Auch im Rahmen der Ungleichgewichtsregelung stellt sich die Frage, ob man ein erhebliches Ungleichgewicht im Verhältnis zwischen Nutzer und Anbieter einer Social Media Plattform wie *Facebook* annehmen kann, wenn dem Nutzer ohne Einwilligungserklärung der Zutritt versagt bliebe. Argumentiert wird, dass die Vorteile der Nutzung der Sozialen Medien verzichtbar seien, da weder ein persönliches noch wirtschaftliches Abhängigkeitsverhältnis zum Plattformbetreiber bestehe.[1375] Dies lässt sich durch den Vergleich mit anderen Konstellationen begründen, wie beispielsweise das Verhältnis zwischen Arbeitgeber und Arbeitnehmer, das ausdrücklich in den Erwägungsgründen des DS-GVO-E genannt wird, demgegenüber bei Sozialen Medien nur ein Ausschluss des Nutzers von Freizeitbeschäftigungen verwehrt bliebe.[1376]

II. Recht auf Datenportabilität nach dem DS-GVO-E

Im Laufe einer Mitgliedschaft bei einem Sozialen Netzwerk wie *Facebook* häuft der Nutzer eine Menge an Beiträgen, Nachrichten, Kontaktdaten, Fotos oder Videos an, die sich nur schwerlich manuell auf ein neues Telemedium übertragen lassen. Obwohl dem Nutzer eine andere Social Media Plattform attraktiver erscheint,

---

1371 Vgl. Kapitel E V 1.

1372 Erwägungsgrund (25) des DS-GVO-E; *Reding*, ZD 2012, 195, (197).; BeckOK-BDSG/*Kühling*, § 4a, Rn. 27; *Rittweger/Molloy*, WDPR 02/2012, S. 5; *Zeidler/Brüggemann*, CR 2014, 248, (255); *Kipker/Voskamp*, DuD 2012, 737, (738); *Hornung*, ZD 2012, 99, (102).

1373 Vgl. Kapitel E V 2 a.

1374 Erwägungsgrund (35) des DS-GVO-E; *Kipker/Voskamp*, DuD 2012, 737, (738).

1375 *Kipker/Voskamp*, DuD 2012, 737, (739).

1376 Siehe hierzu Erwägungsgrund (34) des DS-GVO-E; *Kipker/Voskamp*, DuD 2012, 737, (738); *Rittweger/Molloy*, WDPR 02/2012, S. 5.

möchte er meist diese gesammelten Daten nicht verlieren und verzichtet daher auf einen Wechsel. Das *Recht auf Datenübertragbarkeit* nach Art. 18 DS-GVO-E soll dem Nutzer diesen Wechsel nunmehr erleichtern, indem dem Betroffenen das Recht eingeräumt wird, eine Kopie seiner verarbeiteten Daten in einem *„weiter verwendbaren strukturierten gängigen elektronischen Format"* zu verlangen, Art. 18 Nr. 1 DS-GVO-E.[1377] Zwar bieten die meisten Sozialen Netzwerke bereits jetzt prinzipiell die Möglichkeit des Datenexports an, allerdings werden hierzu elektronische Formate verwendet, die zur Übertragung der Daten nicht geeignet sind.[1378] Bei der Überführung der Daten zu einem anderen Anbieter einer Social Media Plattform darf der ursprüngliche Datenverarbeiter den Nutzer zudem nicht behindern, Art. 18 Nr. 2 DS-GVO-E.[1379] Das Recht auf Datenportabilität soll dabei auch greifen, wenn der Nutzer das ursprüngliche Netzwerk nicht endgültig verlassen will, sondern lediglich ein weiteres Nutzerkonto bei einem anderen Sozialen Netzwerk anlegen möchte und daher seine Daten auf dieses Konto kopiert.[1380] Dem Nutzer wird damit die Möglichkeit eröffnet, seine im Internet erstellte digitale Identität auf verschiedene Social Media Angebote zu übertragen. Durch das Recht auf Datenportabilität soll der Wettbewerb zwischen den Anbietern der Social Media Plattformen gestärkt und die Verbraucherrechte der Nutzer mehr geschützt werden.[1381]

III. Das Recht auf Vergessenwerden nach dem DS-GVO-E

Höchst kontrovers diskutiert wird das sog. Recht auf Vergessenwerden bzw. *Right to be Forgotten* nach Art. 17 DS-GVO-E. Das Konzept stellt eine wesentliche Änderung und einen Schwerpunkt des Reformentwurfs dar.[1382] Für die Kommission soll das „Recht auf Vergessenwerden" nicht nur die Rechte der Betroffenen im Zusammenhang mit der Löschung ihrer Daten stärken, sondern einer Person die volle Kontrolle über ihre Daten zurückgeben.[1383] Kern der Bestimmung ist, dass jedem Nutzer das Recht gewährt wird, eine über seine Daten verfügende andere Person oder Einrichtung verbindlich zu veranlassen, alle ihn betreffenden Daten zu löschen

1377 Siehe hierzu Erwägungsgrund (55) des DS-GVO-E; *Kipker/Voskamp*, DuD 2012, 737, (740); Splittgerber-*Splittgerber*, Kap. 3, Rn. 149; *Härting*, Internetrecht, Annex: Datenschutz im 21. Jahrhundert, Rn. 65.

1378 Siehe etwa für *Google+*: http://www.dataliberation.org (zuletzt aufgerufen am 29.06.2015).

1379 Siehe hierzu auch *Rittweger/Molloy*, WDPR 02/2012, S. 5.

1380 *Kipker/Voskamp*, DuD 2012, 737, (740).

1381 *Hornung*, ZD 2012, 99, (102); *Kipker/Voskamp*, DuD 2012, 737, (740).

1382 Siehe hierzu Erwägungsgrund (54) des DS-GVO-E; Splittgerber-*Splittgerber*, Kap. 3, Rn. 149; *Rittweger/Molloy*, WDPR 2012, S. 5; *Gstrein*, ZD 2012, 424.

1383 Siehe hierzu Erwägungsgrund (54) des DS-GVO-E; *Viviane Reding*, Tagessschau am 25.01.2102, *„EU-Kommission fordert Recht auf Vergessen"*, abrufbar unter http://www.tagesschau.de/ausland/datenschutz284.html (zuletzt aufgerufen am 30.06.2015). *Dies.*, ZD 2012, 195, (197); hierzu auch Splittgerber-*Splittgerber*, Kap. 3, Rn. 149; *Rittweger/Molloy*, WDPR 2012, S. 5; *Gstrein*, ZD 2012, 424.

sowie deren weitere Verbreitung zu verhindern, vgl. Art. 17 Nr. 1 DS-GVO-E.[1384] Als Voraussetzung muss entweder der verfolgte Zweck der Datenspeicherung nicht mehr notwendig sein, die Einwilligung der verfügungsberechtigten Person widerrufen bzw. der Zeitraum, für den die Einwilligung erfolgte überschritten sein, gegen die Verarbeitung der Daten Widerspruch eingelegt worden sein oder die Verwendung der Daten aus anderen Gründen gegen die Bestimmungen der Verordnung verstoßen.[1385] Dies soll ausdrücklich auch die Fälle betreffen, bei der der Betroffene Daten im Kindesalter öffentlich gemacht hat, vgl. Art. 17 Nr. 1 DS-GVO-E.

Art. 17 Nr. 2 DS-GVO-E des Entwurfs geht noch wesentlich weiter: Der für die Datenverarbeitung Verantwortliche hat danach auch alle vertretbaren (auch technischen) Schritte zu unternehmen, um dritte Stellen darüber zu informieren, dass der Betroffene auch von ihnen die Löschung aller Querverweise, Kopien oder Replikation dieser personenbezogenen Daten verlangt. Die Regelung des Art. 17 Nr. 2 DS-GVO-E ist besonders umstritten, da die verantwortliche Stelle auf Verlangen des Betroffenen nicht nur die Daten aus dem eigenen System löschen muss, sondern auch bei Dritten dafür zu sorgen hat, dass es zu keiner weiteren Datenverarbeitung kommt.[1386] Fraglich ist hier bereits die technische Umsetzung in der Praxis.[1387] Die Besonderheiten bei Social Media Plattformen bestehen gerade darin, dass die verantwortliche Stelle mit der Veröffentlichung von Daten im Internet regelmäßig die Kontrolle über diese verliert.[1388] Inwieweit die erweiterte Löschungspflicht einem Social Media Anbieter wie *Facebook* bei Austritt eines Nutzers aus dem Netzwerk bei *gelikten* oder *gesharten* Inhalten noch zumutbar ist, bedarf jedenfalls weiterer Konkretisierung.[1389]

Kritische Stimmen halten das Konzept für ein juristisches Instrument, die Balance zwischen Meinungsfreiheit und Datenschutz empfindlich zu stören.[1390] Andere sehen dieses Recht als Element einer digitalen Persönlichkeit bzw. als „digitales Persönlichkeitsrecht".[1391] Die Kontroverse entflammte erneut bei der

---

1384 Siehe Erwägungsgrund (53) des DS-GVO-E- *Gstrein*, ZD 2012, 424, (425); *Rittweger/Molloy*, WDPR 2012, S. 5; *Kodde*, ZD 2013, 115, (116).

1385 Ein zumindest vergleichbarer Ansatz besteht bereits im deutschen Datenschutzrecht nach derzeitiger Rechtslage begründet § 35 BDSG Löschungsansprüche für Inhaltsdaten, Bestandsdaten sind nach § 14 Abs. 1 TMG mit Beendigung des Vertragsverhältnisses, mithin der Mitgliedschaft in dem Sozialen Netzwerk, Nutzungsdaten nach Ende des Nutzungszugangs nach § 15 Abs. 8 TMG zu löschen. Siehe hierzu Plath-*Hullen/Roggenkamp*, TMG, § 14, Rn. 15, § 15, Rn. 17; *Spindler*, GRUR-Beil. 2014, 101(105). Zu den Neuerungen nach dem DS-GVO-E *Gstrein*, ZD 2012, 424, (425); *Rittweger/Molloy*, WDPR 2012, S. 5; *Kodde*, ZD 2013, 115, (116).

1386 Siehe hierzu *Gstrein*, ZD 2012, 424, (425); *Kipker/Voskamp*, DuD 2012, 737, (741); Splittgerber-*Splittgerber*, Kap. 3, Rn. 149; *Roßnagel/Kroschwald*, ZD 2014, 495, (498); *Kodde*, ZD 2013, 115, (117).

1387 *Roßnagel/Kroschwald*, ZD 2014, 495, (498).

1388 Splittgerber-*Splittgerber*, Kap. 3, Rn. 67.

1389 Splittgerber-*Splittgerber*, Kap. 3, Rn. 149.

1390 *Koreng/Feldmann*, ZD 2012, 311 ff.

1391 *Luch/Schulz/Kuhlmann*, EuR 2014, 698, (699).

EuGH-Entscheidung *„Google Spain and Google"*: Am 13. Mai 2014 bejahte der *EuGH* in seiner Aufsehen erregenden Entscheidung das umstrittene „Recht auf Vergessenwerden" und verpflichtete, unter Abweichung von den Schlussanträgen des EU-Generalanwalts, den Suchmaschinenbetreiber, bestimmte Suchtreffer mit dem Vor- und Zunamen einer Person aus der Ergebnisliste zu entfernen.[1392] Dem Urteil zu Grunde lag das Verfahren des spanischen Bürgers *Mario Costeja González*, der sich gegen eine katalanische Zeitung sowie *Google Spain* und *Google Inc.* mit der Begründung wandte, ein bei Eingabe seines Namens in die Suchmaschine erscheinender Link zu einem Bericht über seine finanziellen Schwierigkeiten aus dem Jahr 1998 stelle einen Verstoß gegen datenschutzrechtliche Vorgaben dar. Mithin ein Sachverhalt, der aufgrund der enormen Datenbestände im Internet mittlerweile alltäglich sein dürfte.[1393] Das Gericht entschied unter Auslegung der Datenschutzrichtlinie 95/46/EG die erforderliche Interessenabwägung zugunsten des Betroffenen, dessen Grundrechte auf Achtung des Privatlebens und das Recht auf Schutz der personenbezogenen Daten höher zu gewichten seien als die Meinungs- und Informationsfreiheit der Internetnutzer. Der *EuGH* stellte in seinem Urteil klar, dass ein Anspruch auf Nichtanzeige bestimmter Suchergebnisse auch dann besteht, wenn eine ursprünglich rechtmäßige Verarbeitung sachlich richtiger Daten erst im Laufe der Zeit im Hinblick auf die Anforderungen der Datenschutzrichtlinie unrechtmäßig wird.[1394] Das Gericht begründete seine Entscheidung damit, dass durch den Suchmaschinenanbieter ausgeführte Verarbeitung persönlicher Daten die Grundrechte auf Privatsphäre und Datenschutz „erheblich beeinträchtigen" könne, da Namenssuchen einen „strukturierten Überblick" über Informationen zu dieser Person ermöglichen und außerdem die gesellschaftliche Funktion des Internets den Suchergebnissen Ubiquität verleihen würde.[1395] Zwar betrifft die vorliegende *EuGH*-Entscheidung nur Suchmaschinen-Anbieter, allerdings ist es nur eine Frage der Zeit, wann das Konzept des „Rechts auf Vergessenwerden", spätestens im Zuge der Reformdebatte auf EU-Ebene, auch auf weitere Internetdienste wie Social Media Plattformen ausgedehnt wird.

IV. Fazit

Mit der Datenschutzgrundverordnung verfolgt die *EU Kommission* einen modernen, stabilen, kohärenten und umfassenden Datenschutz-Rechtsrahmen für die Europäische Union.[1396] Das rechtliche Umfeld für Unternehmen soll dabei

---

1392 *EuGH*, Urteil vom 13.05.2014, Az. C – 131/12. Hierzu *Stoklas*, ZD-Aktuell 2014, 04455; *Luch/Schulz/Kuhlmann*, EuR 2014, 698 ff.

1393 *Luch/Schulz/Kuhlmann*, EuR 2014, 698, (699).

1394 Abs. 93 der Urteilsbegründung, *EuGH*, Urteil vom 13.05.2014, Az. C – 131/12.

1395 Abs. 80 der Urteilsbegründung, *EuGH*, Urteil vom 13.05.2014, Az. C – 131/12.

1396 Siehe unter „Aktuelle Herausforderungen im Bereich des Datenschutzes", „Vorschlag für Verordnung des Europäischen Parlaments und des Rates zum Schutz natürlicher Personen bei der Verarbeitung personenbezogenen Daten und zum

„wesentlich vereinfacht“ werden.[1397] Welche praktischen Auswirkungen die geplante Datenschutzgrundverordnung tatsächlich auf Soziale Medien im Internet haben wird, kann noch nicht abschließend bewertet werden. Zahlreiche kritische Stellungnahmen und Änderungen an den Erwägungsgründen und Artikeln des DS-GVO-E führten zu einem Verhandlungsdokument, das am 12. März 2014 vom *LIBE-Ausschuss des Parlaments*[1398] beschlossen wurde.[1399] Im Juni 2015 einigten sich auch die EU-Justizminister auf einen Entwurf der EU-Datenschutzgrundverordnung.[1400] Damit kann der Trilog beginnen, in dem die endgültige Fassung zwischen Ministerrat, Kommission und EU-Parlament abgestimmt wird.[1401] Nach EU-Justizkommissarin *Vera Jourova* soll eine abschließende Einigung bereits Ende des Jahres erzielt werden.[1402] Obwohl noch keine endgültige Fassung der Datenschutzgrundverordnung vorliegt und noch intensive Diskussionen und zahlreiche Änderungen zu erwarten sind, lassen sich einige Grundgedanken bereits klar erkennen.

Begrüßenswert sind die klaren Regelungen zur territorialen Anwendbarkeit der Datenschutzgrundverordnung und die damit einhergehende Rechtssicherheit auch für ausländische Unternehmen. Ausdrücklich geregelt sind nun auch der Datenschutz durch Technik sowie datenschutzrechtliche Voreinstellungen, „Privacy by Design“ bzw. „Privacy by Default“.[1403] Art. 23 Nr. 1 DS-GVO-E bestimmt, dass durch den für die Verarbeitung Verantwortlichen technische und organisatorische Maßnahmen und Verfahren unter Berücksichtigung des Stands der Technik und der Implementierungskosten zur Sicherung der Einhaltung der Verordnung und zur Wahrung der Rechte der Betroffenen durchzuführen sind. Gem. Art. 23 Nr. 2 DS-GVO-E soll sichergestellt werden, dass Soziale Netzwerke im Internet über

freien Datenverkehr (Datenschutzgrundverordnung)“ vom 25.12.2012. Hierzu auch *Reding*, ZD 2011, 1 f.

1397 Plath-*Hullen/Roggenkamp*, TMG, Einf., Rn. 12.

1398 *Committee for Civil Liberties, Justice and Home Affairs.*

1399 Legislative Entschließung des *Europäischen Parlaments* vom 12.03.2014, abrufbar unter http://www.europarl.europa.eu/sides/getDoc.do?pubRef=-//EP//TEXT+TA+P7-TA-2014-0212+0+DOC+XML+V0//DE (zuletzt aufgerufen am 24.06.2015). Siehe hierzu *Roßnagel/Kroschwald*, ZD 2014, 495.

1400 *European Commission* – Press release: „Commission proposal on new data protection rules to boost EU Digital Single Market supported by Justice Ministers" vom 15.06.2015, abrufbar unter http://europa.eu/rapid/press-release_IP-15-5176_en.htm (zuletzt aufgerufen am 24.06.2015).

1401 Siehe hierzu *Haufe* vom 12.03.2014, „EU-Datenschutzverordnung – Stand des Verfahrens“ unter http://www.haufe.de/compliance/eu-datenschutzverordnung/stand-des-verfahrens_230128_95630.html (zuletzt aufgerufen am 24.06.2015); hierzu auch *Roßnagel/Kroschwald*, ZD 2014, 495.

1402 *Zeit Online* vom 15.06.2015: *„EU-Minister einigen sich auf Datenschutzreform“*, abrufbar unter http://www.zeit.de/digital/datenschutz/2015-06/datenschutz-eu-reform-justizminister-luxemburg (zuletzt aufgerufen am 24.06.2015).

1403 Siehe hierzu Erwägungsgrund (61) des DS-GVO-E; Moos-*Krieg*, Teil 7 II, Rn. 47; *Roßnagel/Kroschwald*, ZD 2014, 495, (499); *Hornung*, ZD 2012, 99, (103).

datenschutzfreundliche Voreinstellungen zunächst nur für spezifische Zwecke der Datenverarbeitung erforderliche Daten erheben und verarbeiten und darüber hinaus nicht länger als unbedingt erforderlich gespeichert werden. Konkrete Anforderung an Technikgestaltung und Grundprinzipien des technischen Datenschutzes enthält die Norm jedoch nicht. Kritisiert wird, dass Art. 23 DS-GVO-E nicht mehr als ein bloßer Programmsatz sei.[1404]

Regelungsinstrumente wie das *Recht auf Datenportabilität* klingen vielversprechend und können den Schutz der personenbezogenen Daten der Internetnutzer stärken, wobei deren Praxistauglichkeit allerdings noch auf dem Prüfstand steht. Inwieweit sich das Recht auf Datenportabilität durch technische Umsetzung realisieren lässt, bleibt abzuwarten. Zumindest bei Anbietern mit ähnlichen Services und Aufbau, wie beispielsweise den rein beruflichen Netzwerken *Xing* und *LinkedIn*, erscheint eine technische Umsetzung jedoch möglich.

Ambivalent ist dagegen das geplante *Recht auf Vergessenwerden* und das *Google*-Urteil des *EuGH* zu den Löschungsverpflichtungen des Suchmaschinenanbieters zu betrachten. Die Möglichkeiten der automatisierten Archivierung im Internet führen zu neuen Formen der Recherche. Bei Sozialen Netzwerken wird häufig die dauerhafte Speicherung selbst nach Löschen des Accounts beklagt.[1405] Grundsätzlich ist also zu befürworten, dass dem Einzelnen das Recht gegeben wird, bewusst oder unbewusst hinterlassene Datenspuren aus dem Internet entfernen zu können. Die individuelle Definition von Privat- und Intimsphäre kann sich im Laufe eines Lebens ändern, mit der Folge, dass beispielsweise im Jugendalter unbedacht veröffentlichte Informationen nun das Ansehen des Betroffenen erheblich beeinträchtigen können. Die Löschungsmöglichkeiten können dem Nutzer einen gewissen Grad an Einfluss und Bestimmbarkeit über den Umgang mit seinen Daten zurückgeben und damit die Rechte der Nutzer im Internetzeitalter maßgeblich stärken. Wie in einer ubiquitär und global vernetzten Welt die Datenherrschaft des Einzelnen tatsächlich zu realisieren ist, bleibt allerdings fraglich.[1406] Eine absolute Verfügungsgewalt des Einzelnen über seine Daten kann es in einer digitalen Welt nicht geben, noch gibt es ein Recht, seine Identität oder das Bild von sich selbst ständig neu zu definieren.[1407] Kritisch zu betrachten ist ferner, wie das vom *EuGH* geforderte Abwägungserfordernis der widerstreitenden Rechte und Interessen von den Suchmaschinenbetreibern, bzw. bald auch Social Media Anbietern, geleistet werden soll und kann. Einzelfallentscheidungen sind bei Internetsachverhalten kaum möglich, erfordert dies doch die Kenntnis des Anbieters über die Rechtmäßigkeit der im Internet veröffentlichten Informationen bzw. Anhaltspunkte darüber, ob eine zunächst rechtmäßige Veröffentlichung zwischenzeitlich unrechtmäßig geworden ist.[1408] Parallelen

---

1404 *Hornung*, ZD 2012, 99, (103); *Roßnagel/Kroschwald*, ZD 2014, 495, (499).

1405 *Spindler*, GRUR-Beil. 2014, 101(105).

1406 *Roßnagel/Kroschwald*, ZD 2014, 495, (498).

1407 So auch *Reding*, ZD 2012, 195, (197); *Koreng/Feldmann*, ZD 2012, 311, (314).

1408 Siehe hierzu ausführlich *Luch/Schulz/Kuhlmann*, EuR 2014, 698, (709).

bestehen hier zur Diskussion um die Haftung der *Host Provider* für rechtswidrige Inhalte. Für Meinungsäußerungen existiert wie erörtert bereits eine Grenze zur Schmähkritik, unabhängig von der Frage, ob personenbezogene Daten involviert sind oder nicht. Es stellt sich die Frage, ob die Interessenabwägung im Rahmen der Meinungsäußerung nicht durch die datenschutzrechtliche Interessenabwägung untergraben würde, wenn sich der Betroffene nur gegen die Datenverarbeitung wendet.[1409]

Die Meinungsvielfalt und Informationsfreiheit im Internet sieht sich aber vor allem dann bedroht, wenn Löschanträge von der verantwortlichen Stelle im Zweifel „durchgewunken" werden.[1410] Dies ist insbesondere im Hinblick auf die klare Linie der EU zu den geplanten Sanktionen zu befürchten: Nach Art. 79 Nr. 6 DS-GVO-E können künftig Höchststrafen von einer Million bzw. zwei Prozent des weltweiten Jahresumsatzes eines Unternehmens verhängt werden, je nachdem, welcher Betrag höher ausfällt. Der *LIBE-Entwurf* schlägt demgegenüber sogar Höchststrafen von 100 Millionen bzw. fünf Prozent des weltweiten Jahresumsatzes eines Unternehmens vor, vgl. Art. 79 Nr. 2a c) des *LIBE-Entwurfs*.[1411] Auch in den Fällen marktstarker Unternehmen wie *Google* oder *Facebook* können diese möglichen Sanktionen nun einen erheblichen Abschreckungseffekt erzielen.[1412] Als Folge dürfte zwar der Schutz der Nutzerdaten im Internet eine zunehmende Rolle spielen, allerdings darf dies nicht zu einem Ungleichgewicht zwischen dem Persönlichkeitsrecht des Betroffenen und der Kommunikations- bzw. Meinungsfreiheit der Internetnutzer führen.

V. Anmerkung

Nach vierjähriger Verhandlung haben sich der Rat, das Europäische Parlament und die Europäische Kommission am 15. Dezember 2015 über den Inhalt der EU-Datenschutzgrundverordnung geeinigt. Am 25. Mai 2016 trat die „Verordnung (EU)

1409 *Luch/Schulz/Kuhlmann*, EuR 2014, 698, (706). *Glaser* ist der Auffassung, dass die datenschutzrechtlichen Bestimmungen des Rechts auf Vergessenwerden die Ansprüche gegen ehrverletzende Äußerungen im Internet flankieren können. in: NVwZ 2012, 1432, (1438).

1410 So die Stellungnahme des Bundesverfassungsrichter *Johannes Masing*, „Vorläufige Einschätzung der "Google-Entscheidung" des EuGH" vom 14.08.2014, abrufbar unter http://www.verfassungsblog.de/ribverfg-masing-vorlaeufige-einschaetzung-der-google-entscheidung-des-eugh/. Siehe hierzu auch „Recht auf Vergessen – Bundesverfassungsrichter kritisiert EuGH-Urteil", http://www.golem.de/news/recht-auf-vergessen-bundesverfassungsrichter-kritisiert-eugh-urteil-1408-108286.html (Die Webseiten wurden zuletzt aufgerufen am 13.07.2015). Auf das Urteil hin bewilligte der Suchmaschinenbetreiber *Google* den Internetnutzern entsprechende Löschanträge zu stellen, die nach Firmenangaben in 41 % der Fälle zu einer tatsächlichen Entfernung eines Suchtreffers führten. Stand 01.12.2014. Siehe hierzu *Stoklas*, ZD-Aktuell 2014, 04455.

1411 Siehe hierzu *Härting*, CR 2013, 715, (721).

1412 *Solmecke/Kocatepe*, ZD 2014, 22, (25); *Albrecht*, ZD 2013, 587, (590).

2016/679 des europäischen Parlaments und des Rates vom 27. April 2016 zum Schutz natürlicher Personen bei der Verarbeitung personenbezogener Daten, zum freien Datenverkehr und zur Aufhebung der Richtlinie 95/46/EG (Datenschutz-Grundverordnung)" in Kraft.[1413] Nach einer zweijährigen Umsetzungsfrist wird die Verordnung am 25. Mai 2018 Geltung erlangen und die Datenschutzrichtlinie 95/46/EG ersetzen. Die Verordnung gestattet durch zahlreiche „Öffnungsklauseln" weiterhin Spielraum für nationale Regelungen der Mitgliedsstaaten, die neben der DS-GVO relavant sein werden.

1413 Veröffentlichung der DS-GVO im Amtsblatt der EU am 04.05.2016, abrufbar unter http://eur-lex.europa.eu/legal-content/DE/TXT/PDF/?uri=CELEX:32016R0679&from=de (zuletzt aufgerufen am 26. Mai 2016).

Endergebnis und Ausblick

Das *Social Web* hat unser Verständnis für Informationsfreiheit, Privatsphäre und die Reichweite von Persönlichkeitsrechten fundamental geändert. Die Möglichkeiten und Rechte, die Social Media und *User Generated Content* bieten, stehen oftmals im diametralen Gegensatz zu den Nachteilen und Rechtsverletzungen, die mit ihnen einhergehen. Die Kommunikation und Interaktion im Internet bewegt sich immer im Spannungsfeld grundrechtlicher Schutzbereiche: Das Recht auf Meinungsfreiheit steht dem Recht der persönlichen Ehre gegenüber, die Informationsfreiheit der Privatsphäre, die Informationsvielfalt dem Recht auf informationelle Selbstbestimmung. Die Rechtsprechung steht vor der herausfordernden Aufgabe und Frage, wie diese gegenüberstehenden Schutzgüter noch zureichend in Einklang gebracht werden können.

Im nationalen Strafrecht hat der Gesetzgeber auf neue technische Entwicklungen und auf die Gefahren, die mit diesen einhergehen, reagiert. Das Strafrecht, als *ultima ratio*, verfügt über Normen, wie § 238, §§ 202a ff. StGB und zuletzt dem im Jahr 2015 neu eingefügten § 201a StGB, die neuen kriminellen Erscheinungsformen wie Cyberstalking und Cybermobbing entgegentreten sollen. Die Diskussion über Online-Belästigungen führte auch zu einer Renaissance von Rechtsgütern wie der „persönlichen Ehre" im Sinne eines jedem Menschen zukommenden Anspruchs auf Achtung, dem Recht auf Achtung der Intimsphäre und Nichtverbreitung höchstpersönlicher Details.[1414] Im Datenschutzrecht hat der Gesetzgeber dagegen den Anschluss mit einem dringend erforderlichen Update verpasst. Während die Digitalisierung aller Lebensbereiche und Globalisierung der Märkte stetig zunimmt, ist das Datenschutzrecht innerhalb seiner nationalen Grenzen geblieben.[1415]

Trotz Harmonisierungstendenzen besteht in Europa in vielen Bereichen eine große Divergenz im Schutzniveau. Das deutsche Datenschutzrecht besteht aus einer unübersichtlichen und komplexen Vielzahl von Gesetzen und Verordnungen, die älter sind als die meisten Internet-Anwendungen und nicht selten die nachvollziehbaren Interessen der Internetwirtschaft unverhältnismäßig beeinträchtigen. Es fehlen verbindliche Regelungen, um beispielsweise Schlupflöcher bei der Rechtswahl zu verhindern sowie durchsetzbare Sanktionsmöglichkeiten, um das Recht der Internetnutzer auf informationelle Selbstbestimmung zu gewährleisten.

Das *BVerfG* hat bereits in seinem „Volkszählungsurteil" festgestellt, dass es einen absoluten Datenschutz nicht geben kann. Danach hat der Einzelne *„nicht ein Recht im Sinne einer absoluten, uneinschränkbaren Herrschaft über „seine" Daten; er ist vielmehr eine sich innerhalb der sozialen Gemeinschaft entfaltende, auf Kommunikation angewiesene Persönlichkeit. (...) Grundsätzlich muss daher der Einzelne*

1414 *Hilgendorf/Hong*, KuR 2003, 170.
1415 *Albrecht*, ZD 2013, 587, (589).

Einschränkungen seines Rechts auf informationelle Selbstbestimmung im überwiegenden Allgemeininteresse hinnehmen.“[1416] Dennoch verdient das Individuum den Schutz vor den Auswirkungen neuer technischer Entwicklungen und der globalen Umläufigkeit von Daten, die das Risiko für Persönlichkeitsverletzungen sowohl qualitativ und quantitativ erhöht haben. Das große Volumen der gespeicherten Daten, ihr hoher kommerzieller Wert und das weitreichende Überwachungspotential moderner Informationstechnik bedrohen die Privatsphäre der Bürger in fundamentaler Weise.[1417] Die undurchsichtigen technischen Zusammenhänge der *Plug-and-Play*-Falle nimmt dem Nutzer das Wissen um das ob und wie der Datenverarbeitung, als auch das Wissen um die Möglichkeiten zum Selbstschutz.

Internetunternehmen werden der Versuchung nicht widerstehen können, die Gesellschaft weiter digital zu kontrollieren. Unter dem dominierenden Trend in der IT-Welt *Big Data* werden die ständig zunehmenden Datenmengen miteinander verknüpft und analysiert, um daraus ökonomische, soziale oder wissenschaftliche Erkenntnisse zu gewinnen und deren vielfältige Einsatzmöglichkeiten über Entwicklung, Forschung, Gesundheitswesen, Energiewirtschaft, Marketing und Medien, bis hin zu Sicherheit und Verkehr reichen.[1418] Durch Analyse der Datenmassen sollen in Zukunft Probleme erkannt und gelöst werden können, bevor sie sich gesellschaftlich ausgebreitet haben. *Big Data* verspricht damit neue Geschäftsmodelle, Arbeitsplätze und wirtschaftliches Wachstum.[1419] Auch wenn der Trend der Zukunft viel Positives verspricht, darf die Privatsphäre des Einzelnen dabei aber nicht zu einem disponiblen Gut werden. Es gilt einen Mindeststandard in der Gesellschaft zu erhalten und diejenigen zu schützen, die sich an der Selbstinszenierung des eigenen Ichs nicht beteiligen möchten und dennoch nicht auf Technik vollends verzichten möchten bzw. können.[1420]

Bei Reformfragen ist das Recht an die spezifischen Herausforderungen der globalen Risikogesellschaft anzupassen. Der Entwurf der Datenschutzgrundverordnung ist dabei ein Schritt in die richtige Richtung. Neben einer europaweiten Vereinheitlichung und Rechtssicherheit bzgl. der Anwendung der Verordnung auch auf ausländische Internetunternehmen sollen verschärfte Sanktionen und verpflichtende Regelungsinstrumente wie *Privacy by Default* und *Privacy by Design* den Schutz der Nutzer gewährleisten. Im Mittelpunkt steht dabei die Aufklärung des Nutzers durch transparente Gestaltung von Websites, wobei nutzerzentrierte Lösungen herangezogen werden können, die beispielsweise durch *Icons* oder Warnhinweise realisiert werden. Neben dem Schutz des Nutzers vor den Risiken durch die umfassende Datenerhebung und Analyse der Internetunternehmen, können

---

1416 Entscheidungsgründe „Volkszählungsurteil“ des *BVerfG* vom 15.12.1983, Az. 1 BvR 209/83.

1417 Siehe *Sieber*, NJW-Beil. 2012, 86, (87).

1418 *Ohrtmann/Schwiering*, NJW 2014, 2984; *Härting*, CR 2014, 528 f.; *Katko/Babaei-Beigi*, MMR 2014, 360; *Weichert*, ZD 2013, 251.

1419 *Weichert*, ZD 2013, 251, (253 f.); *Sieber*, GRUR-Beil. 2014, 101.

1420 So auch *Schertz*, NJW, 721, (22).

entsprechende Warnhinweise und *Icons* auch auf die Gefahren des Internetstalkings und Mobbings hinweisen und diesen vorbeugen. Es gilt, eine benutzerfreundliche Internetumgebung zu schaffen, die den Nutzer auf die relevanten Risiken aufmerksam macht und für Themen des Datenschutzes, Internet-Mobbing als auch -Stalking sensibilisiert. Warnhinweise wie sowie leicht zugängliche Informationsseiten schaffen ein Bewusstsein für den Umgang mit den eigenen Daten.

Nicht selten erhöht der Einzelne selbst die Risiken durch sein mediales Verhalten. Auf Nutzerseite ist daher das möglichst frühzeitige Erlernen von Medienkompetenz für einen souveränen Umgang mit den digitalen Informationen unumgänglich. Dazu gehören ein grundlegendes Verständnis der Mechanismen und ihre Verwendung, das Wissen über den finanziellen Wert der eigenen Daten und ein dementsprechend bewusstes Abwägen der Datenkosten mit dem tatsächlichen Nutzen, sog. *„neue digitale Mündigkeit"*.[1421] Dabei zeigen aktuelle Untersuchungsergebnisse, dass Jugendliche bereits mehrheitlich verantwortungsvoll und kompetent mit dem Thema Datenschutz umgehen.[1422]

Das bewusste Veröffentlichen von Daten dient dabei nicht nur dem Datenschutz, sondern schützt den Einzelnen auch vor kriminellen Handlungen anderer Nutzer, die leichtfertig preisgegebene Informationen missbräuchlich nutzen können, um die Person zu stalken und zu belästigen. Das bewusste Veröffentlichen von Informationen im Internet meint dabei auch, dass die Nutzer bei ihren Kommentaren, *Posts* oder *Likes* dafür sensibilisiert sind, dass durch ihre Online-Handlungen andere Nutzer negativ beeinträchtigt oder bloßgestellt werden können. In einer digitalen Welt muss die Vermittlung von Medienkompetenz daher unabhängig von Altersgrenzen fester Bestandteil jeder Ausbildung sein.

Im Ergebnis werden die Verhinderung krimineller Verhaltensweisen und Eingriffe in die Privatsphäre des Einzelnen durch technische, organisatorische und personelle Schutzmaßnahmen zu gewährleisten sein.[1423] Sichere Informations- und Kommunikationssysteme sowie die Aufklärung der Nutzer über die Risiken als Teil der allgemeinen Medienkompetenz erlangen dabei zentrale Bedeutung. Rechtliche Maßnahmen stehen dabei oft nur an zweiter Stelle. Gleichwohl ist eine verbindliche Klärung durch rechtliche Normen und die interdisziplinäre Zusammenarbeit von Strafrecht, Datenschutz, IT- und Kommunikationsrecht unerlässlich und entscheidend, um die Grenzen des Erlaubten verbindlich zu klären.

1421 *Kurz/Rieger*, S. 248.

1422 Siehe Presseinformation *BITKOM* vom 17.11.2014, abrufbar unter http://www.bitkom.org/Presse/Presseinformation/Pressemitteilung_1647.html (zuletzt aufgerufen am 06.07.2015). Danach haben 60% der aktiven Nutzer Sozialer Netzwerke im Alter von10 bis 18 Jahren die technischen Einstellungen zur Privatsphäre verändert. 84% der 10- bis 18-Jährigen stellen zudem ein, für wen ihr persönliches Profil in einem Sozialen Netzwerk sichtbar ist.

1423 So auch Sieber/Satzger/von Heintschel-Heinegg-*Sieber*, Europäisches Strafrecht, § 24, Rn. 9.

Auch in der Zukunft wird unser Leben auf die eine oder andere Weise von der Digitalisierung und neuen Technologien berührt sein. In Zeiten *smarter* Technologien muss dabei das Internet nicht einmal bewusst genutzt werden, sondern beinahe jedes Gerät oder Anwendung sendet Daten an Dritte. Zur Optimierung unseres Lebens messen Sensoren am menschlichen Körper Daten über die Gesundheit und körperliche Fitness, sog. *Wearables*; Sensoren im Auto überwachen Fahrzeugfunktionen und Fahrverhalten; Sensoren im Haushalt kontrollieren den hauseigenen Energieverbrauch oder die Raumtemperatur im sog. *Internet der Dinge.*[1424] In Verbindung mit alltagstauglichen Applikationen („*Apps*") führen sie zu einer zunehmenden Vernetzung des Verbrauchers und zur Digitalisierung seines Alltags.[1425]

Am Beispiel *Google Glass* lässt sich verdeutlichen, wie neue technische Erfindungen die Grenze zwischen digitaler und realer Welt in Zukunft verschwimmen lassen.[1426] Die Datenbrille vereint einen mit dem Internet verbundenen Minicomputer mit einer Kamera in einem Brillengestell und ist per Spracheingabe oder Kopfbewegung zu bedienen. Dabei werden zum einen Informationen aus dem Internet auf eine Seite des Gesichtsfeldes vor dem Auge des Trägers projiziert. Zum anderen können Bilder und Videos mit der integrierten Digitalkamera aufgenommen werden, die Aufnahmen mit den Informationen aus dem Internet kombiniert werden und sodann unmittelbar an Soziale Medien versendet werden. Die Gefahren für Persönlichkeitsrechte, wie das Recht am eigenen Bild und das Recht auf informationelle Selbstbestimmung liegen auf der Hand. Brisanz erlangt die Erfindung zum einen unter datenschutzrechtlichen Aspekten, da die Brille personenbezogene Daten des Trägers und auch Dritter erfasst und an *Google* übermittelt bzw. mit personenbezogenen Daten aus dem Internet verknüpft. Dabei können auch Dank *Location Based Services* ganze Bewegungsprofile des Trägers aufgezeichnet werden. Darüber hinaus eröffnet *Google Glass* aber auch neue kriminelle Handlungsmöglichkeiten gerade in Bezug auf Stalking und Mobbing. Die Brille erleichtert jede Aufnahme von Fotos und Videos sowie Gesprächen mittels kurzem Sprachbefehl, oder bald gar nur noch mittels Augenzwinkern, und überträgt diese sogleich ins Internet. Selbst das erforderliche Anvisieren mittels Kamera oder *Smartphone* fällt weg, sodass Dritte überhaupt nicht erkennen können, wann und ob eine Aufnahme entsteht. Peinliche und bloßstellende Situationen können so jederzeit vom Opfer unbemerkt aufgenommen und sogleich auf Social Media Webseiten übertragen werden. Mittels Gesichtserkennungssoftware lassen sich in Zukunft auch fremde Personen identifizieren und mit weiteren Informationen aus dem Internet und Social Media Plattformen in Verbindung bringen. Nicht nur Anbieter wie *Facebook* oder

---

1424 *Härting*, CR 2014, 528, (530). Zum „Internet der Dinge" siehe auch *Weichert*, ZD 2013, 251, (252).

1425 *Härting*, CR 2014, 528, (530). Zur "Consumerization of IT" siehe *Heckmann*, NJW 2012, 2631, (2634).

1426 Zur Funktionsweise von *Google Glas* ausführlich *Solmecke/Kocatepe*, ZD 2014, 22 ff.

Google können damit Persönlichkeitsprofile über ihre Zielperson zusammentragen, sondern auch (potentielle) Stalker.

Obwohl viele Erfindungen wie *Google Glass* derzeit nur als Entwicklerversion verfügbar sind, lassen sich der Trend und die Richtung der zukünftigen Entwicklungen bereits vorausahnen. Der Trend *Big Data* dürfte den Beginn einer völlig neuen Ära des „Gläsernen Menschen" einläuten. Die Themen Datenschutz, Mobbing und Stalking in einer digitalen, vernetzten und datengetriebenen Welt werden uns auch in Zukunft begleiten. Denn die Gesellschaft wird letztendlich die technischen Neuerungen akzeptieren. Der Gesetzgeber hat mit modernen und durchsetzbaren Gesetzen Schritt zu halten – das Netz wartet nicht.

Literaturverzeichnis

Albrecht, Philipp: Die EU-Datenschutzgrundverordnung rettet die informationelle Selbstbestimmung! Ein Zwischenruf für einen einheitlichen Datenschutz durch die EU, in: Zeitschrift für Datenschutz 2013, S. 587–591 [zitiert: *Albrecht*, ZD 2013]

Arning, Marian, Moos, Flemming: Location Based Advertising. Datenschutzkonforme Verwendung von Ortsdaten bei verhaltensbezogener Online-Werbung, in: Zeitschrift für Datenschutz 2014, S. 126–133 [zitiert: *Arning/Moos*, ZD 2014]

Arzt, Gunther, Weber, Ulrich, Heinrich, Bernd, Hilgendorf, Eric: Strafrecht Besonderer Teil, Lehrbuch, 2. Auflage, Bielefeld 2009 [zitiert: *Arzt/Weber/Heinrich/Hilgendorf*, Strafrecht BT, § Rn.]

Aul, Michael Markus: Stalking – Phänomenologie und strafrechtliche Relevanz, Gießener Schriften zum Strafrecht und zur Kriminologie, Band 32, Dissertation, Baden-Baden 2009 [zitiert: *Aul*, S.]

Bauer, Christian Alexander: User Generated Content – Urheberrechtliche Zulässigkeit nutzergenerierter Medieninhalte, Berlin Heidelberg 2011 [zitiert: *Bauer C.*, User Generated Content, S.]

Bauer, Jobst-Hubertus, Günther, Jens: Kündigung wegen Beleidigender Äußerungen auf Facebook, in: Neue Zeitschrift für Arbeitsrecht 2013, S. 67–73 [zitiert: *Bauer J./Günther*, NZA 2013]

Bauer, Stefan: Personalisierte Werbung auf Social Community-Websites – Datenschutzrechtliche Zulässigkeit der Verwendung von Bestandsdaten und Nutzungsprofilen, in: Multimedia und Recht –Zeitschrift für Informations-, Telekommunikations- und Medienrecht 2008, S. 435–438 [zitiert: *Bauer S.*, MMR 2008]

Bär, Wolfgang: Transnationaler Zugriff auf Computerdaten, in: Zeitschrift für Internationale Strafrechtsdogmatik 2011, S. 53–59 [zitiert: *Bär*, ZIS 2011]

Beck, Simon Markus: Lehrermobbing durch Videos im Internet – Ein Fall für die Staatsanwaltschaft? in: Multimedia und Recht – Zeitschrift für Informations-, Telekommunikations- und Medienrecht 2008, S. 77–82 [zitiert: *Beck*, MMR 2008]

Beck, Susanne: Internetbeleidigung de lege lata und de lege ferenda – Strafrechtliche Aspekte des „Spick-mich"-Urteils, in: Multimedia und Recht – Zeitschrift für Informations-, Telekommunikations- und Medienrecht 2009, S. 736–740 [zitiert: *Beck Susanne*, MMR 2009]

–. Übungsfall: Der wütende Ex-Freund, Strafrecht, in: Zeitschrift für das juristische Studium 2010, S. 742–751 [zitiert: *Beck Susanne*, ZJS 2010]

Beck'scher Online Kommentar: Arbeitsrecht, *Rolfs, Christian/ Giesen, Richard/ Kreikebohm, Ralf/ Udsching, Peter* (Hrsg.), Stand 01.12.2014, 34. Edition, abrufbar unter *www.beck-online.de* [zitiert: BeckOK-ArbR/*Bearbeiter*, § Rn.]

Beck'scher Online Kommentar: Bürgerliches Recht, *Bamberger, Heinz Georg/ Roth, Herbert* (Hrsg.), Stand 01.11.2014, 33. Edition, abrufbar unter *www.beck-online.de* [zitiert: BeckOK-BGB/*Bearbeiter*, § Rn.]

Beck'scher Online Kommentar: Datenschutzrecht, *Wolff, Heinrich Amadeus/ Brink, Stefan* (Hrsg.), Stand 01.11.2014, 10. Edition, abrufbar unter *www.beck-online.de* Stand 01.11.2013, 6. Edition, abrufbar unter *www.beck-online.de* [zitiert: BeckOK-BDSG/*Bearbeiter*, § Rn.]

Beck'scher Online Kommentar: Strafrecht, *von Heintschel-Heinegg, Bernd* (Hrsg.), Stand 10.11.2014, 25. Edition, abrufbar unter *www.beck-online.de* [zitiert: BeckOK-StGB/*Bearbeiter*, § Rn.]

Beck'scher Online Kommentar: Strafprozessrecht mit RiStBV und MiStra, *Graf, Jürgen-Peter* (Hrsg.), Stand 08.09.2014, 19. Edition, abrufbar unter *www.beck-online.de* [zitiert: BeckOK-StPO/*Bearbeiter*, § Rn.]

Beck'scher Online Kommentar: Urheberrecht, *Ahlberg, Hartwig/ Götting, Horst-Peter* (Hrsg.), Stand 01.01.2015, 7. Edition, abrufbar unter *www.beck-online.de* [zitiert: BeckOK-UrhR/*Bearbeiter*, § Rn.]

Berner, Georg, Köhler, Gerd Michael, Käß, Robert: Handkommentar zum Polizeiaufgabengesetz, 20. Auflage, Heidelberg München u.a. 2010 [zitiert: *Berner/Köhler/Käß*, PAG, Art. Rn.]

Beukelmann, Stephan: Surfen ohne strafrechtliche Grenzen, in: Neue Juristische Wochenschrift 2012, S. 2617–2622 [zitiert: *Beukelmann*, NJW 2012]

Beyvers, Eva, Herbrich, Tilman: Das Niederlassungsprinzip im Datenschutzrecht – am Beispiel von Facebook. Der neue Ansatz des EuGH und die Rechtsfolgen, in: Zeitschrift für Datenschutz 2014, S. 558–562 [zitiert: *Beyvers/Herbrich*, ZD 2014]

Bieszk, Dorothea, Sadtler, Susanne: Mobbing und Stalking: Phänomene der modernen (Arbeits-) Welt und ihre Gegenüberstellung, in: Neue Juristische Wochenschrift 2007, S. 3382–3387 [zitiert: *Bieszk/Sadtler*, NJW 2007]

Borges, Georg, Schwenk, Jörg, Stuckenberg, Carl-Friedrich, Wegener, Christoph: Identitätsdiebstahl und Identitätsmissbrauch im Internet – Rechtliche und technische Aspekte, Berlin Heidelberg 2011 [zitiert: *Borges/Schwenk/Stuckenberg/Wegener*, S.]

Bosch, Nikolaus: Der strafrechtliche Schutz vor Foto-Handy-Voyeuren und Paparazzi, in: Juristen Zeitung 2005, S. 377–385 [zitiert: *Bosch*, JZ 2005]

Brennscheidt, Kristin: Cloud Computing und Datenschutz, Internet und Recht, Band 13, Dissertation, Bochum 2013 [zitiert: *Brennscheidt*, S.]

Brink, Stefan, Eckhardt, Jens: Wann ist ein Datum ein personenbezogenes Datum? in: Zeitschrift für Datenschutz 2015, S. 1–2 [zitiert: *Brink/Eckhardt*, ZD 2015]

Brose, Wiebke, Ulber, Daniel: Schwerpunktbereichsklausur – Arbeitsrecht: Schadensersatz wegen Verletzung des allgemeinen Persönlichkeitsrechts – Mobbing, in: Juristische Schulung 2012, S. 721–728 [zitiert: *Brose/Ulber*, JuS 2012]

Bruns, Alexander: Persönlichkeitsschutz im Internet – medienspezifisches Privileg oder medienpersönlichkeitsrechtlicher Standard? in: Zeitschrift für Medien- und Kommunikationsrecht (AfP) 2011, S. 421–428 [zitiert: *Bruns*, AfP 2011]

Brunst, Phillip W.: Anonymität im Internet – Rechtliche und tatsächliche Rahmenbedingungen. Zum Spannungsfeld zwischen einem Recht auf Anonymität und den Möglichkeiten zur Identifizierung und Strafverfolgung, Schriftenreihe des Max-Planck-Instituts für ausländisches und internationales Recht, Band S 117, Freiburg i.Br. 2009 [zitiert: *Brunst*, S.]

Busch, Ralf: Vorratsdatenspeicherung – noch nicht am Ende! in: Zeitschrift für Rechtspolitik 2014, S. 41–45 [zitiert: *Busch*, ZRP 2014]

–. Strafrechtlicher Schutz gegen Kinderpornographie und Missbrauch, in: Neue Juristische Wochenschrift 2015, S. 977–981 [zitiert: *Busch*, NJW 2015]

Buß, Sebastian: Der Weg zu einem deutschen Stalkingstraftatbestand, Schriftenreihe Strafrecht in Forschung und Praxis, Band 143, Inauguraldissertation, Hamburg 2008 [zitiert: *Buß*, S.]

Caspar, Johannes: Nutzung des Web 2.0 – zwischen Bürgernähe und Geschwätzigkeit? Einsatz von Web 2.0-Plattformen durch öffentliche Stellen am Beispiel der Polizei, in: Zeitschrift für Datenschutz 2015, S. 12–17 [zitiert: *Caspar*, ZD 2015]

Cornelius, Kai: Plädoyer für einen Cybermobbing-Straftatbestand, in: Zeitschrift für Rechtspolitik 2014, S. 164–168 [zitiert: *Cornelius*, ZRP 2014]

Determann, Lothar: Soziale Netzwerke in der Arbeitswelt – Ein Leitfaden für die Praxis, in: Betriebs-Berater 2013, S. 181–189 [zitiert: *Determann*, BB 2013]

Dietrich, Ralf: Das Erfordernis der besonderen Sicherung im StGB am Beispiel des Ausspähens von Daten, § 202a StGB – Kritik und spezialpräventiver Ansatz, Strafrechtliche Abhandlungen, Neue Folge, Band 211, Berlin 2009 [zitiert: *Dietrich*, S.]

–. Die Rechtsschutzbegrenzung auf besonders gesicherte Daten des § 202a StGB, in: Neue Zeitschrift für Strafrecht 2011, S. 247–254 [zitiert: *Dietrich*, NStZ 2011]

Dietrich, Florian, Ziegelmayer, David: Facebook's „Sponsored Stories" – ein personenbezogenes unlauteres Vergnügen, in: Computer und Recht 2013, S. 104–110 [zitiert: *Dietrich/Ziegelmayer*, CR 2013]

Dreyer, Gunda, Kotthoff, Jost, Meckel, Astrid (Hrsg.): Urheberrecht, Urheberrechtsgesetz, Urheberrechtswahrnehmungsgesetz, Kunsturhebergesetz, Heidelberger Kommentar, 3. Auflage, Heidelberg u.a. 2013 [zitiert: Dreyer/Kotthoff/Merkel-*Bearbeiter*, KUG, § Rn.]

Eisele Jörg: Schriftliche Stellungnahme zur Sachverständigenanhörung im Ausschuss für Recht und Verbraucherschutz des Deutschen Bundestages zum Entwurf eines Gesetzes zur Änderung des Strafgesetzbuchs – Umsetzung europäischer Vorgaben zum Sexualstrafrecht, Tübingen den 10. Oktober 2014 [zitiert: *Eisle*, Stellungnahme der Sachverständigen im BT-Rechtsausschuss 2014]

Erbs, Georg, Kohlhaas, Max (Hrsg.): Strafrechtliche Nebengesetze, Beck'sche Kurzkommentare Band 17, 200. Ergänzungslieferung, Stand 10/2014 [zitiert: Erbs/Kohlhaas-*Bearbeiter*, GewSchG bzw. KUG, § Rn.]

Erd, Rainer: Datenschutzrechtliche Probleme sozialer Netzwerke, in: Neue Zeitschrift für Verwaltungsrecht 2011, S. 19–22 [zitiert: *Erd*, NVwZ 2011]

Ernst, Stefan: Das neue Computerstrafrecht, in: Neue Juristische Wochenschrift 2007, S. 2661–2666 [zitiert: *Ernst*, NJW 2007]

–. Gleichklang des Persönlichkeitsschutzes im Bild- und Tonbereich? in: Neue Juristische Wochenschrift 2004, S. 1277–1280 [zitiert: *Ernst*, NJW 2004]

–. Hacker und Computerviren im Strafrecht, in: Neue Juristische Wochenschrift 2003, S. 3233–3240 [zitiert: *Ernst*, NJW 2003]

–. Social Plugins: Der „Like-Button" als datenschutzrechtliches Problem, in: Neue Juristische Online-Zeitschrift 2010, S. 1917–1919 [zitiert: *Ernst*, NJOZ 2010]

Fischer, Thomas: Strafgesetzbuch und Nebengesetze, Kommentar, 62. Auflage, München 2015 [zitiert: *Fischer*, StGB, § Rn.]

Flechsig,, Norbert P.: Schutz gegen Verletzung des höchstpersönlichen Lebensbereichs durch Bildaufnahmen, in: Zeitschrift für Urheber- und Medienrecht 2004, S. 605–617 [zitiert: *Flechsig*, ZUM 2004]

Fritz, Johannes: Netzpolitische Entscheidungsprozesse – Datenschutz, Urheberrecht und Internetsperren in Deutschland und Großbritannien, Schriftenreihe Policy Analyse, Band Nr. 4, Baden-Baden 2013 [zitiert: *Fritz*, S.]

Fünfsinn, Helmut: Rechtliche Gestaltung des Stalking-Tatbestandes, praktische Erfahrungen und Probleme, in: Stalking – Wissenschaft, *Weisser Ring e.V.* (Hrsg.), Gesetzgebung und Opferhilfe, Band 47, Baden-Baden 2010 [zitiert: *Fünfsinn*, Stalking – Wissenschaft, S.]

Gennen, Klaus, Kremer, Sascha: Social Networks und der Datenschutz, in: Der IT-Rechts-Berater 2011, S. 59–63 [zitiert: *Gennen/Kremer*, ITRB 2011]

Gercke, Marco: Lex Edathy? Der Regierungsentwurf zur Reform des Sexualstrafrechts, in: Computer und Recht 2014, S. 687–691 [zitiert: *Gercke*, CR 2014]

Gercke, Marco, Brunst, Phillip W.: Praxishandbuch Internetstrafrecht, Stuttgart 2010 [zitiert: *Gercke/Brunst*, Rn.]

Gerhold, Sönke: Das System des Opferschutzes im Bereich des Cyber- und Internetstalking – Rechtliche Reaktionsmöglichkeiten der Betroffenen, Kieler Rechtswissenschaftliche Abhandlungen (NF), Band 61, Baden-Baden 2010 [zitiert: *Gerhold*, S.]

Glaser, Andreas: Grundrechtlicher Schutz der Ehre im Internetzeitalter, in: Neue Zeitschrift für Verwaltungsrecht 2012, S. 1432–1438 [zitiert: *Glaser*, NVwZ 2012]

Gola, Peter, Schomerus, Rudolf: Bundesdatenschutzgesetz, Kommentar, 12. Auflage, München 2015 [zitiert: *Gola/Schomerus*, BDSG, § Rn.]

Gounalakis, Georgios, Klein, Catherine: Zulässigkeit von personenbezogenen Bewertungsplattformen – Die „Spickmich"-Entscheidung des BGH vom 23.06.2009, in: Neue Juristische Wochenschrift 2010, S. 566–571 [zitiert: *Gounalakis/Klein*, NJW 2010]

Grimm, Petra, Rhein, Stefanie, Clausen-Muradian, Elisabeth: Gewalt im Web 2.0, Der Umgang Jugendlicher mit gewalthaltigen Inhalten und Cyber-Mobbing sowie die rechtliche Einordnung der Problematik, Schriftenreihe der Niedersächsischen Landesmedienanstalt, Band 23, Berlin 2008 [zitiert: *Grimm/Rhein/Clausen-Muradian*, S.]

Große Ruse-Khan, Henning, Klass, Nadine v. Lewinski, Silke (Hrsg.): Nutzergenerierte Inhalte als Gegenstand des Privatrechts, Aktuelle Probleme des Web 2.0, MPI Studies on Intellectual Property, Competition and Tax Law, Volume 15, Berlin Heidelberg 2010 [zitiert: Große Ruse-Khan/Klass/v. Lewinski-*Bearbeiter*, S.]

Gröseling, Nadine, Höfinger, Frank Michael: Hacking und Computerspionage – Auswirkungen des 41. StrÄndG zur Bekämpfung der Computerkriminalität, in: Multimedia und Recht – Zeitschrift für Informations-, Telekommunikations- und Medienrecht 2007, S. 549–553 [zitiert: *Gröseling/Höfinger*, MMR 2007]

Gstrein, Oskar Josef: Die umfassende Verfügungsbefugnis über die eigenen Daten – Das „Recht auf Vergessenwerden" und seine konkrete Umsatzbarkeit, in: Zeitschrift für Datenschutz 2012, S. 424–428 [zitiert: *Gstrein*, ZD 2012]

Günther, Jens: Unternehmensschädliche Äußerungen von Arbeitnehmern in sozialen Medien – Social Media Guidelines als Mittel der Prävention, in: Arbeitsrecht Aktuell 2013, 345524 [zitiert: *Günther*, ArbR-Aktuell 2013]

Hanschmann, Felix: Schulische Ordnungsmaßnahmen und die Nutzung moderner Aufzeichnungs- und Kommunikationstechniken, in: Neue Zeitschrift für Verwaltungsrecht 2008, S. 1295–1299 [zitiert: *Hanschmann*, NVwZ 2008]

Hawellek, Christian, Heinemeyer, Dennis: Polizei Hannover setzt Personen-Fahndung wegen datenschutzrechtlicher Bedenken aus, in: Zeitschrift für Datenschutz Aktuell 2012, 02730 [zitiert: *Hawellek/Heinemeyer*, ZD-Aktuell 2012]

Härting, Niko: Datenschutzreform in Europa: Einigung im EU-Parlament – Kritische Anmerkungen, in: Computer und Recht 2013, S. 715–721 [zitiert: *Härting*, CR 2013]

–. Internetrecht, 5. Auflage, Köln 2014 [zitiert: *Härting*, Internetrecht bzw. Internetrecht Annex: Datenschutz im 21. Jahrhundert, Rn.]

Kommunikationsfreiheit und Datentransparenz – Bausteine eines modernen Datenschutzrechts als Reaktion auf das „Computer-Grundrecht", in: Anwaltsblatt 2011, S. 246–250 [zitiert: *Härting*, AnwBl. 2011]

–. Profiling: Vorschläge für eine intelligente Regulierung – Was aus der Zweistufigkeit des Profiling für die Regelung des nicht-öffentlichen Datenschutzbereichs folgt, in: Computer und Recht 2014, S. 528–536 [zitiert: *Härting*, CR 2014]

Heckmann, Dirk: Persönlichkeitsschutz im Internet – Anonymität der IT-Nutzung und permanente Datenverknüpfung als Herausforderung für Ehrschutz und Profilschutz, in: Neue Juristische Wochenschrift 2012, S. 2631–2635 [zitiert: *Heckmann*, NJW 2012]

Heim, Maximilian: Justiz 2.0? Beschlagnahme eines Facebook-Accounts, in: Neue Juristische Wochenschrift Spezial 2012, S. 184 [zitiert: *Heim*, NJW-Spezial 2012]

Henrichs, Axel, Wilhelm, Jörg: Polizeiliche Ermittlungen in sozialen Netzwerken, Kriminalistik 2010, S. 30–37 [zitiert: *Henrichs/Wilhelm*, Kriminalistik 2010]

Heuchemer, Michael O., Paul, Thomas: Die Strafbarkeit unbefugter Bildaufnahmen – Tatbestandliche Probleme des § 201a StGB, in: Juristische Arbeitsblätter 2006, S. 616–620 [zitiert: *Heuchemer/Paul*, JA 2006]

Hey, Thomas: Cybermobbing – Welche Pflichten treffen den Arbeitgeber? in: Betriebs-Berater 2013, S. 1–2 [zitiert: *Hey*, BB 2013]

Himmels, Sabine: Behavioural Targeting im Internet – Datenschutz durch lauterkeitsrechtlich gestützte Selbstregulierung? Frankfurt a.M. 2013 [zitiert: *Himmels*, S.]

Hilgendorf, Eric: Beleidigung – Grundlagen, interdisziplinäre Bezüge und neue Herausforderungen, in: Erwägen Wissen Ethik 2008, S. 403–412, Replik: Facetten des Ehrenschutzes, S. 456–466 [zitiert: *Hilgendorf*, EWE 2008]

–. Ehrkränkung („flaming") im Web 2.0 – Ein Problemaufriss de lege lata und de lege ferenda, in: Zeitschrift für Internationale Strafrechtsdogmatik 2010, S. 208–215 [zitiert: *Hilgendorf*, ZIS 2010]

Hilgendorf, Eric, Hong, Seung-Hee: Cyberstalking – Eine neue Variante der Internetkriminalität, in: Kommunikation und Recht 2003, S. 168–172 [zitiert: *Hilgendorf/Hong*, KuR 2003]

Hilgendorf, Eric, Valerius, Brian: Computer- und Internetstrafrecht – Ein Grundriss, 2. Auflage, Berlin Heidelberg 2012 [zitiert: *Hilgendorf/Valerius*, Computer- und Internetstrafrecht, Rn.]

Hilgendorf, Eric, Wolf, Christian: Internetstrafrecht – Grundlagen und aktuelle Fragestellungen, in: Kommunikation und Recht 2006, S. 541–547 [zitiert: *Hilgendorf/Wolf*, KuR 2006]

Hoeren, Thomas: Internet- und Kommunikationsrecht, Praxis-Lehrbuch, 2. Auflage, Köln 2012 [zitiert: *Hoeren*, Internet- und Kommunikationsrecht, S.]

Hoeren, Thomas, Bensinger, Viola (Hrsg.): Haftung im Internet – Die neue Rechtslage, Praxishandbuch, Berlin Boston 2014 [zitiert: Hoeren/Bensinger-*Bearbeiter*, Kap. Rn.]

Hoeren, Thomas, Sieber, Ulrich, Holznagel, Bernd (Hrsg.): Handbuch Multimedia-Recht, Rechtsfragen des elektronischen Geschäftsverkehrs, Stand: 39. Ergänzungslieferung, München 2014 [zitiert: Hoeren/Sieber/Holznagel-*Bearbeiter*, Multimediarecht, Teil Rn.]

Hoffmann, Christian, Schulz, Sönke E., Borchers, Kim Corinna: Grundrechtliche Wirkungsdimensionen im digitalen Raum – Bedrohungslagen im Internet und staatliche Reaktionsmöglichkeiten, in: Multimedia und Recht – Zeitschrift für Informations-, Telekommunikations- und Medienrecht 2014, S. 89–95 [zitiert: *Hoffmann/Schulz/Borchers*, MMR 2014]

Hollenders, Anna-Sophie: Mittelbare Verantwortlichkeit von Intermediären im Netz, Internet und Recht, Band 10, Baden-Baden 2012 [zitiert: *Hollenders*, S.]

Hornung, Gerrit: Eine Datenschutz-Grundverordnung für Europa? Licht und Schatten im Kommissionsentwurf vom 25.01.2012, in: Zeitschrift für Datenschutz 2012, S. 99–106 [zitiert: *Hornung*, ZD 2012]

Huber, Melanie: Kommunikation im Web 2.0, Twitter, Facebook & Co, PR Praxis, Band 13, 2. Auflage, Konstanz 2010 [zitiert: *Huber*, S.]

Ihwas, Ramadan Saleh: Strafverfolgung in sozialen Netzwerken – Facebook & Co. als moderne Ermittlungswerkzeuge, Deutsches und Europäisches Strafprozessrecht und Polizeirecht, Band 1, Baden-Baden 2014 [zitiert: *Ihwas*, S.]

Jahn, Matthias: Strafrecht – Besonderer Teil: Strafrechtliche Folgen des Stalkings, Anmerkung zum Beschluss des BVerfG vom 27.09.2006, Az. 2 BvR 1603/06, in: Juristische Schulung 2007, S. 384–386 [zitiert: *Jahn*, JuS 2007]

–.: Strafrecht – Besonderer Teil: Stalking, Anmerkung zum Beschluss des LG Lübeck vom 14.02.2008, Az. 2b Qs 18/08, in: Juristische Schulung 2008, S. 553–555 [zitiert: *Jahn*, JuS 2008]

–.: Strafrecht – Besonderer Teil: Taterfolg der Nachstellung, Anmerkung zum Beschluss des OLG Rostock vom 27.05.2009, Az. 1 Ss 96/09, in: Juristische Schulung 2010, S. 81–83 [zitiert: *Jahn*, JuS 2010]

–.: Strafrecht – Besonderer Teil: Körperverletzung – Kein Körperverletzungserfolg im Falle bloß emotionaler Reaktionen auf Stalking, Anmerkung zum Beschluss des BGH vom 18.07.2013, Az. 4 StR 168/13, in: Juristische Schulung 2014, S. 559–561 [zitiert: *Jahn*, JuS 2014]

Jahn, Matthias, Ziemann, Sascha: Bilderstreit 2.0 – Die rechtspolitische Diskussion über die Kriminalisierung des Umgangs mit Nacktbildern von Minderjährigen, in: Festschrift für *Walter Kargl* zum 70. Geburtstag, *Albrecht, Peter-Alexis* u.a. (Hrsg.), Berlin 2015, S. 227–239 [zitiert: *Jahn/Ziemann*, FS Kargl, S.]

Jandt, Silke, Roßnagel, Alexander: Datenschutz in Social Networks – Kollektive Verantwortlichkeit für die Datenverarbeitung, in: Zeitschrift für Datenschutz 2011, S. 160–166 [zitiert: *Jandt/Roßnagel*, ZD 2011]

–.: Social Networks für Kinder und Jugendliche, in: Multimedia und Recht – Zeitschrift für Informations-, Telekommunikations- und Medienrecht 2011, S. 637–642 [zitiert: *Jandt/Roßnagel*, MMR 2011]

Jansen, Frank, Hartmann, Sebastian: Straining und Mobbing im Lichte des Persönlichkeitsschutzes, in: Neue Juristische Wochenschrift 2012, S. 1540–1545 [zitiert: *Jansen/Hartmann*, NJW 2012]

Jarass, Hans, Pieroth, Bod (Hrsg.): Grundgesetz für die Bundesrepublik Deutschland, Kommentar, 13. Auflage, München 2014 [zitiert: Jarass/Pieroth-*Bearbeiter*, GG, Art. Rn.]

Käppner, Katrin: Der Stalking-Tatbestand in der Rechtsprechung seit seiner Einführung, Schriftenreihe Strafrecht in Forschung und Praxis, Band 287, Hamburg 2014 [zitiert: *Käppner*, S.]

Kaplan, Andreas M., Haenlein, Michael: Users of the world, unite! The challenges and opportunities of Social Media, Business Horizons 53, Nr. 1, 2010, S. 59–68 [zitiert: *Kaplan/Haenlein*, S.]

Karg, Moritz: Anwendbares Datenschutzrecht bei Internet-Diensteanbietern – TMG und BDSG vs. Konzernstrukturen? in: Zeitschrift für Datenschutz 2013, S. 371–375 [zitiert: *Karg*, ZD 2013]

Kartal-Aydemir, Aliye, Krieg, Rebecca: Haftung von Anbietern kollaborativer Internetplattformen – Störerhaftung für User Generated Content? in: Multimedia und Recht – Zeitschrift für Informations-, Telekommunikations- und Medienrecht 2012, S. 647–652 [zitiert: *Kartal-Aydemir/Krieg*, MMR 2012]

Kartheuser, Ingemar, Klar, Manuel: Wirksamkeitskontrolle von Einwilligungen auf Webseiten – Anwendbares Recht und inhaltliche Anforderungen im Rahmen gerichtlicher Überprüfungen, in: Zeitschrift für Datenschutz 2014, S. 500–505 [zitiert: *Kartheuser/Klar*, ZD 2014]

Katko, Peter, Babaei-Beigi, Ayda: Accountability statt Einwilligung? Führt Big Data zum Paradigmenwechsel im Datenschutz? in: Multimedia und Recht – Zeitschrift für Informations-, Telekommunikations- und Medienrecht 2014, S. 360–364 [zitiert: *Katko/Babaei-Beigi*, MMR 2014]

Katz, Adrienne: Cyberbullying and E-Safety – What educators and other professionals need to know, London 2012 [zitiert: *Katz*, S.]

Kaufmann, Annelie: Stalking – das Undsoweiter-Delikt, in: Deutsche Richterzeitung 2014, S. 50–51 [zitiert: *Kaufmann*, DRiZ 2014]

Keiser, Thorsten: Schadensersatz und Schmerzensgeld bei Stalking? in: Neue Juristische Wochenschrift 2007, S. 3387–3391 [zitiert: *Keiser*, NJW 2007]

Kilian, Wolfgang, Heussen, Benno (Hrsg.): Computerrechts-Handbuch, Informationstechnologie in der Rechts- und Wirtschaftspraxis, Teil 10: Strafrecht, Besonderer Teil des Strafgesetzbuches, 32. Ergänzungslieferung, München 2013 [zitiert: Kilian/Heussen-*Bearbeiter*, Computerrecht, Teil 10, Strafrecht BT, Rn.]

Kindhäuser, Urs, Neumann, Ulfrid, Paeffgen, Hans-Ulrich (Hrsg.): Strafgesetzbuch, Lehr- und Praxiskommentar, 4. Auflage, Baden-Baden 2013 [zitiert.: Kindhäuser/Neumann/Paeffgen-*Bearbeiter*, StGB, § Rn.]

Kindhäuser, Urs: Nomoslehrbuch, Strafprozessrecht, 3. Auflage, Baden-Baden 2013 [zitiert: *Kindhäuser*, StPO, § Rn.]

Kipker, Dennis-Kenji, Voskamp, Friederike: Staatliche Auskunftsersuchen gegenüber Online-Unternehmen – Möglichkeiten und Grenzen im Polizei- und Strafprozessrecht, in: Zeitschrift für Datenschutz 2013, S. 119–123 [zitiert: *Kipker/Voskamp*, ZD 2013]

–.: Datenschutz in sozialen Netzwerken nach der Datenschutzgrundverordnung, in: Datenschutz und Datensicherheit 2012, S. 737–742 [zitiert: *Kipker/Voskamp*, DuD 2012]

Klinkhammer, Patrick, Müllejans, Gabi: Veröffentlichung von Fotos in sozialen Netzwerken – Ein Überblick über mögliche Rechtsfolgen, in: Arbeitsrecht Aktuell 2014, S. 503–506 [zitiert: *Klinkhammer/Müllejans*, ArbR-Aktuell 2014]

Kodde, Claudia: Die „Pflicht zu Vergessen" – „Recht auf Vergessenwerden" und Löschung in BDSG und DS-GVO, in: Zeitschrift für Datenschutz 2013, S. 115–118 [zitiert: *Kodde*, ZD 2013]

Köhne, Michael: „Unerwünschte Nähe" – Mehr Opferschutz bei der Nachstellung, in: Zeitschrift für Rechtspolitik 2014, S. 141–143 [zitiert: *Köhne*, ZRP 2014]

Koreng, Ansgar, Feldmann, Thorsten: Das „Recht auf Vergessen" – Überlegungen zum Konflikt zwischen Datenschutz und Meinungsfreiheit, in: Zeitschrift für Datenschutz 2012, S. 311–315 [zitiert: *Koreng/Feldmann*, ZD 2012]

Kort, Michael: Kündigungsrechtliche Fragen bei Äußerungen des Arbeitnehmers im Internet, in: Neue Zeitschrift für Arbeitsrecht 2012, S. 1321–1326 [zitiert: *Kort*, NZA 2012]

Köhler, Markus, Arndt, Hans-Wolfgang, Fetzer, Thomas: Recht des Internet, 7. Auflage, Heidelberg u.a. 2011 [zitiert: *Köhler/Arndt/Fetzer*, Rn.]

Krischker, Sven: „Gefällt mir", „Geteilt", „Beleidigt"? Die Internetbeleidigung in sozialen Netzwerken, in: Juristische Arbeitsblätter 2013, S. 488–494 [zitiert: *Krischker*, JA 2013]

Krüger, Matthias: Stalking in allen Instanzen – Kritische Bestandsaufnahme erster Entscheidungen zu § 238 StGB, in: Neue Zeitschrift für Strafrecht 2010, S. 546–553 [zitiert: *Krüger*, NStZ 2010]

-.: Stalking als familien- und strafrechtliches Problem, in: Familie Partnerschaft Recht 2011, S. 219–224 [zitiert: *Krüger*, FPR 2011]

Kudlich, Hans: Eine verhängnisvolle Affäre – Erste höchstrichterliche Äußerungen zu den Voraussetzungen des „Stalking-Paragraphen", Anforderungen an die Beharrlichkeit sowie die schwerwiegende Beeinträchtigung der Lebensgestaltung beim unbefugten Nachstellen – konkurrenzrechtliche Beurteilung verschiedener Nachstellungshandlungen, in: Juristische Arbeitsblätter 2010, S. 389–391 [zitiert: *Kudlich*, JA 2010]

–.: Ehrschutz vs. Meinungsfreiheit – Schwierigkeiten der strafrechtlichen Rechtsanwendung im Einzelfall, in: Erwägen Wissen Ethik 2008, S. 433–435 [zitiert: *Kudlich*, EWE 2008]

–.: Die Neuregelung der strafrechtlichen Verantwortung von Internetprovidern, in: Juristische Arbeitsblätter 2002, S. 798–803 [zitiert: *Kudlich*, JA 2002]

Kühl, Kristian: Zur Strafbarkeit unbefugter Bildaufnahmen, in: Zeitschrift für Medien- und Kommunikationsrecht (AfP) 2004, S. 190–197 [zitiert: *Kühl*, AfP, 2004]

Kühling, Jürgen, Seidel, Christian, Sivridis, Anastasios: Datenschutzrecht, 2. Auflage, Heidelberg u.a. 2011 [zitiert: *Kühling/Seidel/Sivridis*, S.]

Kurz, Constanze, Rieger, Frank: Die Datenfresser – Wie Internetfirmen und Staat sich unsere persönlichen Daten einverleiben und wie wir die Kontrolle darüber zurückerlangen, Schriftenreihe, Band 1177, Bonn 2011 [zitiert: *Kurz/Rieger*, S.]

Kutscha, Martin, Thomé, Sarah: Grundrechtsschutz im Internet? Internet und Recht, Band 12, Baden-Baden 2013 [zitiert: *Kutscha/Thomé*, S.]

Lackner, Karl, Kühl, Kristian: Strafgesetzbuch, Kommentar, 28. Auflage, München 2014 [zitiert: *Lackner/Kühl*, StGB, § Rn.]

Klesczewski, Diethelm: Straftataufklärung im Internet – Technische Möglichkeiten und rechtliche Grenzen von strafprozessualen Ermittlungseingriffen im Internet, in: Zeitschrift für die gesamte Strafrechtswissenschaft 123, 2011, S. 737–766 [zitiert: *Klesczewski*, ZStW 123]

Kremer, Sascha: Datenschutz bei Entwicklung und Nutzung von Apps für Smart Devices, in: Computer und Recht 2012, S. 438–446 [zitiert: *Kremer*, CR 2012]

Laue, Christian: Strafrecht und Internet – Teil 2, in: juris Praxisreport Strafrecht, 15/2009, Anm. 2 [zitiert: *Laue*, jurisPR-StrafR 15/2009, Anm. 2]

Leipziger Kommentar: Strafgesetzbuch, Großkommentar, *Laufhütte, Heinrich Wilhelm/ Rissing-van-Saan, Ruth/ Tiedemann, Klaus* (Hrsg.) Sechster Band (§§ 146–210), 12. Auflage, Berlin 2010 Zehnter Band (§§ 284–305a), 12. Auflage, Berlin 2008 [zitiert: LK-*Bearbeiter*, StGB, § Rn.]

Lejeune, Mathias: Datenaustausch mit den Vereinigten Staaten von Amerika – Was gilt und was nach der EU-Datenschutz-GVO und für eine Freihandelszone gelten soll, in: Computer und Recht 2013, S. 822–828 [zitiert: *Lejeune*, CR 2013]

Lepperhoff, Niels, Petersdorf, Björn, Thursch, Sabine: Datenschutzverstöße im Internet, in: Datenschutz und Datensicherheit 2013, S. 301–306 [zitiert: *Lepperhoff/ Petersdorf/Thursch*, DuD 2013]

Leupold, Andreas, Glossner, Silke, (Hrsg.): Münchener Anwaltshandbuch IT-Recht, Teil 10. Besonderheiten des Straf- und Strafprozessrechts, 3. Auflage, München 2013 [zitiert: Leupold/Glossner-*Bearbeiter*, MAH IT-Recht, Teil 10, Rn.]

Leymann, Heinz: Mobbing – Psychoterror am Arbeitsplatz und wie man sich dagegen wehren kann, Hamburg 1993 [zitiert: *Leymann*, S.]

Li, Qing, Cross, Donna, Smith, Peter K.: Cyberbullying in the global playground, Research from international perspectives, Oxford 2012 [zitiert: *Li/Cross/Smith*, S.]

Libertus, Michael: Die Einwilligung als Voraussetzung für die Zulässigkeit von Bildnisaufnahmen und deren Verbreitung, in: Zeitschrift für Urheber- und Medienrecht 2007, S. 621–629 [zitiert: *Libertus*, ZUM 2007]

Lichtnecker, Florian: Ausgewählte Werbeformen im Internet unter Berücksichtigung der neuen Rechtsprechung, in: Gewerblicher Rechtsschutz und Urheberrecht 2014, S. 523–528 [zitiert: *Lichtnecker*, GRUR 2014]

–: Die Werbung in sozialen Netzwerken und mögliche hierbei auftretende Probleme, in: Gewerblicher Rechtsschutz und Urheberrecht 2013, S. 135–139 [zitiert: *Lichtnecker, GRUR* 2013]

Löwe, Ewald, Rosenberg, Werner: Die Strafprozessordnung und das Gerichtsverfassungsgesetz, Großkommentar, *Erb, Volker/ Esser, Robert/ Franke, Ulrich/ Graalmann-Scheerer, Kirsten/ Hilger, Hans/ Ignor, Alexander* (Hrsg.), Dritter Band (§§ 94–111p), 26. Auflage, Berlin 2014 [zitiert: Löwe-Rosenberg-*Bearbeiter*, StPO, § Rn.]

Luch, Anika, Schulz, Sönke E., Kuhlmann, Florian: Ein Recht auf Vergessenwerden als Ausprägung einer selbstbestimmten digitalen Persönlichkeit, Anmerkung zum Urteil des EuGH vom 13.05.2014 (Google), Rs. C-131/12, in: Europarecht 2014, S. 698–716 [zitiert: *Luch/Schulz/Kuhlmann*, EuR 2014]

Marberth-Kubicki, Annette: Computer- und Internetstrafrecht, Strafverteidigerpraxis, Schriftenreihe für den Verteidiger, 2. Auflage, München 2010 [zitiert: *Marberth-Kubicki*, Rn.]

Meinicke, Dirk: Beschlagnahme eines Nutzerkontos bei Facebook, Anmerkung zum Urteil des AG Reutlingen vom 31.10.2011, Az. 5 Ds 43 Js 18155/10, in: Strafverteidiger 2012, S. 462–464 [zitiert: *Meinicke*, StV 2012]

Meyer-Goßner, Lutz, Schmitt, Bertram: Beck'sche Kurzkommentare Strafprozessordnung, Gerichtsverfassungsgesetz, Nebengesetze und ergänzende Bestimmungen, 57. Auflage, München 2014 [zitiert: *Meyer-Goßner/Schmitt*, StPO, § Rn.]

Michelis, Daniel, Schildhauer, Thomas: Social Media Handbuch – Theorien, Methoden, Modelle und Praxis, 2. Auflage, Baden-Baden 2012 [zitiert: *Michelis/ Schildhauer*, S.]

Mitsch, Wolfgang: Anmerkung zum Beschluss des BGH vom 19.11.2009, Az. 3 StR 244/09 – Beharrliches Nachstellen, in: Neue Zeitschrift für Strafrecht 2010, S. 513–515 [zitiert: *Mitsch*, NStZ 2010]

–.: Der neue Stalking-Tatbestand im Strafgesetzbuch, in: Neue Juristische Wochenschrift 2007, S. 1237–1242 [zitiert: *Mitsch*, NJW 2007]

Moos, Flemming (Hrsg.): Datennutzungs- und Datenschutzverträge, Muster – Klauseln – Erläuterungen, Köln 2014 [zitiert: Moos-*Bearbeiter*, Teil, Rn.]

Mosbacher, Andreas: Nachstellung – § 238 StGB, in: Neue Zeitschrift für Strafrecht 2007, S. 665–671 [zitiert: *Mosbacher*, NStZ 2007]

Moser-Knierim, Antonie: „Facebook-Login" – datenschutzkonformer Einsatz möglich? Einsatz von Social Plug-ins bei Authentifizierungsdiensten, in: Zeitschrift für Datenschutz 2013, S. 263–266 [zitiert: *Moser-Knierim*, ZD 2013]

Mühe, Christiane: Mobbing am Arbeitsplatz – Strafbarkeitsrisiko oder Strafbarkeitslücke – Eine Betrachtung aus gegenwärtiger und zukunftsorientierter Perspektive, Strafrechtliche Abhandlungen, Band 179, Dissertation, Berlin 2006 [zitiert: *Mühe*, S.]

Müller, Philipp Georg: Zum tatbestandlichen Anwendungsbereich des § 238 Abs. 1 StGB, Schriften zum Strafrecht, Band 247, Berlin 2013 [zitiert: *Müller*, S.]

Münchener Kommentar: Zum Strafgesetzbuch, *Joecks, Wolfgang/ Miebach, Klaus* (Hrsg.) Band 1 (§§ 1–37), *v. Heintschel-Heinegg, Bernd* (Bandredakteur), München 2011 Band 4 (§§ 185–262), *Sander, Günther M.* (Bandredakteur), 2. Auflage, München 2012 [zitiert: MüKo-*Bearbeiter*, StGB, § Rn.]

Münchener Kommentar: Zum Bürgerlichen Gesetzbuch, *Säcker, Franz Jürgen/ Rixecker, Roland* (Hrsg.) Band 1 (§§ 1–240), 6. Auflage 2012 Band 2 (§§ 241–432), 6. Auflage 2012 [zitiert: MüKo-*Bearbeiter*, BGB, § Rn.]

Neubacher, Frank, Seher, Gerhard: Das Gesetz zur Strafbarkeit beharrlicher Nachstellung (§ 238 StGB); in: Juristen Zeitung 2007, S. 1029–1036 [zitiert: *Neubacher/ Seher*, JZ 2007]

Neuhöfer, Daniel: Zugriff auf Facebook-Nachrichten im Strafverfahren – Kommentar zur Entscheidung des AG Reutlingen vom 31.10.2011, in: Multimedia und Recht – Zeitschrift für Informations-, Telekommunikations- und Medienrecht Aktuell 2012, 329250 [zitiert: *Neuhöfer*, MMR-Aktuell 2012]

Oberwetter, Christian: Soziale Netzwerke im Fadenkreuz des Arbeitsrechts, in: Neue Juristische Wochenschrift 2011, S. 417–421 [zitiert: *Oberwetter*, NJW 2011]

Ohly, Ansgar: Verändert das Internet unsere Vorstellung von Persönlichkeit und Persönlichkeitsrecht? in: Zeitschrift für Medien- und Kommunikationsrecht (AfP) 2011, S. 428–438 [zitiert: *Ohly*, AfP 2011]

Ohrmann, Christoph: Der Schutz der Persönlichkeit in Online-Medien – Unter besonderer Berücksichtigung von Weblogs, Meinungsforen und Onlinearchiven, Frankfurt a.M. u.a. 2010 [zitiert: *Ohrmann*, S.]

Ohrtmann, Jan-Peter, Schwiering, Sebastian: Big Data und Datenschutz – Rechtliche Herausforderungen und Lösungsansätze, in: Neue Juristische Wochenschrift 2014, S. 2984–2990 [zitiert: *Ohrtmann/Schwiering*, NJW 2014]

Ostendorf, Heribert, Frahm, Lorenz Nicolai , Doege, Felix: Internetaufrufe zur Lynchjustiz und organisiertes Mobbing, in: Neue Zeitschrift für Strafrecht 2012, S. 529–538 [zitiert: *Ostendorf/Frahm/Doege*, NStZ 2012]

Palandt, Otto (Hrsg.): Kommentar zum Bürgerlichen Gesetzbuch, 74. Auflage, München 2015 [zitiert: Palandt –*Bearbeiter*, GewSchG]

Palfrey, John, Gasser, Urs: Generation Internet: Die Digital Natives: Wie sie leben – Was sie denken – Wie sie arbeiten, (Originaltitel „*Born Digital. Understanding the First Generation of Digital Natives*“), München 2008 [zitiert: *Palfrey/Gasser*, S.]

Palm, Jasmin: Kinder- und Jugendpornographie im Internet – Eine materiell-rechtliche Untersuchung der Rechtslage in Deutschland, Dissertation Erlangen-Nürnberg, Frankfurt a.M. 2011 [zitiert: *Palm*, S.]

Patchin, Justin W., Hinduja, Sameer: Cyberbullying Prevention and Response, Expert Perspectives, New York, 2012 [zitiert: *Patchin/Hinduja*, S.]

Pauken, Thomas: Mobbing – so wird es (nicht) gemacht! in: Arbeitsrecht Aktuell 2013, 348224 [zitiert: *Pauken*, ArbR-Aktuell]

Peters, Sebastian: Der Tatbestand des § 238 StGB (Nachstellung) in der staatsanwaltlichen Praxis, in: Neue Zeitschrift für Strafrecht 2009, S. 238–244 [zitiert: *Peters*, NStZ 2009]

Piltz, Carlo: Der Like-Button von Facebook – Aus datenschutzrechtlicher Sicht: „gefällt mir nicht“, in: Computer und Recht 2011, S. 657–664 [zitiert: *Piltz*, CR 2011]

–.: Soziale Netzwerke im Internet – Eine Gefahr für das Persönlichkeitsrecht? Schriften zum Wirtschafts- und Medienrecht, Steuerrecht und Zivilprozessrecht, Band 53, Inauguraldissertation, Frankfurt a. M. 2013 [zitiert: *Piltz*, S.]

Plath, Kai Uwe (Hrsg.): Kommentar zum BDSG sowie den Datenschutzbestimmungen des TMG und TKG, Köln 2013 [zitiert: Plath-*Bearbeiter*, BDSG bzw. TMG, § Rn.]

Port, Verena: Cyberstalking, Das Strafrecht vor neuen Herausforderungen, Band 31, Inauguraldissertation Würzburg 2011, Berlin 2012 [zitiert: *Port*, S.]

Reding, Viviane: Herausforderungen an den Datenschutz bis 2010: Eine europäische Perspektive, in: Zeitschrift für Datenschutz 2011, S. 1–3 [zitiert: *Reding*, ZD 2011]

–.: Sieben Grundbausteine der europäischen Datenschutzreform, in: Zeitschrift für Datenschutz 2012, S. 195–198 [zitiert: *Reding*, ZD 2012]

Rengier, Rudolf: Strafrecht Allgemeiner Teil, 6. Auflage, München 2014 Strafrecht Besonderer Teil II, Delikte gegen die Person und die Allgemeinheit, 15. Auflage, München 2014 [zitiert: *Rengier*, Strafrecht AT bzw. BT II, § Rn.]

Reum, Anika: Cybermobbing – Zur strafrechtlichen Relevanz der Schikane in den neuen Medien, Schriftenreihe Strafrecht in Forschung und Praxis, Band 300, Dissertation, Hamburg 2014 [zitiert: *Reum*, S.]

Riebel, Julia: Spotten, Schimpfen, Schlagen... Gewalt unter Schülern – Bullying und Cyberbullying, Psychologie, Band 59, Landau 2008 [zitiert: *Riebel*, S.]

Rittweger, Christoph, Dechamps, Catherine: Breakthrough in EU Data Protection Law: German court holds presence of Irish subsidiary precludes application of German Data Protection law to Facebook, in: World Data Protection Report 03/2013, S. 1–5 [zitiert: *Rittweger/Dechamps*, WDPR 2013]

Rittweger, Christoph, Molloy, Claire: EU Data Protection Reform: An overview of the European Commission's proposed regulation, in: World Data Protection Report, 02/2012, S. 1–7 [zitiert: *Rittweger/Molloy*, WDPR 2012]

Robertz, Ruben,Wickenhäuser, Frank J.: Orte der Wirklichkeit – Über Gefahren in medialen Lebenswelten Jugendlicher, Killerspiele, Happy Slapping Cyberbullying, Cyberstalking, Computerspielsucht..., Medienkompetenz steigern, Heidelberg 2010 [zitiert: *Robertz/Wickenhäuser*, S.]

Rohrlich, Michael: Social Media – Rechte und Pflichten für User, Hamburg 2013 [zitiert: *Rohrlich*, S.]

Rosenbaum, Birgit, Tölle, Dennis: Aktuelle rechtliche Probleme im Bereich Social Media – Überblick über die Entscheidungen der Jahre 2011 und 2012, in: Multimedia und Recht – Zeitschrift für Informations-, Telekommunikations- und Medienrecht 2013, S. 209–212 [zitiert: *Rosenbaum/Tölle*, MMR 2013]

Rosengarten, Carsten, Römer, Sebastian: Der „virtuelle verdeckte Ermittler" in sozialen Netzwerken und Internetboards, in: Neue Juristische Wochenschrift 2012, S. 1764–1768 [zitiert: *Rosengarten/Römer*, NJW 2012]

Roßnagel, Alexander: Neue Maßstäbe für den Datenschutz in Europa – Folgerungen aus dem EuGH-Urteil zur Vorratsdatenspeicherung, in: Multimedia und Recht – Zeitschrift für Informations-, Telekommunikations- und Medienrecht 2014, S. 372–377 [zitiert: *Roßnagel*, MMR 2014]

Roßnagel, Alexander, Kroschwald, Steffen: Was wird aus der Datenschutzgrundverordnung? Die Entschließung des Europäischen Parlaments über ein Verhandlungsdokument, in: Zeitschrift für Datenschutz 2014, S. 495–499 [zitiert: *Roßnagel/Kroschwald*, ZD 2014]

Roxin, Claus: Strafrecht, Allgemeiner Teil Band I: Grundlagen – Der Aufbau der Verbrechenslehre, 4. Auflage, München 2006 Band II: Besondere Erscheinungsformen der Straftat, München 2003 [zitiert: *Roxin*, Strafrecht AT, Band I bzw. II, § Rn.]

Römer, Nicole: Verbreitungs- und Äußerungsdelikte im Internet – Eine Untersuchung zur strafrechtlichen Bewältigung von Normanwendungs- und Normauslegungsproblemen eines neuen Kriminalitätsfeldes, Europäische Hochschulschriften, Reihe II, Rechtswissenschaft, Band 2946, Frankfurt am Main 2000 [zitiert: *Römer*, S.]

Sadtler, Susanne: Stalking – Nachstellung, Entwicklung, Hintergründe und rechtliche Handlungsmöglichkeiten, Studien zum Strafrecht, Band 37, Dissertation, Baden-Baden 2009 [zitiert: *Sadtler*, S.]

Sasse, Stefan: Mobbing – Begriff, Schutzpflichten, Schadensersatz, Beweislast, in: Arbeits-Rechtsberater 2002, S. 271–274 [zitiert: *Sasse*, ArbRB 2002]

Schandl, Andreas: Stalking – § 238 StGB – Fluch oder Segen für die Rechtspraxis, Wissenschaftliche Beiträge aus dem Tectum Verlag, Reihe Rechtswissenschaften, Band 70, Marburg 2014 [zitiert: *Schandl*, S.]

Scheid, Anja, Klinkhammer, Patrick: Kündigung wegen beleidigender Äußerungen des Arbeitnehmers in sozialen Netzwerken, in: Arbeitsrecht Aktuell 2013, 341083 [zitiert: *Scheid/Klinkhammer*, ArbR-Aktuell 2013]

Schertz, Christian: Der Schutz des Individuums in der modernen Mediengesellschaft, in: Neue Juristische Wochenschrift 2013, S. 721–728 [zitiert: *Schertz*, NJW 2013]

Schiffbauer, Björn: Steckbrief 2.0 – Fahndungen über das Internet als rechtliche Herausforderung, in: Neue Juristische Wochenschrift 2014, S. 1052–1058 [zitiert: *Schiffbauer*, NJW 2014]

Schmidt, Jan-Hinrik: Social Media, Wiesbaden 2013 [zitiert: *Schmidt*, S.]

Schmitz, Albert: Strafrechtlicher Schutz vor Bild- und Wortaufnahmen, Hamburg 2011 [zitiert: *Schmitz*, S.]

Schneider, Jochen: Hemmnis für einen modernen Datenschutz: Das Verbotsprinzip, in: Anwaltsblatt 2011, S. 233–239 [zitiert: *Schneider*, AnwBl. 2011]

Schneider, Jochen, Härting, Niko: Warum wir ein neues BDSG brauchen – Kritischer Beitrag zum BDSG und dessen Defiziten, in: Zeitschrift für Datenschutz 2011, S. 63–68 [zitiert: *Schneider/Härting*, ZD 2011]

–.: Wird der Datenschutz nun endlich internettauglich? Warum der Entwurf der Datenschutz-Grundverordnung enttäuscht, in: Zeitschrift für Datenschutz 2012, S. 199–203 [zitiert: *Schneider/Härting*, ZD 2012]

Schöch, Heinz: Zielkonflikte beim Stalking-Tatbestand, in: Neue Zeitschrift für Strafrecht 2013, S. 221–224 [zitiert: *Schöch*, NStZ 2013]

Schönke, Adolf, Schröder, Horst, (Hrsg.): Strafgesetzbuch, Kommentar, 29. Auflage, München 2014 [zitiert: S/S-*Bearbeiter*, StGB, § Rn.]

Schwenke, Thomas: Social Media Marketing und Recht, Köln 2012 [zitiert: *Schwenke*, S.]

Seel, Henning-Alexander: „Mobbing" – Was ist rechtlich erheblich und was sind die Rechtsfolgen, in: Zeitschrift für das öffentliche Arbeits- und Tarifrecht 2013, S. 158–160 [zitiert: *Seel*, öAT 2013]

Seher, Gerhard: Anmerkung zum Beschluss des BGH vom 19.11.2009, Az. 3 StR 244/09, in: Juristen Zeitung 2010, S. 582–584 [zitiert: *Seher*, JZ 2010]

Seiler, Matthias: § 238 StGB – Analyse und Auslegung des Nachstellungstatbestandes, Dissertation, Saarbrücken 2010 [zitiert: *Seiler*, S.]

Selk, Robert: Datenschutz in der EU: Die Wirklichkeit in den Blick nehmen – Kernanforderungen an ein neues europäisches Datenschutzrecht, in: Anwaltsblatt 2011, S. 244–245 [zitiert: *Selk*, AnwBl. 2011]

Sieber, Ulrich, Satzger, Helmut, von Heintschel-Heinegg, Bernd, (Hrsg.): Europäisches Strafrecht, 2. Auflage, Baden-Baden 2014 [zitiert: Sieber/Satzger/von Heintschel-Heinegg-*Bearbeiter*, Europäisches Strafrecht, § Rn.]

Sieber, Ulrich: Straftaten und Strafverfolgung im Internet, in: Neue Juristische Wochenschrift Beilage 2012, S. 86–91 [zitiert: *Sieber*, NJW-Beil. 2012]

Simitis, Spiros, (Hrsg.): Bundesdatenschutz, Kommentar, 8. Auflage, Baden-Baden 2014 [zitiert: Simitis-*Bearbeiter*, BDSG, § Rn.]

Singelnstein, Tobias: Möglichkeiten und Grenzen neuerer strafprozessualer Ermittlungsmaßnahmen – Telekommunikation, Web 2.0, Datenbeschlagnahme, polizeiliche Datenverarbeitung & Co., in: Neue Zeitschrift für Strafrecht 2012, S. 593–606 [zitiert: *Singelnstein*, NStZ 2012]

–.: Bildaufnahmen, Orten, Abhören – Entwicklungen und Streitfragen beim Einsatz technischer Mittel zur Strafverfolgung, in: Neue Zeitschrift für Strafrecht 2014, S. 305–312 [zitiert: *Singelnstein*, NStZ 2014]

Soiné, Michael: Personale verdeckte Ermittlungen in sozialen Netzwerken zur Strafverfolgung, in: Neue Zeitschrift für Strafrecht 2014, S. 248–252 [zitiert: *Soiné*, NStZ 2014]

Solmecke, Christian, Kocatepe, Sibel: Google Glass – Der Gläserne Mensch 2.0 – Die neueste technische Errungenschaft – ein Fluch oder eine Herausforderung, in: Zeitschrift für Datenschutz 2014, S. 22–27 [zitiert: *Solmecke/Kocatepe*, ZD 2014]

Solmecke, Christian, Wahlers, Jakob: Recht im Social Web, Bonn 2014 [zitiert: *Solmecke/Wahlers*, Recht im Social Web, S.]

Specht, Louisa, Müller-Riemenschneider, Severin: Dynamische IP-Adressen: Personenbezogene Daten für den Webseitenbetreiber? Aktueller Stand der Diskussion um den Personenbezug, in: Zeitschrift für Datenschutz 2014, S. 71–75 [zitiert: *Specht/Müller-Riemenschneider*, ZD 2014]

Spindler, Gerald: Datenschutz- und Persönlichkeitsrechte im Internet – Der Rahmen für Forschungsaufgaben und Reformbedarf, in: Gewerblicher Rechtsschutz und Urheberrecht – Beilage 2014, S. 101–109 [zitiert: *Spindler*, GRUR-Beil. 2014]

Spindler, Gerald, Schuster, Fabian. (Hrsg.): Recht der elektronischen Medien, Kommentar, 2. Auflage, München 2011 [zitiert: Spindler/Schuster-*Bearbeiter*, TMG, § Rn.]

Spitz, Klaus: Anmerkung zur Entscheidung des AG Düren vom 10.12.2010, in: juris Praxisreport IT-Recht 17/2011, Anm. 4 [zitiert: *Spitz*, jurisPR-ITR 17/2011]

Splittgerber, Andreas, (Hrsg.): Praxishandbuch Rechtsfragen Social Media, Berlin Boston 2013 [zitiert: Splittgerber-*Bearbeiter*, Kap. Rn.]

Steenhoff, Holger: Das Internet und die Schulordnung, in: Neue Zeitschrift für Verwaltungsrecht 2013, S. 1190–1196 [zitiert: *Steenhoff*, NVwZ 2013]

Steinhoff, Astrid: Nutzerbasierte Online Werbung 2.0 – Datenschutzrecht im Konflikt mit Targeting-Methoden, in: Kommunikation und Recht 2014, S. 86–90 [zitiert: *Steinhoff*, KuR 2014]

Stiemerling, Oliver, Lachenmann, Matthias: Erhebung personenbezogener Daten beim Aufruf von Webseiten – Notwendige Informationen in Datenschutzerklärungen, in: Zeitschrift für Datenschutz 2014, S. 133–136 [zitiert: *Stiemerling/Lachenmann*, ZD 2014]

Stoklas, Jonathan: Google und das Recht auf Vergessenwerden – Ein weltweites Dilemma? in: Zeitschrift für Datenschutz Aktuell 2014, 04455 [zitiert: *Stoklas*, ZD-Aktuell, 04455]

Ulbricht, Carsten: Social Media und Recht – Praxiswissen für Unternehmen, Freiburg 2012 [zitiert: *Ulbricht*, S.]

Utsch, Miriam: Strafrechtliche Probleme des Stalkings, Beiträge zur Strafrechtswissenschaft, Band 3, Dissertation, Berlin 2007 [zitiert: *Utsch*, S.]

Valerius, Brian: Das globale Unrechtsbewusstsein – Oder: zum Gewissen im Internet, in: Neue Zeitschrift für Strafrecht 2003, S. 341–346 [zitiert: *Valerius*, NStZ 2003]

–.: Stalking: Der neue Straftatbestand der Nachstellung in § 238 StGB, in: Juristische Schulung 2007, S. 319–324 [zitiert: *Valerius*, JuS 2007]

Venzke, Sven: Die Personenbezogenheit der IP-Adresse – Lange diskutiert und immer noch umstritten? in: Zeitschrift für Datenschutz 2011, S. 114–117 [zitiert: *Venzke*, ZD 2011]

Voigt, Paul: Datenschutz bei Google, in: Multimedia und Recht – Zeitschrift für Informations-, Telekommunikations- und Medienrecht 2009, S. 377–382 [zitiert: *Voigt*, MMR 2009]

–.: Webbrowser Fingerprints – Tracking ohne IP-Adressen und Cookies? in: Deutsche Stiftung für Recht und Informatik Tagungsband 2013, S. 157–173 [zitiert: *Voigt*, DSRITB 2013]

Voigt, Paul, Alich, Stefan: Facebook-Like-Button und Co. – Datenschutzrechtliche Verantwortlichkeit der Webseitenbetreiber, in: Neue Juristische Wochenschrift 2011, S. 3541–3544 [zitiert: *Voigt/Alich*, NJW 2011]

Volkmer, Thomas, Singer, Mario C.: Tatort Internet – Das Handbuch gegen Rufschädigung, Beleidigung und Betrug im Internet, München 2008 [zitiert: *Volkmer/Singer*, S.]

Wahlers, Ulrich: Außerordentliche Kündigung wegen Aktivierung des „Gefällt-mir-Buttons" unter einer Beleidigung – Anmerkung zum Urteil des Arbeitsgerichts Dessau-Roßlau vom 21.03.2012, Az. 1 Ca 148/11, in: juris Praxisreport IT-Recht 12/2012, Anm. 2 [zitiert: *Wahlers*, jurisPR-ITR 12/2010, Anm. 2]

Weichert, Thilo: Datenschutzverstoß als Geschäftsmodell – der Fall Facebook, in: Datenschutz und Datensicherheit 2012, S. 716–721 [zitiert: *Weichert*, DuD 2012]

–.: Big Data und Datenschutz – Chancen und Risiken einer neuen Form der Datenanalyse, in: Zeitschrift für Datenschutz 2013, S. 251–259 [zitiert: *Weichert*, ZD 2013]

Weinitschke, Markus: Rechtsschutz gegen Stalking de lege lata et ferenda, Hamburg 2009 [zitiert: *Weinitschke*, S.]

Wieduwilt, Hendrik: Neues Fotorecht im öffentlichen Raum, in: Kommunikation und Recht 2015, S. 83–85 [zitiert: *Wieduwilt*, KuR 2015]

Wintermeier, Martin: Inanspruchnahme sozialer Netzwerke durch Minderjährige – Datenschutz aus dem Blickwinkel des Vertragsrechts, in: Zeitschrift für Datenschutz 2012, S. 210–215 [zitiert: *Wintermeier*, ZD 2012]

Wolmerath, Martin: Mobbing, Rechtshandbuch für die Praxis, 4. Auflage, Baden-Baden 2013 [zitiert: *Wolmerath*, § Rn.]

Zeidler, Simon Alexander, Brüggemann, Sebastian: Die Zukunft der personalisierten Werbung im Internet, in: Computer und Recht 2014, S. 248–257 [zitiert: *Zeidler/Brüggemann*, CR 2014]

Ziebarth, Wolfgang: Google als Geheimnishüter? Verantwortlichkeit der Suchmaschinenbetreiber nach dem EuGH-Urteil, in: Zeitschrift für Datenschutz 2014, S. 394–399 [zitiert: *Ziebarth*, ZD 2014]

FRANKFURTER KRIMINALWISSENSCHAFTLICHE STUDIEN

Band 1 Peter Böning: Die Lehre vom Unrechtsbewußtsein in der Rechtsphilosophie Hegels. 100 S., 1978.

Band 2 Wolfgang Schneider: Kriminelle Straßenverkehrsgefährdung (§ 315c Abs. 1 Ziff. 2, Abs. 3 StGB). Eine kriminologische und strafrechtliche Untersuchung zur Problematik dieser Verkehrsstraftaten unter Berücksichtigung ausländischer Rechte. 342 S., 1978.

Band 3 Lothar Kuhlen: Die Objektivität von Rechtsnormen. Zur Kritik des radikalen labeling approach in der Kriminalsoziologie. 178 S., 1978.

Band 4 Günther Grewe: Straßenverkehrsdelinquenz und Marginalität. Untersuchungen zur institutionellen Regelung von Verhalten. 148 S., 1978.

Band 5 Dieter Haberstroh: Strafverfahren und Resozialisierung. Eine Studie über Verstehen und Nicht-Verstehen, über Verstanden-Werden und Nicht-Verstanden-Werden und deren Bedingungen in der Hauptverhandlung. 202 S., 1979.

Band 6 Thomas Vogt: Die Forderungen der psychoanalytischen Schulrichtungen für die Interpretation der Merkmale der Schuldunfähigkeit und der verminderten Schuldfähigkeit (§§ 51 a.F., 20, 21 StGB). 182 S., 1979.

Band 7 Andreas Michael: Der Grundsatz in dubio pro reo im Strafverfahrensrecht. Zugleich ein Beitrag über das Verhältnis von materiellem Recht und Prozeßrecht. 214 S., 1981.

Band 8 Ilias G. Anagnostopoulos: Haftgründe der Tatschwere und der Wiederholungsgefahr (§§ 112 Abs. 3, 112 a StPO). Kriminalpolitische und rechtssystematische Aspekte der Ausweitung des Haftrechts. 1984.

Band 9 Helga Müller: Der Begriff der Generalprävention im 19. Jahrhundert. Von P.J.A. Feuerbach bis Franz v. Liszt. 1984.

Band 10 Frowin Jörg Kurth: Das Mitverschulden des Opfers beim Betrug. 1984.

Band 11 Martin J. Worms: Die Bekenntnisbeschimpfung im Sinne des § 166 Abs. 1 StGB und die Lehre vom Rechtsgut. 1984.

Band 12 Jong-Dae Bae: Der Grundsatz der Verhältnismäßigkeit im Maßregelrecht des StGB. 1985.

Band 13 Helmut Fünfsinn: Der Aufbau des fahrlässigen Verletzungsdelikts durch Unterlassen im Strafrecht. 1985.

Band 14 Christoph Krehl: Die Ermittlung der Tatsachengrundlage zur Bemessung der Tagessatzhöhe bei der Geldstrafe. 1985.

Band 15 Walter-Hermann Kiehl: Strafrechtliche Toleranz wechselseitiger Ehrverletzungen - Zur ratio legis der §§ 199, 233 Strafgesetzbuch -. 1986.

Band 16 Matthias Krahl: Die Rechtsprechung des Bundesverfassungsgerichts und des Bundesgerichtshof zum Bestimmtheitsgrundsatz im Strafrecht (Art. 103 Abs. 2 GG). 1986.

Band 17 Patrick Carroll Campbell: § 220a StGB. Der richtige Weg zur Verhütung und Bestrafung von Genozid? 1986.

Band 18 Winfried Hassemer (Hrsg.): Strafrechtspolitik. Bedingungen der Strafrechtsreform. 1987.

Band 19 Felix Herzog: Prävention des Unrechts oder Manifestation des Rechts. Bausteine zur Überwindung des heteronom-präventiven Denkens in der Strafrechtstheorie der Moderne. 1987.

Band 20 Astrid Michalke-Detmering: Die Mindestanforderungen an die rechtliche Begründung des erstinstanzlichen Strafurteils. Zur Auslegung des § 267 StPO. 1987.

Band 21 Lothar Kuhlen: Die Unterscheidung von vorsatzausschließendem und nichtvorsatzausschließendem Irrtum. 1987.

Band 22 Michael Buttel: Kritik der Figur des Aufklärungsgehilfen im Betäubungsmittelstrafrecht (§ 31 BtMG). 1988.

Band 23 Matthias Kögler: Die zeitliche Unbestimmtheit freiheitsentziehender Sanktionen des Strafrechts. Eine vergleichende Untersuchung zur Rechtslage und Strafvollstreckungspraxis in der Bundesrepublik Deutschland und den USA. 1988.

Band 24 Klaus Lüderssen / Cornelius Nestler-Tremel / E wa Weigend(Hrsg.): Modernes Strafrecht und ultima-ratio-Prinzip. 1990.

Band 25 Jürgen Taschke: Die behördliche Zurückhaltung von Beweismitteln im Strafprozeß. 1989.

Band 26 Daniela Westphalen: Karl Binding (1841-1920). Materialien zur Biographie eines Strafrechtsgelehrten. 1989.

Band 27 Sigrid Jans: Die Aushöhlung des Klageerzwingungsverfahrens. 1990.

Band 28 Dimitris Spirakos: Folter als Problem des Strafrechts. Kriminologische, kriminalsoziologische und (straf-)rechtsdogmatische Aspekte unter besonderer Berücksichtigung der Folterschutzkonvention und der Pönalisierung der Folter in Griechenland. 1990.

Band 29 Stephan Moll: Strafrechtliche Aspekte der Behandlung Opiatabhängiger mit Methadon und Codein. 1990.

Band 30 Stefan Werner: Wirtschaftsordnung und Wirtschaftsstrafrecht im Nationalsozialismus. 1991.

Band 31 Xanthi Bassakou: Beiträge zur Analyse und Reform des Absehens von Strafe nach § 60 StGB. 1991.

Band 32 Rainer Runte: Die Veränderung von Rechtfertigungsgründen durch Rechtsprechung und Lehre. Moderne Strafrechtsdogmatik zwischen Rechtsstaatsprinzip und Kriminalpolitik. 1991.

Band 33 Olaf Hohmann: Das Rechtsgut der Umweltdelikte. Grenzen des strafrechtlichen Umweltschutzes. 1991.

Band 34 Klaus Jochen Müller: Das Strafbefehlsverfahren (§§ 407 ff. StPO). Eine dogmatisch-kriminalpolitische Studie zu dieser Form des schriftlichen Verfahrens unter besonderer Berücksichtigung der geschichtlichen Entwicklung – zugleich ein Beitrag zum StVÄG 1987. 1993.

Band 35 Sang-Don Yi: Wortlautgrenze, Intersubjektivität und Kontexteinbettung. Das strafrechtliche Analogieverbot. 1991.

Band 36 Birgit Malsack: Die Stellung der Verteidigung im reformierten Strafprozeß. Eine rechtshistorische Studie anhand der Schriften von C. J. A. Mittermaier. 1992.

Band 37 Rüdiger Schäfer: Die Privilegierung des "freiwillig-positiven" Verhaltens des Delinquenten nach formell vollendeter Straftat. Zugleich ein Beitrag zum Grundgedanken des Rücktritts vom Versuch und zu den Straftheorien. 1992.

Band 38 Cornelius Nestler-Tremel: AIDS und Strafzumessung. 1992.

Band 39 Christine Gutmann: Freiwilligkeit und (Sozio-)Therapie – notwendige Verknüpfung oder Widerspruch? 1993.

Band 40 Walter Kargl: Der strafrechtliche Vorsatz auf der Basis der kognitiven Handlungstheorie. 1993.

Band 41 Jürgen Rath: Zur strafrechtlichen Behandlung der aberratio ictus und des error in objecto des Täters. 1993.

Band 42 Martin Fischer: Wille und Wirksamkeit. Eine Untersuchung zum Problem des *dolus alternativus*. 1993.

Band 43 Regina Harzer: Der Naturzustand als Denkfigur moderner praktischer Vernunft. Zugleich ein Beitrag zur Staats- und Rechtsphilosophie von Hobbes und Kant. 1994.

Band 44 Helmut Pollähne: Lockerungen im Maßregelvollzug. Eine Untersuchung am Beispiel der Anwendung des nordrhein-westfälischen Maßregelvollzugsgesetzes im Westfälischen Zentrum für Forensische Psychiatrie (Lippstadt). 1994.

Band 45 Hans-Joachim Leonhardt: Rechtsmittelermessen der Staatsanwaltschaft. Eine Gegenüberstellung von § 296 StPO mit Nummern 147 und 148 Richtlinien für das Strafverfahren und das Bußgeldverfahren (RiStBV). 1994.

Band 46 Rolf Grünebaum: Zur Strafbarkeit des Therapeuten im Maßregelvollzug bei fehlgeschlagenen Lockerungen. 1996.

Band 47 Barbara Bialas: Promille-Grenzen, Vorsatz und Fahrlässigkeit. 1996.

Band 48 Christine Pott: Die Außerkraftsetzung der Legalität durch das Opportunitätsdenken in den Vorschriften der §§ 154, 154a StPO. Zugleich ein Beitrag zu einer kritischen Strafverfahrensrechtstheorie. 1996.

Band 49 Wolfgang Köberer: *Iudex non calculat*. Über die Unmöglichkeit, Strafzumessung sozialwissenschaftlich-mathematisch zu rationalisieren. 1996.

Band 50 Institut für Kriminalwissenschaften Frankfurt a.M. (Hrsg.): Vom unmöglichen Zustand des Strafrechts. 1995.

Band 51 Petra Kamberger: Treu und Glauben (§ 242 BGB) als Garantenstellung im Strafrecht? 1996.

Band 52 Anastassios Triantafyllou: Das Delikt der gefährlichen Körperverletzung (§ 223a StGB) als Gefährdungsdelikt. (Zugleich ein Beitrag zur Dogmatik der Gefährdungsdelikte). 1996.

Band 53 Norbert Kissel: Aufrufe zum Ungehorsam und § 111 StGB. Grundrechtlicher Einfluß bei der Feststellung strafbaren Unrechts. 1996.

Band 54 Susanne Ehret: Franz von Liszt und das Gesetzlichkeitsprinzip. Zugleich ein Beitrag wider die Gleichsetzung von Magna-charta-Formel und Nullum-crimen-Grundsatz. 1996.

Band 55 Stefan Braum: Geschichte der Revision im Strafverfahren von 1877 bis zur Gegenwart. Zugleich eine Kritik der Kontinuität politischer Macht im Recht. 1996.

Band 56 Katja Diel: Das Regreßverbot als allgemeine Tatbestandsgrenze im Strafrecht. 1997.

Band 57 Christoph Koller: Die Staatsanwaltschaft – Organ der Judikative oder Exekutivbehörde? Die Stellung der Anklagebehörde und die Gewaltenteilung des Grundgesetzes. 1997.

Band 58 Frank Schößler: Anerkennung und Beleidigung. Rechtsgut und Strafzweck des § 185 StGB. 1997.

Band 59 Regina Engelstädter: Der Begriff des Unfallbeteiligten in § 142 Abs. 4 StGB. Zugleich eine Kritik an aktuellen Zurechnungslehren. 1997.

Band 60 Jörg Reinhardt: Der Ausschluß und die Ablehnung des befangen erscheinenden Staatsanwaltes. 1997.

Band 61 Jens Christian Müller-Tuckfeld: Integrationsprävention. Studien zu einer Theorie der gesellschaftlichen Funktion des Strafrechts. 1998.

Band 62 Peter Maria Rohe: Verdeckte Informationsgewinnung mit technischen Hilfsmitteln zur Bekämpfung der Organisierten Kriminalität. Zugleich eine rechtsvergleichende Analyse der polizeilichen Abhörbefugnisse in den U.S.A. 1998.

Band 63 Dirk Fabricius: Was ein Lehrbuch lehrt ... Eine exemplarische Untersuchung von Jakobs *Strafrecht – Allgemeiner Teil*. 1998.

Band 64 Stefan Sinner: Der Vertragsgedanke im Strafprozeßrecht. 1999.

Band 65 Sebastian Schattenfroh: Die Staatsphilosophie Giovanni Gentiles und die Versuche ihrer Verwirklichung im faschistischen Italien. 1999.

Band 66 Athanassia Dionyssopoulou: Der Tatbestand der Geldwäsche. Eine Analyse der dogmatischen Grundlagen des § 261 StGB. 1999.

Band 67 Klaus von Lampe: *Organized Crime*. Begriff und Theorie organisierter Kriminalität in den USA. 1999.

Band 68 Christian Hanssen: "Trennung der Märkte". Rechtsdogmatische und rechtspolitische Probleme einer Liberalisierung des Drogenstrafrechts. 1999.

Band 69 Institut für Kriminalwissenschaften und Rechtsphilosophie Frankfurt a.M. (Hrsg.): Irrwege der Strafgesetzgebung. 1999.

Band 70 Konstantinos Chatzikostas: Die Disponibilität des Rechtsgutes Leben in ihrer Bedeutung für die Probleme von Suizid und Euthanasie. 2000.

Band 71 Bettina Wirmer-Donos: Die Strafrechtstheorie Karl Christian Friedrich Krauses als theoretische Grundlage des spanischen Korrektionalismus. 2001.

Band 72 Christine Löw: Die Erkundigungspflicht beim Verbotsirrtum nach § 17 StGB. 2001.

Band 73 Florian Ufer: Der Verwertungswiderspruch in Theorie und Praxis. Prozessuale Obliegenheiten des Verteidigers und ihre Bedeutung für die Rechtsposition des Beschuldigten. 2002.

Band 74 Katja Melzer: Psychisch kranke Straftäterinnen. Frauen im Maßregelvollzug. 2001.

Band 75 Gregor Kuntze-Kaufhold: Lebenswelt und Unparteilichkeit. Kriterien für eine Rechtsanwendungslehre am Beispiel der Analyse von fünf Hauptverhandlungen in Strafverfahren. 2002.

Band 76 Iris Kristina Passek: Die erstinstanzliche Zuständigkeit der Oberlandesgerichte in Staatsschutzstrafsachen. Historische Entwicklung und aktuelle Probleme. 2002.

Band 77 Michael Krebs: Die Weisungsgebundenheit des Staatsanwalts unter besonderer Berücksichtigung des rechtstatsächlichen Aspekts. 2002.

Band 78 Kerstin Degenhardt: Europol und Strafprozeß. Die Europäisierung des Ermittlungsverfahrens. 2003.

Band 79 Domenico Siciliano: Das Leben des fliehenden Diebes: Ein strafrechtliches Politikum. 2., überarbeitete und ergänzte Auflage. 2013.

Band 80 Marc Colussi: Produzentenkriminalität und strafrechtliche Verantwortung. 2003.

Band 81 Thilo Lars Hild: Grenzen einer strafrechtlichen Regulierung des Kapitalmarktes. Eine kriminalrechtliche Untersuchung von Börsengängen und Aktienhandel in Deutschland und den USA. 2004.

Band 82 Philipp Rau: Schweigen als Indiz der Schuld. Ein Vergleich des deutschen und englischen Rechts zur Würdigung des Schweigens des Beschuldigten. 2004.

Band 83 Alexandra Pfeiffer: Die Regelung der Lebendorganspende im Transplantationsgesetz. 2004.

Band 84 Elena Fischer: Recht auf Sterben?! Ein Beitrag zur Reformdiskussion der Sterbehilfe in Deutschland unter besonderer Berücksichtigung der Frage nach der Übertragbarkeit des Holländischen Modells der Sterbehilfe in das deutsche Recht. 2004.

Band 85 Jörg Ziethen: Grundlagen probabilistischer Zurechnung im Strafrecht. 2004.

Band 86 Stefanie Schork: Ausgesprochen schuldig. Dogmatische und metadogmatische Untersuchungen zum Schuldspruch. 2005.

Band 87 Claudia Schubert: Verbotene Worte? Versuch einer Neubestimmung im Umgang mit rassistischen Äußerungen jenseits des Strafrechts. 2005.

Band 88 Ulfrid Neumann / Cornelius Prittwitz (Hrsg.): Kritik und Rechtfertigung des Strafrechts. 2005.

Band 89 Denis Basak: Die Zuständigkeitsregeln internationaler Strafgerichte und Art. 101 GG. Zum Verhältnis der deutschen Strafgerichtsbarkeit zu den Internationalen Tribunalen für Jugoslawien und Ruanda sowie zum Ständigen Internationalen Strafgerichtshof. 2005.

Band 90 Hsiao-Wen Wang: Der universale Strafanspruch des nationalen Staates. Eine Untersuchung über das Weltrechtsprinzip im Internationalen Strafrecht. 2005.

Band 91 Leonie Frenz: Faktizität des Rechts in der forensischen Psychiatrie. Eine Untersuchung im LKH Moringen. 2005.

Band 92 Eva-Maria Unger: Schutzlos ausgeliefert? Der Europäische Haftbefehl. Ein Beispiel für die Missachtung europäischer Bürgerrechte. 2005.

Band 93 Marcus Bastelberger: Die Legitimität des Strafrechts und der *moralische Staat*. Utilitaristische und retributivistische Strafrechtsbegründung und die rechtliche Verfassung der Freiheit. 2006.

Band 94 Marc Reiß: Rechtliche Aspekte der Präimplantationsdiagnostik. Unter besonderer Berücksichtigung der Rechte der von einem Verbot betroffenen Paare. 2006.

Band 95 Alexander Kolz: Einwilligung und Richtervorbehalt. 2006.

Band 96 Vasco Reuss: Eine Kritik der juristischen Vernunft. Rezeptionsversuche der Negativen Dialektik Adornos für die Dogmatik des Strafrechts. 2007.

Band 97 Lutz Eidam: Die strafprozessuale Selbstbelastungsfreiheit am Beginn des 21. Jahrhunderts. 2007.

Band 98 Christiane Rüdiger: Schutzinteresse und Deliktsstruktur der „Bestechungsdelikte" (§§ 331 ff. StGB). 2007.

Band 99 Urte Eisenhardt: Das nemo tenetur-Prinzip: Grenze körperlicher Untersuchungen beim Beschuldigten. Am Beispiel des § 81a StPO. 2007.

Band 100 Institut für Kriminalwissenschaften und Rechtsphilosophie Frankfurt a. M. (Hrsg.): Jenseits des rechtsstaatlichen Strafrechts. 2007.

Band 101 Nils Möckelmann: Die rechtliche, psychiatrische und gesellschaftliche Beurteilung jugendlicher Straftäter in der jüngeren deutschen Geschichte. Eine Analyse anhand zweier Strafverfahren mit Gutachten des Psychiaters Ernst Rüdin aus den Jahren 1915/1917 unter Berücksichtigung der Entwicklungen bis zur Gegenwart. 2007.

Band 102 Alexa Albrecht: Zur Erosion der Menschenrechte im demokratischen Rechtsstaat. Reaktionen der Systeme und der Zivilgesellschaft. 2007.

Band 103 Dirk Lange: Die politisch motivierte Tötung. 2007.

Band 104 Ulfrid Neumann / Cornelius Prittwitz (Hrsg.): „Personale Rechtsgutslehre" und „Opferorientierung im Strafrecht". 2007.

Band 105 Lisa Kathrin Sander: Grenzen instrumenteller Vernunft im Strafrecht. Eine Kritik der Präventionsdoktrin aus strafrechtsgeschichtlicher und empirischer Perspektive. 2007.

Band 106 Stephan Werner: Zur Notwendigkeit der Verteidigeranwesenheit während der polizeilichen Beschuldigtenvernehmung. 2008.

Band 107 Inti Schubert: Europol und der virtuelle Verdacht. Die Suspendierung des Rechts auf informationelle Selbstbestimmung. 2008.

Band 108 Bong-Jin Ko: Menschenwürde und Biostrafrecht bei der embryonalen Stammzellenforschung. 2008.

Band 109 Wanja Andreas Welke: Die Repersonalisierung des Rechtskonflikts. Zum gegenwärtigen Verhältnis von Straf- und Zivilrecht. 2008.

Band 110 Jan Helmrich: Die Berufung gewerblicher Sicherheitskräfte auf Notwehr und Nothilfe. Zugleich ein Beitrag zu den Grundlagen des Notwehr- und Nothilferechts. 2008.

Band 111 Alexander Köstler-Loewe: Strafrecht US-Style: „Three Strikes and You're Out!" Baseball, Rückfall und Kriminalpolitik? 2008.

Band 112 Christina Bott: Die Medienprivilegien im Strafprozess. Zeugnisverweigerungsrecht und Beschlagnahmeverbot zum Schutz der Medien im Strafverfahren. 2009.

Band 113 Mario Riechmann: Organisierte Kriminalität und Terrorismus. Zur Funktionalisierung von Bedrohungsszenarien beim Abbau eines rechtsstaatlichen Strafrechts. 2009.

Band 114 Dirk Simon: Präzeptoraler Sicherheitsstaat und Risikovorsorge. 2009.

Band 115 Stefan Kirsch: Der Begehungszusammenhang der Verbrechen gegen die Menschlichkeit. 2009.

Band 116 Heng-da Hsu: Zurechnungsgrundlage und Strafbarkeitsgrenze der Fahrlässigkeitsdelikte in der modernen Industriegesellschaft. 2009.

Band 117 Dennis Teschner: Die soziale Kontrolle im virtuellen Raum. Eine juristische, soziologische und soialpsychologische Untersuchung der Instrumentalisierbarkeit von Internetkriminalität. 2009.

Band 118 Daniel Schilling: Fragmentarisch oder umfassend? Wege strafrechtlichen Zugriffs bei der Veruntreuung fremden Vermögens am Beispiel des deutschen und des italienischen Untreuestrafrechts. 2009.

Band 119 Andreas Stüdemann: Die Entwicklung der zwischenstaatlichen Rechtshilfe in Strafsachen im nationalsozialistischen Deutschland zwischen 1933 und 1945. Kontinuität und Diskontinuität im Auslieferungsrecht am Beispiel der Rechtsentwicklung im NS-Staat. 2009.

Band 120 Matthias Achenbach: Strafrechtlicher Schutz des Wettbewerbs? Eine kritische Analyse von Sinn und Zweck der Straftatbestände zum Schutz des Wettbewerbs. 2009.

Band 121 Vera Backhaus: Der gesetzliche Richter im Staatsschutzstrafrecht. Zur Verfassungsmäßigkeit des § 120 Abs. 2 GVG. 2010.

Band 122 Verena Maria Brenneis: Rechtspolitische Implikationen von Gefährlichkeitsprognosen im Vollzug von Maßregeln nach § 63 StGB. Zum Subjektstatus von Eingewiesenen. 2010.

Band 123 Maike Hoenigs: Zur Existenzberechtigung des Straftatbestandes der Rechtsbeugung. Korrelat oder Widerspruch zur richterlichen Unabhängigkeit. 2010.

Band 124 Christine Würfel: Freiheit als Grundlage der Schuld. 2012.

Band 125 Charlotte Rau: Compliance und Unternehmensverantwortlichkeit. Materiellrechtliche Fragen der sanktionsrechtlichen Unternehmensverantwortlichkeit unter Berücksichtigung von Compliance-Maßnahmen. 2010.

Band 126 Marc Fornauf: Die Marginalisierung der Unabhängigkeit der Dritten Gewalt im System des Strafrechts. 2010.

Band 127 Sabine Benthin: Subventionspolitik und Subventionskriminalität. Zur Legitimität und Rationalität des Tatbestandes zum Subventionsbetrug (§ 264 StGB). 2011.

Band 128 Philipp Horrer: Bestechung durch deutsche Unternehmen im Ausland. Strafrechtsentwicklung und Probleme. 2011.

Band 129 Marianne Varwig: Zum Tatbestandsmerkmal des Vermögensschadens (§ 263 StGB). Eine kritische Untersuchung mittels der vier klassischen Auslegungsmethoden. 2011.

Band 130 Alexander Rieger: Verfassungsrechtliche Legitimationsgrundlagen richterlicher Unabhängigkeit. Zugleich eine Auseinandersetzung mit der Debatte um eine Selbstverwaltung der Justiz. 2011.

Band 131 Moritz von Schenck: Pönalisierung der Folter in Deutschland – de lege lata et ferneda. 2011.

Band 132 Kerstin Bohn: Der gesetzliche Richter als rechtsstaatstragendes Prinzip in europäischen Staaten. Eine Untersuchung der Fallzuteilung unter besonderer Berücksichtigung Englands. 2011.

Band 133 Cornelius Trendelenburg: Ultima ratio? Subsidiaritätswissenschaftliche Antworten am Beispiel der Strafbarkeit von Insiderhandel und Firmenbestattungen. 2011.

Band 134 Susana Campos Nave: Rechtsstaatliche Regeltreue? Corporate Compliance als zwingende Antwort des freiheitsliebenden Unternehmens im Wirtschaftsstrafrecht. 2012.

Band 135 Christine Ditscher: Europäische Beweise. Der Rahmenbeschluss über die Europäische Beweisanordnung zur Erlangung von Sachen, Schriftstücken und Daten zur Verwendung in Strafsachen. 2012.

Band 136 Fedor Brunner: Das Phänomen des Mietnomaden in der Rechtspraxis. Strukturelle Hintergründe, zivilrechtliche Mechanismen und Perspektiven. 2012.

Band 137 Konstantinos Diakonis: Die Geringfügigkeitsvorschriften als Teil der Problematik der Kollision zwischen primären und sekundären Prinzipien des Rechts. 2012.

Band 138 Gustavo Chan Mora: Kritik des Schuldbegriffs im Jugendstrafrecht. Eine metadogmatische Begründung des Schuldfähigkeits- und Verbotsirrtumsbegriffs. 2012.

Band 139 Julia Anna Bargenda: *Australian Law Reform Commission.* Ein Modell für Deutschland? 2012.

Band 140 Katharina Schermuly: Grenzen funktionaler Integration. Anforderungen an die Kontrolle europäischer Strafgesetzgebung durch den EuGH. 2013.

Band 141 Florian Conradi: Die Sicherungsverwahrung – Ausdruck einer zunehmenden Sicherheitsorientierung im Strafrecht? Die Entwicklung der Sicherungsverwahrung im Kontext des Spannungsverhältnisses von Freiheit und Sicherheit. 2013.

Band 142 Hyun Kyong Joo: Die positive Generalprävention im Straßenverkehr. 2013.

Band 143 Ulfrid Neumann / Cornelius Prittwitz / Paulo Abrão / Lauro Joppert Swensson Jr. / Marcelo D. Torelly (Hrsg.): Transitional Justice. Das Problem gerechter strafrechtlicher Vergangenheitsbewältigung. 2013.

Band 144 Frederico Figueiredo: Zur Möglichkeit des unmöglichen Strafrechts. Ein Versuch über die Dissonanz im System der ultima ratio. 2014.

Band 145 Moritz Bermel: Banken und Pflichten. Moderne Bankmanager und traditionelles Strafrecht. 2014.

Band 146 Björn Kruse: Compliance und Rechtsstaat. Zur Freiheit von Selbstbelastung bei Internal Investigations. 2014.

Band 147 Charlotte Schultz: Spiegelungen von Strafrecht und Gesellschaft. Eine systemtheoretische Kritik der Sicherungsverwahrung. 2014.

Band 148 Daniel Wegerich: Moderne Kriminalgesetzgebung: Produzent von Parteiverrat? Auswirkungen strafprozessualer Absprachen und Aufklärungshilfen auf den Parteiverrat in Strafsachen (§ 356 StGB). 2015.

Band 149 Lauro Joppert Swensson Jr: Vor dem Gesetz. *Transitional Justice* in Brasilien und die Problematik der strafrechtlichen Verantwortung für Straftaten der Militärdiktatur. 2015.

Band 150 Frederic Raue: Steueramnestien, Selbstanzeige und die verfassungsrechtliche Bewertung von Straffreiheitsgesetzen. Eine Untersuchung anlässlich des gescheiterten deutsch-schweizerischen Steuerabkommens. 2015.

Band 151 Ali Mosfer: Fragilitäten des Rechtsstaates seit dem 11. September 2001 im Spiegel der Rechtsprechung des Bundesverfassungsgerichts. 2015.

Band 152 Johann Amos Münch: Kollektive Haftung im Wirtschaftsstrafrecht. Ein kompetitiver und evaluativer Vergleich der Sanktionssysteme Deutschlands, Großbritanniens und Italiens. Unter besonderer Berücksichtigung von Dogmatik, Gerechtigkeit und Zweckmäßigkeit. 2016.

Band 153 Madeleine Arens: Die Strafverfahrenswirklichkeit am Khmer Rouge Tribunal im völkerstrafprozessualen Kontext. Eine Analyse der strafprozessualen Verfahrenspraxis an den ECCC und ihre Bedeutung für zukünftige Völkerstrafprozesse. 2016.

Band 154 Chun-Wei Chen: Gefährdungsvorsatz im modernen Strafrecht. Zugleich unzeitgemäße Überlegungen über die Wiederbelebung des Gefährdungsstrafrechts in der Sicherheitsgesellschaft. 2016.

Band 155 Mathias Alexander Grzesiek: Wirtschaftsdelikte im Vertrags- und Privatarztsektor. Ein Beitrag zum Prinzip der Strafgesetzlichkeit im Gesundheitswesen. 2016.

Band 156 Sugil An: Vorfeldkriminalisierung in der Risikogesellschaft. 2016.

Band 157 Franceline Delgado Ariza: Die Rolle des Strafrechts in Übergangsprozessen ohne Übergang. Überlegungen anhand des Falls Kolumbien. 2017.

Band 158 Daniel Wicklein: Steuerdaten-CDs und demokratischer Rechtsstaat. 2017.

Band 159 Sonja Geiring: Risiken von Social Media und User Generated Content. Social Media Stalking und Mobbing sowie datenschutzrechtliche Fragestellungen. 2017.

Band 160 Marc Reichhardt: Zur Bedeutung der nach § 130 OWiG verlangten Aufsichtsmaßnahmen für die Ausgestaltung eines Compliance-Systems im Unternehmen. 2017.

www.peterlang.com

www.ingramcontent.com/pod-product-compliance
Ingram Content Group UK Ltd.
Pitfield, Milton Keynes, MK11 3LW, UK
UKHW021841290926
8980IPUK00005B/580

9 783631 722244